DOBBDT 1986

HISTOIRE
DU DROIT
DE PROPRIÉTÉ FONCIÈRE
EN OCCIDENT.

BATIGNOLLES-MONCEAUX,
IMPRIMERIE D'AUGUSTE DESREZ,
Rue Lemercier, 24.

HISTOIRE

DU DROIT

DE PROPRIÉTÉ FONCIÈRE

EN OCCIDENT.

MÉMOIRE COURONNÉ PAR L'ACADÉMIE DES INSCRIPTIONS ET BELLES-
LETTRES, DANS SA SÉANCE DU 10 AOUT 1838.

PAR

EDOUARD LABOULAYE,

FONDEUR EN CARACTÈRES.

At jus privatum latet sub tutela juris publici.
BACON, *Aphorisme*, III.

PARIS,

Chez { L'AUTEUR, rue Saint-Hyacinthe-Saint-Michel, 33.
A. DURAND, libraire, rue des Grès, 3.
G. REMMELMANN, libraire, rue Vivienne, 16.

1839.

A MESSIEURS DE L'ACADÉMIE

DES INSCRIPTIONS ET BELLES-LETTRES.

Messieurs,

Agréez l'hommage d'un livre dont la pensée vous appartient. Réaliser dans la mesure de ses forces le plan magnifique que vous aviez tracé, tel a été le but constant de l'auteur; tel a été son seul mérite. Si faible que fût un premier essai, votre indulgent suffrage n'a point dédaigné de l'encourager; puisse cette ébauche, améliorée par un travail assidu, paraître aujourd'hui moins indigne de la bienveillance de ses juges.

De l'Académie le très-dévoué et très-respectueux serviteur,

Édouard Laboulaye.

TABLE DES MATIÈRES

CONTENUES DANS CE VOLUME.

	Pages.
Introduction.	1

LIVRE PREMIER.

Du droit de propriété foncière en général.

Chapitre Ier. De la nature du droit de propriété.	59
Chap. II. Division de l'ouvrage.	63

LES ROMAINS.

LIVRE II.

De la propriété romaine sous le point de vue politique.

Chapitre Ier. Des diverses espèces de propriété chez les Romains.	67
Chap. II. Propriété privée. — *Ager publicus*.	69
Chap. III. Possessiones.	73
Chap. IV. Des lois agraires.	76
Chap. V. Résultat des lois liciniennes.	79
Chap. VI. Des secondes lois agraires.	80
Chap. VII. Comment disparut l'*ager publicus*.	84
Chap. VIII. De la propriété italienne.	87
Chap. IX. Émancipation de l'Italie.	89
Chap. X. De la propriété provinciale.	93
Chap. XI. L'impôt dans les provinces.	98
Chap. XII. De la révolution impériale.	100
Chap. XIII. L'Italie et les provinces sous l'Empire.	101

Chap. XIV. Des changemens de Justinien. 103
Chap. XV. Organisation municipale sous l'Empire. 104
Chap. XVI. De l'impôt vers les derniers temps de l'Empire. 104
Chap. XVII. De la culture par les esclaves. 111
Chap. XVIII. Du Colonat. 115
Chap. XIX. Du domaine du prince et de l'Emphythéose. 119
Chap. XX. Organisation militaire. 123

LIVRE III.

De la propriété romaine dans ses rapports avec le droit privé.

Chapitre Ier. De la forme des actes. 127
Chap. II. Dominium quiritarium. Mancipatio. Cessio in jure. 128
Chap. III. Usucapion, prescription. 133
Chap. IV. De la saisine coutumière. 137
Chap. V. Des changemens introduits par l'édit du préteur dans le droit de propriété. 142
Chap. VI. Du droit de propriété dans les provinces. 145
Chap. VII. De la législation justinienne. 147
Chap. VIII. De la nature et du caractère de la propriété romaine. 149
Chap. IX. Du gage et de l'hypothèque. 154
Chap. X. Procédure des actions réelles. 157

LIVRE IV.

De la propriété romaine dans son rapport avec le droit de famille.

Chapitre Ier. Du droit de famille en général. 161
Chap. II. Du chef de famille (*paterfamilias*). 165
Chap. III. Du fils de famille et de son pécule. 167
Chap. IV. De la tutelle des femmes. 171
Chap. V. De la *manus*. 176
Chap. VI. Du régime dotal. 181
Chap. VII. Comparaison du régime dotal et de la communauté. 187

Chap. VIII. Réflexions générales sur le droit de succession. 190
Chap. IX. Du testament romain. 192
Chap. X. De la *querela inofficiosi* et de la légitime. 196
Chap. XI. Des lois *Julia* et *Pappia Poppœa*. 200
Chap. XII. Continuation du même sujet. 203
Chap. XIII. Continuation du même sujet. Du concubinat. 204
Chap. XIV. Continuation du même sujet. Des priviléges de la paternité. 207
Chap. XV. Continuation. Du célibat. 210
Chap. XVI. Des caduques. 212
Chap. XVII. Du droit d'accroissement. 217
Chap. XVIII. Quel fut le principe du droit de succession chez les Romains. 220
Chap. XIX. Du droit de succession suivant la *Loi des douze Tables*. 223
Chap. XX. De la *bonorum possessio*. 226
Chap. XXI. Succession prétorienne. 228
Chap. XXII. Du droit des pères. 232
Chap. XXIII. De la Novelle 118. 236

LES GERMAINS.

LIVRE V.

De la conquête. — 512-912.

Chapitre Ier. Des Germains. 241
Chap. II. De la conquête. 243
Chap. III. De Clovis et des Francs. 246
Chap. IV. Partage des terres. 251
Chap. V. Condition des vaincus. 253

LIVRE VI.

Des hommes libres et des alleux.

Chapitre Ier. Réflexions générales. 257
Chap. II. Du canton et de la marche. 258
Chap. III. De l'assemblée du canton, et du plaid. 264

Chap. IV. De l'organisation judiciaire actuelle comparée à
celle des Germains. 269
Chap. V. Du service militaire. 270
Chap. VI. Des alleux. 274
Chap. VII. Comment les petits alleux disparurent. 277
Chap. VIII. La grande propriété germaine comparée à la
grande propriété romaine. 280
Chap. IX. De la recommandation. 281
Chap. X. Des effets de la recommandation relativement à
la propriété. 286
Chap. XI. Comment on recommandait sa propriété. 291
Chap. XII. Des recommandations à l'Église. 293
Chap. XIII. Du précaire. 296
Chap. XIV. De la forme du précaire. 301
Chap. XV. Belles paroles de Charlemagne. 304
Chap. XVI. Des pays où les alleux se maintinrent. 308
Chap. XVII. Des grands alleux. 310

LIVRE VII.

Le domaine du roi, les immunités et les bénéfices.

Chapitre Ier. du roi. 311
Chap. II. Le domaine du roi. 316
Chap. III. Des vassalités. 319
Chap. IV. Des immunités. 322
Chap. V. Continuation. Des immunités ecclésiastiques. 327
Chap. VI. Continuation. Renaissance des villes. 332
Chap. VII. Continuation. Immunités des monastères. 334
Chap. VIII. Des bénéfices. 337
Chap. IX. Obligations du bénéficiaire : 1° Service militaire. 342
Chap. X. Continuation du même sujet : 2° Services de cour
et de conseil. 345
Chap. XI. Continuation du même sujet. Du jugement. 348
Chap. XII. Le maire du palais. 351
Chap. XIII. Des bénéfices sous Charlemagne. 354
Chap. XIV. Du génie de Charlemagne. 356
Chap. XV. De l'hérédité des bénéfices. 358

CHAP. XVI. Comment se détruisit le lien qui unissait les bénéfices à la monarchie. 362
CHAP. XVII. Continuation du même sujet. 366
CHAP. XVIII. De la monarchie française. 369

LIVRE VIII.

De la propriété germaine dans ses rapports avec le droit privé.

CHAPITRE Ier. De l'alleu. — Propres et acquêts. 371
CHAP. II. Des formes par lesquelles se transmettait la propriété. 1° Forme germaine. 374
CHAP. III. Continuation. 2° Forme romaine. 380
CHAP. IV. De la prescription. 382
CHAP. V. Du bénéfice et de la censive. 383
CHAP. VI. Procédure des actions réelles. 386
CHAP. VII. De la propriété féodale. 389

LIVRE IX.

De la propriété chez les Barbares dans ses rapports avec l'organisation de la famille.

CHAPITRE Ier. De la famille. 391
CHAP. II. Du fils de famille. 392
CHAP. III. De la tutelle des femmes. 394
CHAP. IV. Une procédure lombarde au douzième siècle. 396
CHAP. V. Du régime des biens durant le mariage. 398
CHAP. VI. Du douaire. 401
CHAP. VII. *Dos, meta, morgengabe.* 403
CHAP. VIII. *Faderfium.* Don mutuel. 408
CHAP. IX. De la succession germaine comparée à l'hérédité romaine. 412
CHAP. X. De la parenté. 414
CHAP. XI. Succession en ligne directe. 1° Préférence des mâles. 417
CHAP. XII. 2° De la représentation. 419

Chap. **XIII**. De la succession collatérale. 422
Chap. **XIV**. Du testament. 424

LIVRE X.

[Du servage]

Chapitre Ier. De la servitude romaine et du servage germain. 428
Chap. **II**. Continuation. 431
Chap. **III**. Des esclaves. 433
Chap. **IV**. Des causes de l'esclavage. 438
Chap. **V**. De l'affranchissement. 442
Chap. **VI**. Des *liti, lassi, aldiones*. 444
Chap. **VII**. Des serfs du roi (*fiscalini*) et des serfs de l'Église. 449
Chap. **VIII**. Des colons, *coloni, homines votivi, oblati, monborati, commendati, capitales*. 456
Chap. **IX**. Charges des hommes libres. 462
Chap. **X**. Redevances des colons. 467
Chap. **XI**. Conclusion. 473
Appendix. 477

FIN DE LA TABLE.

INTRODUCTION.

I. Il y a plus d'un siècle et demi qu'un savant trop oublié de nos jours, Eusèbe de Laurière, faisait remontrer à Louis XIV :

« Que l'étude particulière qu'il fait depuis
» longtemps de la jurisprudence française luy
» ayant fait voir qu'il était difficile d'y faire de
» grands progrès sans remonter jusqu'à la source,
» il a toujours tâché de l'étudier historiquement;
» et comme cette méthode l'a convaincu non-
» seulement *qu'il y avait plus de découvertes à faire*
» *dans notre droit français, et pour le moins d'aussi*
» *belles que dans le droit romain, dont pourtant tout*
» *le monde est si fort prévenu*, mais aussi que la
» plupart des fautes qu'ont faites ceux qui l'ont
» manié jusqu'ici viennent de ce qu'ils n'en ont
» pas assez connu l'origine, il a cru qu'il fallait
» prendre de cette manière chaque matière en

» particulier, et faire des dissertations de cha-
» cune [1]. »

De Laurière fut fidèle à ses promesses : son traité *De l'Origine du Droit d'amortissement*, sa *Dissertation sur le Tènement de cinq ans*, curieuse étude sur la saisine coutumière, sa préface et ses notes aux *Ordonnances des Rois de France*, son *Glossaire*, et surtout ses notes sur les *Institutes coutumières de Loisel*, comptent parmi les meilleures recherches sur notre ancienne législation. Et si, au lieu d'être éparses dans des commentaires et des notes, elles eussent été présentées sous une forme plus régulière, il est probable que l'histoire de notre ancien droit civil ne serait plus à faire.

II. Laurière ne fut pas seul à s'occuper de l'histoire du droit; à côté de lui il faut citer, parmi ceux de ses contemporains qui ont envisagé le droit du point de vue historique, Brussel, dont l'examen de l'usage général des fiefs est classique; Salvaing; Secousse, le conti-

---

[1] *De l'Origine du Droit d'amortissement*, Paris, 1692, au privilège.

nuateur des ordonnances; Loger, auteur d'un mémoire sur l'origine du droit français [1]; Fleury, dont la petite histoire est encore ce que nous avons de mieux comme histoire littéraire de notre ancienne législation; La Thaumassière, Basnage, Brodeau, trois de nos meilleurs jurisconsultes coutumiers. N'oublions pas non plus ces grands collecteurs d'antiquités qui nous ont sauvé les trésors du moyen âge, Baluze, Dachery, Mabillon et Ducange, cette fontaine de science où tout le monde a puisé.

III. Mais si les recherches particulières furent poussées avec une ardeur et un succès remarquables, il faut avouer néanmoins que sous le rapport de la vivacité et de la profondeur des aperçus, — de l'unité et de l'ensemble des idées, — du sentiment vrai de l'époque féodale, les savans du grand règne furent loin de cette école de jurisconsultes qui, au seizième siècle, a jeté sur la France un éclat qu'on n'a point encore effacé [2].

---

[1] En tête de la *Bibliothèque des Coutumes*, publiée par Laurière et Berroyer. Paris, 1699, in-4º.

[2] Je dirai même plus : les écrivains du siècle de Louis XIV ne

Aux noms glorieux des Dumoulin, des d'Argentré, des Pithou, des Charondas, des Coquille, des Loyseau, des Bodin, des Pasquier, le siècle du grand roi n'oppose qu'un seul beau génie, Daguesseau ; je ne parle pas de Domat, c'est un admirable philosophe, ce n'est point un jurisconsulte.

IV. Je m'explique cette infériorité. C'est aux époques de lutte, quand, l'anarchie étant dans les esprits non moins que dans les affaires, l'édifice social s'ébranle et menace ruine, c'est alors que toutes les intelligences sérieuses, ne sachant où se prendre au milieu de l'universelle incertitude, se rattachent au passé, mettent à nu la base de l'édifice, et remontant curieusement le sillon des âges écoulés, demandent au droit et à l'histoire les leçons de l'expérience pour raffermir et renouveler ces fondemens ébranlés : le siècle alors appartient aux jurisconsultes.

valent pas les jurisconsultes du siècle de Louis XIII ; Galland, Caseneuve, Haulesserre (*Alteserra*), qui, deux siècles avant de Savigny, a prouvé la persistance du droit romain pendant le moyen âge, et J. Godefroy, l'admirable commentateur du *Cod Théodosien.*

Mais quand ces laborieux ouvriers ont, au prix de leurs veilles, assuré la sécurité de leurs enfans, la génération nouvelle, indifférente pour ces questions qui ont fait blanchir avant l'âge les cheveux de leurs pères, se livre, insoucieuse, à la littérature, aux beaux-arts, délassemens heureux des esprits tranquilles. Le droit délaissé redevient une science spéciale, objet de la curiosité de ces quelques érudits que l'amour pur de la science dédommage de l'indifférence publique. Telle est la marche des choses humaines: après Cicéron, Virgile; après Dumoulin, Racine; à nous les fatigues, à nos enfans les loisirs.

V. Sous Louis XV, la mode fut de dénigrer ce passé qu'on ne comprenait plus et de chercher dans une prétendue philosophie naturelle la solution de toutes les grandes questions sociales. Ceux même qui écrivaient sur nos anciennes institutions le faisaient sans intérêt et comme à contre-cœur[1]. Avec une telle indifférence on ne

---

[1] Voyez la préface mise par l'abbé de Gourcy en tête de son mémoire sur l'*État des personnes en France sous la première et la seconde race de nos rois*. Paris, 1769. Cet ouvrage mé-

fit rien que de médiocre : j'excepte la publication que fit Houard des anciennes coutumes anglo-normandes, le commentaire de Bouhier sur la coutume de Bourgogne ; la *Théorie des lois de la monarchie française*, publiée par mademoiselle de la Lézardière, étude importante sur nos deux premières races, à laquelle Brequigny prit, dit-on, une part active ; nommions enfin les préfaces que ce savant homme mit à la tête des *Ordonnances*, surtout ses deux mémoires sur les communes et les bourgeoisies, excellentes recherches que les travaux mêmes de M. Thierry ne dispensent pas de relire.

VI. Mais si les études particulières furent rares et de peu de prix, cette pauvreté fut amplement rachetée par l'apparition du chef-d'œuvre du siècle, *L'Esprit des Lois*. De ces mille recherches, de ces travaux épars, isolés, Montesquieu fit une science dont il put sans témérité se proclamer le créateur, quand il donna pour devise à son

---

diocre doit ce qu'il a de réputation à sa rareté. Cette rareté fait aussi le plus grand mérite de l'ouvrage de Grosley, *Recherches pour servir à l'Histoire du Droit français*.

œuvre cette audacieuse mais juste épigraphe :
Prolem sine matre creatam.

Dans cette main puissante, l'histoire du droit, cette science nouvelle, qu'avaient pressentie Bodin, Grotius et Gravina, devint du premier coup la plus importante et la plus certaine des sciences politiques.

Faire de l'histoire du droit une science positive, c'est pour beaucoup de gens, et des plus savans même, avancer un paradoxe insoutenable. Pour eux l'histoire du droit est une recherche d'érudition qui donne la clé des coutumes bizarres et curieuses par leur ancienneté ; rien de plus. Ce n'est pas ainsi que Montesquieu l'entendait.

VII. Sur quels principes Montesquieu a-t-il donc assis la science ; en d'autres termes, quelle fut sa philosophie du droit ? Question capitale ; puisque c'est de la notion du droit que dépend le mérite de son histoire.

En effet si le droit n'est que la créature de la loi, ainsi que le veut Hobbes et toute école sensualiste, s'il n'y a point de juste ni d'injuste en dehors de la volonté du législateur (peuple ou roi, peu importe), si en un mot la loi et le droit sont identiques, l'esprit des lois n'existe pas. Quels principes en effet, quel esprit commun conclure de mille faits particuliers et sans mesure commune, puisque les lois, dans ce système, ne sont que le résultat fortuit des caprices humains, formulées qu'elles sont sous l'empire de préoccupations diverses, par mille législateurs différens.

Montesquieu débute par combattre cette école.

« Les êtres particuliers et intelligens, dit-il,
» peuvent avoir des lois qu'ils ont faites, mais ils
» en ont aussi qu'ils n'ont pas faites. Avant qu'il
» y eût des êtres intelligens, ils étaient possibles,
» ils avaient donc des rapports possibles, et par
» conséquent des lois possibles. Avant qu'il y eût
» des lois faites il y avait des rapports de justice
» possibles. Dire qu'il n'y a rien de juste ni d'in-
» juste que ce qu'ordonnent ou défendent les lois
» positives, c'est dire qu'avant qu'on eût tracé
» le cercle tous les rayons n'étaient pas égaux [1].

VIII. Mais d'autre part, si le droit est un ab-

[1] *Esprit des Lois*, liv. I, ch. 1.

solu comme l'affirme Wolf et toute l'école des jurisconsultes naturels; s'il existe dans le cœur de tous les hommes, non point seulement une tendance morale vers le juste, mais, bien plus, une véritable loi naturelle nettement écrite dans toute conscience humaine, loi universelle, éternelle, toujours la même partout et pour tous, loi parfaite, norme absolue, que la sanction ou le désaveu des lois positives ne peut pas changer, si en un mot le juste et le droit sont identiques, c'est une puérilité de s'occuper de l'histoire du droit. Qu'importent les altérations successives que le législateur impuissant a voulu faire subir à ces grandes et impérissables maximes? Ce sont ces principes absolus qu'il faut connaître. Or, ces lois gravées au fond du cœur de l'homme, et qui font partie de sa nature, ce n'est point l'histoire qui nous les révèlera, c'est la philosophie [1].

IX. Je ne veux point entrer dans cette controverse de l'existence du droit naturel, question si longtemps agitée et aujourd'hui universelle-

---

[1] Voyez la dissertation de Thomasius *De usu vario studii antiquitatum*, en tête de l'édition de Sigonius (*De antiquo jure populi romani*). Leipsig, 1715, 2 vol. in-8°.

ment abandonnée dans l'école, quoique dans le monde et chez les esprits superficiels règne encore l'idée d'une loi naturelle, distincte de ce sentiment du juste et de l'injuste mis par Dieu au fond de nos cœurs et qui est notre raison et notre conscience même. Montaigne avait dès longtemps ruiné cette opinion avec cette énergie de raison que Pascal s'est appropriée sans le surpasser.

« Ils sont plaisans quand, pour donner quel-
» que certitude aux lois, ils disent qu'il y en
» a aulcunes fermes, perpétuelles et immuables,
» qu'ils nomment naturelles, qui sont empreintes
» en l'humain genre par la condition de leur pro-
» pre essence ; et de celles-là, qui en fait le nombre
» de trois, qui de quatre, qui plus, qui moins :
» signe que c'est une marque aussy doubteuse que
» le reste. Or ils sont si desfortunés (car comment
» puis-je nommer cela, sinon desfortune, que
» d'un nombre de loix si infiny il ne s'en rencontre
» pas au moins une que la fortune et témérité
» du sort ayt permis être universellement reçue
» par le consentement de toutes les nations?), ils
» sont, dis-je, si misérables, que de ces trois ou
» quatre loix choisies, il n'en y a une seule qui

» ne soit contredicte et désadvouée, non par une
» nation mais par plusieurs. Or c'est la seule
» enseigne vraysemblable par laquelle ils puis-
» sent argumenter aulcunes loix naturelles,
» que l'université de l'approbation : car ce que
» nature nous auroit véritablement ordonné,
» nous l'ensuyvrions sans doubte d'un commun
» consentement; et non seulement toute nation,
» mais tout homme particulier, ressentiroit la
» force et la violence que luy feroit celuy qui le
» vouldroit pousser au contraire de ceste loy.
» Qu'ils m'en monstrent pour voir une de ceste
» condition [1]. »

X. Montesquieu, sans se jeter dans cette métaphysique sans issue, restreint sagement le droit naturel à ces lois qui *dérivent uniquement de la constitution de notre être.* « Pour les connaître bien,
» ajoute-t-il, il faut considérer un homme avant
» l'établissement des sociétés. Les lois de la na-
» ture seront celles qu'il recevra dans un état
» pareil.

» L'homme, dans l'état de nature, aurait

---

[1] *Essais*, lib. II, ch. xii. Apologie de Raymond Sebon.

» plutôt la faculté de connaître qu'il n'aurait de
» connaissances... Il songerait à la conservation
» de son être. Un pareil homme ne sentirait d'a-
» bord que sa faiblesse; sa timidité serait extrê-
» me, et si l'on avait là-dessus besoin de l'expé-
» rience, l'on a trouvé dans les forêts des
» hommes sauvages : tout les fait trembler, tout
» les fait fuir.

» Dans cet état, chacun se sent inférieur; à
» peine chacun se sent-il égal. On ne chercherait
» donc point à s'attaquer, et la paix serait la pre-
» mière loi naturelle.

» Au sentiment de sa faiblesse, l'homme join-
» drait le sentiment de ses besoins : ainsi une
» autre loi naturelle serait celle qui lui inspire-
» rait de chercher à se nourrir.

» J'ai dit que la crainte porterait les hommes
» à se fuir; mais les marques d'une crainte réci-
» proque les engageraient bientôt à s'approcher.
» D'ailleurs ils y seraient portés par le plaisir
» qu'un animal sent à l'approche d'un animal de
» son espèce. De plus, ce charme que les deux
» sexes s'inspirent par leur différence augmen-
» terait ce plaisir ; et la prière naturelle qu'ils se

INTRODUCTION. 13

» font toujours l'un à l'autre serait une troisième
» loi.

» Outre le sentiment que les hommes ont d'a-
» bord, ils parviennent encore à avoir des con-
» naissances ; ainsi ils ont un second lien que les
» animaux n'ont pas [1]. Ils ont donc un nouveau
» motif de s'unir ; et le désir de vivre en société
» est une quatrième loi naturelle [2] ».

XI. J'admets avec Montesquieu et le jurisconsulte romain dont il est ici l'éloquent inter-
prète [3] certaines lois supérieures qui régissent
notre nature, et si on veut appeler ces appétits,
ces tendances, *les lois de la nature*, *le droit naturel*, dans ces limites j'y consens.

Mais qu'est-ce donc que ce droit qui régit les
rapports sociaux ? Quel est son principe ? Je
laisse parler le maître.

« La loi, en général (c'est ainsi qu'il nomme

---

[1] « Les bêtes, dit-il au liv. I, ch. 1, ont des lois naturelles,
» parce qu'elles sont unies par le sentiment ; elles n'ont pas de
» lois positives, parce qu'elles ne sont pas unies par la connais-
» sance. »

[2] *Esprit des Lois*, liv. I, ch. III.

[3] Ulpien, aux *Inst.*, lib. I, t. II, *in principio*.

» le droit), est la raison humaine, en tant qu'elle
» gouverne tous les peuples de la terre ; et les
» lois politiques et civiles de chaque nation ne
» doivent être que les cas particuliers où s'ap-
» plique cette raison humaine.

» Elles doivent être tellement propres au peu-
» ple pour lequel elles sont faites que c'est un
» très-grand hasard si celles d'une nation peu-
» vent convenir à une autre.

» Il faut qu'elles se rapportent à la nature et
» au principe du gouvernement qui est établi, ou
» qu'on veut établir ; soit qu'elles le forment,
» comme font les lois politiques ; soit qu'elles le
» maintiennent, comme font les lois civiles.

» Elles doivent être relatives au physique du
» pays, au climat glacé, brûlant ou tempéré ; à
» la qualité du terrain, à sa situation, à sa gran-
» deur, au genre de vie des peuples laboureurs,
» chasseurs, ou pasteurs ; elles doivent se rap-
» porter au degré de liberté que la constitution
» peut souffrir, à la religion des habitans, à leurs
» inclinations, à leurs richesses, à leur nombre,
» à leur commerce, à leurs mœurs, à leurs ma-
» nières. Enfin elles ont des rapports entre elles ;
» elles en ont avec leur origine, avec l'objet du

» législateur, avec l'ordre des choses sur lesquelles
» elles sont établies. C'est dans toutes ces vues
» qu'il faut les considérer.

» C'est ce que j'entreprends de faire dans cet
» ouvrage. J'examinerai tous ces rapports : ils
» forment tous ensemble ce que l'on appelle
» l'esprit des lois. »

XII. La notion du droit, tel que le comprenait Montesquieu, n'était point nouvelle; avant lui, Bossuet avait dit presque en mêmes termes que *le droit n'est autre chose que la raison même et la raison la plus certaine, puisque c'est la raison reconnue par le consentement des hommes*[1], et Bossuet n'était que l'écho de la philosophie catholique[2].

Mais le mérite de Montesquieu, ce qui le fait père et fondateur de la science, ce fut d'appliquer ces idées vraies et fécondes à l'HISTOIRE du droit; cherchant dans ces textes dédaignés, dans ces usages oubliés, quel esprit animait ces nations mortes, délaissées dans leur sépulcre, et que son

[1] Cinquième avertissement sur les écrits de M. de Jurieu, édition Lefèvre, t. VI, p. 290.

[2] Voyez *Summa D. Thomæ. Prima sec.*, quæst. 90 et 91.

génie rendait à la vie; montrant que le droit n'est ni un arbitraire ni un absolu, mais le résultat nécessaire des mœurs, des idées, de la religion, du gouvernement; que le droit, en un mot, est le criterium de la civilisation, et l'histoire du droit par conséquent l'histoire la plus certaine du développement social.

On voit quelle soudaine grandeur prend le droit dans ce système; c'est la réalisation d'un des vœux les plus chers de Bacon, qui demandait que la science ne fût plus aux mains des avocats ni des philosophes, mais aux mains des politiques. « Car, dit le chancelier, tous ceux qui ont
» écrit sur les lois ont traité leur sujet ou en
» philosophes ou en praticiens. Les philosophes
» avancent des choses fort belles en paroles, mais
» inapplicables. Les praticiens, attachés en es-
» claves aux lois de leur cité, ou aux lois ro-
» maines ou au droit canonique, n'ont point un
» jugement libre, et dans leurs raisonnemens sont
» toujours captifs. Certes cette belle étude est
» l'apanage des politiques, qui savent au vrai ce
» que comportent la société humaine, l'intérêt
» du peuple, l'équité naturelle, les mœurs des
» nations, les formes diverses de gouvernement,

» et qui peuvent ainsi juger des lois, d'après les
» principes de l'équité naturelle et les exigences
» de la politique¹. »

XIII. Montesquieu fut plus admiré que compris par ses contemporains; les idées de Wolf régnaient dans les écoles, celles de Rousseau dans la société; doctrines différentes au fond, mais semblables en ce point qu'elles absorbaient le droit dans la philosophie; toutes deux par conséquent également destructives des études historiques. Personne donc ne reprit le pinceau du maître. Qui d'ailleurs aurait eu le courage de s'abîmer dans ces ténébreuses profondeurs, quand la France, en proie à une réaction terri-

---

¹ Bacon, *de Fontib. juris. Praem.* Qui de legibus scripserunt, omnes vel tanquam philosophi vel tanquam jurisconsulti argumentum illud tractaverunt. Atqui philosophi proponunt multa dictu pulchra, sed ab usu remota. Jurisconsulti autem, suæ quisque patriæ legum, vel etiam romanarum, aut pontificiarum placitis obnoxii et addicti, judicio sincero non utuntur; sed tanquam e vinculis, sermocinantur. Certe cognitio ista ad viros civiles proprie spectat, qui optime norunt, quid ferat societas humana, quid salus populi, quid æquitas naturalis, quid gentium mores, quid rerum publicarum formæ diversæ, ideoque possunt de legibus, ex principiis et præceptis, tam æquitatis naturalis, quam politices decernere.

ble, voulait anéantir jusqu'au souvenir même du passé. Chacun, imbu de l'idée que le passé n'était qu'un tissu de folies ou de cruautés humaines sans influence sur le présent, persuadé qu'on était arrivé au siècle de la perfection, et que la raison, éclairée par la philosophie, avait en soi le dernier mot des sciences humaines ; chacun, dis-je, détournant les yeux de ces siècles dédaignés, réclamait hautement les droits qui appartiennent à l'homme avant toute société, dans l'*état de nature*, espèce d'âge d'or que chacun embellissait au gré de sa fantaisie.

C'était au bruit des applaudissemens de toute l'assemblée qu'on proclamait dans la constituante : « *Que l'homme, né pour être libre, ne s'est soumis au régime d'une société politique que pour mettre ses droits naturels sous la protection d'une force commune*[1].

» *Le but de toute association politique est la conservation des droits naturels et imprescriptibles de l'homme. Ces droits sont la liberté, la propriété, la sûreté et la résistance à l'oppression.* » C'est ainsi que parle l'article 2 de la *Déclaration des droits de l'homme et du citoyen* de l'année 1789, et ce

---

[1] Buchez et Roux. *Histoire parlementaire*, t. II, p. 309.

texte reproduit les idées favorites de Lafayette et de ses amis, idées partagées par ceux même qui combattaient comme dangereuses toutes ces déclarations métaphysiques [1].

XIV. Sous l'empire de ces théories, il ne faut pas s'étonner que les législateurs se soient creusé la tête à rêver des constitutions tout d'une pièce, applicables à l'humanité entière. Hérault de Séchelles, esprit vif et distingué, faisait sérieusement demander à la Bibliothèque les *Lois de Minos* pour y puiser des principes naturels applicables à la constitution française, et personne ne trouvait cette demande ridicule. Je me trompe, un seul homme, génie solitaire et farouche, de Maistre, raillait impitoyablement ces rêveries législatives [2].

« La constitution de 1795, tout comme ses » aînées, est faite pour l'*homme*. Or, il n'y a point » d'*hommes* dans le monde. J'ai vu dans ma vie » des Français, des Italiens, des Russes, etc.; je

[1] Voyez le discours de MM. Malouet et Delandine. *Histoire parlementaire*, t. II, p. 200 et ss.

[2] *Considérations sur la France*. Lausanne, 1796.

»sais même, grâce à Montesquieu, qu'on peut
» être Persan; mais quant à l'homme, je déclare
» ne l'avoir rencontré de ma vie ; s'il existe, c'est
» bien à mon insu.

» Y a-t-il une seule contrée de l'univers où
» l'on ne puisse trouver un conseil des cinq cents,
» un conseil des anciens et cinq directeurs? Cette
» constitution peut être présentée à toutes les
» associations humaines, depuis la Chine jusqu'à
» Genève. Mais une constitution qui est faite
» pour toutes les nations n'est faite pour aucune :
» c'est une pure abstraction; une œuvre scolas-
» tique faite pour exercer l'esprit d'après une
» hypothèse idéale, et qu'il faut adresser à l'*homme*
» dans les espaces imaginaires où il habite.

» Qu'est-ce qu'une constitution ? N'est-ce pas
» la solution du problème suivant ?

» *Étant données la population, les mœurs, la*
» *religion, la situation géographique, les relations*
» *politiques, les richesses, les bonnes et les mauvaises*
» *qualités d'une certaine nation, trouver les lois qui*
» *lui conviennent.*

» Or ce problème n'est pas seulement abordé
» dans la constitution de 1795, qui n'a pensé
» qu'à l'homme.

» Toutes les raisons imaginables se réunissent » donc pour établir que le sceau divin n'est pas » sur cet ouvrage ; — ce n'est qu'un *thème*.

» Aussi déjà dans ce moment combien de signes » de destruction. »

XV. Ce que de Maistre disait de la constitution de l'an III, on peut le dire avec non moins de justesse de toute la législation révolutionnaire, édifice sans base, dont les décombres nous embarrassent de toutes parts. De toutes ces lois en l'air, celles-là seules sont restées qui ont balayé des coutumes mortes, telles que les usages féodaux, ou qui, tout en l'améliorant, se sont rattachées à notre ancienne législation. Tels sont nos codes, surtout le code civil, habile transaction entre les coutumes du Nord et celles du Midi, loi qui plus que toutes les autres a préparé et consommé à jamais la fusion de toutes nos provinces en un seul et beau pays, — *la France*.

XVI. Le code civil fut un grand bienfait pour la France : il tranchait d'interminables difficultés, il harmoniait des coutumes plutôt diverses qu'opposées, il répondait enfin à un vœu formé depuis plus de trois siècles par les peuples et les rois, un vœu dont la réalisation était depuis longtemps préparée par tous nos grands jurisconsultes, l'unité dans la législation ¹. Mais, et précisément parce que le code civil répondait parfaitement aux désirs et aux besoins de la France; ce fut un rêve de conquérant de l'imposer à des peuples dont les mœurs et les idées différaient des nôtres, comme si ce code, résumé de notre législation coutumière, qui ne se comprend et ne s'explique que par elle, eût cependant contenu en soi quelque perfection absolue qui en fit la norme de toutes les législations civiles. Aussi, imposé par la conquête, il disparut avec elle, et l'Allemagne,

¹ « Aussi Louis XI désiroit fort qu'en ce royaume on usast
» d'une coustume, d'un poids, d'une mesure, et que toutes ces
» coustumes fussent mises en françois en un beau livre, pour
» éviter la cautelle et la pillerie des advocats, qui est si grande en
» ce royaume que nul autre n'est semblable; et les nobles
» d'iceluy la doivent bien connoître; et si Dieu luy eût donné la
» grâce de vivre encore cinq ou six ans, sans être trop pressé
» de maladie, il eust fait beaucoup de bien en sondit royaume². »
Voyez encore Loisel, préface aux *Institutes coutumières*, et les préfaces aux *Ordonnances sur les donations et les testamens*.

² Philippe de Commines, édition de Godefroy, p. 399.

en 1814, présenta ce spectacle curieux d'un peuple appelé à prononcer entre la législation que lui avait imposée un conquérant et les anciennes coutumes. Là se représenta l'éternelle question de la nature du droit. Fallait-il conserver ces lois venues du dehors, ou s'en remettre au législateur de la promulgation d'un nouveau code, qu'on lui laisserait rédiger à son gré? Fallait-il, au contraire, revenir aux anciens principes, plutôt suspendus que détruits par la législation française? En d'autres termes, qu'est-ce que le droit positif? est-il arbitraire ou fatal? comment s'établit-il?

XVII. Ce fut alors que parut sur la scène un homme déjà placé au premier rang parmi les interprètes du droit romain, un savant dont la gloire est aujourd'hui européenne, Frédéric-Charles de Savigny.

Dans un écrit non moins célèbre par la justesse que par la vivacité des idées[1], il renversa les théories de l'école, et fonda sur leurs ruines une

[1] *De la vocation de notre époque pour la législation et la jurisprudence,* 1814 (en allemand).

doctrine pleine de vie, qui règne aujourd'hui sans partage en Allemagne, en Italie, et qui en France a rallié tous les esprits avancés.

Cette doctrine, la voici[1] :

« A considérer attentivement les différens sys-
» tèmes qui ont successivement régné dans la
» jurisprudence, il est facile de voir que cette
» diversité se peut réduire à deux classes, et les
» jurisconsultes se ramener à deux écoles princi-
» pales, entre lesquelles seules la différence est
» fondamentale ; les dissensions intérieures de
» chacune de ces deux écoles n'étant qu'apparen-
» tes et faciles à concilier par des concessions de
» peu d'importance.

» La première de ces écoles est depuis long-
» temps désignée par le nom d'école historique.
» Pour la seconde, au contraire, il serait presque
» impossible de trouver une appellation positive,
» puisque à vrai dire ce n'est qu'une négation
» de l'école historique, et qu'en outre elle se
» présente sous les formes les plus diverses et les

[1] Préface au journal de jurisprudence historique (*Zeitschrift für geschichtliche Rechtswissenschaft*). Berlin, 1815. Je traduis cette préface plutôt que l'écrit *Von Beruf*, parce que le système philosophique de l'école historique y est mieux résumé.

« plus contradictoires, tantôt avec le nom de
» *philosophie* ou de *droit naturel*; tantôt comme le
» *sens commun de l'humanité*. Faute d'une autre
» expression, nous la nommerons l'école *non his-*
» *torique*.

» XVIII. La contrariété absolue de ces deux
» manières d'envisager le droit ne se peut com-
» prendre complétement aussi longtemps qu'on
» se borne à la considérer dans les écoles des ju-
» risconsultes. Il faut porter plus loin ses re-
» gards, car cette opposition est d'une nature
» tout à fait générale. On la retrouve plus ou
» moins au fond de toute chose humaine, sur-
» tout dans ces questions qui intéressent la cons-
» titution et l'administration des États.

» Voici le problème dans toute sa généralité :
» *Quelle est l'influence du passé sur le présent ?*
» *Quel est le rapport de ce qui est à ce qui sera ?*

» Et là-dessus les uns vous enseigneront que
» chaque génération, libre et indépendante dans
» sa sphère, vit heureuse et brillante, ou malheu-
» reuse et obscure, suivant la mesure de ses
» idées ou de ses forces. Dans ce système, l'étude
» du passé n'est point absolument à dédaigner;

» puisque le passé nous apprend quel a été pour
» nos aïeux le résultat de leur conduite. L'his-
» toire est ainsi une espèce de morale et de poli-
» tique en exemples; mais, après tout, ce n'est
» qu'une de ces études accessoires dont le génie
» peut se dispenser aisément.

» Dans l'autre système, il n'y a point d'exis-
» tence humaine absolument individuelle, abso-
» lument indépendante. Bien plus, ce que nous
» regardons comme un individuel, vu de plus
» près ne sera plus qu'une partie d'un plus grand
» ensemble.

» Ainsi, tout individu humain se présente
» nécessairement à notre pensée comme membre
» d'une famille, d'un peuple, d'un État; chaque
» âge d'une nation comme la continuation et le
» développement de tous les âges passés. Toute
» autre manière de voir est incomplète, et quand
» elle veut prévaloir seule elle est fausse et per-
» nicieuse.

» S'il est vraiment ainsi, chaque siècle n'agit
» donc point arbitrairement et dans une égoïste
» indépendance, il tient par des liens communs et
» indissolubles au passé tout entier. Chaque épo-
» que doit donc admettre certains élémens anté-

INTRODUCTION. 27

» rieurs, nécessaires et libres tout à la fois ; né-
» cessaires en ce sens qu'ils ne dépendent point
» de la volonté et de l'arbitraire du présent, li-
» bres en ce sens qu'ils ne sont point imposés par
» une volonté étrangère (comme celle du maître
» à l'égard de son esclave), mais qu'ils sont don-
» nés par la nature même de la nation, considérée
» comme un tout qui subsiste et se maintient au
» milieu de ses développemens successifs [1].

» La nation d'aujourd'hui n'est qu'un membre

---

[1] « Les effets du raisonnement augmentent sans cesse, au lieu
» que l'instinct demeure toujours dans un état égal... De là vient
» que par une prérogative particulière non-seulement chacun des
» hommes s'avance de jour en jour dans les sciences, mais que
» tous les hommes ensemble y font un continuel progrès, à
» mesure que l'univers vieillit, parce que la même chose arrive
» dans la succession des hommes ainsi que dans les âges différens
» d'un particulier. *De sorte que toute la suite des hommes,*
» *pendant le cours de tant de siècles, doit être considérée comme*
» *un même homme qui subsiste toujours et qui apprend con-*
» *tinuellement.* » Pascal, *Pensées*, 1re part., art. 1.

« Toutes choses, dit-il ailleurs, étant causées et causantes,
» aidées et aidantes, médiatement et immédiatement, et s'entre-
» tenant par un lien naturel et insensible qui lie les plus éloignées
» et les plus différentes, je tiens impossible de connaître les par-
» ties sans connaître le tout, non plus que de connaître le tout
» sans connaître particulièrement les parties. »

» de cette nation perpétuelle, elle veut et agit
» dans ce corps, et avec ce corps, de telle sorte
» qu'on peut dire que ce qui est imposé par le
» corps est en même temps librement accompli
» par le membre.

» Dans ce système, l'histoire n'est plus seule-
» ment une morale en exemples, mais la seule
» voie qui nous conduise à la vraie connaissance
» de notre propre état[1].

---

[1] « Le but de tout système historique, dit-il ailleurs, c'est de
» poursuivre cet élément donné au travers de toutes les transfor-
» mations, jusqu'à ce qu'on soit remonté à son origine, origine
» qui lui vient de la nature de la nation, de sa destinée, de ses
» besoins. Cet élément antérieur n'est point comme dans le système
» de l'école opposée une lettre morte, un fait accompli dont on
» constate la persistance sans en comprendre la raison, c'est quel-
» que chose de vivant, c'est une des forces, un des modes d'acti-
» vité de la nation. Le principe général de la doctrine historique,
» c'est qu'un peuple en tout état, et surtout à l'égard de son
» droit civil, n'est point une individualité accidentelle, mais
» une individualité essentielle, nécessaire, commandée par tout
» son passé ; que par conséquent la recherche d'un droit com-
» mun est aussi folle que la recherche d'une langue générale qui
» remplacerait toutes les langues actuelles et vivantes. Non point
» cependant que cette école méconnaisse dans l'humanité cer-
» taines tendances uniformes, ce qu'on peut nommer l'élément
» philosophique de tout droit positif. » *Réponse à Gœrnier*,
Zeitschrift, t. I, p. 390.

» A l'égard de ces élémens antérieurs, il ne
» peut être question ni de bien ni de mal, car
» supposer que les admettre fût bien et que les
» rejeter fût mal, ce serait admettre la possibilité
» de cette admission ou de ce rejet. Or il est ri-
» goureusement impossible de se soustraire à ces
» élémens donnés : ils nous dominent inévitable-
» ment; nous pouvons nous faire illusion, mais
» les changer jamais. Celui qui s'abuse ainsi et
» qui ne veut agir qu'au caprice de sa volonté, là
» où une plus haute et commune liberté est seule
» possible, celui-là perd ses plus belles préroga-
» tives ; c'est un serf qui se perd à rêver d'être roi
» quand il pourrait être un homme libre.

» XIX. Il fut un temps où la séparation de
» l'individu d'avec le tout fut poursuivie vigou-
» reusement et avec une grande confiance en soi-
» même ; on ne voulait pas seulement isoler le
» présent d'un passé dédaigné, mais aussi rendre
» le citoyen indépendant de l'État. Quant à ce
» dernier essai, une dure expérience a trop fait
» connaître combien il était pernicieux et crimi-
» nel, et quels que soient les sentimens qu'on ait
» gardés au fond du cœur, on n'oserait pas au-

» jourd'hui aventurer une semblable théorie.
» Mais il en est tout autrement pour cette indé-
» pendance du présent vis-à-vis du passé, système
» qui compte un grand nombre de hardis et con-
» fians partisans, malgré cette inconséquence qui
» admet en un point ce qu'elle rejette en l'autre.
» La raison qui fait subsister plus longtemps cet
» égoïsme historique (qu'on me permette de le
» nommer ainsi), c'est que beaucoup de person-
» nes, sans même le savoir, prennent les idées
» qu'elles se font sur la marche du monde pour
» la marche du monde elle-même. Pour ces per-
» sonnes, et sans qu'elles se rendent compte de
» cette illusion, le monde n'a commencé qu'avec
» eux et leur pensée.

» XX. Appliquons à la jurisprudence cette
» contrariété de vues; il ne sera point difficile de
» préciser le caractère des deux écoles dont nous
» venons de parler.

» L'école historique admet : que l'étoffe du
» droit est donnée par le passé tout entier de la
» nation, qu'ainsi ce n'est point un arbitraire qui
» puisse être indifféremment telle ou telle institu-
» tion, mais le résultat de l'essence intime de la

» nation et de son histoire[1]. Le but de l'activité
» de l'époque, c'est donc d'examiner cette trame
» fatalement donnée, de la rajeunir et de la con-
» server dans sa fraîcheur.

» L'autre école au contraire admet qu'à chaque
» instant le droit est un résultat arbitraire de la
» volonté du législateur, indépendant du droit

---

[1] « Le droit se maintient à toutes les époques dans un rapport
» essentiel avec la nature et le caractère de la nation ; par là on
» peut le comparer à la langue du pays. Pour le langage comme
» pour le droit, il n'y a jamais un temps d'arrêt absolu, tous
» deux sont soumis à la même marche et au même développement
» que tout autre mode d'activité de la nation, et ce développement
» est soumis à la même loi de nécessité que sa première appari-
» tion. Ainsi le droit croît avec la nation, se développe avec elle,
» et périt quand cette nation perd sa personnalité. » (*De la vocation de notre siècle*, ch. 2, p. 11, édition de 1828.)

« Aussi loin que nous remontions dans l'histoire, nous voyons
» que le droit civil a son caractère déterminé et particulier à
» chaque nation, comme le langage, les mœurs, la constitution.
» Et à vrai dire, le langage, le droit, n'ont point une existence
» indépendante et en soi ; ce sont des modes d'activité, des forces
» de la nation, naturellement inséparables : c'est la réflexion
» seule qui les considère comme des qualités distinctes et parti-
» culières. » (*Ibid.*, p. 8.)

Ailleurs (*Réponse à Gœnner*) il compare le droit au cours de
l'argent ; le législateur le déclare, le constate, mais ne le fait pas.

» antérieur, et accommodé aux exigences et à
» l'utilité du moment.
» Si le droit n'est point à un moment donné,
» reconstitué tout entier, tout de nouveau, tout
» à fait indépendant de l'ancien droit, c'est une
» tolérance du législateur qui laisse subsister les
» anciennes idées ; et cette tolérance fait leur
» seul mérite et leur seule vertu.
» Combien est profondément tranchée l'oppo-
» sition de ces deux écoles, c'est ce qu'on aper-
» cevra facilement, si l'on veut réfléchir aux ap-
» plications de ces deux théories ; les fonctions
» du législateur, celles du juge et surtout l'étude
» scientifique du droit, diffèrent du tout au tout
» dans l'un ou l'autre de ces deux systèmes.
» Je sais bien que dans la pratique on ne
» trouve point d'opposition aussi tranchée et que
» les deux écoles arrivent souvent à des résultats
» semblables ; cela tient à ce que dans la pratique
» on agit souvent par sentiment et qu'on oublie
» les principes et leurs conséquences. »

XXI. Telle est la doctrine de M. de Savigny ;
elle procède de la théorie de Montesquieu, mais
elle est en progrès sur celle-ci ; elle a mieux dé-

terminé la manière dont s'engendre, et se développe le droit chez une nation donnée. Savigny ne s'est pas contenté de dire avec Montesquieu qu'*il faut que les lois se rapportent à la nature et au principe du gouvernement qui est établi ou qu'on veut établir*; principe que nulle école aujourd'hui ne refuserait d'adopter; il a voulu démontrer que le droit avait un rapport nécessaire et fatal avec le gouvernement, les mœurs et les idées de la nation ; que le développement du droit, du gouvernement, des mœurs, était nécessaire et fatal comme celui de la nation elle-même, parce que ce développement était commandé en quelque sorte par le droit, le gouvernement, les mœurs, les idées de la génération précédente ; en un mot, et pour nous borner à notre sujet, que le droit d'aujourd'hui n'est pas différent du droit d'hier, mais le fruit contenu en germe dans le droit qui l'a précédé.

XXII. Ces idées sont vraies et fécondes ; elles jettent sur l'histoire et le droit une admirable lumière et nous donnent le secret de ces enchaînemens de causes et d'effets qui font la vie des peuples et des États. De plus elles sont profondément morales, puisqu'au lieu de faire chaque individu centre et mesure du bon et du mauvais, chaque génération juge et maîtresse souveraine de ses lois et de ses mœurs, elles subordonnent le particulier au général, l'individu à la société, l'âge présent à celui qui le précède et à celui qui le suivra. Dans ce système, le monde marche providentiellement à un but donné, chaque siècle est une étape, chaque génération un pas dans cette marche immense. La suprême liberté, c'est de marcher volontairement vers ce but divin avec le monde, avec le siècle, avec la génération; l'abus de la liberté, c'est de vouloir contrarier ce mouvement de toutes les nations et de tous les âges. Le législateur qui veut remonter la pente est écrasé, et ses lois avec lui.

XXIII. Cette philosophie est pleine de grandeur, et jamais édifice n'eut un plus imposant portique; mais, à parler franchement, l'école allemande n'a pas tenu tout ce que promettait son début; elle s'est trop préoccupée du poids fatal que chaque siècle jette dans le plateau du siècle qui le suit, et pas assez de l'élément libre, c'est-à-dire des idées nouvelles dont chaque génération demande la réalisation législative; des intérêts nouveaux pour lesquels chaque époque demande la garantie et la protection du droit. Et en effet dans chaque siècle le philosophe peut remarquer trois élémens distincts qui constituent la vie politique de la nation : 1° des intérêts anciens qui disparaissent; tant que les lois destinées à les protéger restent dans la législation, elles la troublent comme des superfétations inutiles ou comme des priviléges insupportables, parce qu'elles ne représentent plus rien; 2° des intérêts antérieurs déjà protégés par la loi, qui subsistent et se développent sous l'empire de l'ancienne et de la nouvelle législation ; 3° enfin des intérêts nouveaux, qui n'ont point la garantie légale, et qui agitent la société jusqu'à ce qu'ils soient des droits reconnus. De ces trois élémens, M. de Savigny ne voit que le second, dont en effet le développement est fatal; du dernier, il n'en tient pas compte, et là cependant est d'ordinaire la vie et le mouvement.

Dans la préoccupation où l'on était de renverser ces systèmes arbitraires de droit naturel qui en Allemagne, plus encore qu'en France, asservissaient les études juridiques, on s'est jeté dans un extrême contraire; on a trop négligé l'élément libre qui fait le progrès et la vie des législations. M. de Savigny ne tient pas assez compte de l'influence des philosophes et des législateurs, influences réelles dans notre état avancé de civilisation, et qu'il est impossible de laisser de côté. Car, pour me servir d'une comparaison que ne refusera pas M. de Savigny, autant vaudrait prétendre que la formation d'une langue est entièrement fatale et que l'influence des littérateurs et des savans n'a jamais introduit d'expressions nouvelles.

XXIV. Un autre défaut de l'école allemande, et qui a contribué à retarder le succès de ses idées, en France surtout, c'est qu'on a trop étudié la science en elle-même et pour elle-même, et pas assez pour ses résultats. En un mot on a écrit comme professeur pour des érudits, et non point comme politique pour des citoyens.

Sans doute l'histoire des collections légales, de leurs éditions, des travaux dont elles ont été l'objet, l'histoire littéraire en un mot a son mérite; mais on l'a trop mise à la première place; on a écrit pour l'école, et l'ouvrage est resté dans la bibliothèque de quelques savans, tandis qu'on avait dépensé dans ces recherches souvent minutieuses plus d'esprit, plus de finesse, plus de génie même qu'il ne fallait pour faire un ouvrage de premier ordre; et qui eût fait triompher dans toute l'Europe des idées grandes et vraies.

XXV. Je prends pour exemple le chef-d'œuvre de l'école, l'*Histoire du droit romain au moyen âge*, par M. de Savigny. Il est difficile de trouver un sujet plus intéressant par sa grandeur, plus important par son résultat historique. Montrer comment cet élément antérieur des idées romaines n'a pu être étouffé, même par la conquête barbare, parce que le droit antérieur ne peut disparaître que là où la nation est anéantie, ce droit étant une manière d'être, une portion de la nation elle-même; observer dans ses développemens l'élément nouveau du droit germanique; peindre la lutte des deux législations parallèles jusqu'au milieu même de cette législation féodale, la plus antipathique au génie romain, et que le génie romain a fini par vaincre et s'assimiler en quelque sorte; suivre les eaux de ces deux fleuves longtemps après qu'ils se sont réunis, et jusqu'au moment où ils sont venus se perdre dans les législations modernes. Quelle admirable question?

XXVI. M. de Savigny a compris toute l'importance de son sujet. Le premier volume, qui traite de l'administration municipale et de l'organisation judiciaire chez les Romains et les Barbares, est parfait et se peut mettre aux mains de quiconque apprécie Montesquieu ; mais au lieu de continuer franchement dans une si belle voie, le second volume tourne à l'histoire littéraire, et pendant les cinq derniers il n'est plus question que des collections du droit romain au moyen âge, de la biographie et des travaux des glossateurs. L'auteur, dira-t-on, ne voulait pas faire autre chose qu'une histoire littéraire, et cette histoire est un chef-d'œuvre ; que peut-on demander de plus ? Et moi je répondrai : des recherches sur l'âge et la patrie des *Petri exceptiones legum romanarum* ont sans doute dans l'école un intérêt véritable, et valent, scientifiquement parlant, des recherches sur l'esprit des coutumes germaines ou féodales ; mais il ne suffit pas pour être un grand homme et imposer des idées à son siècle d'être admirable dans de petites choses : c'est la grandeur du but qu'il faut envisager, ce n'est pas la perfection du détail. On ne doit pas se contenter d'être un

Gérard Dow quand on peut être un Michel-Ange.

XXVII. Mais si l'on peut reprocher à l'école allemande des imperfections qui ne tiennent en rien au fond du système, combien sont-elles rachetées par la profondeur des recherches, la profusion de science, la quantité innombrable d'aperçus nouveaux soulevés, remués par ces infatigables travailleurs!

Aucune portion du droit n'a échappé à cette école pleine d'ardeur et de vie. L'histoire du droit romain est devenue une science toute nouvelle, grâce à ces savans, qui doivent faire l'envie de la France. MM. de Savigny, Haubold, Hugo, Von Lohr, Schrader, l'ingénieux Zimmern, Mühlenbruch, que l'école dogmatique dispute à l'école historique; Walter, dont l'*Histoire de la constitution romaine* attend un traducteur; Klenze, Dirksen, Mackeldey, Warnkœnig, Holtius, esprit net et profond; Schilling, Blume, Heffter, Hænel; Zachariæ, Bethmann-Hollweg et mille autres que le temps m'empêche de nommer.

L'histoire du droit germanique n'est point

restée en arrière; histoire d'autant plus intéressante pour nous que jusqu'au dixième siècle nos destinées n'ont point été différentes de celles de l'Allemagne; que notre vie a été sa vie, nos institutions les siennes. A la tête de ces écrivains, que doit consulter tout homme qui veut comprendre notre ancien droit français, où domine l'élément germain, il faut citer Eichorn, dont l'*Histoire de l'empire et du droit germanique* est restée classique dans toute l'Allemagne. A côté d'Eichorn il faut placer l'*Histoire d'Allemagne* et l'*Histoire du droit anglais* de Philipps, celle du *Droit suédois* de Kolderup-Rosenvinge, et enfin la plus récemment parue, mais non pas la dernière pour son mérite, l'*Histoire du droit et du gouvernement de Zurich*, par Bluntschli, tableau précieux dans un cadre étroit. Je ne parle ici que des histoires générales, car je ne finirais pas si je voulais nommer toutes les recherches particulières dont la science a été l'objet. Qu'il me suffise de citer les noms de Hullmann, des frères Grimm, aussi bons citoyens que profonds savans, les Thierry de l'Allemagne; de Gaupp, de Pertz, de Warnkœnig, que la France aurait dû disputer à l'étranger; de Rogge, trop tôt enlevé à la science de Schmidt, de Manso, de Wachsmuth, d'Albrecht, etc.

Ces écrits relèvent plus ou moins de l'école et de la manière de Savigny; mais en dehors de cette école il faut citer comme travaux hors ligne, le *Droit de succession*, par M. Gans, l'adversaire philosophique de Savigny, le représentant des idées de Hegel; les *Principes du droit commun privé*, de M. Mittermaier, esprit exact et précis qui se sent du voisinage de la France; n'oublions pas enfin l'*Histoire d'Osnabruck*, du naïf et bon Mœser, le patriarche et le précurseur de l'école historique.

XXVIII. Tous ces travaux, qui en vingt-cinq ans ont fait faire à l'histoire non moins qu'à la législation des progrès plus rapides que les études des deux siècles précédens; tous ces travaux, qu'on le remarque bien, ce sont des jurisconsultés qui les ont entrepris. L'histoire est retombée dans ces mains, dont elle n'aurait jamais dû sortir.

En France, nous n'en sommes point là. Les études les plus intéressantes ont été faites par des hommes étrangers à la science du droit, MM. Naudet, de Sismondi, Guizot, Raynouard, les deux Thierry, Guérard; et quel que soit le mérite de ces savans, ce manque d'une connaissance approfondie du droit se fait vivement sentir dans leurs précieux ouvrages.

Je m'appesantis sur ce point. Nous ne pouvons étudier les siècles passés que dans les monumens qu'ils nous ont laissés. Or ces monumens sont de deux espèces : *particuliers*, comme les chroniques, les mémoires, les romans, les poésies; *généraux*, comme les médailles, les lois, les chartes, les diplômes. Dans les chroniques, ce qu'on voit avant tout, ce sont les idées et les préjugés de l'auteur, idées et préjugés qui ne sont pas toujours ceux de son siècle. Ce que je dis des chroniques est encore plus vrai des poëtes et des romanciers, dont la personnalité se réfléchit avant tout dans ce qu'ils écrivent. Ces sources de l'histoire sont donc particulières, personnelles, imparfaites. Le droit, au contraire, c'est la parole même de ces générations disparues. Dans les révolutions successives des lois viennent se résumer et se classer à mesure qu'ils triomphent, les besoins, les mœurs, les idées de l'époque ; ces lois sont quelquefois injustes et passionnées, et à ce titre dédaignées du philosophe ; mais ces injustices et ces passions sont celles du siècle, et à ce titre elles méritent toute l'attention de l'historien. Marculfe est bien autrement curieux et instructif que Frédégaire, Littleton bien au-dessus des chroniqueurs de la conquête normande ; et pour l'histoire de son époque rien ne vaut Beaumanoir, ce beau génie trop peu connu [1].

XXIX. Or c'est une erreur de croire qu'on puisse, sans étude spéciale, comprendre les lois et les coutumes. Ces lois ont leur langue particulière qui n'est point la langue générale ; c'est un chiffre dont il faut le secret. Faute d'avoir fait du droit une étude longue et sérieuse, on s'expose à se méprendre ; c'est ce qui est arrivé aux meilleurs esprits, à M. Raynouard par exemple, dans

---

[1] « Tout homme de bon entendement, sans voir une histoire » accomplie, peut presque imaginer de quelle humeur fut un » peuple lorsqu'il lit ses anciens statuts et ordonnances, et d'un » même jugement peut tirer en conjecture quelles furent ses lois » en voyant sa manière de vivre. » (Pasquier, *Recherches*, liv. IV, ch. 1.)

son *Histoire du droit municipal* ; et même à M. Guizot dans ses *Essais sur l'histoire de France*[2].

Et ceci nous prouve que le génie même ne suffit pas pour comprendre l'histoire, qu'il faut de plus l'étude patiente du jurisconsulte, deux qualités réunies par un seul homme, dont le nom revient toujours sous ma plume comme le type de la perfection, Montesquieu[3].

[1]. Voyez quelques-uns des reproches que lui fait Savigny ; *Histoire du droit romain*, introd., p. 16.

[2] Voyez dans *la Thémis* les reproches qu'on lui adresse à ce sujet.

[3] M. Michelet est un exemple des erreurs graves où peut conduire cette ignorance du droit. Ainsi dans son *Histoire romaine*, pag. 100, tom. I, parlant du droit de vie et de mort que les pères avaient sur leurs enfans : « Voilà, dit-il, ce terrible droit du père de famille sur tous ceux qui sont en sa puissance (*sui juris*). »

Sui juris veut dire précisément le contraire : le père de famille qui ne dépend de personne, qui ne reconnaît à personne un droit supérieur, est *sui juris* ; ceux qui dépendent de lui sont *in potestate*, *in manu*, *in mancipio*.

Plus loin, même volume, p. 181, parlant de la *Loi des douze tables* : « Pour que la femme tombe dans la main de l'homme, « LE CONSENTEMENT ET LA JOUISSANCE (mot profane), la POSSESSION « D'UNE ANNÉE suffiront désormais, et *bientôt ce sera assez de* « *trois nuits* (*trium noctium usurpatio*). »

La *Loi des douze tables* ne dit pas un mot de cette possession

XXX. En France, ce n'est vraiment que depuis 1830 que l'étude historique du droit s'est réveillée. Grâce à de jeunes savans l'école de Berlin a passé le Rhin, et déjà nous avons quelques noms à opposer aux gloires allemandes. L'ouvrage le plus notable et celui qui rappelle le mieux la manière du maître, ce sont les *Recherches sur le droit de propriété*, par M. Ch. Giraud, pro-

---

de trois nuits, ou plutôt elle dit précisément le contraire. C'est le mot d'*usurpatio* qui a égaré M. Michelet; il a cru que ce mot voulait dire *usurpation, prise de possession violente*. Ce mot signifie simplement, dans la langue des lois, *interruption de la prescription*.

La *Loi des douze tables* ne parle pas non plus de consentement ni de jouissance, mais de l'*usus* qui veut dire possession.

Autrefois, dit Gaïus, on tombait sous la main du mari (*manu*) de trois manières : par usage, confarréation et coemption. Par usage, quand la femme restait chez son mari pendant une année continue, car alors le mari l'acquérait en quelque sorte par usucapion au moyen de cette possession d'une année; elle entrait dans la famille du mari et y prenait le rang de fille. Aussi la *Loi des douze tables* disait que dans le cas où la femme ne voudrait pas tomber sous la main du mari, elle eût à s'absenter trois nuits par année pour interrompre ainsi toute possession annuelle.

« Usu in manum conveniebat, quæ anno continuo nupta perse-
» verabat : nam velut annua possessione usucapiebatur, in fami-
» liam viri transibat, filiæque locum obtinebat ; itaque lege xii
» tabularum cautum erat, si qua nollet eo modo in manum ma-

fesseur à la faculté d'Aix. Ce livre, inspiré par le programme académique qui a été aussi la cause de notre ouvrage, a tous les mérites comme tous les défauts de l'école. Une profusion de science éblouissante, une richesse de textes inouïe; chaque phrase, j'allais presque dire chaque mot, porte avec soi sa preuve, chaque chapitre est une dissertation, et chacune de ces dissertations épuise son sujet. Mais, qu'on me permette de le dire avec la franchise d'un homme qui se sent honoré de la rivalité de M. Giraud, ce traité n'est pas un livre; il ne conclut pas. On ne voit pas assez où l'auteur vous mène; ces dissertations, c'est de la science pour le plaisir d'être savant; c'est tout à fait le défaut de l'école allemande, vice des plus sensibles pour nous autres Français, qui avons le défaut contraire,

» riti convenire, ut quotannis trinoctio abesset, atque ita usum
» cujusque anni interrumperet. »

M. Michelet, qui a publié un livre sur les origines de notre ancien droit, était sans doute, quand il écrivait cette étrange doctrine du mariage des trois nuits, sous l'empire de la vieille maxime coutumière:

Boire, manger, coucher ensemble,
C'est mariage, ce me semble.

celui de débuter avec un système préparé d'avance, auquel nous plions impitoyablement les faits mutilés. Mais ce n'est pas dans l'un de ces deux extrêmes que se trouve la science utile et pratique ; la vraie science, ce n'est pas celle qui observe sans conclure, ni qui conclut sans observer, c'est celle qui observe d'abord pour conclure ensuite. *Scribitur non ad probandum sed ad narrandum* est une devise futile, et je compare ces prodiges d'érudition à ces brillantes fantaisies musicales qui prouvent sans doute que l'auteur a un beau talent, et qu'il lui suffit de vouloir pour bien faire, mais qui en elles-mêmes ne sont qu'un tour de force apprécié des connaisseurs seulement.

XXXI. A côté de l'école germanique représentée par M. Giraud s'est relevée l'école philosophique qui s'est rattachée à Vico, tandis qu'en Allemagne elle se rattachait à Hegel. L'*Histoire du droit français*, de M. Laferrière, est un livre chaleureusement écrit, mais il a le défaut que je reprochais tout à l'heure à l'esprit français : il commence par conclure ; l'auteur aborde la science sous l'empire d'idées préconçues, avec

48 INTRODUCTION.

des formules toutes faites ; il obtient ainsi cette unité de vues qui saisit vivement l'esprit, mais n'est-ce pas aux dépens de la vérité historique?

« M. Laferrière a voulu, comme il l'annonce dans sa préface, « manifester par l'histoire le
» rapport essentiel et philosophique du droit ro-
» main avec le christianisme et leur association
» dans le monde comme élémens civilisateurs...
» Considérer le droit romain dans ses luttes et
» ses combinaisons avec les divers autres élémens
» de la société pour la formation et le dévelop-
» pement du droit français... Saisir et suivre dans
» sa marche, ses interruptions et ses alliances, la
» pensée civilisatrice qui des capitulaires a con-
» duit nos lois civiles à travers les révolutions de
» la féodalité et de la monarchie française jus-
» qu'aux codes du dix-neuvième siècle. »

XXXII. Il y a du brillant dans ce tableau, mais dès le premier regard on voit qu'un des élémens essentiels de nos sociétés modernes est complètement laissé de côté, je veux dire l'esprit germanique.

Dans l'histoire de M. Laferrière, on le cherche

en vain ; des lois barbares il est fait à peine une mention insignifiante. Ces coutumes, qui pendant tant de siècles ont régi l'Europe entière par les mêmes principes et les mêmes idées, ne sont pour M. Laferrière que le résultat d'un régime de violence et de force, qu'on nomme la féodalité. Entre elles et les usages germains, nul rapport, nulle filiation ; les lois barbares sont tombées sans que l'auteur nous explique comment sont disparues ces institutions du peuple conquérant ; la féodalité n'a été qu'un accident, un nuage que le droit romain, longtemps obscurci, a fini par percer.

Ce n'est point ici le lieu d'une réfutation ; mais on sent, dès les premiers mots, que l'auteur n'a point fouillé au cœur de son sujet. Quel est chez nous le régime de la famille, du mariage, des biens des époux ? Le régime germain, la *mainbournie* du père et du mari, et nullement cette atroce puissance des Romains. Le même esprit se retrouve dans les successions, dans la forme des obligations, en un mot dans toutes les parties de notre législation ; et si de ces feuilles que je soumets au lecteur il résulte une démonstration, c'est certainement celle de la persistance des idées germaines.

N'est-ce pas d'ailleurs un étrange abus d'attribuer au droit romain les idées civilisatrices du christianisme. Quel droit plus impitoyable, plus égoïste que le droit romain ? comment la famille était-elle constituée dans cette législation basée sur l'esclavage des serviteurs et le servage des enfans et des femmes ? On est trop disposé à reporter aux lois romaines le juste tribut d'éloges qu'on doit à ces grands jurisconsultes, à ces admirables stoïciens exprimant en si beau langage ces principes d'équité qui ont mérité au droit romain le nom de raison civile de tous les peuples. Mais combien ces belles théories étaient-elles emprisonnées dans une législation capricieuse, formaliste, étroitement ridicule, et basée sur le système de la plus égoïste personnalité, c'est-à-dire sur l'esprit le plus opposé à celui du christianisme, qui est un esprit de fraternité universelle*.

---

* Voyez la spirituelle critique que Pilati de Tassulo fait du droit romain, *Lois politiques des Romains*, ch. xi, t. II, p. 67 et suivantes.

Oui sans doute il est vrai que si nos sociétés modernes valent mieux que les anciennes sociétés, un si beau résultat est dû à l'influence des idées chrétiennes : c'est cette divine religion qui, se prêtant à toutes les formes de civilisation, barbare, féodale, monarchique, s'est assimilé les lois germaniques et romaines, écartant tour à tour ce qu'il y avait d'élémens égoïstes et sauvages dans ces deux législations ; pour faire triompher ses idées de charité et d'émancipation des classes pauvres et souffrantes ; mais ces idées grandes et fécondes, qui portent en elles le secret de notre avenir, jamais, non jamais on ne les fera sortir de ces lois romaines si étrangement prônées.

XXXIII. Néanmoins et pour être juste avec M. Laferrière, il faut dire que ces défauts systématiques sont rachetés par des qualités qui lui sont toutes personnelles : une grande vivacité de parole et de pensée, une parfaite netteté d'idées, mérite rare chez les écrivains systématiques ; enfin un sentiment exquis du christianisme et de son influence sur le droit moderne. Le second volume, où l'auteur s'est dégagé de ses préoccupations philosophiques, est supérieur au premier; la marche est franche, les aspects nouveaux, bien sentis et bien rendus : c'est un livre indispensable à qui veut connaître l'esprit des lois révolutionnaires.

XXXIV. A côté des travaux de ces deux écoles, les recherches patientes n'ont pas manqué. Qui ne connaît la belle collection des lois maritimes de M. Pardessus? son excellent et trop court mémoire sur les origines de notre droit coutumier fait vivement regretter que l'auteur ne se décide point à aborder une question de plus longue haleine. Une histoire du droit français est un des *desiderata* de la science; pourquoi M. Pardessus n'y consacrerait-il pas les loisirs que lui fait une noble constance?

Après les écrits de M. Pardessus, il faut citer M. Troplong, qui a ramené l'histoire dans la jurisprudence pratique, dont l'avait trop longtemps exilée une fausse philosophie; MM. Victor Foucher, Championnière et toute la généreuse phalange qui combat dans la *Revue de législation* pour le triomphe d'une science trop dédaignée. Mais en parcourant les pages de cet intéressant recueil, je rencontre, hélas! le nom de Klimrath, et malgré moi je m'arrête et ne vois plus les autres. Voilà, voilà celui qui, sans la jalousie de la mort, aurait donné à la France son Savigny et son Eichorn. Dans ces quelques pages sauvées de l'oubli, quelle fermeté de traits! Quelle science cachée sous cette simplicité! Que d'idées! Et que de remercîmens nous devons à la pieuse vénération de M. Wolowski, qui a sauvé de l'oubli ces précieux fragmens!

XXXV. On le voit, l'érudition patiente, l'école philosophique, l'école historique se sont réveillées, et de meilleurs jours renaissent pour l'étude de cette histoire du droit si longtemps dédaignée. Mais cette école française dont Montesquieu est le chef, cette école qui cherche dans l'étude des temps anciens non point le curieux mais l'utile, non point le systématique mais le vrai, personne ne l'a continuée; ce pinceau du maître, personne ne l'a relevé. A la fin du dernier siècle, un jeune homme inconnu alors, oublié aujourd'hui, Pierre

Chabrit, osa reprendre le drapeau de l'école politique, mais il lui défaillit dans la main. Malgré la bienveillante protection de Diderot et les encouragemens de Garat, Chabrit n'écrivit qu'en tremblant son traité *De la monarchie française et de ses lois*, ouvrage d'une belle conception, mais d'une faible exécution : c'est une esquisse bien indiquée, mais le courage et l'étude ont manqué à son auteur pour l'achever. Le sentiment de son infériorité et de l'indifférence publique le poursuivait et lui ôtait ses forces :

« Je voudrais en vain le dissimuler, dit-il quel» que part, non, je n'ai point la noble confiance du
» vrai talent : à chaque pas que je fais, je tremble
» que le lecteur, de qui j'attends toute mon ému» lation, ne soit entièrement rebuté, ne ferme le
» livre et ne m'abandonne moi-même comme un
» barbare. »

XXXVI. Et moi aussi je viens à mon tour relever le drapeau de ce pauvre Chabrit. Comme lui, je sens toute ma faiblesse ; plus heureux que lui, je puis avoir confiance en mon époque, confiance en la bienveillante intelligence de mon lecteur. Cette poudre des anciens temps qui éloignait Chabrit, moi je l'ai recueillie; moi je l'ai interrogée avec un soin pieux, car c'est la poudre de nos pères, c'est la cendre de nos aïeux, qui ne sont point parus sans grandeur sur la scène du monde; car ils savaient ces hommes: vassaux, mourir pour leurs suzerains; bourgeois, pour leurs cités; sujets, pour leur roi. Et nous qui avons confondu tous ces noms dans le beau nom de citoyen, c'est à peine si nous savons aimer notre patrie, comme si l'amour du pays agrandi dépassait les forces vives de notre cœur. Ils avaient, ces hommes, ce que nous n'avons plus aujourd'hui, cette fraternité qui, réunissant le monde germain sous de mêmes drapeaux, le poussait tout entier en de saintes croisades, préservatrices de la civilisation. Maintenant que les révolutions et de longues guerres ont jeté les rois et les peuples en de mutuelles défiances, c'est à la science à dissiper ces fausses et dangereuses lueurs, à la science de réunir, par la communauté des sentimens et des idées, l'Europe entière, France, Espagne, Italie, Allemagne, Angleterre, toutes nations sorties de même souche, qui pensent et qu veulent de même. A nous, jurisconsultes, de briser les barrières artificielles du langage ; à nous de montrer, dans l'unité du développement des lois, critérium de la civilisation, cette unité de mœurs, de sentimens, d'idées qui depuis quatorze siècles fait marcher ensemble, quoique à pas inégaux, toute cette grande famille romainsgermaine. Faire connaître à la France des nations trop méconnues, l'Allemagne par exemple, notre sœur, qui depuis si longtemps souffre, prie et pense comme nous, n'est-ce pas un noble but? Les peuples doivent-ils rester plus longtemps isolés, et ne doit-on pas s'aimer quand on pense de même?

XXXVII. En élevant si haut le but de son ouvrage, l'auteur sent plus que jamais combien il est au-dessous du modèle idéal que se représentera chacun de ses lecteurs ; son seul mérite est un désir sincère de trouver la vérité. Ce but, il l'a poursuivi au milieu du mouvement et du bruit de l'industrie comme dans le silence du cabinet, étudiant les hommes dans le présent pour comprendre dans les livres les hommes du passé, sans préoccupation politique, sans esprit de parti ni de système, mais partout et toujours cherchant la vérité, avec la seule ambition de la faire triompher ou du moins de frayer la route à un plus heureux que lui. A ce titre, il réclame l'indulgence du lecteur; personne, il le sent, n'en eut jamais un besoin plus réel que celui qui termine cette trop longue préface, la tête inquiète, la main tremblante.

Paris, 30 juin 1839.

HISTOIRE
DU DROIT
DE PROPRIÉTÉ FONCIÈRE.

LIVRE PREMIER.

DU DROIT DE PROPRIÉTÉ FONCIÈRE EN GÉNÉRAL.

CHAPITRE PREMIER.

De la nature du droit de propriété.

La DÉTENTION du sol est un FAIT que la force seule fait respecter, jusqu'à ce que la société prenne en main et consacre la cause du détenteur; alors, sous l'empire de cette garantie sociale, le FAIT devient un DROIT; ce droit c'est la PROPRIÉTÉ.

Le droit de propriété est une création sociale; les lois ne protégent pas seulement la propriété, ce sont elles qui la font NAÎTRE, qui la déterminent, qui lui donnerait le rang et l'étendue qu'elle occupe dans les droits du citoyen¹.

Et comme la propriété du sol a toujours été la première richesse et la première puissance, c'est sur cette base que se sont organisées toutes les sociétés anciennes et modernes ; c'est entre les mains des possesseurs du sol que (par une loi inflexible de l'histoire) s'est toujours trouvé le pouvoir : — absolu et tyrannique quand la propriété se concentre en un petit nombre de mains, — doux et tempéré quand le sol divisé appelle

---

¹ Voyez le discours posthume de Mirabeau sur le droit de succession, et Montesquieu, *Esprit des lois*, liv. XXVI, ch. xv et xvi.

Si le lecteur a suivi dans l'Introduction nos opinions sur la nature du droit, nous n'avons pas besoin de donner plus de développement à nos idées sur la nature du droit de propriété. Ce droit est à nos yeux de même nature que le droit tout entier, une création sociale. L'appropriation du sol est sans doute un de ces faits contemporains de la première société, que la science est obligée d'admettre comme point de départ et qu'elle ne peut discuter sans courir le danger de mettre la société elle-même en question ; mais les droits que confère cette détention du sol, soit dans l'ordre politique, soit dans l'ordre de la famille, ne sont point des droits absolus, *des droits naturels*, antérieurs à la société, ce sont des droits sociaux, qui varient suivant les différens besoins de la grande famille humaine.

Ainsi ces graves questions de la nature du droit de succession — si l'hérédité, — si le testament sont ou non de droit naturel ou de droit des gens ², — ne sont point des questions pour nous qui

² Bynkershoek, *Obs.*, lib. II, c. II. — V. le discours de Mirabeau (Buchez, IV, 226), la *Discussion du conseil d'État* (Lenef, XII, 237), et surtout les judicieuses observations de Portalis.

un plus grand nombre de bras à nourrir comme à défendre la patrie.

C'est pour obtenir le pouvoir par la propriété, ou la propriété par le pouvoir, qu'à toutes les époques ont lutté les classes inférieures, depuis la plèbe romaine, demandant le partage du mont Aventin, jusqu'au tiers-état, anéantissant, dans une nuit mémorable, ce peu qui restait des privilèges territoriaux de la noblesse et du clergé.

Ainsi tour à tour cause et effet de la puissance, le droit de propriété reflète dans ses vicissi-

---

n'admettons point de droit naturel, non plus que d'état naturel préexistant à l'état social.

Pour nous, l'homme est un être essentiellement sociable, comme l'abeille, comme la fourmi. Je ne comprends guère l'abeille ni la fourmi en dehors et indépendamment de la communauté, non plus que l'homme en dehors de la société. Le sauvage, qui n'est qu'un homme détaché de la grande communauté humaine, dans l'isolement dégénère et périt. L'homme n'existe que par et pour la société. La société est nécessaire, elle a en elle-même sa raison d'être : son but est d'assurer à tous ses membres la plus grande somme possible de bien-être et d'écarter tous les obstacles moraux comme toutes les gênes physiques qui empêchent l'homme de parvenir à la fin que Dieu lui a marquée. Toutes les fois que la société, sans s'écarter de sa route providentielle, change de moyens, — qu'elle déplace l'héritage ou les privilèges politiques attachés au sol, — elle est dans son droit et nul n'y peut trouver à redire en vertu d'un droit antérieur, car avant elle et hors d'elle il n'y a rien : en elle est la source et l'origine du droit.

Si l'on eût eu cette idée du droit, on se serait évité bien d'inutiles et dangereuses discussions sur les prétendus droits naturels de l'homme, discussions payées du sang de nos pères, sans profit pour la science, sans résultat pour nous.

tudes toutes les révolutions sociales ; c'est là qu'aboutissent tous ces changemens dans la condition des personnes qui se réduisent finalement en capacités ou incapacités de posséder. Quel que soit le nom des partis qui se disputent le pouvoir, — patriciens et plébéiens, — seigneurs et vilains, — tiers-état et noblesse, — la question capitale est toujours : *A qui le sol?*

La loi civile de la propriété est donc toujours l'esclave de la loi politique ; et tandis que le droit des conventions, qui ne règle que des intérêts d'homme à homme, n'a point varié depuis des siècles (sinon en certaines formes qui touchent plus à la preuve qu'au fond même de l'obligation), la loi civile de la propriété, qui règle des rapports de citoyen à citoyen, a subi plusieurs fois des changemens du tout au tout, et suivi dans ses variations toutes les vicissitudes sociales.

La loi des conventions, qui tient essentiellement à ces principes d'éternelle justice gravés au fond du cœur humain, c'est l'élément immuable du droit et en quelque sorte SA PHILOSOPHIE ; au contraire, la loi de la propriété c'est l'élément variable du droit, c'est SON HISTOIRE, c'est SA POLITIQUE.

Jamais donc question plus grave et plus vivace ne fut mise au concours par une société savante. Qu'est-ce que l'éloge d'un héros à côté des mystères de cette distribution du sol, qui fait la grandeur ou la misère des nations? La vie d'un homme serait peu pour une telle étude, et je n'ai eu que quelques nuits dérobées aux affaires. N'importe : il est beau de s'ensanglanter les mains pour écarter les ronces d'un sentier infrayé. D'autres plus heureux arriveront au but.

CHAPITRE II.

Division de l'ouvrage.

Je distingue dans cette histoire trois époques, toutes trois marquées par trois grandes révolutions dans la propriété foncière :

1° L'ÉPOQUE ROMAINE, qui va jusqu'à l'établissement des barbares dans ces contrées qui furent l'empire romain ;

2° L'ÉPOQUE BARBARE, qui va jusqu'à l'établissement des fiefs (du sixième au dixième siècle) ;

3° L'ÉPOQUE FÉODALE, qui va jusqu'à l'établissement des grandes monarchies modernes (vers le milieu du quinzième siècle).

4° Je finirai par quelques réflexions sur l'état actuel de la propriété foncière et sur son avenir en présence du prodigieux développement de la propriété mobilière, propriété nouvelle destinée à absorber la propriété immobilière et dont la répartition est la grande question des temps modernes, comme la répartition du sol fut la question capitale des temps anciens.

A chaque époque, j'essaie d'envisager le droit de propriété sous trois faces différentes, c'est-à-dire dans ses rapports

1° Avec le DROIT PUBLIC,

2° Avec le DROIT CIVIL OU PRIVÉ,

3° Avec le DROIT DE FAMILLE, droit de nature mixte et qui tient autant de la loi politique que de la loi civile.

PREMIÈRE ÉPOQUE.

LES ROMAINS.

LIVRE II.

DE LA PROPRIÉTÉ ROMAINE SOUS LE POINT DE VUE POLITIQUE.

CHAPITRE PREMIER.

Des diverses espèces de propriété chez les Romains.

« Après avoir divisé son peuple en tribus et
» les tribus en curies, Romulus partagea le sol
» en trente portions égales et assigna une de ces
» portions à chaque curie. Du surplus des terres
» il attribua au culte une part convenable et
» laissa le reste à l'État [1]. »

Cette division de la propriété est du berceau de la société romaine et subsiste jusqu'à une époque fort avancée de l'histoire. Dans toutes les colonies romaines, colonies fondées à l'image de la métropole [2], à côté des propriétés assignées

---

[1] Denis d'Halic. *Antiq.* III, 1.

[2] Effigies parvæ simulacraque populi romani. A. Gell. XVI, 13.

aux colons, on trouve toujours des biens religieux et des terres communes [1].

Les terres consacrées au culte, encore bien que considérables, puisque, au rapport d'Appien [2], une portion de ces propriétés, vendue par ordre du sénat, suffit pour défrayer la guerre contre Mithridate, ne jouent pas néanmoins dans l'histoire de la propriété romaine un rôle assez important pour nous arrêter spécialement ; ces biens d'ailleurs rentrent presque à tous égards dans la catégorie des biens de l'État [3].

Occupons-nous donc seulement de ces deux grandes et capitales divisions de la propriété romaine :

1° Propriété de l'État (*ager publicus*) ;

2° Propriété privée, propriété du citoyen (*ager privatus*).

---

[1] Pascua, compascua communia, pro indiviso. Frontin, *de Limit. agror.*, ed. Goesius, p. 41.

[2] Appien, *Guerre de Mithr.* c. 22.

[3] Aggenus (ou plutôt Frontin), *de Controv. agror.*, les place au nombre des biens de l'État. In Italia densitas possessorum multum improbe facit, et lucos sacros occupant, *quorum solum indubitate populi romani est*, etiamsi in finibus coloniarum aut municipiorum. Goes., p. 74. — Livius, VIII, 14. — Niebuhr, t. II, 2e éd., p. 695.

CHAPITRE II.

Propriété privée. — Ager publicus[1].

Les terres qui constituaient la propriété privée étaient limitées d'après certains rites empruntés aux usages étrusques. La religion protégeait le domaine du citoyen. Déplacer les limites d'un champ voisin, c'était un crime capital.

Cette délimitation était le cachet de la propriété civique, *agri limitati, agri divisi, assignati*; à la différence du domaine de l'État, dont les terres n'avaient d'autres limites que les limites naturelles, *agri arcifinales*[2].

---

[1] *Rei agrariæ auctores cura* W. Goesii. Amsterdam, 1674, in-4°. C'est pour la plus grande partie une réimpression des *Auctores finium regundorum* donnée avec d'excellentes notes par N. Rigault. Paris, 1614, in-4°. — Niebuhr, *sur la Limitation*. Appendice au t. II de son *Hist. rom.*, 2° éd., p. 604 et ss.

[2] Occupatorii dicuntur agri, quos quidam arcifinales vocant; hi autem arcifinales dici debent; quibus agris victor populus occupando nomen dedit. Bellis enim gestis victores populi terras omnes ex quibus victos ejecerunt, publicavere, atque universaliter territorium dixerunt, intra quos fines jus ducendi esset. Deinde, ut quisque virtute colendi occupavit arcendo vicinum, arcifinalem dixit. Horum ergo agrorum nullum æs, nulla forma quæ publicæ fidei possessoribus testimonium reddat; quoniam non ex mensuris actis unusquisque miles modum accepit, sed quod aut excoluit aut in spe colendi occupavit. Quidam vero posses-

Cette limitation des terres, qu'on y fasse attention, n'était pas un simple bornage fait sous la garantie de l'autorité et destiné à prévenir des contestations de voisinage, c'était une consécration religieuse de la propriété.

Fonder une colonie, par exemple, c'était une œuvre sacrée. Des magistrats spéciaux, nommés par une loi, assignaient à la colonie un territoire déterminé: aux colons, les terres arables, *qua falx et arater ierit;* à la colonie, les bois, les pâtures, les landes destinés à la nourriture des bestiaux. Ces communaux, on ne les limitait pas, mais il en était autrement pour les terres des particuliers. Après les cérémonies sacrées, on partageait tout ce qui devait être domaine privé en centuries [1]. On subdivisait les centuries en

---

sionum suarum privatim formas fecerunt, quæ nec ipsos vicinis, nec sibi vicinos obligant, quoniam res est voluntaria. Illi tamen finiuntur terminis et arboribus notatis et antemissis et superciliis, et vepribus, et viis, et rivis, et fossis. Siculus Flaccus *de Condit. agror.* (Goes., p. 3). Voyez Aggenus in Frontin. (Goës., p. 45). — Livius, V, 55. — Festus définit les *possessiones* presque en mêmes termes que Siculus définit les *agri occupatorii*: Possessiones appellantur agri late patentes publici privatique; quia non mancipatione (en propriété) sed usu tenebantur, et ut quisque occupaverat collidebat (colebat? ou plutôt possidebat). — Isidor, *Origin.* 15, 13, § 3, a puisé à la même source que Festus: Possessiones sunt agri late patentes publici privatique, quos initio non mancipatione, sed quisque ut potuit occupavit atque possedit, unde et nuncupati. — Niebuhr, II, 669.

[1] Festus, V. *Centuriatus ager.* — Le partage se faisant

jugera, on assignait à chaque colon sa mesure limitée, et on dressait de ce cadastre un rôle (*œs*,

suivant des tracés réguliers, il restait souvent des lisières en dehors des centuries. Ces lisières (*subseciva*) faisaient partie du domaine de la colonie ou continuaient d'appartenir à l'*ager publicus*. C'était le sol le plus fréquemment usurpé, car ces lisières étaient communément peu considérables, et toujours à la portée des colons; Vespasien inquiéta toute l'Italie quand il voulut revendiquer et vendre ces lisières usurpées; il fut obligé de s'arrêter devant les plaintes qui s'élevaient de toutes parts, et Domitien, qui abandonna ces terres aux possesseurs, fut déclaré le bienfaiteur de l'Italie (*Aggenus de Controv. agror.* Goes., 68, 69). Une inscription nous a conservé un rescrit de Domitien qui termine une contestation élevée par deux colonies voisines au sujet de ces *subseciva*; elle est assez rare et curieuse pour n'être point déplacée ici.

Imp. Cæsar divi Vespasiani F. Domitianus Augustus, pontifex Max. Trib. potest. Imp. II. Cos. VIII. Designati VIIII. P. P. salutem dicit.

IIII viris et decurionib. Faleriensium ex Piceno. Quid constituerim de subsecivis, cognita causa inter vos et Firmanos ut notum haberetis huic epistolæ subici jussi.

P. Valerio Patruino..... Cos. XIIII kal. Augustus.

Imp. Cæsar divi Vespasiani F. Domitianus August. adhibitis utriusq. ordinis splendidis viris, cognita causa inter Falerienses et Firmanos pronuntiavi quod subscriptum est.

Et vetustas litis quæ post tot annos retractatur a Firmanis adversus Falerienses vehementer me movet, cum possessorum securitate vel minus multi anni sufficere possint, et divi Augusti diligentissimi et indulgentissimi erga Quartanos suos principis, epistola qua admonuit eos ut omnia subseciva sua colligerent et venderent quos tam salubri admonitioni paruisse non dubito, propter quæ possessorum jus confirmo. Valete. D. XI. kal. aug. in Albano.

Agente curam   *T. Bovio Vero*
Legatis   *P. Bovio Sabino*
                 P. Petrono Achille.

forma) destiné à maintenir la perpétuité de la propriété civique¹. La colonie alors était fondée à tout jamais².

Cette assignation, cette délimitation qui faisait de l'*ager publicus* une propriété privée, était le but de toutes les LOIS AGRAIRES. Mais chez les Romains il ne fut question de lois portant atteinte au domaine des citoyens. Une loi semblable eût été plus qu'une violation des droits de la propriété, droits respectés par tous les législateurs, c'eût été un indigne sacrilège : la religion était là qui protégeait contre toute attaque le champ du citoyen et le tombeau de ses pères³.

---

¹ La propriété limitée était invariable ; l'alluvion ne lui appartenait pas. L. 10. D. de *Adq. rer. dom.* L. 1, § 6. *De Fluminib.* D, XLIII, 12.

² Deduxisti coloniam Casilinum quo Cæsar ante deduxerat. Consuluisti me per litteras... posses ne ubi colonia esset, eo coloniam novam jure deducere. Negavi in eam coloniam quæ esset auspicato deducta, dum esset incolumis, coloniam novam jure deduci: colonos novos adscribi posse rescripsi. Tu autem insolentia elatus, omni auspiciorum jure turbato, Casilinum coloniam deduxisti, quo erat paucis annis ante deducta, ut vexillum tolleres et aratrum circumduceres : cujus quidem vomere portam Capuæ pœne perstrinxisti, ut florentis coloniæ territorium minueretur. Cic., *Philipp.*, II, 40.

³ C'est à Niebuhr qu'il faut reporter la gloire d'avoir su découvrir ce qu'étaient ces lois agraires jusqu'à lui si mal connues. *Rœm. Gesch.*, I. II, p. 110 et ss. *Vom gemeinen Feld und dessen nutzung.*

CHAPITRE III.

Possessiones.

En droit, ce domaine de l'État était imprescriptible[1]. La république ne pouvait concéder que la jouissance, jouissance essentiellement révocable, tant qu'une loi agraire ou une vente publique faite par les questeurs n'avaient pas fait entrer le sol, en le limitant, dans la classe des propriétés privées[2].

En fait, il fallut respecter cette jouissance à mesure qu'elle fut consacrée par le temps. La menace d'une révocation jetait la république en des agitations perpétuelles. Ces lois agraires, c'était l'épée de Damoclès à la merci du premier

---

[1] Jurisperiti negant illud solum quod P. R. esse cœpit ullo modo usucapi a quoquam mortalium posse. Et est verisimile. Aggenus Urbic. de Controv. agror. (Goes., p. 69). — L. 12, § 2. — De public. in rem. D. VI, 2. — L. 1, Fin. regund., e. Th. II, 26.

[2] Quæstorii dicuntur agri, quos ex hoste captos populus romanus per quæstores vendidit. Ibi autem limitibus institutis, laterculis 50 jugerum effectis, venierunt. Quem modum 50 jugerum decem actus in quadratum per limites densari efficiunt, unde etiam limites Decumani sunt dicti. Siculus, de Condit. agror. (Goes., p. 14). — V. Hyginus, de Condit. agror. (Goes., p. 205). — Savigny, Besitz. p. 176, ad. not.

ambitieux [1]. Le droit de l'État était incontesté; mais cette longue possession, à l'ombre de laquelle s'étaient formés tant d'intérêts, avait aussi sa légitimité [2]. Cette terre, les possesseurs l'avaient fécondée par de longs travaux, enrichie par des plantations, embellie par des édifices. — Souvent ils l'avaient achetée. — Là étaient les tombes de leurs aïeux. — C'était l'héritage paternel, — la dot des femmes, celle des enfans, — le gage des créanciers [3]. Que de titres ! aussi par la force des choses, et tout en gardant son nom, la possession se transforma en véritable propriété. C'est l'histoire constante des longues tenures.

Cette division des domaines a laissé des traces profondes dans la législation romaine; et sans une nette idée de ce qu'était la possession de l'*ager publicus*, il est impossible de comprendre ce que fut plus tard la possession des terres privées. Les lois romaines relatives à la possession ont été des énigmes jusqu'à ce que Savigny en eût révélé le secret [4].

[1] Liv. VI, 11... Agrariis legibus, quæ materia semper tribunis plebis seditionum fuisset.
[2] Qui agrum Recentoricum possident vetustate possessionis se, non jure, misericordia senatus, non agri conditione defendunt, nam illum agrum publicum esse fatentur; se moveri possessionibus, amicissimis sedibus, ac diis penatibus negant oportere. Cic., *de lege agrar.*, § 21 et 31. — L. 11, de Evict. D. XXI, 2.
[3] Appien, *Guerre civile*, I, 10.
[4] Son traité de la possession est sans contredit la plus belle

Le détenteur de l'*ager publicus* se trouvait dans une double position : — à l'égard de l'État, — à l'égard des tiers.

Pour l'État, l'individu n'était que détenteur ; sa jouissance était un simple usage, une possession (*usus, possessio*), et non point un droit de propriété (*dominium*)[1] ; son titre était toujours précaire et révocable.

Mais à l'égard des tiers, sa jouissance était protégée par le préteur, cette voix vivante des lois. La possession du détenteur se trouvait ainsi dans le commerce, garantie qu'elle était par le magistrat. C'était comme une espèce de propriété, transmissible par vente, par donation, par succession ; le droit était différent ; le fond pratique des choses était le même.

monographie dont le droit romain ait été l'objet. Nous citons la cinquième édition. Giessen, 1827, in-8°.

[1] Festus. Possessio est, ut definit Gallus Aelius, usus quidam agri, aut aedificii, non ipse fundus, aut ager. Non enim possessio est e rebus quae tangi possunt, neque qui dicit se possidere, is suam rem potest dicere. Itaque in legitimis actionibus nemo ex *jure Quiritium* possessionem suam vocare audet, sed ad interdictum venit ut praetor his verbis utatur : Uti nunc possidetis, eum fundum *Quo de agitur* quod nec vi, nec clam, nec precario alter ab altero possideatis, ita possideatis. Adversus ea vim fieri veto.

Javolenus. Possessio ab agro juris proprietate distat : quidquid enim apprehendimus, cujus proprietas ad nos non pertinet, aut nec potest pertinere hoc possessionem appellamus ; possessio ergo usus, ager proprietas loci est. L. 115. D. de V. S.

« Quoiqu'on pût disposer de sa *possessio* aussi librement que de son *dominium*, il y avait néanmoins une grande différence dans les formes, différence qui nous avertit que les deux natures de domaine ne sont point contemporaines, et que ce fut à une époque plus rapprochée que se fit sentir le besoin de protéger par l'édit du préteur tous ces mille rapports naissant chaque jour des concessions multipliées de l'État. C'est ce que M. de Savigny a parfaitement démontré [1].

CHAPITRE IV.

Des lois agraires.

Rome nous apparaît divisée dans l'origine en deux classes : — d'une part la plèbe, infime, misérable, divisée ; — de l'autre les grandes familles patriciennes, maîtresses du sol et du pouvoir.

Les patriciens s'attribuaient la jouissance exclusive de l'*ager publicus* [2] ; et assez semblables

[1] Savigny, *Besitz*, § 12, a. Niebuhr, *Rœm. Gesch.* t. II, p. 168 et ss.

[2] Livius, IV, 51, 53. — Denis d'Hal. VIII, 70, 73, 74, X, 32, 37. — Cassius Hemina. Quicunque propter plebitatem agro publico ejecti sunt, ap. Nonn. Marcell. II, 619.

aux seigneurs féodaux, ils accordaient quelque portion de ces terres à leurs cliens¹; concession toute précaire, révocable à la volonté du donateur². La plèbe, au contraire, n'avait droit qu'à la jouissance de quelques pâturages laissés en commun.

État de choses profondément injuste, puisque l'impôt (*census*) pesait ainsi plus lourdement sur le pauvre que sur le riche. Le patricien en effet s'affranchissait presque toujours de la dîme qu'il devait pour prix et pour aveu de la concession domaniale, et d'autre part ne payait point l'impôt à raison de ces *possessiones*, si, comme il y a tout lieu de le croire, l'on ne comptait pour le cens que la propriété quiritaire³.

¹ Patres senatores ideo appellati sunt, quia agrorum partes attribuebant tenuioribus, ac liberis propriis, dit Paul l'abréviateur de Festus.

² C'est de ce point de vue que Savigny explique la théorie du précaire romain, qui, sans cette interprétation, n'est qu'un contrat tout à fait énigmatique. *Besitz*, § 12a et 12b.

³ Festus. Censui censendo agri proprie appellantur qui et emi et vendere jure civili possunt. — Prædia (dit Scaliger sur ce passage) censui censendo dicebantur ea, quæ essent mancupi; quæ habebant jus civile; quæ subsignari apud ærarium, apud censorem possent, ut auctor est Cicero in ea pro Cœcina, neque possessiones, id est agri, qui non mancipatione sed usu tenebantur censui censendo dici poterant, neque hoc nomine in censum dicari.

La première partie de cette note est prise de l'*Or. pro Flacco*, c. 32. La seconde, qui serait décisive, je ne l'ai point trouvée dans l'*Or. pro Cœcina*.

Ainsi écrasée, la plèbe n'avait qu'une alternative; — devenir esclave et cliente, — ou s'emparer du sol, et par le sol s'emparer du pouvoir. C'est le fonds de toutes les émeutes romaines.

Aussi voyons-nous le bon roi Servius, ce protecteur de la plèbe dans toutes les légendes romaines, créer en quelque sorte cette classe de citoyens par des assignations de terre[1]. Après le renvoi de Tarquin, et pour intéresser la plèbe à la révolution, on donne à chaque citoyen pauvre sept *jugera* des biens du roi[2].

En 298 on retire aux patriciens le mont Aventin, dont une partie était un pâturage communal, et on le divise entre les plébéiens[3]. Dès lors la plèbe commence à sortir de son asservissement[4] et parle plus haut. En vain pour prévenir ses demandes incessantes on fonde des colonies destinées à débarrasser la cité de l'exigence des pauvres mécontens, la plèbe resurgit avec une ardeur et une force nouvelle, plus nécessiteuse et plus avide que jamais.

Enfin après une lutte de deux siècles, les rogations de C. Licinius Stolo et de L. Sextius ame-

---

[1] Denis, IV, 9, 10, 13. — Livius, I, 46. — Nonnius Marcellus, V. Viritim. 202. Extra urbem in regiones 26 agros viritim liberis attribuit.

[2] Pline, *H. N.*, XVIII, 4.

[3] Livius, III, 31. — Denis, X, 31, 32. — Niebuhr, II, 160, 339.

[4] Livius, IV, 32.

nèrent la plèbe au partage de l'*ager publicus*, et en introduisant l'égalité dans le droit de posséder, assurèrent l'anéantissement politique de la classe patricienne [1].

Vingt-huit ans après les rogations liciniennes, la plèbe était maîtresse du gouvernement; le dictateur Philon avait fait rendre cette loi célèbre qui mit désormais le pouvoir aux mains des tribus : *Ut plebiscita omnes Quirites tenerent :* QUE LES DÉCISIONS DE LA PLÈBE ASSUJETTISSENT TOUS LES CITOYENS [2].

CHAPITRE V.

Résultat des lois liciniennes.

Les lois liciniennes, en organisant une classe moyenne de propriétaires, firent la grandeur du pays. Qu'on en juge par le fait suivant.

En 405 (dix-sept ans après les lois agraires), le sénat, voyant la république menacée d'une révolte générale des alliés et réduite à ses propres forces, forma sur-le-champ dix légions, ou qua-

---

[1] Livius, V, 35 ; X, 13. — Columella, I, 3. — Appien, *Guerre civile*, I, 8. — Pilati de Tassulo, *Lois politiques des Romains*, t. II, ch. 10.
[2] Livius, VIII, 12.

rante-cinq mille hommes de troupes romaines, « ce qui composait, dit Tite-Live¹, une armée » de soldats citoyens, si nombreuse, qu'il serait » difficile de nos jours d'en rassembler autant » dans ce même empire, qui s'étend jusqu'aux » extrémités de la terre, tant il est vrai qu'il n'a » cru qu'en luxe et en richesses, l'unique objet » de nos soucis et de nos travaux. »

Une fois la plèbe propriétaire et la classe moyenne organisée, les Romains marchèrent de conquêtes en conquêtes. Et d'une domination de quelques lieues autour de leur ville, ils parvinrent à l'empire universel en moins d'années qu'ils n'en avaient employées depuis l'expulsion des rois à terminer leurs dissensions intestines.

CHAPITRE VI.

Des secondes lois agraires.

Malheureusement pour Rome, ces conquêtes, en l'enrichissant, ruinèrent la constitution qui reposait sur l'égalité des citoyens, ce qui suppose une certaine égalité dans les fortunes. L'institution d'un cens sénatorial mit les riches en

---

¹ Livius, VII, 25.

possession exclusive de l'administration, et ces grandes fortunes s'accrurent de façon démesurée du butin de la guerre et de la dépouille des provinces.

Les nobles et les riches, maîtres du sénat, ayant le consulat entre les mains[2], tenant en bride les alliés par la crainte, les chevaliers par l'intérêt[3], devinrent une faction puissante, qui, au mépris des lois, concentra la propriété dans ses mains avares et reproduisit un nouveau patriciat avec cette âpreté qui distingue la noblesse parvenue de la noblesse de race.

Depuis les lois de Licinius on avait bien de temps en temps fait au peuple quelques distributions de terre[4]; mais ces immenses étendues de terres conquises, qui faisaient une part de l'Italie, les riches se les étaient attribuées[5]. Ce n'est pas tout; soit par achat, soit par violence, ils s'approprièrent les héritages de leurs pauvres voisins. Propriétaires de cantons entiers, ils remplacèrent la culture des hommes libres par celle des esclaves, moins onéreuse puisqu'elle n'avait pas la charge du service militaire, et ainsi

[1] Salluste, Jug., 31, 41.
[2] Salluste, Jug., 63.
[3] Salluste, Jug., 40, 42.
[4] Polybe, II, 21. — Livius, XXXI, 4, 19; XLII, 4. — Val. Max., IV, 3, 5.
[5] Livius, IV, 57; VI, 5, 37; XLII, 19.

disparut chaque jour le malheureux paysan, écrasé par les dépenses et les fatigues de la guerre, chassé de l'héritage paternel par la misère, l'usure et la violence [1].

[1] Appien, *Guerre civile*, I, 7, dépeint en politique cette destruction des classes moyennes. Je le traduis :
« A mesure que les Romains subjuguaient une portion de
» l'Italie, ils prenaient une part du sol ; là ils fondaient des
» villes ou bien ils peuplaient de colons celles qui existaient déjà.
» C'étaient leurs boulevards. De cette terre conquise la partie cul-
» tivée était assignée ou vendue, ou affermée aux colons. Quant
» à la partie inculte, souvent fort considérable, on l'abandonnait,
» sans la diviser, à ceux qui voulaient la cultiver, moyennant la
» redevance annuelle du dixième des grains et du cinquième des
» fruits. Il y avait aussi un impôt déterminé pour le droit de pa-
» turage du gros et du menu bétail. On voulut multiplier cette
» race italienne, race patiente et courageuse, pour augmenter le
» nombre des soldats citoyens ; mais le contraire arriva de ce
» qu'on avait prévu, car les riches, maîtres de la plus grande
» partie de ces terres non limitées (τῶν ἀπεριορίστων γῆς), enhardis
» par la durée de leur possession, achetèrent de gré ou prirent
» de force l'héritage de leurs pauvres voisins et transformèrent
» leurs champs en d'immenses domaines. Ils employèrent des es-
» claves pour laboureurs et pour bergers, le service militaire ar-
» rachant les hommes libres à l'agriculture. Ces possessions
» étaient des plus fructueuses par la rapide multiplication des
» esclaves, que favorisait singulièrement cette exemption du ser-
» vice militaire. Les riches devinrent donc démesurément riches,
» et les esclaves augmentèrent rapidement en Italie ; mais la race
» italienne s'appauvrit et s'anéantit usée par la misère, l'impôt et
» la guerre. Et si l'homme libre échappait à ces maux, il lui
» fallait se perdre dans l'oisiveté, car le sol était tout entier aux
» mains des riches, qui cultivaient par des esclaves et ne voulaient
» point de lui. » — Sall., *Jug.*, 41. — Livius, VI, 12. — Pline, *H. N.*, XVIII, 7, 8. — Sénèque, *Ep.*, 89. — Florus, I, 21. — Quintilien, *Déclam.*, XIII, 2.

Tiberius Gracchus voulut porter remède à cette plaie, qui menait droit à la destruction de la chose romaine [1]. Plus courageux que le prudent Lélius, il attaqua le mal dans sa racine et fit passer une loi par laquelle, tout en indemnisant les droits acquis, la possession de l'*ager publicus*, fut, en conformité des lois liciniennes, limitée à un maximum de cinq cents *jugera* [2]. Le surplus devait être partagé entre les pauvres citoyens, à la charge des redevances ordinaires [3]. Ainsi, par un coup de politique hardie, il réorganisait la classe moyenne dans toute l'Italie [4] et rétablissait en même temps la source la moins onéreuse des revenus de l'État.

Tiberius paya de sa tête sa courageuse entreprise, son caractère sacré ne le sauva pas. Caius fut comme son frère assassiné par une aristocratie corrompue. Après la mort de ces deux hommes, qui avaient voulu recréer une classe

---

[1] Avant Niebuhr, un auteur dont l'ouvrage est peu connu, Pilati de Tassulo, *Lois politiques des Romains*, t. II, ch. 16, avait nettement déterminé ce qu'étaient les lois agraires et quel fut le but que se proposa le noble cœur de Tiberius.

[2] Appien, I, 9, *Guerre civile*.

[3] Plut., *T. Gracch.*, c. 9.

[4] Gracchus colonos dedit municipiis, vel ad supplendum numerum civium, vel ad coercendos tumultus, qui subinde movebantur. Præterea legem tulit ne quis in Italia amplius quam ducenta jugera possideret, intelligebat enim contra jus esse, majorem modum possidere, quam qui ab ipso possidente coli possit. Sicul. Flac., *de Cond. agror.* (Gœs., p. 2).

moyenne là où l'esclavage et la grande propriété, grandissant tous les jours, rendaient un si beau projet impossible, le mal fut incurable. La république ne fut plus composée que de riches et de misérables, tous également corrompus par l'extrême misère ou l'extrême richesse. Et quand Marius appela sous ses drapeaux les prolétaires et les *capite censi*, il fit moins un acte d'ambition que de nécessité : le citoyen romain n'existait plus [2].

Les grandes propriétés ont perdu l'Italie, s'écriait Pline, *et les voilà qui perdent les provinces!* cri perçant d'un patriote qui lisait l'avenir [3].

CHAPITRE VII.

Comment disparut l'*ager publicus*.

Quand un homme s'est fait le représentant des souffrances d'un peuple, tuer cet homme est un

---

[1] Sall., *Jug.*, 86. — Plut., *Marius*, c. 9. — A. Gellius, XVI, 10. — Val. Max., II, 3, 1.

[2] A croire le tribun Philippe, il n'y avait à Rome que deux mille personnes qui fussent propriétaires ; trois cent mille hommes étaient dans l'indigence, à la merci du premier acheteur. Cic., *de Offic.*, II, 21.

[3] Pline, *H. N.*, XVIII, 7.

mauvais moyen de détruire le sujet de sa plainte ; c'est l'illusion des politiques à courte vue. Le sang de Gracchus pouvait effrayer la plèbe ; mais il lui fallait vivre à quelque prix que ce fût ; et en face de la grande propriété et de la culture servile elle ne le pouvait pas.

La plèbe s'enrôla donc sous les drapeaux des ambitieux pour obtenir par la force ce que les lois lui refusaient, la propriété. Une colonie fut la récompense d'une légion victorieuse ; mais ce ne fut plus seulement le sol de l'*ager publicus*; ce fut l'Italie tout entière qu'on mit à la merci des légions. Sylla, distribuant des terres à quarante-sept légions, donna le premier ce terrible exemple [1], et de ce coup fatal anéantit la république [2].

César, suivant les traces de Sylla, établit plus de cent vingt mille légionnaires [3]. Antoine ne resta pas en arrière de César [4]; pendant son triumvirat, Octave donna à ses soldats dix-huit

---

[1] Appien, *Guerre civile*, I, 96, 100. — Plut., *Sylla*, 31, 33. — Florus, III, 21.

[2] Cic., *de Offic.*, II, 8. Nec vero unquam bellorum civilium semen et causa deerit, dum homines perditi hastam illam cruentam et meminerint et sperabunt..... Ex quo debet intellegi tantibus præmiis propositis, nunquam defutura bella civilia. Itaque parietes urbis modo stant et manent ; iique ipsi jam extrema scelera metuentes ; rem vero publicam penitus amisimus.

[3] Appien, *Guerre civile*, II, 94, 119, 120, 135, 141. — Suét., in *Julio*, c. 20, 38. — Cic., *ad famil.*, XIII, 8; *ad Att.* II, 16. — Agrar., II, c. 16.

[4] Cic., *Philipp.*, V, 2, 3.

villes des plus florissantes [1], et une fois empereur fonda encore vingt-huit colonies dans la seule Italie [2].

Dans ce pêle-mêle d'assignations et de proscriptions, l'*ager publicus* disparut presque entièrement [3]; le peu qui restait se perdit dans les biens impériaux (*fundi patrimoniales, rei privatæ*). Mais la cause du mal, la grande propriété, s'étendit plus que jamais. César était déjà obligé de prendre des mesures pour empêcher la dépopulation de l'Italie [4]; mesures inutiles. Entre la plèbe, qu'on nourrissait, et les riches seuls propriétaires, dans un pays sans industrie, il n'y avait point de place pour cette classe moyenne qui fait la force des empires. Elle étouffait.

---

[1] Appien, IV, 3, cite Capoue, Rhegium, Venouse, Benevent, Nuceria, Ariminium. — Appien. V, 3, 12-16, 19, 20, 22, 23, 27, 53. — Dio Cass., XI, XLVIII, 2-8. — Suét., *Oct.*, 13. — Vell. Pat., II, 74. — Florus, IV, 5. — Virgil., *Eclog.* 1.

[2] Suet., *Oct.*, 46. — Hyginus *de limit. const.* (Goes., p.160).

[3] Les agrimensores ne connaissent plus que des portions insignifiantes de l'*ager publicus*. — Sicul. Flacc., *de Condit. agror.*, p. 2. — Frontinus, *de Controv.*, p. 42. — Aggenus, *in Front.*, p. 60.

[4] Suet., *in Jul.*, 43. Octoginta autem civium millibus in transmarinas colonias distributis, ut exhausta quoque urbis frequentia suppeteret, sanxit : ne quis civis major annis viginti minorve xt qui sacramento non teneretur, plus triennio continuo Italia abesser ; neu quis senatoris filius, nisi contubernalis, aut comes magistratus peregre proficisceretur : neve hi qui pecuariam facerent, minus tertia parte puberum ingenuorum inter pastores haberent.

CHAPITRE VIII.

De la propriété italique[1].

Rome partageait cette idée commune à toutes les cités de l'antiquité, que le droit d'une nation ne protégeait que les membres de cette nation. L'étranger n'avait donc à Rome ni droit ni protection : c'était un ennemi (*hostis*)[2]. Point d'union légitime, point de puissance paternelle, point de propriété en dehors de la famille et de la propriété romaine. Contre l'étranger un mur d'airain ; qu'il ne puisse ni s'unir aux Romains ni acquérir le sol consacré : *adversus hostem æterna auctoritas esto*.

Quand Rome fit la conquête de l'Italie, elle dut, dans sa conduite à l'égard des vaincus, faire l'ap-

---

[1] Savigny *Ueber die Entstehung und Fortbildung des Latinität*. Zeits, V, 229 et ss. M. Giraud a donné une analyse fort exacte de ce mémoire : *Recherches sur le droit de propriété*, t. I, 281-293. — Walter, *Gesch. de Rœm Rechts.*, t. I, ch. 8, 9, 14, 10. — Savigny, *Der Rœmisch Volkschluss der Tafel von Heraclea*. Zeits, t. IX, p. 300 et ss.

[2] Festus, V. Hostis. — Varro de L. L. IV, p. Multa verba aliud nunc ostendunt, aliud ante significabant, ut *hostis*. Nam tum eo verbo dicebant *peregrinum* qui suis legibus uteretur : nunc dicunt eum quem tum dicebant *perduellem*.

plication de ces principes rigides. Et ce que Gaius et Ulpien nous apprennent sur le droit des *peregrini* et des *deditices* peut nous donner quelque faible crayon de la condition des peuples conquis. Mais malheureusement nous ne possédons que des renseignemens incomplets sur la situation politique des cités italiennes durant les deux cent cinquante années qui ont précédé la réorganisation générale de l'Italie par la loi JULIA, de l'an 664. Sur ce point nous sommes réduits aux conjectures.

La condition des Italiens n'était pas pourtant la même ; les uns étaient absolument exclus des relations civiles et politiques avec la ville reine : ils n'avaient ni le droit de s'allier aux familles romaines ni la capacité d'acquérir le domaine quiritaire, c'étaient des étrangers (*peregrini*) dans toute la force du terme [1].

D'autres, plus favorisés, tels que les Latins, obtenaient le *commercium* [2], ce qui les rendait capables d'être propriétaires *jure Quiritium*, de faire tous les actes qui se rattachent à la conservation ou à l'aliénation de ce domaine ; tels que la mancipation [3], la *cessio in jure*, le *nexum*, la *vindicatio*;

---

[1] Gaius, I, 79. — Sénèque, de *Beneficiis*, IV, 35.
[2] Ulpien, XIX, 5. Commercium *est* emendi vendendique invicem jus. — Livius, VIII, 14.
[3] Ulpien, XIX, 1. Mancipatio locum habet inter cives romanos et Latinos coloniarios, Latinosque Junianos, eosque peregrinos quibus commercium datum est.

ils avaient aussi le droit de donner ou de recevoir par testament, car le testament se faisant dans la forme de la *mancipatio*, était considéré comme un mode d'acquisition compris dans le *commercium*¹.

Quand au *commercium* on joignait le *connubium*², ou droit d'union légitime (ce qui entraînait de soi la puissance paternelle, l'agnation et la succession *ab intestat*, qui n'était qu'une conséquence de l'agnation), il ne restait plus entre ces privilégiés et les citoyens romains qu'une distinction politique ; la capacité civile était la même.

CHAPITRE IX.

Émancipation de l'Italie.

Au septième siècle, la souveraineté de Rome sur l'Italie était un fait depuis longtemps accompli ; mais la situation des cités soumises était loin d'être uniforme : plusieurs avaient obtenu le droit de cité à des conditions plus ou moins favorables ; des colonies nombreuses, maîtresses de tous les points importans, assuraient, comme

¹ Ulpien, XX, 8, Latinus Junianus et familiæ emtor et testis et libripens fieri potest ; quoniam cum eo testamenti factio est. XI, 16. Latinus habet quidem testamenti factionem.
² Ulp., tit. V, pas.

autant de places fortes, la suprématie de la métropole ; d'autres cités enfin, dépendant de Rome, lui fournissant des légions auxiliaires équipées et entretenues à leurs frais, avaient toutes les charges de la guerre sans avoir part aux bénéfices de la victoire ; telle était la position des Latins, autrefois les égaux de Rome; telle était celle des *socii* ou *fœderati*, peuples dont la condition politique était fort diverse, semblable toutefois en ce point qu'ils avaient obtenu le *jus commercii* et le *jus connubii*[1].

Rome, dans sa prudence ordinaire, avait même accordé une assez facile communication des droits politiques : elle admettait au nombre de ses citoyens les magistrats des villes latines, au sortir de leurs fonctions, moyen sûr d'absorber toute supériorité locale. On alla jusqu'à donner le droit de cité à tout Latin qui venait se faire inscrire au cens, pourvu qu'il laissât dans sa ville natale un enfant destiné à le remplacer[2]. Toutefois ces concessions n'étaient qu'un vain palliatif à un mal qui gagnait toujours. Cette exclusion des droits politiques, c'était pour ces peuples jaloux comme ces plaies qui se rouvrent sans cesse et ne peuvent guérir.

[1] Ce fait important résulte d'un fragment de Diodore découvert par Angelo Mai. Exc. XXXVII, 6.
[2] Liv. XLI, 8. Lex sociis ac nominis Latini, qui stirpem ex sese domi relinquerent, dabat ut cives romani fierint.—V. Savigny, *Volksschluss der Taf. von Heraclea*. Zeits, IX, p. 316.

Par cette loi invariable qui proportionne la condition politique des individus à la condition du sol, cette infériorité des nations italiennes, propriétaires et néanmoins privées des droits de cité, était une situation hors nature et qui devait tôt ou tard amener une révolution qui élevât l'Italie au niveau de Rome; c'est ce que fit la guerre sociale [1].

Gracchus voulut communiquer aux Latins les droits de cité romaine [2], il ne réussit pas; mais ces peuples, abandonnant leurs cités désertes, coururent se faire inscrire en masse au cens romain pour se faire comprendre au nombre des citoyens [3]. Il était dur en effet qu'après avoir versé leur sang sous les drapeaux de Rome, ils fussent exclus des droits politiques par la jalousie d'une cité dont ils avaient fait la grandeur [4].

La loi Licinia-Mucia (an 657), qui ordonna une exacte révision des listes du cens et renvoya

---

[1] Vell. Pat., II, 15, 16.

[2] Vell. Pat., II, 2, 6. — Val. Max., IV, 5, 1. — Appien, *Guerre civile*, I, 21, 24. — Plut., *T. Gracchus*, V, 8.

[3] Livius, XXXIX, 3; XLI, 8, 9; XLII, 10.

[4] Vell. Pat., II, 16. Quorum (des alliés) ut fortuna atrox ita causa fuit justissima. Petebant enim eam civitatem cujus imperium armis tuebantur, per omnes annos atque omnia bella duplici numero se militum equitumque fungi, neque in ejus civitatis jus recipi, quæ per eos in id ipsum pervenisset fastigium, per quod homines ejusdem et gentis et sanguinis, ut externos alienosque fastidire posset.

s'inscrire dans leurs municipes tous ceux qui se trouvèrent frauduleusement inscrits à Rome, occasionna une grande agitation dans l'Italie [1]; et ce mouvement, à la mort de Drusus, éclata en une guerre sociale où la vieille haine samnite, encore une fois réveillée, mit Rome à deux doigts de sa perte [2]. Il fallut céder : cinq ans après la loi Licinia-Mucia, les droits politiques furent communiqués aux Latins, quelques années plus tard à toute la péninsule; Rome, la maîtresse de l'Italie, n'en était plus que la capitale [3].

Les privilèges du domaine quiritaire une fois communiqués à la propriété italienne et l'*ager publicus* disparu de l'Italie, il n'y eut plus dans le monde romain que deux grandes distinctions de propriété : — la propriété italienne (*dominium*) et la propriété provinciale (*possessiones*).

Le domaine quiritaire, l'absence d'impôt direct [4] et la libre administration municipale cons-

---

[1] Cic., *pro Balbo*, 21-24. *Pro Sextio*, 13. *Pro Cornelio*, c. 21. *De officiis*, III, 11. — Asconius, *in Cornel.* c. 24 (ed. Orelli, p. 67).

[2] Appien, *Guerre civile*, I, 35, 39. — Florus, III, 17, 18.

[3] Lex Julia de l'an 662. Appien, I, 49, 53, 68. — Cic., *pro Balbo*, c. 8. — A. Gell., IV, 4. — Lex Plautia de l'an 663. — Cic., *pro Archia*, c. 4, 7. — Cic., *ad famil.*, XIII, 30. — Vell. Pat., II, 16.

[4] Per Italiam ubi nullus agrorum tributarius est, dit Simplicius (ed. Goes., p. 76). L'impôt foncier sur une propriété civique eût été une contradiction aux idées romaines ; une redevance foncière supposait chez les Romains une concession de jouis-

tituèrent la prééminence de l'Italie, le *jus italicum*, c'était le cachet politique de la propriété romaine qui fut quelquefois communiqué par privilége à certaines cités provinciales.

Occupons-nous maintenant de la propriété provinciale.

CHAPITRE X.

De la propriété provinciale.

Quand une province était conquise, son territoire était réuni au domaine de l'État; en persance avec réserve de la propriété au profit de la république, c'était l'aveu d'un domaine éminent et, si j'osais m'exprimer ainsi, d'une *suzeraineté* de l'État.

Il y avait il est vrai un impôt proportionné aux fortunes, *stipendium* (Tacit., *Ann.*, XI, 22), mais c'était un impôt personnel et qui, comme le cens romain, n'atteignait la propriété qu'à travers la personne. Voyez aussi L. 7, *De public. et vectig.* D. XXXIX, 4.

Cette immunité de la propriété quiritaire rappelle la franchise de l'alleu. L'idée d'un impôt direct sur la propriété des citoyens, impôt qui n'est point l'aveu d'une concession, mais la part que chacun donne à l'État dans un intérêt général, est une idée toute moderne et qui pour nous ne date guère que de 1789.

[1] Dominicy, *de prærogativa allodiorum*, ch. 2 et 3. — Savigny, *Ueber das jus Italicum*, Zeits., V, p. 242 et ss., et le résumé qu'en a donné M. Giraud, *Recherches sur le droit de propriété*, p. 293-312. — Savigny, *Ueber die Rœmische Steuer verfassung unter den kaisern*, Zeits., VI, p. 320 et ss. *Geschichte der Rœmischen Rechts*, t. I, p. 51; IV, p. 166.

dant la propriété du sol, les habitans perdaient leurs lois, leurs franchises, leurs magistrats[1]. Les proconsuls avaient sur ces malheureux un pouvoir absolu. Qui n'a lu les *Verrines?* sanglante accusation contre cette férocité avare qui faisait comme le fond immuable du caractère romain[2].

Du sol conquis, une partie était vendue ou affermée publiquement par les censeurs[3]; une autre laissée en la jouissance des anciens possesseurs, moyennant un impôt foncier aussi af-

---

[1] Liv. I, 38.

[2] Salvien, *de Gub. Dei*, lib. VII. éd. Baluze, p. 168. *Præterea avaritiæ inhumanitatem, proprium est Romanorum pene omnium malum.*

[3] Cic., *in Rull.*, I, 2, 3; I, 19, 21. — Tacit., *Ann.*, XIV, 18. — Hyginus, *de Condit. agror.* (ed. Goes., p. 205). Quæstorii autem dicuntur agri, quos populus romanus devictis pulsisque hostibus possedit, mandavitque quæstoribus, ut eos venundarent, quæ centuriæ nunc appellantur Plinthi, id est laterculi. Easdem in quinquagenis jugeribus quadratas cluserunt limitibus, atque ita certum cuique modum vendiderunt. — Vectigales autem agri sunt obligati, quidam reipublicæ populi romani, quidam coloniarum, aut municipiorum, aut civitatum aliquarum, qui et ipsi plerique ad populum romanum pertinentes, ex hoste capti partitique ac divisi sunt per centurias, ut assignarentur militibus, quorum virtute capti erant, amplius quam destinatio modi quamve romanorum militum exigebat numerus. Nam qui superfuerant agri vectigalibus subjecti sunt, alii per annos quinos, alii vero mancipibus ementibus, id est conducentibus in annos centenos; plures vero, finito illo tempore, iterum venduntur locanturque ita ut vectigalibus est consuetudo. In quo tamen genere agrorum sunt aliquibus nominatim redditæ possessiones. Ii habent scriptum in

fermé¹. Les chevaliers, adjudicataires ordinaires de ces impôts, spéculaient également sur ces immenses concessions de terres domaniales, et les faisaient mettre en valeur par leurs esclaves, au grand préjudice de la population libre hors d'état de soutenir la concurrence de la culture servile².

Ce domaine éminent de l'État influait singulièrement sur le droit de propriété provinciale; à moins en effet que le sol ne fût celui d'une cité libre ou privilégiée du *jus italicum*³, c'était la propriété du peuple romain.

In eo solo, dit Gaius, II, 7, *dominium populi romani est vel Cæsaris, nos autem possessionem tantum et usumfructum habere videmur*⁴.

---

formis quantum cuique eorum restitutum sit. Ibi agri qui redditi sunt, non obligantur vectigalibus, quoniam scilicet prioribus dominis redditi sunt. Mancipes autem qui emerunt lege dicta jus vectigalis, ipsi per centurias locaverunt aut vendiderunt proximis quibusque possessoribus.

¹ Cic., *in Verrem*, III (IV), 6, inf. chap. XI, note 1.
² Florus, III, 9.—Aggen. Urb., *de Controv. agror.* (Goes. ,71). In provinciis, præcipue in Africa... saltus non minores habent privati quam reipublicæ territoria. Quinimo multi saltus longe majores sunt territoriis. Habent autem in saltibus privati non exiguum populum, amplos etiam vicos circa villam in modum municipiorum.— Pline, *H. N.*, XVIII, 7.
³ Livius, XXIII, 32; XLV, 29. — Cujac., *Obss.*, X, 35.
⁴ Utique tamen, ajoute Gaius, ejus modi locus licet non sit religiosus pro religioso habetur, quia etiam quod in provinciis non ex auctoritate populi romani consecratum est, *quanquam proprie sacrum non est, tamen pro sacro habetur.* — Et Théophile, *Inst.*, II, 1, § 10 : « Ceux qui autrefois, par concession du peuple

Le détenteur d'un sol provincial n'était donc, comme le détenteur de l'*ager publicus* en Italie, qu'un simple possesseur¹, il avait la jouissance et non le domaine ; en conséquence il ne pouvait ni consacrer le sol, ni l'aliéner *jure Quiritium*, ni le soumettre au *nexus*, à la mancipation, à l'usucapion² ; mais néanmoins il pouvait

» ou du prince, obtenaient des terres stipendiaires ou tributaires
» n'étaient point propriétaires (******) ; le domaine appartenait
» au peuple ou à l'empereur. Mais ils avaient l'usage (*****), le
» fruit (*******) et la possession la plus complète (**********),
» si bien qu'ils pouvaient la transmettre entre vifs ou la laisser à
» des héritiers. Mais les propriétaires des maisons et des terres
» italiques, avaient le domaine. — Tout ceci avait lieu autrefois ;
» aujourd'hui, d'après une constitution de notre empereur (L. un.,
» c. *de Usuc. transf.*), il n'y a plus de différence entre les terres
» italiques et les stipendiaires ou tributaires. Si donc un proprié-
» taire me fait tradition de sa chose, soit à titre de donation, de
» dot, ou à tout autre titre, comme d'échange par exemple, il est
» indubitable qu'il me transfère le domaine. » Bynkershoekh, *De
rebus mancipi*, c. 9, *in Opp.* t. I, p. 315.

¹ Cic., *ad Att.* VI, 1, 12. Liber Simplicii (Goes, p. 76) *Prima conditio possidendi hæc est per Italiam, ubi nullus agrorum tributarius, sed aut colonicus, aut municipalis, aut alicujus castelli, aut conciliabuli, aut saltus privati. At si ad provincias respiciamus, habent agros colonicos quidem immunes, habent et colonicos stipendiarios qui sunt in commune, habent enim et coloniæ stipendiarios ; habent autem provinciæ et municipales agros, aut civitatum peregrinarum, et stipendiarios qui nexum non habent, neque (possidendi) ab alienationem quia (possident) possidentur tantum a privatis, sed alia conditione (e)veniunt. Sed nec mancipatio eorum legitima potest esse : possidere enim illis quasi fructus tollendi causa et præstandi tributi conditio concessa est.*

² Gaius, II, 27, 46. — Inst. *Præm. de Usucap.*

disposer, l'obliger et même le prescrire *naturellement, utilement*, c'est-à-dire au moyen de la protection juridique, du gouverneur, qui dans les provinces faisait fonction de préteur¹. Sur ce point donc, la différence des deux propriétés romaine et provinciale, finit par être plus en la forme qu'au fond des choses.

Mais une différence plus importante et qui marqua longtemps l'infériorité politique des provinces, ce fut l'impôt. *In provinciis*, dit Aggenus Urbicus², *omnes etiam privati agri tributa atque vectigalia persolvunt.* L'impôt foncier était la conséquence du principe qui réservait le domaine à l'État, le *vectigal* était en quelque façon le loyer que les provinciaux payaient de leurs possessions à Rome, qui leur en laissait la jouissance³.

¹ Gaius, II, 7, 46. — Ulp. XIX, 1. — L. 12, § 2. D. *de Public.* — Pline, *Ép.*, II, 76.
² Goes., p. 41.
³ M. de Savigny, après avoir partagé l'opinion que nous émettons (*Zeits.*, V, p. 261), ne voit plus dans ce domaine de l'État qu'une hypothèse ingénieuse inventée par les jurisconsultes pour expliquer l'origine de l'impôt (*Zeits.*, VI, p. 355, note 3). C'est aussi l'opinion de Niebuhr, *Rœm. Gesch.* II, 851. Nous ne voyons aucun motif pour ne point admettre comme vrai et conforme au génie romain ce que disent Gaius et Théophile.

CHAPITRE XI.

L'impôt dans les provinces.

Les impôts différaient en chaque province [1]; mais communément on trouvait réunis un impôt sur les personnes (*tributum*) et un impôt sur les biens (*vectigal*). Ce dernier impôt, payable en argent dans quelques pays, était le plus souvent payable en nature : c'était d'ordinaire le dixième des grains, le cinquième des fruits [2].

[1] Cic., *in Ver.*, III (IV) 6. — Inter Siciliam ceterasque provincias, in agrorum vectigalium ratione, hoc interest, quod ceteris aut impositum est vectigal certum, quod stipendiarium dicitur, ut Hispanis et plerisque Pœnorum, quasi victoriæ præmium ac pœna belli ; aut censoria locatio constituta est, ut Asiæ lege Sempronia ; Siciliæ civitates sic in amicitiam fidemque recepimus, ut eodem jure essent quo fuissent ; eadem conditione populo romano parerent qua suis antea paruissent.

Perpaucæ Siciliæ civitates sunt bello a majoribus nostris subactæ ; quarum ager cum esset publicus P. Romani factus, tamen illis est redditus. Is ager (*la redevance de ce champ*) a censoribus locari solet. Fœderatæ civitates duæ sunt, quarum decumæ venire non solent, Mamertina et Tauromenitana ; quinque præterea sine fœdere, immunes civitates ac liberæ, Centuripina, Halesina, Segestana, Halicyensis, Panormitana ; præterea omnis ager Siciliæ civitatum decumanus est.

[2] Hyg., *de Limit. const.* (Goes., p. 108). Agri autem vectigales multas habent constitutiones. In quibusdam provinciis fructus partem constitutam præstant : alii quintas, alii septimas ; nunc

Les exactions des publicains étaient si vexatoires que César changea le paiement des dimes de l'Asie en un abonnement fixe. La province respira quand elle leva ses dimes elle-même. La dureté de l'impôt est souvent moins dans la quotité que dans la perception [1].

Ajoutez à ces deux impôts les péages des ports, des mines, des salines ; — l'entretien des flottes, et souvent la construction et l'équipement de navires entiers ; — les quartiers d'hiver ; — l'entretien des postes, des magasins militaires ; — les corvées publiques [2] ; — les fournitures à faire au préteur, soit en nature [3], soit par équivalent en argent, équivalent fixé par lui seul, d'après son avare estimation [4] ; — les transports à la charge des provinciaux, cause perpétuelle de vexations [5].

Ajoutez l'argent, — les fournitures d'habits, de chevaux, — les objets de curiosité pour les jeux de l'édile ; — des charges municipales fort lourdes

---

multi pecuniam (Hygin. écrivait sous l'Empire), et hoc per soli æstimationem. Certâ enim pretia agris constituta sunt, ut in Pannonia arvi primi, arvi secundi, (partis) sylvæ glandiferæ, sylvæ vulgaris pascuæ. His omnibus agris vectigal ad modum ubertatis per singula jugera constitutum.

[1] App., *Guer. civ.*, V, 4. — Dio Cassius, XLII, 6.

[2] Aurel. Vict., *in Vespas.*

[3] Frumentum in cellam. Cic., *Verr.*, III, 8.

[4] Frumentum æstimatum. Cic., *in Verr.*, II, 1, 38. — Asconius in *Cic.* — Livius, XLIII, 2.

[5] Tacite, *Agric.*, c. 19. — Cic., *in Verr.*, III, 82, 83.

et qui n'étaient point compensées par la liberté d'administration. — Ajoutez enfin les impôts fonciers extraordinaires, l'*aurum coronarium*, et les indignes pilleries des préteurs et de leur suite, et vous n'aurez encore qu'une bien faible idée¹ de cet épuisement incessant des provinces au profit des plaisirs de Rome et de l'avarice des publicains.

« *Non peculatus ærario factus, neque per vim so-*
» *ciis ereptæ pecuniæ, quæ quanquam gravia sunt,*
» *tamen consuetudine pro nihilo habentur*² ». Qu'a-jouterai-je à ces paroles de Salluste ?

CHAPITRE XII.

De la révolution impériale.

La révolution qui établit le gouvernement impérial consomma la réunion de tous les pouvoirs dans les mains d'un seul homme. Autorité des diverses magistratures de la république, autorité du sénat, caractère sacré et véto des tribuns, puissance législative et souveraine du peuple ; toutes ces forces, d'autant plus absolues

---

¹ Il faut lire les *Verrines* et la lettre de Cicéron à Quintus son frère (I, 7). C'est là que sont les renseignemens les plus curieux sur l'état des provinces sous la république.

² Salluste, *Jug.*, c. 36.

qu'elles étaient destinées à s'équilibrer entre elles par une mutuelle indépendance, se concentrèrent en la personne des empereurs, et du premier coup les poussèrent au comble de l'absolu pouvoir.

La résistance ne pouvait venir des classes moyennes décimées par la longueur des guerres civiles, la plèbe voulait du pain, les riches du repos : le monde entier donna les mains au despotisme.

CHAPITRE XIII.

L'Italie et les provinces sous l'Empire.

Le despotisme impérial devait être jaloux des prééminences de l'Italie. Ces priviléges de la propriété quiritaire, cette exemption d'impôt direct, cette organisation municipale surtout, sentaient toujours la liberté romaine. On fit de l'Italie une province.

Auguste avait commencé la révolution en remettant à la curie l'élection des magistrats faite jusqu'alors dans la libre assemblée de tous les citoyens[2]. Ce fut encore lui qui attaqua le pre-

---
[1] Tacite, *Ann.*, I, 2. — Dio Cassius, lib. LIII.
[2] Suétone, *Aug.*, c. 16.

nier les franchises de la propriété romaine par deux lourds impôts, le vingtième des successions[1] et le centième des adjudications[2], qui frappaient la propriété dans ses transmissions les plus ordinaires.

Cette révolution, commencée par Auguste, Adrien la consacra dans l'ordre politique quand il réunit l'administration de l'Italie à quatre consulaires[3]; Caracalla l'acheva dans un but de fiscalité quand, pour étendre aux provinces l'impôt du vingtième[4] et les impôts indirects dont on avait surchargé l'Italie, il communiqua à toutes les provinces le droit de cité romaine, jadis refusé aux rois, — vain honneur maintenant et qui n'avait plus de valeur que pour le fisc.

On se garda bien d'étendre aux provinces cette exemption de l'impôt foncier, dernier vestige d'une grandeur passée que l'Italie conserva

---

[1] Dio Cassius, LV, 25; LVI, 28. — Pline, *Paneg.*, 37, 40. Vicesima reperta est, tribulum tolerabile et facile heredibus duntaxat extraneis, domesticis grave.

[2] Suétone, *Caligula*, 16.

[3] Spartian., *in Hadriano*. Marc-Aurèle remplaça ces consulaires par des *juridici* (une même fonction sous un nom moins important). Julius-Capitol., *in Marc*. — Aurélien confia l'Italie tout entière, comme une province, au gouvernement de Tétricus, qui eut le titre de correcteur. Treb. Pollio, *in Tetric*.

[4] Dio Cassius, LXXVII, 9. λόγῳ μὲν τιμῶν, ἔργῳ δὲ ὅπως πλείω αὐτῷ καὶ ἐκ τῶν τοιούτων προσίῃ, ᾗ τὸ τοὺς ξένους τὰ πολλὰ αὐτῶν μὴ συντελεῖν. « En paroles, il les honorait; en fait, il voulait s'enrichir, les étrangers pour la plupart ne payant pas ces impôts. »

jusqu'à Maximien¹. La condition des individus fut seule changée²; celle des terres resta la même.

On continua donc à distinguer la propriété quiritaire de la propriété provinciale. Cette distinction ne fut plus qu'un souvenir politique; mais elle se soutint longtemps encore dans le droit civil, qui garde d'ordinaire le sillon du passé plus longtemps que le droit politique.

CHAPITRE XIV.

Des changemens de Justinien.

Quand Justinien abrogea ces distinctions qui le gênaient³ et qu'il ne comprenait plus, il fit comme l'Arabe qui brise sans pitié la pierre des tombes égyptiennes sur lesquelles il a planté sa chétive masure, et qui se rit dédaigneusement de ces signes bizarres, langue sainte dont le Barbare a perdu le secret.

---

¹ Savigny, *Ueber die Rœm. Steuerverfassung*, Zeits., t. VI.
² Il n'y eut plus désormais de Latins que les affranchis (*Latini juniani*) et leurs enfans (et cette latinité était plus une infériorité politique qu'une incapacité civile), comme il n'y eut plus de *peregrini* parmi les sujets de l'Empire, sinon les affranchis *dediticcs*. — Savigny, *Ueber die Latinitæt*, Zeits., V, 240.
³ L. un. *de nudo jure Quiritium tollendo*. C. Just., VIII, 2s.

CHAPITRE XV.

Organisation municipale sous l'Empire[1]

Cette communication du droit de cité romaine à toutes les villes de l'Empire effaça pour jamais les antiques distinctions de municipes, de préfectures, de colonies. Dans tout l'Empire, l'administration municipale tomba aux mains d'une classe héréditaire de propriétaires, *curia, senatus, ordo, decuriones*. Cette fonction, utile et honorable tant qu'il resta quelque liberté, devint, par les progrès et l'avidité du despotisme, la condition la plus misérable et la plus intolérable oppression.

Par un phénomène remarquable, cette oppression s'attacha comme une lèpre à cette classe moyenne qui fait la vie des États; on eût dit que la loi avait pris à tâche de l'anéantir. Les sénateurs, les magistrats, les officiers du palais par leur dignité, leurs descendans par privilége, les militaires par la nature de leur service[2], le

---

[1] Godefroy, *Paratitla ad C. Th.* XII, 1. — Savigny, *Geschichte des Rœm. Rechts*, ch. 2. — Guizot, *Essais sur l'Histoire de France*. Premier essai.
[2] L. 5, C. Th., *de fil. milit.*, VII. 22.

clergé par l'honneur du sacerdoce, les cohortales et la plèbe par leur misère, échappaient aux fonctions curiales. Il résulta de ces exceptions opposées que la curie fut uniquement composée des petits propriétaires, qu'aucun privilége ne distinguait dans l'État et que cependant leur pauvreté n'exemptait pas des charges municipales.

Leur misérable état dans les derniers temps de l'Empire passe toute croyance. Captifs dans la cité qu'ils administraient [1], — soumis directement aux avanies des préfets, dont ils n'étaient que les agens passifs; — responsables des faits de leurs collègues et de leurs successeurs, qu'ils étaient forcés de désigner et de cautionner [2]; — obligés solidairement de payer au fisc l'entière somme des tributs, encore bien que l'excès de l'impôt en rendît la rentrée impossible; — torturés avec des onglets de fer quand ils ne pouvaient payer [3], ces malheureux essayaient de se

---

[1] C. Th., XII, 1. L. 9.

[2] On alla jusqu'à rendre responsables des faits de leurs prédécesseurs les décurions nommés à une époque où les incriminés avaient cessé toute fonction. Julien fut obligé de défendre cet abus. L. 54, C. Th., XII, 1. — L. 2, L. 8. C. Just., *de Suscept.*

[3] C. Th., *de Quæst.*, IX, 35; L. 2. Decuriones, *sive ob alienum, sive ob suum debitum*, exortes omnino earum volumus esse pœnarum quas *fiducula* et *tormenta* constituunt. Quod quidem capitale judici erit, si in contumeliam ordinis exituhque

soustraire à ces charges intolérables, quelque fût le moyen : — par l'abandon de ces biens que la loi immobilisait dans leurs mains¹ ; — par l'état religieux² ; — par le service militaire³ ; — par l'esclavage même, moins dur que le servage de la curie⁴. Tout était vain : la loi les emprisonnait à tout jamais eux et leurs enfans, dans leur déplorable condition.

« *Neque curialis, neque curialis filius conditione* » *deserta, aliam audeat adspirare fortunam, cui* » *majorum suorum exempla præjudicant⁵.* »

temptetur. Majestatis tantummodo reos, et quæ præsenti dicto sunt conscios aut molientes, ex ordine municipali, maneat tam cruenta conditio : debitores vero et quos allectos aut susceptores memorant, a summo usque ad infimum ordinem curiales exortes talium volumus esse pœnarum. Habet severitas multa quæ sumat ad sanciendam publici officii disciplinam : ut abstineant tam cruentis.

Plumbatarum vero ictus, quos in ingenuis corporibus non probamus non ab omni ordine submovemus, sed decem primos tantum ordinis curiales ab immunitate hujusmodi verberum segregamus : ita ut in cæteris animadversionis istius habeatur moderatio commonentis (Gratien, an. 376). L. 115, C. Th., XIII, 1.

¹ C. J. X, 33. *De prædiis decurionum sine decreto non alienandis.* L. 1. — Nov. XXXVIII, præf.

² Saint Ambroise, *Ep. 40 ad Theodos.* — Presbyteri quidem gradu functi et ministri ecclesiæ retrahuntur a munere et curiæ deputantur. C. Th., XII, 1 ; L. 59, 63, 104, 115 ; XVI, 7, L. 3.

³ C. Th., XII, 1 ; L. 13 ; L. 22, L. 108, ibid.

⁴ Salvien, *de Gubern. Dei.* Novell. 1. Majoriani.

⁵ C. Th., VIII, 4, L. 28. Honorius an. 423.—L. 14, C. Th., VI, 35.—L. 10, 11, D., L. 5.—Cassiod., *Varior.*, II, 18 ; IX, 2, 4.

« En vain les empereurs accumulèrent les privilèges pour maintenir la classe des décurions, le nombre en diminuait tous les jours ¹. On en vint à condamner les malfaiteurs à entrer dans la curie, et par une révolution inouïe dans les idées, le privilége le plus glorieux chez un peuple libre, celui d'administrer ses concitoyens, fut sous le despotisme un supplice ².

Ne quis officialium, dit Valentinien, *pœnæ specie atque æstimatione curiæ dedatur; nisi si quis forte curiam defugiens, ob hoc cœperit militare, ne ingenitis fungatur officiis. Omnes itaque omnino judices tuæ censuræ subditos admonebis, ne quis existimet curiæ loco supplicii quemquam deputandum: cum utique unumquemque criminosum non dignitas debeat sed pœna comitari* (ann. 364) ³.

---

¹ C. Th., XII, 1, L. 186. Nov. 38, præf. V. Néanmoins Lydus, I, 28; III, 46, 49.

² Cassiod., *Varior.*, II, 18. — Gudilæ episcopo Theodoricus rex : Priscarum legum reverenda dictat auctoritas ut nascendo curialis nullo modo possit ab originis suæ muniis discrepare nec in aliud reipublicæ officium trahi, qui tali preventus fuerit sorte nascendi; quod si eos vel ad honores transire jura vetuerunt, *quam videtur esse contrarium, curialem reipublicæ amissa turpiter libertate servire, et usque ad conditionem pervenisse postremam, quem vocavit antiquitas minorem senatum.* — Novell. 1. Majoriani *de Curialib.*

³ L. 38, C. Just. X, 31. L. 16; L. 29, L. 66, C. Th. XII, 1.

CHAPITRE XVI.

De l'impôt vers les derniers temps de l'Empire.

Le système fiscal se raffina de plus en plus ; le tribut des provinces d'impôt en nature (*vectigal*) devint impôt en argent (*tributum*), usage général au temps de Marc-Aurèle [1]. L'Italie échappa à l'impôt foncier jusqu'à Maximien, qui lui porta le dernier coup [2].

La contribution foncière devint énorme et causa bientôt l'abandon des moins bonnes terres ; mais comme l'avidité du fisc ne pouvait reculer, on prit le parti de reverser sur les champs fertiles [3] la taxe des champs incultes. La surcharge générale augmenta par ce détestable système, et l'abandon des terres fertiles suivit bientôt celui des mauvaises terres.

Quand l'impôt est excessif, la petite propriété devient impossible. Qu'était-ce donc quand à la rigueur de l'impôt se joignait cette lourde charge

---

[1] Savigny, *Ueber die Röm. Steuerverfassung*, Zeits., VI, 350.

[2] Lactance, *de mortib. Persec.* c. 23, 26.

[3] L. 4, C. Th., X, 3. De Loc. fund. jur. Emphyt. L. 6, C. Just. *De omni agro deserto, et quando steriles fertilibus imponitur.*

des fonctions curiales. La classe des petits propriétaires libres disparut presque entièrement : *tributorum vinculis quasi prædonum manibus strangulata*, dit Salvien [1].

En vain on offrit ces terres désertes à qui voulut les prendre ; les lois qui assujettissaient à la curie le moindre plébéien dès qu'il acquérait vingt-cinq *jugera* [2] faisaient refuser ces immenses domaines ; le fisc seul eût pris tout le revenu.

Entre la condition des décurions et l'esclavage, il n'y eut donc de sécurité possible que pour une pauvreté telle qu'elle pût échapper à l'avidité des gouvernans et à l'avarice forcée des malheureux curiales, toujours prêts à inscrire dans leur ordre celui dont la fortune leur faisait espérer quelque soulagement de leur incurable misère [3].

Inutilement donc on fit des lois pour porter au mariage les citoyens qui s'abstenaient d'unions légitimes, afin de ne pas perpétuer leur race malheureuse [4] ; — des lois pour défendre aux pères

---

[1] Salvien, *de Gub. Dei*, lib. IV, éd. Baluze, p. 13.
[2] C. Th., XII, 1, L. 33, L. 72 *ibid.*
[3] Salvien, *de Gub. Dei*, lib. V, Baluze, p. 103. Illud gravius est quod plurimi proscribuntur a paucis quibus exactio publica peculiaris est præda..... Quænam enim sunt non modo urbes, sed etiam municipia atque vici ubi non quot curiales fuerint tot tyranni sunt. Quis ergo locus est ubi non a principalibus civitatum, viduarum et pupillorum viscera devorentur.
[4] C. Th., XII, 1, L. 8. — Novell. 1. Majoriani. Curiales,

d'exposer ou de vendre des enfans qu'ils ne pouvaient plus nourrir[1]; — des lois pour défendre aux curiales de s'expatrier chez les Barbares, ou de se faire colons des riches[2]. L'inutilité de ces lois, trop faibles contre la corruption, la misère et le malheur, montre à quel point le despotisme, en dégoûtant les sujets du travail et de la propriété, avait dégradé en eux les sentimens naturels. Malgré ces lois, le servage s'étendit continuellement, et la dépopulation devint générale.

A croire Procope[4], l'Italie, trois fois plus grande que l'Afrique vandale, était cependant plus déserte; Salvien nous fait de l'état de la Gaule la plus déplorable peinture, et voici ce que disent les lois qui ne mentent pas.

« Il y a dans la Campanie, *dit une loi d'Hono-*

---

servos esse reipublicæ ac viscera civitatum nullus ignorat, quorum coetum recte appellavit antiquitas minorem senatum, huc redegit iniquitas judicum exactorumque plectenda venalitas, ut multi patrias deserentes, natalium splendore neglecto, occultas latebras et habitationem eligerent juris alieni. Illud quoque sibi dedecoris addentes, ut dum uti volunt patrociniis potentum, colonarum se ancillarumque conjunctione polluerint. Itaque factum est ut urbibus ordines deperirent, et prope libertatis suæ statum nonnulli per contagionem consortii deterioris amitterent.

[1] L. un., *de patribus qui filios distraxerunt*. C. Th., III, et C. Just., IV, 43.

[2] C. Th., XII, 1, L. 16, 29. C. Just., X, 31, L. 18. — Salvien, *de Gubern. Dei*, lib. V (Appendix, n° 1).

[3] Salvien, lib. V (Appendix *ibid.*).

[4] *Histoire secrète*, ch. 18.

» rus », suivant le rapport de nos inspecteurs et
» les anciens cadastres, cinq cent vingt-huit
» mille quarante-deux *jugera* de terres désertes
» et incultes ; nous faisons remise de l'impôt aux
» gens du pays, ordonnant de brûler des rôles
» désormais inutiles¹. »

Voilà ce que le despotisme avait fait de la fertile Campanie ! Il s'était ruiné lui-même par l'excès de son avarice.

CHAPITRE XVII.

De la culture par les esclaves.

J'ai dit plus haut comment les riches remplacèrent dans leurs domaines les bras des hommes libres par les bras des esclaves ; mais il se fit dans la culture même une révolution non moins grave dans ses conséquences.

La concentration de la propriété, en amenant une extrême indigence, avait forcé les empereurs de nourrir la plèbe et de l'amuser pour l'étourdir

---

¹ Quingena viginti octo millia quadraginta duo jugera, quæ Campaniæ provinciæ, juxtà inspectorum relationem et veterum monumenta chartarum, in desertis et squalidis locis habere dignoscitur, hisdem provincialibus concessimus et chartas superfluæ descriptionis cremari censemus (ann. 395). C. Th.; XI, 28, L. 2.

sur sa misère; *panem et circenses*, c'était à Rome la loi des pauvres, mal rongeur et nécessaire peut-être de toute grande aristocratie territoriale. Pour nourrir ces mille bouches affamées, on tirait de l'Afrique et des provinces une multitude de grains qu'on distribuait gratuitement à la foule nécessiteuse. Dès le temps de César on nourrissait ainsi trois cent vingt mille personnes[1]. Auguste avait vu qu'une pareille mesure menait droit à la destruction du labourage; mais abolir ces distributions, c'était laisser une arme à la portée du premier ambitieux[2], l'empereur recula devant cette pensée.

Le grain sans valeur, il n'y avait pas d'agriculture possible; la culture tourna au pâturage[3], autre source de dépopulation, même pour la race servile.

Enfin le luxe, se raffinant de jour en jour, couvrit le sol de l'Italie de somptueuses *villas*,

[1] Suet. *in Jul.* c. 41.

[2] Suet., *in Aug.*, c. 37. Magna vero quondam sterilitate, ac difficili remedio, cum venalitias et lanistarum familias, peregrinosque omnes, exceptis medicis et præceptoribus, partemque servitiorum urbe expulisset : ut tandem annona convaluit, impetum se cepisse scribit, frumentationes publicas in perpetuum abolendi, quod earum fiducia cultura agrorum cessaret : neque tamen perseverasse, quia certum haberet posse per ambitionem quandoque restitui.

[3] Varro *de Re rust.* lib. II, præf. — Columella, præf. ad. lib. I, *de Re rust.*

qui prirent la place de cantons entiers. Des jardins et des bois remplacèrent les guérets ; la population libre se réfugia dans les villes ; la culture disparut presque entièrement, et avec la culture le laboureur. Ce fut l'Afrique qui donna le blé, ce fut la Grèce qui donna le vin. Tibère se plaignait amèrement de ce mal, qui mettait la vie du peuple romain à la discrétion des flots et des vents. C'était là son souci ; un jour de retard, et il y avait à Rome trois cent mille personnes sans pain : c'était une révolution.

« Quantulum istud est, de quo ædiles admonent ! Quam si cetera respicias, in levi habendum ! At Hercule nemo refert, quod Italia externæ opis indiget, quod vita populi romani per incerta maris et tempestatum quotidie volvitur ; ac nisi provinciarum copia et dominis et servitiis et agris subvenerint, nostra nos scilicet nemora, nostræque villæ tuebuntur ? Hanc P. C. curam sustinet princeps, hæc omissa funditus rempublicam trahet. Reliquis intra animum medendum est. »

Ce dépérissement de l'Italie et des provinces ne s'arrêta pas. Dès le règne de Néron des villes aussi célèbres qu'Antium et Tarente commen-

¹ Tacite, *Ann.*, III, 54. V. Sénèque, *de Beneficiis*, VII. Tillemont, *Gratien*, art. XVI. — Naudet, *des Changements*, etc., première partie, note 1.

cèrent de se dépeupler[1]. Sous le règne de Pertinax il y avait tant de terres désertes que l'empereur abandonnait la propriété de ces fonds, fussent-ils même au fisc, à qui voulait les cultiver, donnant en outre aux laboureurs une immunité de dix années[2]. On força les sénateurs d'avoir en Italie un tiers de leur fortune en immeubles[3]; mais cette mesure ne fit qu'accroître le mal qu'on voulait guérir. Forcer les riches à posséder en Italie, c'était augmenter encore ces grands domaines qui avaient ruiné le pays. Que dirai-je, enfin; Aurélien voulut envoyer des captifs dans les terres désertes de l'Étrurie[4]; Valentinien en fut réduit à établir les *Alamanni* sur les rives fertiles du Pô[5].

Barbarus has segetes[6]!

[1] Tacite, *Ann.*, XI, 27.
[2] Hérodien, *Hist.*, II, 4.
[3] Pline, *Ep.*, VI, 19.
[4] Vopisc., *in Aurel.*, c. 48.
[5] Amm. Marcell., XXVIII, 15. Theodosius ea tempestate magister equitum pluribus cæsis (Alamannorum) quoscumque cepit ad Italiam jussu principis misit, ubi fertilibus agris acceptis jam tributarii circumcolunt Padum.
[6] Virgile, *Ecl.* I.

CHAPITRE XVIII.

Du Colonat[1].

Ce fut au milieu de ces misères de la propriété que parurent deux institutions, les plus remarquables de l'époque, et qui eurent peut-être entre elles une étroite affinité, le Colonat et l'Emphythéose.

Les jurisconsultes classiques ne nous parlent point des colons; ils ne connaissent que des hommes libres ou des esclaves. Sous le règne de Constantin, nous trouvons des colons dans tout l'Empire: en Italie[2], dans les Gaules[3], en Palestine, dans la Thrace, dans l'Illyrie[4], et par-

---

[1] Savigny, *Ueber die Rœmischen colonat*, VI, 273, 320. Vicende della proprietà in Italia, di Baudi de Vesme, e. Spirito Fossati, Torino, 1836, in-4°, p. 38 et ss. — Winspeare, p. 106 et ss. — Les colons ont différens noms, *rustici, coloni, inquilini*, à cause de leur relation avec le sol; — *originarii, originales*, parce que le lieu de la naissance les attachait à la terre; — *tributarii, adscripticii, censiti*, à cause de l'impôt personnel qui les frappait. — Zimmern., *R. G.*, t. I, § 231.

[2] L. 3, C. Th., *de Censu*.

[3] L. 13, 14, C. Just., *de Agricol*.

[4] C. Just., L. XI, tit. 50, 51, 52 et ss. — Saint Augustin, *Cité de Dieu*, X, c. 1.

tout leur condition est uniforme, — mitoyenne entre l'esclavage et la liberté.

D'où vient ce phénomène ?

On l'a successivement expliqué par deux causes, qui toutes deux concoururent sans doute à organiser le Colonat.

1° Une transformation de l'esclavage, qui, dans un but fiscal peut-être et pour éviter une dépopulation incessante, aurait attaché l'esclave au sol [1] ; 2° des transplantations de Barbares sur les terres désertes, transplantations fréquentes dans les derniers temps de l'Empire [2], et qui augmentèrent considérablement le nombre des colons, si même elles ne furent pas la seule cause et la seule origine de cette condition [3].

Une loi d'Honorius, récemment découverte, jette une vive lumière sur ce point.

« Scyras barbaram nationem... imperio nostro
» subegimus. Ideoque damus omnibus ex præ-
» dicta gente hominum agros proprios frequen-
» tandi; ita ut omnes *sciant* susceptos non alio

---

[1] Arg., L. 7, C. Th., *de Tiron.*

[2] Eumène, *Paneg. Constantio Cæsari*, c. 1, 8, 9, 21. — *Constantino Augusto*, c. 6. — Amm. Marcell., XXXI, 9 ; XXIII, 5. — Eutrope, IX, 15. — Treb. Pollio, *in Claudium.*

[3] L. 6, de Patrociniis vicorum, C. Th., XI, 24, et le Commentaire de J. Godefroy.

[4] L. 4, C. Th., *de Bonis militum.* C'est au savant Amédée Peyron que nous devons ce précieux fragment.

» jure quam colonatus apud se futuros, nulli
» que licere ex hoc genere colonorum ab eo cui
» semel attributi fuerint, vel fraude aliqua ab-
» ducere, vel *fugientem* suscipere ; pœna pro-
» posita quæ recipientes *alienis* censibus adscri-
» ptos vel non proprios colonos insequitur.

» Opera autem eorum terrarum domini libera
» *esse sciant*, ac nullus sub acta peræquatione vel
» censui subjaceat : nullique liceat velut dona-
» tos eos a jure census *in* servitutem trahere,
» urbanisve obsequiis addicere. »

La condition du colon était intermédiaire
entre la liberté et l'esclavage [1] : COMME L'HOMME
LIBRE, dont il porte quelquefois le nom [2], il avait
le *jus connubii* et par conséquent tous les droits
de famille [3] ; il possédait son pécule par plein
droit de propriété, encore bien qu'il ne pût l'a-
liéner sans le consentement du patron [4] ; COMME
L'ESCLAVE, il était soumis aux peines corporelles [5]
et puni, quand il s'échappait, de la peine du

---

[1] Licet conditione videantur ingenui, servi tamen terræ ipsius,
cui nati sunt existimentur, dit Theodose., L. un, *de Colon. Thrac.*
C. J., XI, 51.

[2] L. 7, L. 24, C. J., *de Agricolis.* — L. un, C. Th., *de Colonis Thrac.*, Nov. Valent., t. IX.

[3] L. 10, *Comm. ut. jud.*, C. Just., III, 38.

[4] L. un. C. Th., *ne colonus.* — L. 2, C. J., *in quib. caus.
col.* XI, 49.

[5] L. 52, 54, C. Th., *de Hæreticis.*

serf fugitif, comme voleur de sa propre personne [1].

Si le colon avait quelques-uns des droits de l'homme libre, le lien qui l'attachait au sol rendait sa condition pire que celle de l'esclave : l'esclave avait l'espoir de la liberté, le colon ne pouvait être affranchi ni séparé du sol dont il faisait partie [2]. Le clergé et la milice, ces deux grandes exceptions privilégiées où se réfugiait tout ce qui restait de force morale ou d'énergie physique, étaient interdits aux colons [3]. Justinien alla même jusqu'à leur défendre de prescrire leur liberté, loi sauvage qui ôtait à ces malheureux le seul bonheur de la misère, l'espérance [4].

A la liberté près, leur condition était peut-être moins fâcheuse que celle des paysans libres; le patron ne pouvait les détacher du sol, qu'ils suivaient dans les mains du nouvel acquéreur. Ils n'avaient à payer qu'une rente fixe, modérée, et que le maître n'avait pas le droit d'élever [5].

---

[1] L. 1, C. Th., *de fugitiv. Colon.*—L. 23, C. J., *de Agricolis*, XI, 47.

[2] L. un. *de Colon. Thrac.*—C. J., XI, 51. L. 7, *de Agric.*, XI, 47.

[3] Sur cette législation, qui a varié, voyez L. 1, C. J. *de Episcopis*, L. 16, 37, *ibid.* et *Novelle*, 123, ch. 4, 17.

[4] L. 23, pr. *de Agric.*, C. J., XI, 47.

[5] L. 2, C. J., *in quib. caus. Coloni*.

Trop souvent par malheur le fait démentait le droit [1].

CHAPITRE XIX.

Du domaine du prince et de l'Emphythéose [2].

Quand le trésor du prince (*fiscus*) remplaça le trésor du peuple (*ærarium*), les biens de la république devinrent les biens de l'empereur ; les *fundi fiscales*, *fundi rei privatæ* remplacèrent l'*ager publicus* ; le nom fut différent, la chose fut la même. La concession ne paraît pas non plus avoir sensiblement varié ; ce fut toujours une location perpétuelle qui prit sous les empereurs chrétiens une forme plus décidée sous le nom d'Emphythéose.

Ces biens domaniaux étaient immenses : les biens particuliers des princes s'incorporaient au domaine dès leur avénement à l'Empire [3] ; les

---

[1] Greg. Magni, *Ep.* I, 44; V. 35.

[2] Winspeare, p. 102 et ss. — Dominicy, *de Prærogativa allodiorum*, p. 75. — A. Vuy, *de Originibus et natura juris Emphyteutici Romanorum*. Heidelberg, 1838, et l'analyse que j'ai donnée de ce mémoire, *Revue de législation et de jurisprudence*, tome IX, page 393.

[3] Spartian, *in Hadrian.* — Lamp., *in Alex.* — Spartian, *in Sev.* — Vopisc., *in Tac.*

biens vacans¹, les successions caduques; et, plus que tout le reste, les amendes et les confiscations ² accroissaient sans cesse le domaine impérial. M. Naudet a compté vingt-neuf chefs criminels qui emportaient la confiscation, parmi lesquels, un seul, celui de lèse-majesté, ce crime des innocens ³, comprenait dans son élasticité tous les cas que pouvait rêver le caprice ou l'avidité de l'empereur ⁴. La législation romaine fut toujours entachée de ce vice de rapacité et d'avarice. On inventait mille prétextes d'extorquer les grands patrimoines; c'était un trafic perpétuel entre la cupidité du prince et l'infamie des délateurs.

Ces terres du domaine impérial, qui s'exploitaient par locations perpétuelles, étaient sujettes aux tributs comme les biens des particuliers, c'est dire que la culture en devint impossible; ce fut alors que parut l'Emphythéose, location privilégiée qu'on mit en avant pour tirer parti des domaines du fisc. Il y avait dans l'Empire un nombre immense de terres désertes; le fisc s'en emparait, leur donnait de la valeur en les affran-

---

¹ *De jure Fisci.* D., XLIX, 14.—C. J., X, 1.

² Tacite, *Ann.*, IV, 3; *Hist.*, 1, 2.

³ Naudet, *Des changemens opérés dans l'administration de l'empire romain sous les règnes de Dioclétien, de Constantin et de leurs successeurs jusqu'à Julien*; 2 vol. in-8°, Paris, 1817; t. I, p. 195.

⁴ Pline, *Paneg.*, cap. XLII.

chissant des charges accablantes qui pesaient sur les terres des citoyens, et essayait ainsi de recréer une richesse perdue.

Les terres étant la valeur la plus commune, ce fut avec des terres qu'on commença de solder des services ou des dépenses publiques. On donna des terres aux légions des frontières, espèce d'Emphythéoses, où le service militaire remplaça le cens en argent ; on donna des Emphythéoses à charge de construire à Constantinople des maisons qui embellissent la ville [2]. L'Église eut le privilége de payer avec des terres ses dettes, quelle qu'en fût la nature ; en un mot l'Emphythéose, dans les derniers temps de l'Empire, joua le rôle de certains bénéfices chez les peuples barbares et de la Censive au moyen âge.

Ce rapport de l'Emphythéose et de la Censive, qui n'a pas échappé à quelques-uns de nos bons feudistes, à Chantéreau-Lefèvre par exemple, est assez curieux pour que nous entrions à cet égard dans quelques détails.

Ainsi que la Censive, l'Emphythéose ne pouvait s'aliéner qu'avec le consentement du propriétaire, du *judex* par exemple, représentant

---

[1] *De collatione fundorum patrimonalium et Emphyteut.* C.J., XI, 61 ; L. 1, L. 2.

[2] L. 1, L. 2, *de extraord. mun.*, C. Th. XI, 16. — L. 1, *de Itin. muniendo*, XV, 3. — L. 1, *de Pascuis*, et Godefroy, ad. L. 1. C. Th., XI, 16.

les droits du fisc. Ce propriétaire avait un droit de préférence, le *retrait*, comme disent les coutumes ; c'était encore le propriétaire qui mettait en possession, qui *ensaisinait* le nouvel Emphythéote, et il avait, comme le seigneur foncier, un droit de vente (un *laudemium*) que Justinien fixa à deux pour cent. La loi 3, C. J., IV, 66, qui établit toutes ces prescriptions, ne serait pas déplacée dans un coutumier du moyen âge [1].

[1] L. 3, C. *de jure Emphyt.*, IV, 66. — Justinianus A. Juliano, PP. § 1. Minime licere Emphyteutæ *sine consensu domini* meliorationes suas aliis vendere, vel jus Emphyteuticum transferre. — § 2. Sed ne hac occasione accepta, domini minime concedant Emphyteutas suos accipere pretia meliorationum quæ invenerunt, sed eos deludant, et ex hoc commodum Emphyteutæ depereat, disponimus attestationem domino transmitti, et prædicere quantum pretium ab alio revera accipi potest. *Et si quidem dominus hoc dare maluerit*, et tantam præstare quantitatem quantam ipse revera Emphyteuta ab alio recipere potest, *ipsum dominum omnimodo hæc comparare.* Sin autem duorum mensium spatium fuerit emensum, et dominus hoc facere noluerit, licentia Emphyteutæ detur, ubi voluerit, et sine consensu domini meliorationes suas vendere ; his tamen personis quæ non solent in Emphyteuticis contractibus vetari ad hujusmodi venire emptionem.

§ 3. Necessitatem autem habere dominos, si aliis melioratio secundum præfatum modum vendita sit, accipere Emphyteutam ; vel si jus Emphyteuticum ad personas non prohibitas sed concessas et idoneas ad solvendum Emphyteuticum canonem transponere Emphyteuta maluerit, non contradicere, sed novum Emphyteutam in possessionem suscipere, *non per conductorem vel per procuratorem, sed ipsos dominos per se*, vel per litteras suas, vel (si hoc non potuerint vel noluerint) per depositionem in hac quidem civitate apud V. C. magistrum censuum, vel præsen-

CHAPITRE XX.

Organisation militaire.

Un des premiers effets de la révolution qui éleva la puissance impériale fut de priver les Italiens du droit de porter les armes [1]. Aux légions citoyennes on substitua une armée permanente, qui fut un corps distinct et séparé, uniquement attaché au prince, dont il attendait tout [2].

Paye élevée, largesses excessives et qui renchérissaient à chaque avènement [3], législation et

tibus tabulariis per attestationem: in provinciis autem per præsides vel defensores celebrandam.

§ 4. Et ne avaritia tenti domini magnam molem pecuniarum propter hoc efflagitent (quod usque ad præsens tempus præstari cognovimus) non amplius eis liceat pro subscriptione sua vel depositione *nisi 50 partem pretii*, vel æstimationis loci qui ad aliam personam transfertur accipere. Sin autem novum Emphyteutam vel emptorem meliorationis suscipere minime dominus maluerit, et attestatione facta intra duos menses hoc facere supersederit, licere Emphyteutæ etiam non consentientibus dominis ad alios suum jus vel Emphyteumata transferre. Sin autem aliter fuerit versatus, quam nostra constitutio disposuit, jure Emphyteutico cadat.

[1] Hérodien, II, 2, et lib. VI et VII.
[2] Heineccius, *Ant. Rom.*, ed. Haubold, p. 276.
[3] Juste-Lipse, *de Magnit. Rom.*, 11, 12, 13, 14.

tribunaux privilégiés, exemptions des fonctions curiales, tout tendit à faire de l'armée le centre du gouvernement [1]. Ce fut la perte de l'Empire. Marc-Aurèle admit au service militaire les Barbares qu'il avait vaincus [2]; Probus les reçut dans les légions [3]. Dès lors commença un état de choses qui mit aux mains des Barbares la force et le destin de l'État.

Sous Dioclétien, ces Barbares sont répandus partout dans l'Empire, sous mille noms divers : *auxiliares, fœderati, læti, ripuarii.* Pour récompense de leurs services, on leur donne, comme autrefois aux vétérans, des terres qu'on exempte de l'impôt [4] et qui passent à leurs enfans à charge du service militaire [5]. Dans ces concessions, qui portent quelquefois le nom de *bénéfices,* on a vu en germe l'idée du fief [6].

---

[1] Enrichissez les soldats, et moquez-vous du reste. (Τοὺς στρατιώτας πλουτίζετε, τῶν ἄλλων πάντων καταφρονεῖτε.). C'est le dernier conseil de Sévère à ses enfans. — Dio Cassius, LXXVI, c. 15 et LXXIV, 2.

[2] Dio Cassius, LXXII, 2. — Treb. Pollio, *Claudius,* c. 9.

[3] Vopiscus, *in Prob.,* c. 14.

[4] L. 3, C. J., *de Fundis limitrophis et terris et paludibus et pascuis, et limitaneis vel castellorum.* XI, 59.

[5] C. Th., VII, 15, *de Terris limitaneis* et Godefroy, ad. L. 1, l. 1. — Sulpice Sévère, *in Vita B. Martini.*

[6] Lampridius, *in Alex.* Sola quæ de hostibus capta sunt, limitaneis ducibus et militibus donavit, ita ut eorum ita essent, si heredes illorum militarent, nec unquam ad privatos pertinerent : dicens attentius eos militaturos, si etiam sua rura defenderent : addidit sane his et animalia et servos, ut possent colere quod

Depuis les fils de Constantin, jusqu'à Augustule on vit des Francs, des Vandales, des Suèves, des Hérules régner dans le palais et dans l'Empire, et jouer le même rôle que jouèrent en France les maires du palais sous les rois fainéants; tels furent Ricimer et Stilicon.

Pendant que les chefs dominaient dans les palais du prince, les soldats s'étaient infiltrés partout dans l'Italie et les provinces. A eux les frontières, la garde du pays, la souveraineté[1].

« Entre les monarchies barbares et l'empire
» purement Latin (dit judicieusement M. de
» Châteaubriand[2]), il y a un empire romain
» barbare qui a duré près d'un siècle avant la
» déposition d'Augustule. C'est ce qu'on n'a pas
» remarqué et ce qui explique pourquoi, au
» moment de la fondation des royaumes barba-
» res, rien ne parut changé dans le monde : aux
» malheurs près c'étaient toujours les mêmes
» hommes et les mêmes mœurs. »

---

acceperant, ne per inopiam hominum vel per senectutem possidentium desererentur rura vicina Barbariæ, quod turpissimum ille ducebat. V. Vopisc., *in Prob.*; Amm. Marcel., lib. 28 et Chantereau-Lefèvre en son *Traité des fiefs*.

[1] In Gallia status publicus perturbatur, clauso apud Viennam palatii ædibus Valentiniano principe, et pene intra privati modum redacto, militaris rei cura francis satellitibus tradita. — Greg. Tur., *Hist.*, lib. I, c. 9.

[2] *Études historiques*, préf., p. 51, éd. de Lefèvre.

L'Empire ainsi miné sourdement, le nom romain n'était plus qu'une apparence, et dès qu'un Barbare osa porter sur le colosse ruiné une main hardie, tout tomba du premier coup.

LIVRE III.

DE LA PROPRIÉTÉ ROMAINE DANS SES RAPPORTS
AVEC LE DROIT PRIVÉ.

CHAPITRE PREMIER.

De la forme des actes.

Dans une société avancée, l'écriture faisant preuve de tout, les contrats diffèrent moins par la forme que par le fond des choses ; il n'en est pas ainsi chez les peuples peu civilisés : la forme est le point capital. Cette forme, qui doit se graver d'autant plus profondément dans la mémoire des assistans que ce souvenir sera quelque jour la seule preuve de l'acte, se résume en des symboles et des manifestations qui frappent vivement l'imagination des contractans et des témoins.

Ces formes symboliques, nous les allons voir chez les premiers Romains ; nous retrouverons des usages analogues chez les Barbares et chez les peuples du moyen âge ; comme nous trouverons dans le dernier état de la jurisprudence romaine des règles sur la forme des actes écrits qui sont encore chez les modernes le principe de la matière.

Si le droit n'est en effet que l'expression et le produit fidèle des mœurs et des idées de la société, un même degré de civilisation à des époques et chez des peuples différens donnera toujours des institutions analogues. Prouver cette vérité, c'est un des plus nobles buts de l'histoire.

~~~~~~

CHAPITRE II.

Dominium quiritarium. Mancipatio. Cessio in jure.

C'est surtout pour la propriété civile que la loi romaine avait établi des formes solennelles; ces formes l'atteignaient dans toutes ses manifestations, et ce n'était qu'en les observant scrupuleusement qu'on pouvait transmettre la propriété de façon régulière, soit entre vifs, soit après décès.

Ainsi la simple tradition ne pouvait conférer la propriété civile, *dominium quiritarium*[1]. Il fal-

---

[1] La tradition ne pouvait du moins conférer la propriété quiritaire de choses *mancipi*, tels qu'étaient les fonds de terre italiens. — Gaius, II, 18, 23, 65. — Ulp. XIX, 1, 7. — Gaius, II, 41 : Nam si tibi rem mancipi neque mancipavero, neque in jure ces-

lait, pour conférer immédiatement ce domaine, une procédure solennelle, telle qu'était la mancipation [1] ou la *cessio in jure* [2] : la tradition ne

Si le droit n'est en elle que l'expression et la

sero, sed tantum tradidero, in bonis quidem tuis ea res efficitur, ex jure Quiritium vero mea permanebit, donec tu eam possidendo usucapias ; semel enim impleta usucapione proinde pleno jure incipit, id est, et in bonis, et ex jure Quiritium tua res esse, ac si ea mancipata vel in jure cessa esset. — *Boethius*, *ad Top.*, VI 28, ed. Orelli, p. 322.

[1] Mancipatio, mancipium, emancipatio.
[2] Gaius, II, 22, 65. — Ulp., XIX, 3. — Cic., *Top.*, c. 28. — Boethius *ad Cic.*, definit enim quid sit abalienatio ejus rei quæ mancipi est, dicens : *Abalienatio est ejus rei quæ mancipi est, aut traditio alteri nexu, aut cessio in jure, inter quos ea jure civili fieri possunt.* Nam jure civili fieri aliquid non inter alios nisi inter cives romanos potest, quorum est etiam jus civile quod XII Tabulis continetur. Omnes vero res quæ abalienari possunt, id est, quæ a nostro ad alterius transire dominium possunt aut mancipi sunt, aut nec mancipi. Mancipi res veteres appellabant quæ ita abalienabantur ut ea abalienatio per quamdam nexus fieret solemnitatem [*]. Nexus vero est quædam juris solemnitas, quæ fiebat eo modo quo in *Inst.* Gaius exponit. Ejusdem autem Gaii, lib. I, *Inst.*, de nexu faciendo hæc verba sunt : « Est autem mancipatio, ut supra quoque indicavimus, » imaginaria quædam venditio, quod ipsum jus proprium roma- » norum est civium ; eaque res ita agitur, adhibitis non minus » quam quinque testibus, civibus romanis puberibus, et præte- » rea alio ejusdem conditionis, qui libram æneam teneat, qui » appellatur libripens. Is qui mancipium accipit, æs tenens, ita » dicit : HUNC EGO HOMINEM EX JURE QUIRITIUM MEUM ESSE AIO,

[*] Festus. V. Nexum est, ut ait Gallus Ælius, quodcumque per æs et libram geritur, id que necti dicitur. Quo in genere sunt hæc : testamenti factio, nexi datio, nexi liberatio. Nexum æs apud antiquos dicebatur pecunia, quæ per nexum obligatur. — Varro, *de Lingua latina*, VI, 5. — Cic., *de Orat.*, III, 40.

constituait pour celui au profit de qui elle avait lieu qu'un simple fait de détention ; l droit de domaine demeurait toujours au vendeur '.

La forme de la mancipation indique une époque où l'argent monnayé n'existant pas encore, le métal s'estimait au poids. La cérémonie avait lieu en présence de cinq citoyens romains, représentant peut-être les cinq classes de Servius Tul-

» ISQUE MIHI EMPTUS EST HOC ÆRE ÆNEAQUE LIBRA. Deinde ære
» percutit libram, idque æs dat ei a quo mancipium accipit, quasi
» pretii loco. » Quæcumque igitur res lege XII Tab. aliter nisi
per hanc solemnitatem abalienari non poterant *mancipi*, ceteræ
res nec mancipi vocabantur. Eædem vero etiam in jure cedebantur. Cessio vero tali fiebat modo ut secundo commentario idem
Gaius exposuit : « In jure autem cessio fit hoc modo : apud
» magistratum populi romani, vel apud prætorem, vel apud
» præsidem provinciæ is, cui res in jure ceditur, rem tenens ita
» vindicat : HUNC EGO HOMINEM EX JURE QUIRITIUM MEUM ESSE AIO.
» Deinde, postquam hic vindicaverit, prætor interrogat eum qui
» cedit, an contravindicet. Quo negante aut tacente tunc ei, qui
» vindicaverit, eam rem addicit : idque legis actio vocatur..... »
At si ea res, quæ mancipi est, nulla solemnitate interposita tradatur, abalienari non poterit, nisi ab eo cui traditur usucapiatur..... Nam pura traditione abalienatio rei mancipi non explicatur.

¹ Gaius, II, 41. — Ulp., I, 1, 16 : Qui tantum in bonis non etiam ex jure Quiritium servum habet, manumittendo latinum facit. In bonis tantum alicujus servus est, velut hoc modo : si civis romanus a cive romano servum emerit, isque traditus ei sit, neque tamen mancipatus ei, neque in jure cessus, neque ab ipso anno possessus sit : nam quamdiu horum quid fiat, is servus in *bonis quidem emptoris est*, *ex jure Quiritium autem venditoris est*.

lius[1] ; un sixième, le *libripens*, tenait la balance[2]. Le prix d'achat était figuré par un morceau de métal[3], et plus tard par une pièce de monnaie. L'acheteur, saisissant la chose, ou quelque symbole de la chose, objet de la mancipation, prononçait certaines paroles sacramentelles, puis il touchait la balance avec la pièce de monnaie et la donnait au vendeur, qui l'acceptait comme prix de vente. L'aliénation ainsi faite conférait à l'instant le domaine quiritaire.

L'autre forme solennelle d'aliénation, l'*in jure cessio*, consistait en une revendication fictive intentée contre le vendeur par l'acquéreur, comme seul et vrai propriétaire de l'objet du prétendu litige. Le vendeur reconnaissant le droit de son adversaire ou n'opposant point de contradiction, le magistrat adjugeait la chose à celui qui la revendiquait, *addicebat*[4].

Cette forme, que nous retrouverons au moyen

---

[1] Festus, V. CLASSICI TESTES. Schilling conjecture ingénieusement qu'il y avait quelque rapport entre cette cérémonie et le cens, aussi longtemps du moins que la mancipation fut une cérémonie sérieuse. C'était ainsi une constatation légale des mutations de propriété et, par suite, des changemens dans les capacités politiques attachées à la propriété. *Lehrbuch*, § 153.

[2] Gaius, I, 122. — Niebuhr, *Rœm Gesch.*, t. I, p. 516. — Pline, *H. N.*, XXIII. 13, 3. Plus tard il est fait mention d'une septième personne l'*antestatus*. *Gaii Epit.*, 1, 6, 5, 2. Nous ne savons pas quel était son rôle.

[3] Festus, V. RODUS.

[4] Gaius, II, 24. — Ulp., XIX, 9, 10. — Boethius, *in Top.*

âge, le seigneur faisant fonction de préteur [1], est mentionnée dans la *Loi des douze Tables* [2]. Mais son usage était moins fréquent que celui de la mancipation, procédure plus simple et plus facile en ce qu'elle n'exigeait pas l'intervention du magistrat [3]. La cession néanmoins conserva toute son importance pour la transmission des droits incorporels, cas auquel la tradition n'était jamais applicable, la mancipation rarement [4].

Aux derniers temps de l'Empire, la mancipation, que mentionnent encore certains rescrits de Dioclétien [5] et même des ordonnances de Constantin [6], était tout à fait tombée en désuétude, surtout en Orient, où la prédominance de la langue grecque avait empêché de jeter de profondes racines à la langue latine, dont l'emploi cependant était absolument nécessaire pour les formules sacramentelles de la mancipation [7].

---

[1] *Anc. Cout. d'Artois*, ch. 24.

[2] *Frag. Vat.*, § 50. Et mancipationem et in jure cessionem lex XII Tab. confirmat.

[3] Gaius, II, 25.

[4] Gaius, II, 19, 28, 30. — Ulp., XIX, 11.

[5] *Vatic. frag.*, § 313. — C. Hermog., VIII, 1.

[6] L. 4 et 5. — C. Th. de Donat, VIII, 12.

[7] La mancipation n'était pas seulement un mode solennel d'aliénation, c'était encore la forme du mariage par *coemptio* (Gaius, II, 113), de l'adoption (Gell., V, 19), de l'émancipation (Gaius, I, 132, 134) et en général de toute vente d'un homme libre in

CHAPITRE III.

Usucapion, prescription [1].

A côté de la mancipation et de l'*in jure cessio*, je trouve un autre mode d'acquisition également fort ancien et propre aux seuls citoyens romains [2], c'est l'USUCAPION.

L'usucapion, c'était l'acquisition du domaine quiritaire par une possession continue de deux années [3]; la *Loi des douze Tables* l'avait ainsi établi [4]. Peu importait, pourvu qu'on fût de bonne foi, que la tradition eût été faite par un propriétaire incapable ou même par une personne qui

---

mancipio (Gaius, I, 117-120, 123). C'est encore une forme de testament, le testament *per œs et libram* (Gaius, II, 101.— Ulp., XX, 2 et § 1. — I., de *Test. ord.* II, 10).

[1] Paul., V, 2. de *Usucapione*. — C. Th., IV, 13, *de longi temporis Præscriptione. De Usuc. et longi temporis Possessionibus.* — L., II, 6. *De Usurpationibus et Usucapionibus.* — D., XLI, 3, et C. J., VII, 30, 33 et 39.

[2] Gaius, II, 65.

[3] Ulp., XIX, 8. *Usucapio* est... dominii adeptio per continuationem possessionis... bienni. L. 3, D., *h. t.* — Isid., *Orig.*, V, 25.

[4] Cic., *Top.*, c. 4; *Pro Cæcinna*, c. 19.—Gaius, II, 42 et 54. — Théophile, II, 6, *Præm.*

n'était pas propriétaire : c'était la possession qui donnait le domaine ¹.

Plus tard l'usucapion servit à donner le domaine quiritaire à ceux qui avaient reçu la chose des mains d'une personne capable et vraie propriétaire, mais sans l'emploi de ces formes solennelles qui seules conféraient la propriété civile ².

L'usucapion, donnant le domaine quiritaire, n'était applicable, on le sent bien, qu'aux propriétés romaines, c'est-à-dire aux biens-fonds d'Italie, et dans les provinces aux biens-fonds des cités privilégiées du *jus italicum*. Quant au reste du sol provincial, il n'était point susceptible d'usucapion, non plus que de propriété *ex jure Quiritium*, le domaine éminent demeurant toujours à l'État ³.

Voici maintenant comment fut protégée la possession des fonds provinciaux.

A côté l'usucapion s'introduisit, on ne sait à quelle époque ⁴, le principe que celui qui

---

¹ L. 25., D., *h. t.* Sine possessione usucapio contingere non potest.

² Par simple tradition, par exemple, Gaius, II, 41; III, 80. — Ulp., I, 16.

³ Gaius, II, 46.

⁴ La prescription est mentionnée par Javolenus, l. 21, D., *h. t.* et Gaius, l. 51, pr. D., *de Evict.*, XXI, 2. Il est remarquable néanmoins que Gaius n'en parle point dans ses *Instituts*.

avait acquis de bonne foi en vertu d'un juste titre, et de plus avait possédé pendant longtemps¹, devait, dans tous les cas, obtenir une exception (*præscriptio*) ² contre les prétentions du précédent propriétaire. Cette exception, bonne pour la défense, ne servait de rien pour la poursuite de la propriété. Mais quand on y eut joint une *actio utilis* ³, la *longi temporis possessio* prit tous les caractères d'une acquisition de domaine ; seulement ce ne fut pas la propriété *ex jure Quiritium* qu'elle donna, mais simplement la propriété *in bonis*, la propriété *naturelle*.

A l'époque de Justinien, ces deux institutions parallèles, l'usucapion et la *longi temporis præscriptio*, subsistaient encore l'une près de l'autre. Les changemens que ce prince fit subir au droit de propriété rendirent inutile l'usucapion pour le cas où il s'était agi de transformer en domaine quiritaire la propriété naturelle ou prétorienne ; l'usucapion ne servit plus qu'à donner la propriété au possesseur de bonne foi ;

---

¹ Dix et vingt ans, suivant les lois impériales. L. 76, § 1, D., de *Contr. Empt.*

² L. 8, p.C. h., t.,—Brisson, V. Præscriptio.—Unterholzner, *Verj*, § 10, p. 174, 175.

³ Justinien le dit positivement l. 8, pr. C. h. t. VII, 39..... Hoc enim et veteres leges (si quis eas recte inspexerit) sanciebant. — Arg., l. 10, pr. D., *Si servitus vindicetur*, VIII, 5, l. 13, 5, 1. D., de *Jurejur*, XII. 2. — Unterholzner, *Verjahrung*, t. II, p. 76. — Schilling, *Lehrbuch*, p. 518.

et cette utilité même disparut quand Justinien eut transformé en véritable propriété le droit des détenteurs des fonds provinciaux ; la possession de bonne foi conférant, elle aussi, et par une naturelle conséquence, une véritable propriété.

Après les ordonnances de Justinien, il n'y eut plus d'autre distinction entre l'usucapion et la prescription, sinon que l'une resta le privilége du sol italique ou, pour mieux dire (puisque l'Italie n'était plus sous la puissance romaine), des biens-fonds privilégiés du *jus italicum*, tandis que l'autre s'appliqua au reste des fonds provinciaux, c'est-à-dire à la plus grande partie de l'Empire. Justinien abolit en 531 ce dernier vestige, et il établit pour tout l'Empire une usucapion uniforme de dix et vingt ans [1]. Cette législation sage est encore aujourd'hui la nôtre [2].

---

[1] L. 1, C., *de Usucap. transf.*, VII, 31. pr. I. *de Usucap.* II, 6.

[2] Code civil, 2265-2270.

CHAPITRE IV.

De la saisine coutumière [1].

C'est un rapprochement curieux de retrouver dans les coutumes des peuples du Nord des institutions qui rappellent à certains égards celles qui viennent d'occuper notre attention.

Dans les anciennes lois barbares, dans les vieilles coutumes de France [2], d'Angleterre [3] et d'Allemagne [4], la propriété ne se transmet que par certaines formes solennelles dont j'emprunte à l'*Ancien Coutumier d'Artois* la naïve peinture [5].

---

[1] Albrecht. *Die Gewere als Grundlage des ælteren deutschen Sachenrechts*. Kœnigsberg, 1828.—Henri Klimrath, *de la Saisine*, (*Revue de législation et de jurisprudence*, t. II, p. 356 et ss.)—Mittermaier, *Grundsætze des gemeinen deutschen privat rechts*, § 137.—Britton, ch. 42, *de Disseisine*, ch. 44. *De remedie de disseisine*.—Beaumanoir, ch. 32.

[2] *Grand Coutumier*, liv. II, ch. 27, 29.—Desmares, décision 189. *Coutumes notoires*, art 124.—Brodeau, sur l'art. 82 de la *Cout. de Paris*.

[3] Bracton *de legib. Angliæ*, lib. IV, *de Assisia novæ disseysinæ*.—Littleton, *Livery de Seisin*, § 59, 60 et ss, 339, 349 et ss.

[4] Grimm, *Rechts alterthuemer*, p. 554, 559.—Mittermaïer, *Grundsætze*, § 144.

[5] Anciens usages d'Artois, publiés par Maillard en tête de ses *Coutumes générales d'Artois*, Paris, 1739, in-folio, ch. 24, p. 29.

« 5. Quand li hom vent par l'assentiment de son
» hoir, il convient premièrement qu'il soit su
» dou seigneur de qui li hiretaige est tenu, et
» des hommes qui ont à jugier se li venderes y a
» ou non fait about ou assenement¹, car se li
» sire et li hommes dient qu'ils n'y sevent about,
» ne assenement, aller poet on avant ou vendage.

» 6. Et convient le vendeur rapporter tout
» l'hiritaige par raim² et par baston, en le main
» dou seigneur, pour adheriter³ l'achateur.

» 7. Et convient que li hoir, si c'est fies, le
» rapporte aussi, et die quel droit il a en cel hi-
» retage, ou que en icelui li pooit échaer, et qu'il
» le raporte en le main dou seigneur pour l'acha-
» teur, et le doit nommer.

» 8. Le raport fait en ceste manière, li sire
» doit conjurer ses hommes, s'ils en ont tant fait
» qu'il n'y ait mais droit; demander leur doit,
» qu'il en a à faire, et ils doivent dire par juge-
» ment, que li sire en adhirète l'acateur.

» 9. Li sire le doist tantôt adhireter, mais
» demander avant au vendeur s'il se tient por

---

¹ Assignation, telle que douaire, hypothèque, etc.

² *Ramus*, Rameau. — Au *Roman de la Rose*:

    Rose sur rain et nois sur branche
    N'est si vermeille ni si franche.

³ *Adhériter, ensaisiner, investir, vetir*, tous mots synony-
mes.

» paiée, et lui seur de sa droiture, puis saisir
» l'achateur en disant : JE VOUS EN SAISI, SAUF
» TOUS DROITS, en lui mettant le baton en mains,
» comme ceste figure le monstre [1].

» 10. Ce fait li sire doit conjurer ses hommes,
» si l'acheteur en est bien adhireté et à loy : li
» hommes doivent dire qu'il en est bien adhi-
» reté et à loy.

» 11. S'il en ensi fait, il est fait bien, et solem-
» nement, et si comme droit et coustume le re-
» querent.

» 12. Et en ceste manière convient il faire de
» terre censive par les rentiers qui à jugier
» l'ont. »

Toute aliénation faite en dehors de ces solennités coutumières, de cette *in jure cessio* germaine, ne conférait que la saisine de fait, espèce de possession naturelle, le domaine restant jusqu'à un certain point entre les mains du vendeur.

La vente solennelle pouvait seule conférer la saisine de droit, qui dépouillait complétement le vendeur, et quand à cette saisine s'était jointe la possession d'an et jour, l'acquéreur avait la

---

[1] La figure qui se trouve au manuscrit (bibliothèque du roi) représente le juge assis sur son siége et tenant en sa main droite un bâton dont l'acheteur, à genoux devant lui, tient de sa main gauche l'autre bout. Derrière l'acheteur et en face du juge sont quatre hommes qui représentent sans doute le vendeur et les hommes ou jugeurs.

pleine et entière propriété de sa chose, personne n'avait plus le droit de l'inquiéter [1].

« Si quis tenéuram aliquam in pace anno et
» die tenuerit, deinceps libere et quiete possi-
» deat, nisi aliquis extra provinciam egressus
» fuerit, aut aliquis nundum emancipatus super
» hoc clamorem fecerit. (Charte de Roye de l'an
» 1183, art. 3) [2]. »

---

[1] « Si aucun acquiert ou achète d'autres anciens héritages ou » ayt eu lesdits héritages en assiette de certaines rentes ou hypo- » thèques qu'il avait acquises dessus et les tienne et possède par » an et par jour paisiblement, sans adjournement à interruption » ou autre inquiétation ; tel acquest est exempt de toutes rentes, » charges ou hypothèques, constituées sur ledit heritaige par le » vendeur depuis trente ans. » Anciennes coutumes d'Anjou citées par Laurière, *Diss. sur le tènement de cinq ans*, p. 84. — Ce droit était pareillement observé en Hollande. Matthœus, de *Nobilit.*, II, 17. Venditis olim prædiis nisi creditor de hypotheca fidem faceret intra annum et diem jus in re amittebat...... Imo et amittebat dominium vel quasi, si de eo non doceret intra annum et diem, unde et emptionem signo dato per campanam quotannis ter publicabant; ut actionem non instituenti intra tempus, jam dictum silentium etiam deinceps imponeretur. Nec tantum per campanam, ad valvas curiæ etiam scripto.

[2] *Ordonnances des rois de France*, t. XI, p. 228. Charte de Pontoise de l'an 1188, art. 11 et 12, même vol. p. 254. Charte de Saint-Quentin de l'an 1195, art. 7, loc. cit. p. 270.

Le *Miroir de Saxe* parle comme nos coutumes: Svelk gut en man in geweren hevet jar unde dach ane rechte wedersprake, die hevet dar an ene rechte gewere, II, 44. Et la coutume de Soest, la plus ancienne loi municipale de l'Allemagne : Quicumque de manu Schulteti, vel ab eo qui auctoritatem habet domum vel aream, vel mansum, vel mansi partem receperit, et per annum et diem legitimum quiete possederit, si quis in cum agere voluerit

Dans une société naissante, où toute la preuve est testimoniale, preuve de sa nature incertaine et passagère, la marque la plus certaine de la propriété, c'est la possession, c'est là le fait que la loi doit respecter avant tout. Dans une civilisation plus avancée, où la preuve est écrite, le fait important, ce n'est plus la détention du sol, c'est l'ACTE. La possession ne vaut plus qu'autant que par sa durée elle est une preuve d'abandon, de renonciation du droit que l'acte conférait.

Telle fut la marche de la législation romaine, l'usucapion d'abord, ou la prise de possession du sol et la propriété à la suite de cette prise de possession, puis, plus tard, la prescription ou l'exception qu'oppose le détenteur du sol à celui qu'un acte reconnaît pour ancien propriétaire, exception qui ne détruit pas son droit de propriété, mais qui le paralyse.

Telle fut aussi la marche parallèle des législations modernes; la saisine d'an et jour d'abord, saisine dont se prolongent les délais à mesure que la civilisation fait des progrès [1]; puis après

---

possessor tactis reliquiis sola manu obtinebit, et sic de cetero sui warandus erit, nec amplius supra prædicta gravari poterit (art. 34). Publié par Emingbaus, dans ses *Memorabilia Susat.*, 1755, in-4°.

[1] Haynault, ch. 27, art. 1 : Là où on pouvait par cy-devant en héritages et rentes de main ferme acquérir possession valable

cette usucapion germaine, reparait la prescription romaine de dix et vingt ans, qui fait la loi d'aujourd'hui.

CHAPITRE V.

Des changemens introduits par l'édit du préteur dans le droit de propriété [1].

Ce fut surtout par l'édit du préteur que se modifia la législation de la propriété. Le préteur donna des effets analogues à ceux qu'auraient amenés cette solennelle aliénation, à la simple tradition des choses qui ne devaient s'aliéner que dans la forme quiritaire. Mais comme cette tradition ne pouvait dessaisir aux yeux de la loi le

par en jouir an et jour paisiblement, contre personne puissante de fourfaire lesdits héritages ou rentes, au présent nul ne s'en pourra venter en telle possession, s'ainsi n'est, que en lieu d'ung an, il ayt joui et possédé le terme de trois ans entiers. — Laurière, du *Ténement de cinq ans*, p. 87 et 88.

[1] Unterholzner, *Sur les diverses espèces de propriété* (dans le *Rhein. Muséum*, première année, p. 129 et ss.) — Zimmern, *Sur le caractère de la propriété* in bonis, (même rec., troisième année. p. 311 et ss.) — Mayer, *Sur le double domaine du D. R.*, (dans le journal de Savigny, t. VIII, p. 1 et ss.) — Schilling, *Lehrburch*, § 146. — Walter, *Rechtsgesch.*, p. 591.

propriétaire *ex jure Quiritium*, il se trouva en même temps une double propriété et deux propriétaires pour un même objet : — une propriété civile (*ex jure Quiritium*), — une propriété naturelle (*in bonis*)[1]. La première presque nominale[2], l'autre non reconnue par la loi, mais ayant presque tous les effets de la vraie propriété[3] : car le préteur la défendait — contre le propriétaire *ex nudo jure Quiritium* par une exception qui paralysait ce droit de domaine[4], — contre les tiers par la formule du préteur Publicius, formule qui,

---

[1] Dosithée, dans son fragment grec traduit *ex jure Quiritium* par κατὰ δίκαιον πολιτικὸν et *in bonis* par ἐν τοῖς ὑπάρχουσιν. Gaius, II, 40. Sequitur ut admoneamus, apud peregrinos quidem unum esse dominium, ita ut dominus quisque sit, aut dominus non intelligatur. Quo jure etiam populus romanus olim utebatur ; aut enim ex jure Quiritium unusquisque dominus erat, aut non intelligebatur dominus, sed postea divisionem accepit dominium, ut alius possit esse ex jure Quiritium dominus, alius in bonis habere. — Theoph., I, 5, 4.

[2] Gaius, I, 54. Ceterum quum apud cives romanos duplex sit dominium (nam vel in bonis vel ex jure Quiritium vel ex utroque jure cujusquam servus esse intelligitur), ita demum servum in potestate domini esse dicemus si in bonis ejus sit, etiam si simul ex jure Quiritium ejusdem non sit ; *nam qui nudum jus Quiritium in servo habet, is potestatem habere non intelligitur.* — V. Gaius, I, 17 ; — Ulp., I, 16, 23.

[3] Gaius, I, 54, 167 ; II, 88 ; III, 166. — Ulp., XIX, 20.

[4] Par l'exception *rei venditæ et traditæ*, l. 1, 2, 3. D., *De Exc., rei vend. et trad.* — D., XXI, 2, ou par l'exception générale de dol.

anticipant l'usucapion, la supposait accomplie dès la délivrance de la chose.

Ce ne fut pas la seule modification qu'amena le droit prétorien. L'édit introduisit plusieurs modes d'acquisition que le droit civil ne connaissait nullement [2]. Ces transmissions prétoriennes ne pouvaient sans doute conférer le domaine quiritaire, elles ne donnaient qu'une simple possession; mais cette possession, l'édit la protégeait, en accommodant à sa protection des actions empruntées du droit civil au moyen de fictions [3].

[1] Gaius, IV, 36. Datur autem hæc actio ei, qui ex justa causa traditam sibi rem nondum usucepit, eamque amissa possessione petit ; nam quia non potest eam ex jure Quiritium suam esse intendere, fingitur rem usucepisse, et ita quasi ex jure Quiritium dominus factus esset, intendit hoc modo : JUDEX ESTO : SI QUEM HOMINEM A. A. EMIT. EI TRADITUS EST, ANNO POSSEDISSET, TUM SI EUM HOMINEM DE QUO AGITUR EJUS EX JURE QUIRITIUM ESSE OPORTERET et reliqua. La L. 1, pr. D., de Public. (VI, 2) est interpolée: Tribonien a évidemment ajouté le *a non domino* pour accommoder la publicienne aux changemens introduits par Justinien. V. inf., ch. VII, note dernière.

[2] Les plus importans sont la *bonorum possessio* et l'*emptio bonorum* ; il faut compter encore parmi ces inventions de l'édit la seconde *missio* lors du *damnum infectum* et le *servus jussu prætoris ductus*, quand le maître ne se présente pas lors de l'action noxale.

[3] Gaius, III, 32 ; IV, 34, 35. Habemus adhuc alterius generis fictiones in quibusdam formulis : velut quum is qui ex edicto bonorum possessionem petiit ficto se herede agit : quum enim prætorio jure et non legitimo succedat in locum defuncti, non habet directas actiones, et neque id quod defuncti fuit, po-

Cette possession ressemblait donc entièrement à la propriété naturelle, dont je viens de parler [1], et, comme à cette propriété, on lui donne souvent le nom de *dominium* [2].

CHAPITRE VI.

Du droit de propriété dans les provinces.

Quand il s'agit des provinces, le droit se compliqua; ces provinciaux (*peregrini*), qui n'avaient

test intendere suum esse; *neque id quod defuncto debebatur, potest intendere dari sibi oportere. Itaque ficto se herede intendit*: veluti hoc modo: JUDEX ESTO SI A A, id est ipse actor, L. SEII HERES ESSET TUM SI IS FUNDUS DE QUO AGITUR EX JURE QUIRITIUM EJUS ESSET, *vel si quid debebatur* Seio præposita simili *fictione intentio* ita subjicitur: TUM SI PARET N. N. A. A. SEST. X MILLIA DARE OPORTERE. § 35. Similiter et bonorum emptor ficto se herede agit. Sed interdum et alio modo agere solet; nam ex personâ ejus cujus bona emerit, sumptâ intentione, convertit condemnationem in suam personam; id est, ut quod illius esset, vel illi dare oporteret, eo nomine adversarius huic condemnetur: quæ species actionis appellatur Rutiliana, quia a prætore Publio Rutilio, qui et bonorum venditionem introduxisse dicitur, comparata est. Superior autem species actionis, qua ficto se herede bonorum emptor agit, Serviana vocatur.

[1] L. 2, § 1, D., *Si ex noxali*, II, 9.—L. 26, § 6, *de noxali act.*, IX, 4.

[2] L. 1, D., *de B. P.*, XXXVII, 1.—L. 47, D., *de Furtis*, XLVII, 2.—L. 7, § 1, D., *de Usuf.*, VII, 1.—L. 15, § 16, 17, 33, D., *de Damno inf.*, XXXIX, 2.

point le *commercium*, incapables par conséquent d'être propriétaires *ex jure Quiritium*[1], étaient néanmoins détenteurs du sol provincial; et cette détention perpétuelle, irrévocable, à titre de maitre, au fond c'était bien une propriété. On reconnut donc aux provinciaux un droit de propriété[2], et nécessairement on dut leur donner une action protectrice de ce domaine, dans ces édits des gouverneurs qui n'étaient qu'une imitation fidèle de l'édit de Rome[3].

Mais cette propriété, ce fut encore une possession naturelle, car outre que les peregrini n'étaient point admis aux priviléges du domaine romain, la condition civile des fonds provinciaux résistait à cette introduction du *jus Quiritium*, quand bien même le sol eût été entre des mains romaines. Je l'ai déjà dit[4].

Il n'y avait donc pour les biens-fonds provinciaux ni *nexus*, ni *mancipium*[5]; théoriquement le détenteur n'avait que la jouissance du sol, mais on lui reconnaissait une propriété, un *dominium*, une revendication, dans le sens naturel des mots[6].

---

[1] Ulpien, XIX, 4.
[2] Gaius, II, 40.
[3] Cic., *ad Att.*, VI, 1, 12.
[4] Sup., liv. II, ch. X; liv. III, ch. III.
[5] Gaius, II, 27. — Simplicius, ed. Goes., p. 76.
[6] *Frag. Vat.*, §§ 283, 315, 316.

Il n'y avait pas, on le pense bien, de formes solennelles de transmission pour une propriété de cette espèce ; c'était la tradition, la simple mise en possession, qui seule constituait le droit du détenteur.

« Cum ex causa donationis uterque dominii
» rei tributariæ vindicetis, cum, cui priori pos-
» sessio soli tradita est, haberi potiorem conve-
» nit. » C'est ainsi que parle un rescrit de Dioclétien [1].

La constitution de Caracalla, en communiquant aux peregrini le droit de citoyen romain, ne modifia pas sensiblement la législation de la propriété, la distinction du sol italique et du sol provincial s'étant perpétuée jusqu'à Justinien.

CHAPITRE VII.

De la législation justinienne [2].

Tels étaient encore à l'époque de Justinien les principes reconnus par la théorie ; mais dans la pratique le domaine quiritaire avait perdu toute son importance, puisque la propriété naturelle

---

[1] *Frag. Vat.*, § 315. — L. 15, C. *de rei vend.*, III, 32.
[2] Walter, *Recht. Gesch.*, p. 594.

avait pour se protéger une action réelle, et se trouvait de la sorte en aussi bonne position que la propriété civile.

Justinien abolit cette distinction des deux domaines, et dès lors chacun eut la pleine et absolue propriété de sa chose [1]. Ainsi tomba la distinction des choses susceptibles ou non de mancipation [2], et en même temps s'évanouit la distinction des fonds de terre italiens et des fonds provinciaux [3], ainsi que cette ancienne théorie d'un domaine éminent de l'État. Dès lors également il n'y eut plus de différence entre la propriété civile et la propriété prétorienne, ni besoin plus longtemps d'une exception pour protéger la propriété naturelle contre le *nudum jus Quiritium* [4].

La tradition prit la place de tous les anciens modes solennels d'aliénation [5]; la *formula petitoria* devint, par le retranchement de certains mots, la formule générale de toutes les procédures réelles [6], et l'action publicienne, désormais sans

---

[1] L. un., C. *de nudo jure Quiritium tollendo*, VII, 25.
[2] L. un., C. *de Usucap. transform.*, VII, 21.
[3] § 40, 1, de Rer. div., II, 1. — Théophile, H. L.
[4] Cette exception *rei venditæ et traditæ* subsista néanmoins, mais dans un but différent. L. 1, 2, 3. D., *de Exc. rei vend. et trad.*, XXI, 3.
[5] Theoph., II, 1, § 40.
[6] Gaius, IV, 91, 93. V. *Exc.*—L. 178, § 2, de V. S. D., 4, 16.

valeur comme action, spécialement destinée à la protection de la propriété *in bonis*, n'eut plus de sens que comme défense de la possession de bonne foi [1].

CHAPITRE VIII.

De la nature et du caractère de la propriété romaine.

Les lois romaines donnaient au propriétaire la disposition libre et absolue de sa chose. Il y avait sans doute quelques restrictions de police, quelques servitudes d'intérêt général [2], institutions reproduites par toutes les législations, mais je ne vois aucune de ces limitations singulières qui nous occuperont au moyen âge.

Seulement il y avait certaines choses qui ne pouvaient être l'objet d'une propriété privée, soit à raison de leur nature, soit à raison de leur destination, telles que les fleuves, les routes, les temples, les biens de l'État et des cités [3]. Ce sont de ces dispositions essentielles à la vie com-

---

[1] C'est ce qui explique l'insertion des mots *non a domino* dans le L. 1, p. D., *de Public.* (VI, 2). V. sup. ch. V, note 6.

[2] Schilling, *Lehrbuch*, § 149.

[3] Voyez le titre 1er du liv. II des *Instituts.* — Walter, *Recht. Geschichte*, p. 598 et ss.

mune qui se retrouvent dans tous les codes modernes ; si bien qu'il n'est nullement utile d'insister sur ce point.

« Ce qui mérite davantage notre attention, c'est le caractère décidé que les lois romaines avaient donné à la propriété, c'est la distinction qu'elles établissaient entre la propriété et l'obligation, distinction fondamentale et qui domine ces deux grandes portions du droit.

La propriété affecte directement les choses qui en font l'objet : c'est un droit immédiat et absolu qui vaut envers et contre tous, et que tous sont tenus de respecter.

L'obligation, au contraire, n'affecte la chose qu'au travers de la personne obligée : c'est un droit relatif qui n'a de valeur qu'au profit de moi seul et seulement contre la personne obligée, en un mot un droit purement personnel.

« Il n'est point de la nature de l'obligation de
» rendre nôtre une chose ou un droit incorporel,
» mais seulement d'astreindre envers nous une
» personne à donner, faire ou procurer quelque
» chose. » C'est ainsi que parlait Paul dans ses instituts [1].

---

[1] Obligationum substantia non in eo consistit, ut aliquod corpus nostrum, aut servitutem nostram faciat, sed ut alium nobis obstringat ad dandum aliquid, vel faciendum, vel præstandum, L. 3, p. de O. et A. D., XLIV, 7. — V. Gaius, II, 38, 39. — Frag. Vat., 260, 263. — *Nomina*, dit la glose, *sive actiones*

Cette distinction que les jurisconsultes romains suivaient jusque dans ses conséquences les plus éloignées, avec toute la rigueur de leur admirable logique, cette distinction n'est point arbitraire et particulière à la loi romaine; elle se retrouve plus ou moins en toutes les législations, parce qu'elle tient à la nature même des choses.

L'État reposant sur la propriété à laquelle le plus souvent se rattachent les droits politiques, la propriété ne peut être incertaine sans que la sécurité ou le crédit public ne soient ébranlés. C'est donc une nécessité du droit de propriété que chacun le reconnaisse et qu'il vaille contre tous, en un mot qu'il soit un droit absolu. Mais cette nécessité n'est point dans le droit d'obligation, qui n'a qu'une valeur individuelle, sans intérêt pour les tiers qu'il ne concerne pas; l'o-

---

non possunt separari a domino, sicut nec anima a corpore. Une autre glose, plus énergique, prétend que l'obligation *ossibus hominum inhæret ut lepra cuti.* Sur cette distinction de la propriété et de l'obligation, voyez l'excellent ouvrage de Muehlenbruch, *Die Lehre von der Cession der Forderungs rechte.* 2ᵉ édition, Greifswald, 1838, notamment p. 4, 15, 21, 23. — Mackeldey, *Lehrbuch,* §§ 15, 180, 328. — De Savigny, *Besitz,* § 6. — A. d'Hauthuille, *Essai sur le droit d'accroissement,* p. 18 et ss., Aix, 1834. Il y a longtemps que le droit romain n'a été traité en France avec autant de logique et de netteté. M. d'Hauthuille, à nos yeux, et quoiqu'il n'ait pas encore fait un ouvrage de longue haleine, a sans contredit le premier rang parmi les jurisconsultes qui s'occupent aujourd'hui des lois romaines.

bligation n'existe qu'entre les engagés; et point au delà, *personam non egreditur*; la propriété existe pour tous les membres de la société.[1]

De là l'usage de ne point laisser incertaines les transmissions de la propriété et de rattacher ces transmissions à quelque solennité, ou du moins à quelque fait assez positif pour qu'on ne puisse pas douter en quelles mains doit légalement se trouver le domaine. Ainsi chez les Romains la mancipation et plus tard la tradition constatèrent les mutations de la propriété; chez les Germains ce fut la tradition *in mallo*, devant l'assemblée du canton [1]. Au moyen âge ce fut l'investiture et la foi pour le fief[2], le vest et devest pour la censive [3], l'ensaisinement du juge pour l'alleu [4]; plus tard enfin l'insinuation, mais la loi exigea partout et toujours la publicité des mutations de la propriété.

Le code civil est le premier qui ait méconnu cette judicieuse distinction; il a confondu l'obligation et la propriété (art. 1138).

« *La propriété*, dit l'art. 1583, *est acquise de*

---

[1] Marculf., *Appendix formul.*, 19, 20.— *Cap.*, ann. 819, c. 6. — Grimm, *Rechts alterthumer*, p. 121.

[2] *Grand Coutumier*, liv. II, ch. 27, 29.

[3] *Grand Coutumier*, liv. II, ch. 21. — Desmares, décision, 189. — *Coutumes notoires*, art. 121.

[4] *Coutumes de Paris*, art. 132, et Brodeau sur cet article.

» droit à l'acheteur à l'égard du vendeur dès qu'on
» est convenu de la chose et du prix. »

Cette innovation malheureuse a vicié notre système hypothécaire, puisqu'il laisse inconnue la mutation de la propriété, base de tout l'édifice. La propriété ne peut pas rester dans l'ombre comme l'obligation, engagement tout personnel ; forcément c'est un droit absolu qui doit être connu de tous, pour être respecté de tous.

Dire que par l'effet de l'obligation la propriété se transmet du vendeur à l'acheteur, c'est une subtilité, si vous respectez le droit des tiers ; la force des choses résiste aux mots de la loi. Votre acquéreur qui n'a pas le sol, et qui ne peut l'avoir, n'est qu'un créancier à fin de dommages-intérêts. Si au contraire vous ne respectez pas le droit du tiers possesseur, c'est un piége que vous tendez à la bonne foi ; la propriété est incertaine et le crédit foncier est détruit, car votre loi est un instrument de fraude. « *Non pejores laquei quam laquei legum,* » dit le chancelier [1] ; on reviendra forcément à la doctrine romaine.

[1] Bacon, aphorisme 53.

CHAPITRE IX.

Du gage et de l'hypothèque.

Je trouve de bonne heure chez les Romains l'emploi du gage (*pignus*). L'hypothèque ne vint que plus tard [1]. Le gage s'effectuait de deux manières, par *fiducia*, par *pignoris datio*. Le gage par *fiducia* se contractait par la *mancipation* ou l'*in jure cessio* [2], mais *fiduciæ causa* [3] ; en d'autres termes, le débiteur pour garantir le créancier lui transférait solennellement son immeuble, mais avec promesse de ce dernier de céder à son tour l'immeuble à son débiteur, aussitôt qu'on l'aurait désintéressé. La propriété *ex jure Quiritium* restant aux mains du créancier, il laissait souvent la possession au débiteur, à titre de louage ou de précaire, jusqu'à l'époque de la libération.

[1] Cic., *ad famil.*, XIII, 56, en fait mention ; il est vrai qu'il est question d'une province, et d'une province grecque.

[2] Ulp., XIX, 9. — Gaius, II, 22, 24, 26. — Isidore, *Orig.*, V, 25. Fiducia est cum res aliqua sumendæ mutuæ pecuniæ gratia vel mancipatur, vel in jure ceditur.

[3] Gaius, II, 59, 60.—Boethius, *ad Topic.*, IV. Fiduciam vero accipit, cuicumque res aliqua mancipatur, ut eam mancipanti remancipet.... Hæc mancipatio *fiduciaria* nominatur ideirco, quod *restituendi fides* interponitur.

Cette espèce de gage était encore en usage à l'époque des jurisconsultes classiques [1]; mais il n'en est plus fait mention dans les livres de Justinien.

Le gage par *pignoris datio*, que je retrouve dans les recueils de Tribonien, c'était l'institution naturelle, qui, dans le droit romain, se trouve toujours à côté de l'institution civile. Cette pignoration avait lieu sans formes solennelles [2], même entre *non cives*, pour les fonds provinciaux, pour l'*ager vectigalis*, pour l'Emphythéose [3]. Elle ne donnait pas la propriété, mais seulement la possession [4], la possession, seule garantie que le débiteur n'aliénerait pas le gage, car la loi ne donnait ni droit de suite ni droit de préférence; elle se contentait de punir les débiteurs stellionataires [5], idée d'une époque où le crédit est une force inconnue.

---

[1] Gaius, II, 60. — Paul., II, 13, § 1, 7.

[2] L. 4, l. 23, D., *de Pign.*, XX, 1. — L. 4, *De fide instrum.*, XXII, 4. — L. 3, § 2, D., *Qui potiores in Pign.*, XX, 4. — L. 2, l. 9, C. *Quæ res pignori*, VIII, 17. — L. 26, p. 1, D., *de Pignor. act.*, XIII, 7. — L. 1. .. *Commun. de legal.*, VI, 43.

[3] Schweppe, *Rœmische Rehtgeschichte*, §§ 286, 287.

[4] L. 16. *de Usurp*, D., XLI, 3. — Savigny, *Besitz*, § 24. —Isid., *Orig.*, V, 25. Pignus est...quod propter rem creditam obligatur : cujus rei possessionem solam ad tempus consequitur creditor. Ceterum dominium penes debitorem est.

[5] L. 15, § 2. *De Pign. et hyp.*, D. XX, 1.

L'hypothèque frappait la chose tout en la laissant entre les mains du débiteur et la suivait à travers toutes ses aliénations [1]. L'institution était bonne en ce sens, mais mauvaise en un autre. Comme elle n'était soumise à aucune publicité, à aucun contrôle régulier, et qu'elle admettait une foule d'hypothèques qui se primaient les unes les autres [2], elle ôtait toute sécurité au prêteur et rendait toute acquisition incertaine et dangereuse.

Un bon système hypothécaire, qui garantisse à la fois les intérêts du prêteur et ceux non moins sacrés de l'acquéreur; qui donne une double sécurité aux capitaux, aussi bien qu'à la propriété foncière, ces deux bases de la fortune publique, c'est un problème qui occupe aujourd'hui les bons esprits et qui appelle une solution prochaine.

Pourquoi faut-il qu'après treize cents ans nous soyons encore à sentir au vif les défauts de cette législation justinienne qui nous régente si malheureusement aujourd'hui.

---

[1] Isidore, *Orig.*, V, 25. Hypotheca est cum res alicua commodatur sine depositione pignoris, pacto vel cautione sola interveniente.

[2] Schilling, *Lehrbuch*, §§ 212, 213.

CHAPITRE X.

Procédure des actions réelles [1].

La procédure des actions réelles rappelle celle des lois barbares et des usages coutumiers. Sur le lieu du litige, en présence du préteur, le demandeur, tenant une baguette (*festuca*), emblème de domaine quiritaire [2], revendiquait sa chose par des paroles sacramentelles : *Hunc ego hominem ex jure Quiritium meum esse aio secundum suam causam, sicut dixi, ecce tibi vindictam imposui* [3]; le défenseur la revendiquait également ; suivait un combat simulé, qui dans l'origine fut peut-être un combat réel (*manum consertio*) [4].

---

[1] Gaius, IV, 16, 17. — Zimmern, *Rechtsgeschichte*, t. III, § 39, 40.

[2] Gaius, IV, 16. Festuca autem utebantur quasi hastæ loco, signo quodam justi dominii : omnium enim maxime sua esse credebant quæ ex hostibus cepissent.

[3] Gaius, IV, 16. — Valerius Probus (ed. Goth., p. 1476), S. S. C. S. D. E.T.V.

[4] A. Gellius, XX, 10. Manum conserere est, de qua re disceptatur, in re præsenti, sive ager, sive quid aliud est, cum adversario simul manu prendere, et in ea re omnibus verbis vindicare. Vindicia, id est correptio manus in re atque in loco præsenti, apud prætorem ex XII Tabulis fiebat. In quibus ita scriptum est: SI QUI IN JURE MANUM CONSERUNT. Sed postquam prætores propa-

Le préteur interposait son autorité : *Mittite ambo rem*, puis il décidait à qui resterait la possession pendant la durée du litige, *vindicias dicebat*, et il renvoyait les parties devant le *judex*, pour discuter la question de propriété. Plus tard, quand la multiplicité des affaires et l'agrandissement du territoire eut rendu trop difficile le déplacement du préteur, une touffe de gazon représenta l'immeuble absent.

Écoutons maintenant la loi des Allemanni [1] : sauf la rudesse du langage, il semblera que Gaius n'a point cessé de parler ; des mœurs semblables appellent, malgré la distance des siècles,

---

gatis Italiæ finibus, datis jurisdictionibus, negotiis occupati proficisci vindiciarum dicendarum causa in longinquas res gravabantur, institutum est contra XII Tabulas, tacito consensu, ut litigatores non in jure apud prætorem manum consererent, sed ex jure manum consertam vocarent : id est alter alterum ex jure ad conserendam manum in rem, de qua ageretur, vocaret : atque profecti simul in agrum de quo litigabatur terræ aliquid ex eo, uti unam glebam, in jus in urbem ad prætorem deferrent ; et in ea gleba tanquam in toto agro vindicarent. Idque Ennius significare volens, ait, non ut ad prætorem solitum est agi legitimis actionibus, neque ex jure manu consertum, sed bello ferroque et vera vi atque solida. Quod videtur dixisse, conferens vim illam civilem et festucariam quæ verbo diceretur non quæ manu fieret, cum vi bellica et cruenta. — Savigny, *Ueber lis Vindiciarum*, dans son journal, III, p. 421. — Cic., *pro Murœna*, ch. 12. — Festus, V. SUPERSTITES ET VINDICIÆ.

[1] *Lex Alam.*, tit. 84. Canciani, t. II, p. 342. Baluze, t. I, p. 80-81.

des formes semblables. Au travers des âges le fond de l'homme ne varie guère.

« Si une dispute s'élève entre deux tribus¹ au
» sujet des limites de leur terre², et que l'un
» dise : « Voici notre limite », et que l'autre aille
» en une autre place et dise : « Voici notre limite »,
» que le comte du canton ³ soit présent ; qu'il pose
» une marque là où chacun d'eux veut placer ses
» limites, puis qu'ils jurent ⁴. Quand ils auront
» juré, qu'ils s'avancent, et, en présence du
» comte, qu'ils prennent une touffe de gazon ⁵,
» qu'ils plantent dans cette touffe des branches
» d'arbre, et que les tribus qui se querellent
» lèvent cette terre en présence du comte et la
» mettent en sa garde ⁶. Pour lui, qu'il l'enve-
» loppe dans une étoffe, qu'il y pose le sceau ⁷
» et qu'il la remette en main fidèle, jusqu'au
» jour du plaid indiqué ; et que les deux tribus
» se promettent le combat par deux champions.

¹ C'est ainsi que je traduis *genealogia*, c'est le *clan* des Écossais.
² *Terra*, c'est la terre commune, la marche (*mark*).
³ *Comes de plebe illa*.
⁴ *Jurent ipsam contentionem* ; d'autres Mss lisent : *girent ipsam contentionem*, ce qui offre également un sens raisonnable : qu'ils fassent la vue et montrée.
⁵ *Quod Allemanni curfodi dicunt*, et d'autres Mss. Zturf. — Zturf (*turf* en anglais), gazon, terre, c'est notre mot *tourbe*.
⁶ *Commendent in sua manu*.
⁷ *Involvat in fanone et ponat sigillum*.

» Quand ces champions sont prêts à combattre,
» qu'ils posent au milieu cette touffe de gazon,
» qu'ils la touchent de leurs épées, et qu'ils de-
» mandent à Dieu le créateur que la victoire soit
» à celui qui a le bon droit, et alors qu'ils com-
» battent. Aux vainqueurs la possession, l'objet
» du litige, et quant aux présomptueux qui ont
» contredit la propriété de leurs adversaires,
» qu'ils composent de douze sols. »

A Rome, comme chez les Barbares, des formes plus savantes et moins farouches remplacèrent ces naïves procédures ; ces formes, qui tiennent au génie de la procédure romaine, si je voulais les faire connaître, il me faudrait entrer dans des détails infinis, curieux, pleins d'intérêt sans doute, car dans les lois de la procédure, non moins que dans celles de la propriété, se peint au vif tout le génie des peuples, mais ce serait mettre un ouvrage dans un autre, et je n'en ai ni le temps ni la force. Un jour peut-être [1] !

---

[1] Sur la procédure romaine il faut lire le tome III de l'*Histoire du droit*, de Zimmern ; la *Cession des obligations*, de Mulhenbruch ; les *Observations d'Heffter sur Caius* ; ce que Bethman Hollweg a écrit sur la *Procédure du Bas-Empire*, et enfin le *Manuel de Schilceppe*, qui résume heureusement les nouvelles découvertes.

LIVRE IV.

DE LA PROPRIÉTÉ ROMAINE DANS SON RAPPORT AVEC LE DROIT DE FAMILLE.

CHAPITRE PREMIER.

Du droit de famille en général.

Il est un point où le droit de propriété touche à la fois le droit public et le droit privé, faisant ainsi la communication vivante de l'un à l'autre; je veux parler de son rapport avec les droits qui concernent la famille, tels que le mariage, la puissance paternelle, les testamens et les successions.

Ce qu'il faut remarquer ici, c'est que ce n'est point la propriété qui modifie le droit, comme il arrive ordinairement dans le droit politique, où c'est la propriété du sol qui donne la capacité; c'est au contraire la propriété qui est modifiée par le droit de famille. C'est la condition de la personne qui fait la condition de la chose, et non point la chose qui réagit sur l'état de la personne. J'excepte néanmoins le droit des fiefs, législation toute spéciale, dans laquelle la propriété, organisée dans un but militaire, força le droit de famille à se plier aux exigences du service quand le fief devint patrimonial.

Ne pensons point à étudier l'histoire de la propriété dans ces modifications qui résultent de l'organisation des familles; ce serait forcément rentrer dans l'étude des législations personnelles. Qui d'ailleurs rendrait supportable l'analyse de ces mille lois diverses, à moins de l'énergie d'un Tacite ou de la concision d'un Montesquieu ? Bornons-nous à rappeler un principe fécond.

L'histoire, dans son cours varié, nous présente cette grande institution de la famille dans des positions fort diverses. Là où l'organisation centrale et vigoureuse du gouvernement protége tous ses membres et leur garantit directement sécurité complète des personnes et des propriétés, la grande communauté, qui est l'État, absorbe par son énergie et fait disparaître toutes les communautés particulières. Sous cette garantie puissante, l'individu se développe à son aise, chacun se disperse au gré de ses besoins ou de ses désirs; la famille alors n'a aucune valeur politique. Il y a près du berceau de l'enfant une mère qui sourit, un père qui les protége tous deux; mais la famille cesse au seuil du foyer domestique, et quand l'enfant l'a franchi, il va, lui aussi, fonder une nouvelle famille, politiquement étrangère à celle qu'il abandonne; il est comme la femme romaine, *familia, et caput, et finis*.

Dans un pays où la famille est ainsi constituée, la législation domestique, dans son rapport avec la propriété, n'est point difficile à écrire : liberté complète pour la personne, et les biens de l'enfant dès qu'il est en âge de les défendre, succession fondée sur le lien du sang et l'affection présumée du défunt, confusion de tous les biens qui lui sont échus dès qu'ils se réunissent dans sa main; en un mot, et pour abréger, législation démocratique, individuelle, telle que le code civil nous l'a faite.

D'autres fois au contraire, à la naissance des sociétés, et là où l'aristocratie domine, la famille est un des élémens politiques de l'État. L'État n'est qu'une fédération de familles, petites sociétés indépendantes, dont le chef est à la fois le magistrat, le pontife et le capitaine. Une telle famille ne se dissout point tant que vit le chef; à sa mort, le fils prend la place du père, et le lien se conserve encore quand plusieurs générations écoulées ne laissent plus de l'origine commune qu'un souvenir lointain, conservé par la communauté de noms et de sacrifices [1].

---

[1] Tels furent les gentiles des Romains, tels les clans d'Écosse. — Cic., *Top.*, c. 6. Gentiles sunt qui inter se eodem nomine

« Dans un pareil système, c'est bien moins le lien du sang qui constitue la famille que le lien politique ; et l'individu, en dépit des droits qui nous paraissent les plus sacrés, est impitoyablement sacrifié à cette nécessité publique.

C'est à ce point de vue qu'il faut se placer pour comprendre ces lois romaines, qui de prime abord nous paraissent dures, sauvages, contraires aux principes naturels. Ainsi se conçoit cette toute-puissance du père de famille, maître et juge domestique de tous les siens, avec droit de vie et de mort [1] ; ainsi s'explique la préférence des mâles, la tutelle perpétuelle des femmes, l'exclusion de leurs descendans (*cognati*) des biens de l'aïeul paternel [2], l'exclusion du fils même une fois sorti de la famille, et l'assimilation absolue de l'enfant adoptif à l'enfant naturel, car la famille romaine c'est dans la république un petit État qui a son organisation, son culte et ses lois particulières. Qui n'est point membre de cette

---

sunt ; — qui ab ingenuis oriundi sunt — quorum majorum nemo servitutem servivit, — qui capite non sunt diminuti. — Festus. Gentilis dicitur et ex eodem genere ortus et is qui simili nomine appellatur, ut ait Cincius : Gentiles mihi sunt qui meo nomine appellantur. L. 195, § 2, D., d. V. S.

[1] Seneca, *Controv.*, II, 3. *de Beneficiis*; III, 11. — Suétone, *Claud.*, c. 16.

[2] D., de V. S., 196, § 1. Feminarum liberos in familia earum non esse palam est, quia qui nascuntur patris non matris familiam sequuntur.

société sainte n'a pas plus de droits civils ou politiques dans la famille que l'étranger dans Rome.

Gardons-nous de juger ces législations avec nos idées d'aujourd'hui, nous qui subordonnons la famille et l'État même à l'individu, car ces législations ont eu leur grandeur et leur nécessité. Et n'oublions pas que si la démocratie semble plus favorable au libre développement de l'individu et à l'aisance du plus grand nombre, le gouvernement des grandes familles, par sa persévérance, son esprit de suite et sa ténacité, semble peut-être mieux fait que la démocratie pour la grandeur et la puissance de l'État; témoins Rome, Venise et Londres.

CHAPITRE II.

Du chef de la famille (paterfamilias)[1].

Dans les premiers siècles de Rome, la famille forme un lien politique et religieux très-étroit. Plusieurs familles sorties d'une même souche forment une *gens*, plusieurs *gentes*, une curie:

---

[1] Sur cette puissance du père de famille V. Bynkershoek, *de Jure occidendi vendendi et exponendi liberos in Opp.*, t. I, p. 318 et ss. Il donne au père de famille un plein droit de pro-

La famille se résume tout entière dans la personne de son chef, le *paterfamilias* ; les biens et les personnes sont dans son domaine absolu ; il est seul le maître et seul indépendant (*sui juris*). *Paterfamilias appellatur qui in domo dominium habet*, dit le jurisconsulte[1].

Tous les autres membres de la famille sont soumis à son pouvoir domestique ; la femme est *in manu*, les enfans et les esclaves *in potestate*. Toute chose acquise par l'une ou l'autre de ces personnes appartient au chef de famille. Nulle propriété ne peut résider dans les mains de ces personnes soumises au domaine d'autrui qu'autant que le veut bien souffrir le père de famille. Femmes, enfans, esclaves, ce sont des instrumens dont il se sert pour acquérir, rien de plus[2].

---

priété sur ses enfans, ils sont sa chose (*res mancipi*). L'opinion de Bynkershoek, adoptée par Heineccius, *Ant. rom.*, l. 1, t. IX, § 1, est aujourd'hui généralement rejetée par les jurisconsultes, qui font du *paterfamilias* le chef mais non pas le propriétaire de la famille ; cette seconde opinion nous paraît fort contestable pour ce qui concerne les premiers siècles de Rome. Voyez cependant Zimmern, *R. G.*, t. I, § 179; *Character, der potestas patria und dominica*.

[1] Ulp., L. 105, § 1, de V. S. D., L. 16.

[2] « Les lois romaines ordonnent que les enfans soient sujets et » esclaves de leurs pères ; les enfans ne sont pas les maîtres de » leurs biens, ce sont les pères jusqu'à ce que les enfans soient » mis en liberté à la façon des esclaves véritables. » οἱ Ῥωμαίων νόμοι...

Et ces personnes même ne sont rien devant lui; le fils n'a pas plus de droit contre son père que l'esclave contre son maître [1]. Le père peut, en l'émancipant, anéantir à son gré le lien de famille, sans que l'État s'interpose; il peut, chose incroyable, exposer son fils, le tuer, le vendre comme son esclave, comme sa bête, comme sa chose. Son droit est absolu. *Quod jus proprium est civium romanorum*, dit Gaius [2], *fere enim nulli alii sunt homines qui talem in filios suos habent potestatem qualem nos habemus.*

CHAPITRE III.

Du fils de famille et de son pécule [3].

Cette toute-puissance du père de famille sur la personne et les biens de son fils se conserva dans sa vigueur pendant la république; c'était une de ces bases politiques de l'État que nul ne

τοχοι, κατὰ τοὺς ἀρχαιοτάτους. —Sextus Empiricus, *Pyrrhon. Hypot.*, III, c. 24.

[1] L. 38; l. 64. D., *de Condit. indeb.*, XII, 6. — Bucher, *R. der Forderungen*, § 5.

[2] *Inst.*, I, 55.

[3] Zimmern, *R. G.*, t. I, § 186, 190. — Schweppe, *R. G.*, § 375. — Gans, *Erbrecht*, t. II, p. 318 et ss.

pouvait ébranler sans impiété. Quand Fulvius mit à mort son fils, le complice de Catilina, pas une seule voix ne s'éleva pour lui contester ce droit sanglant[1].

Une telle puissance ne se pouvait soutenir devant ce despotisme impérial, à qui toute association portait ombrage, parce que toute association est une résistance. Auguste reconnut aux fils de famille soldats un droit de propriété distinct sur ce qu'ils avaient acquis à la guerre et leur permit de disposer par testament de ce *peculium castrense*[2]. Ce privilége, confirmé par Nerva, par Trajan, Adrien l'accorda également aux vétérans retirés du service.

Reconnaître au fils de famille une propriété

---

[1] Fuere tamen extra conjurationem complures, qui ad Catilinam initio profecti sunt. In his erat Fulvius, senatoris filius ; quem retractum ex itinere parens necari jussit, dit froidement Salluste, *Bellum Catilinarium*, cap. 39. Avant Fulvius, Cassius avait tué son fils, dont l'éloquence agitait la république (Val. Max., V. 2) ; Fabius Eburnus (Quinctil., *Declam.*, III) et Scaurus (Val. Max., V. 2), avaient aussi mis à mort leurs enfans.

[2] Ulp., XX, 10. Filius familias testamentum facere non potest, quoniam nil suum habet, ut testari de eo possit; sed divus Augustus constituit ut filius familiæ miles de eo peculio quod in castris adquisivit testamentum facere posset. *Inst. Justin.*, lib. II, tit. 12, pr. *Quibus non est permissum facere testamentum*. Juvénal, sat. XVI, v. 51.

Solis præterea testandi militibus jus
Viro patre datur.

sur laquelle son père n'avait aucun droit¹, c'était lui constituer une personnalité distincte, qui devait amener l'anéantissement de ce domaine paternel. Trajan contraignit un père qui maltraitait son fils à l'émanciper et, à la mort du fils, exclut le père de sa succession². Adrien condamna à la déportation un père qui, dans une partie de chasse, avait tué un fils incestueux : « C'était agir, dit le prince, non comme un père, mais comme un brigand³. » Alexandre Sévère remit aux magistrats le prononcé de la peine dictée par les parens⁴. Constantin mit au rang des patricides le père qui porterait la main sur son

¹ Papinien, l. 12, *de Castrensi peculio.— Inst. Just.*, II, 12, pr.

² L. ult. Si a parente quis manum. sit. D., XXXVII, 12. Papinianus. Divus Trajanus filium, quem pater male contra pietatem afficiebat, coegit emancipare, quo postea defuncto pater ut manumissor, bonorum possessionem sibi competere dicebat ; sed consilio Neratii Prisci et Aristonis ei propter necessitatem solvendæ pietatis denegata est.

³ L. 5. *ad L. Pompei. de parricid.*— Marcien. D. Hadrianus fertur quum in venatione filium suum quidam necaverat, qui novercam adulterabat, in insulam eum deportasse, quod latronis magis quam patris jure eum interfecit ; nam patria potestas in pietate debet, non atrocitate consistere.

⁴ L. 13, § ult. *de re milit.* Dig., XLIX, 16. L. 3, *de patria pot.* C., VIII, 46. L. 2. D., *ad L. Corneliam de sicariis.* XLVIII, 8 ; L. 11, in fine D., *de liberis et posthumis heredibus*, XXVIII, 2.

fils[1]; le magistrat seul eût qualité pour prononcer[2].

La fortune du fils devint indépendante comme sa personne. Adrien força le père de restituer à son fils une succession fidéicommissaire[3]. Mille pécules divers, s'assimilèrent au pécule des camps[4]. Constantin attribua directement au fils la propriété de la succession maternelle, *bona materna*, l'usufruit restant au père[5]; Arcade et Honorius lui donnèrent la succession des descendans maternels, *bona materni generis*[6]. Théodose leur avait assuré déjà la propriété des *lucra nuptialia*[7]. Enfin Justinien leur donna la pro-

[1] L. un., *de his qui par. vel lib. occid.*, C., IX, 17.

[2] L. un., *de Emend. propinq.*, C., IX, 15. — Thomasii *Diss. de usu pract. tit. Inst. de Patria pot.*, I. 22, sqq., p. 9, sq. et la dissertation de Bynkershoek, citée sup., ch. II.

[3] Papinien, libro XI. *Quæst.*, l. 50, *ad S. C. Trebelliano.* D., XXXVI, 1.

[4] L. 1, § 15. D., *de Collat. bon.*, XXXVII, 6. Furent considérés comme pecule *quasi castrense*, le traitement des magistrats, celui des *palatini*, des *assessores*, des *officiales* du préfet du prétoire, les honoraires des avocats, les acquisitions des membres du clergé, etc. Voyez Zimmern, *R. G.*, t. I, § 188 et J. Godefroy, *ad*, l. 2. C. Th., I, 2. L. 3. C. Th., II, 10.

[5] L. 1, C., *de bonis maternis*, VI, 60. Res, quæ ex matris successione, sive ex testamento, sive ab intestato fuerint ad filios devolutæ, ita sint in parentum potestate, ut utendi fruendi duntaxat habeant in diem vitæ facultatem, dominio videlicet earum ad liberos pertinente. — J. Godefroy *ad tit.* C. Th., *de bonis maternis*.

[6] L. 2, C. J., VI. 60.

[7] L. 1. c. 9. *De bonis, quæ liberis in potestate patris constitutis ex matrimonio vel alias adquiruntur*, VI, 61.

priété de tout ce qu'ils acquerraient, sans distinction. Le droit de domaine du père se transforma en usufruit; le père n'eut plus que l'administration et la jouissance de ces biens venus du dehors (*peculium adventitium*); le fils fut propriétaire. La révolution était accomplie, les considérations d'équité naturelle l'avaient emporté sur les anciennes considérations politiques; la famille romaine n'existait plus.

CHAPITRE IV.

De la tutelle des femmes [1].

Dans l'origine, les femmes romaines, comme presque toutes les femmes de l'antiquité [2] étaient soumises pendant toute leur vie à la tutelle des agnats: elles ne pouvaient ni aliéner, ni s'engager, ni tester sans leur autorisation. Ce n'était point une précaution législative pour les préserver de leur faiblesse ou de leur inexpérience [3], c'était une institution politique, qui avait pour but

---

[1] Cujas, *Obss.*, VII, 11. — Savigny, *Beytr., zur Gesch. der Geschlechtscuratel*, dans son journal, t. III, p. 328 et ss. — Zimmern, *R. G.*, t. I, §§ 244, 245.

[2] Gaius, I, 193. — Cic., *Pro Flacco*, c. 39. — Saumaise, *De modo usurarum*, c. 1, c. 10. — Meursius, *Att. lect.*, III, 21.

[3] Gaius, I, 190.

d'empêcher les biens de sortir de la famille [1]. La tutelle était toute dans l'intérêt des agnats ; un mineur même était tuteur d'une femme. C'était si bien une valeur dans leurs mains qu'ils en pouvaient céder l'exercice et qu'à la mort du cessionnaire la tutelle leur faisait retour [2]. Leur pupille n'avait point d'ailleurs d'action contre eux, car elle n'était pas *sui juris*; comme l'enfant, comme l'esclave, elle était en pouvoir d'autrui [3].

Cette incapacité des femmes réagissait sur la propriété et la rendait imprescriptible quand elle avait été aliénée sans l'autorisation du tu-

---

[1] Gaius, I, 192. Sane patronorum et parentum legitimæ tutelæ vim aliquam habere intelliguntur eo quod hi, neque ad testamentum faciendum, neque ad res mancipi alienandas, neque ad obligationes suscipiendas auctores fieri coguntur, præterquam si magna causa alienandarum rerum mancipi obligationisque suscipiendæ interveniat; eaque omnia ipsorum causa constituta sunt, ut quia ad eos intestatarum mortuarum hereditates pertinent, neque per testamentum excludantur ab hereditate, neque alienatis pretiosioribus rebus susceptoque ære alieno minus locuples ad eos hereditas perveniat.

[2] Gaius, I, 168, 172.

[3] Gaius, I, 191. — Cic., *Top.*, c. 4. — Boethius, *ad Top.*, lib. II, p. 302 (ed. C. Orelli). Quid enim officere potest, ne secundum mulieris nunquam capite diminutæ tabulas possessio deferatur? Id scilicet, quod ea, quæ testamentum confecerat, sui non fuerat juris, quod idem et de pueris et de servis dici potest. Illorum enim ætas, illorum conditio in alterius sita est potestate. — Cic., *pro Murena*, cap. 12, — Livius XXXIV, 3.

teur; la *Loi des douze Tables* l'avait ainsi décidé¹. Cette rigueur du droit civil s'adoucit dans l'édit du préteur. Rutilius admit l'acheteur à l'usucapion après le paiement du prix, réservant néanmoins à la femme le droit d'arrêter l'usucapion en restituant la somme². Cette incapacité ne s'étendait d'ailleurs qu'aux choses *mancipi*, telles que les esclaves ou les fonds italiens; ainsi elle n'affectait pas les possessions provinciales³.

A l'époque de Gaius la tutelle des femmes, si l'on excepte la tutelle sérieuse du patron et du père, n'était plus qu'une vaine formalité; il fallait sans doute l'autorisation du tuteur pour

---

¹ Gaius, II, 47. Mulieris quæ in agnatorum tutela erat res mancipi usucapi non poterunt, præterquam si ab ipsa tutore auctore traditæ essent : id ita lege XII Tabularum cautum erat. — Cic., pro *Flacco*, c. 34; ad *Att.*, I, 5.

² *Vat. Frag.*, § 1. *Qui a muliere* sine tutoris auctoritate sciens rem mancipi emit, vel falso tutore auctore quem scit non esse, non videtur bona fide emisse; itaque et veteres putant et Sabinus et Cassius scribunt. Labeo quidem putabat nec pro emptore eum possidere, sed pro possessore. Proculus et Celsus pro emptore, quod est verius; nam et fructus suos facit, quia scilicet voluntate dominæ percipit, et mulier sine tutoris auctoritate possessionem alienare potest. Julianus propter Rutilianam constitutionem eum qui pretium mulieri dedisset, etiam usucapere; et si ante usucapionem offerat mulier pecuniam, desinere eum usucapere. — Gaius, IV, 35.

³ Gaius, II, 80, 83. — Ulp., XI, 27. — *Vat. Frag.*, § 1, § 15.

les actes *juris civilis* [1], et sans cette autorisation on revenait sur les obligations onéreuses à la femme; mais la femme pouvant contraindre le tuteur à donner cette autorisation, ce dernier n'était plus vraiment qu'un conseil [2].

Sous le règne d'Auguste le sénat donna à Livie l'exemption de la tutelle, privilége jusque-là réservé aux vestales [3]. Un sénatus-consulte Claudien abolit la tutelle des agnats [4], qui n'avait plus de valeur depuis les modifications introduites par le préteur dans le droit de succession. Mais ce furent les lois Julia et Pappia Poppœa qui changèrent entièrement la condition des femmes. Ces lois avaient délivré de la tutelle l'ingénue mère de trois enfans, l'affranchie mère de

---

[1] Ulpien, XI, 27. Tutoris auctoritas necessaria est mulieribus quidem in his rebus : si lege aut legitimo judicio agant, si se obligent, si civile negotium gerant, si libertæ suæ permittant in contubernio alieni servi morari, si rem mancipi alienent. Pupillis autem hoc amplius etiam in rerum nec mancipi alienatione tutoris auctoritate opus est

[2] Gaius, I, 190, 191. Ce furent d'abord les tuteurs fiduciaires qu'on obligea d'autoriser, puis les testamentaires, puis le légitime. Mais au cas de la *tutela patronorum aut parentum*, la tutelle conserva toute sa puissance, et il fallut des causes graves pour que le tuteur fût forcé d'autoriser. V. sup., p. 172, n. 1; voyez encore Gaius, II, 118, 122.

[3] Dio Cassius, l. V, 2.

[4] Gaius, I, 171. Sed quantum ad agnatos pertinet, nihil hoc tempore de cessicia tutela quæritur, eum agnatorum tutelæ in feminis lege Claudia sublatæ sint. — Ulpien, XI, 8.

quatre [1]; cette exemption, accordée par les empereurs à une foule de personnes qui n'étaient point dans les conditions voulues par les lois, amena rapidement la ruine de l'institution. Je la retrouve encore sous le règne de Dioclétien [2]; après lui je n'en vois plus de vestige.

[1] Ulp., XXIX, 2, 3. — Dio Cassius, LVI, 2; la donation de Statia Irene (Spangenberg, p. 155), faite sous l'empire de Trebonius et de Volusianus, rappelle continuellement que la donatrice a le *jus trium liberorum*, par conséquent qu'elle a le droit de faire une mancipation sans l'autorité de son tuteur.

Monumentum, quot est via triumphale inter miliarium secundum et tertium, euntibus ab urbe parte læva in clivo Cinnæ, et est in agro Aureli Primiani, fictoris pontificum, *Calatoris*, Curiati, *Virginum Vestalium* et appellatur Terentianorum juxta monumentum Claudii quondam Proculi et si qui alii affines sunt, et qua quemque tangit et populum Statia Airene, jus liberorum habens, M. Licinio Timotheo, donationis mancipationisque causa H. S. nummo uno mancipio dedit, libripende Claudio Dativo, antestato Cornelio Victore, eique vacuam possessionem monumenti s. s cessit et ad id monumentum itum, aditum, ambitum atque haustum, coronare, vesci, mortuum mortuosve ossa inferre ut liceat. Quod mihi Licinio Timotheo tu Statia Airene *jus liberorum habens* monumentum, ss. H. S. n. u mancipio dedisti, de ea re dolum abesse afuturumque esse a te, herede tuo, et ab his omnibus, ad quos ea res pertinebit; hæc sic recte dari, fieri, præstarique stipulatus est Licinius Timotheus: spopondit Statia Irene j. l. h.

Actum Pr. Kal. Aug. Impp. D. D. N. N. Gallo Aug. II et Volusiano Aug. consulibus.

Isdem consulibus eadem die Statia Irene, j. l. h. donationi monumenti ss sic, ut supra scriptum est, consensi, subscripsi et adsignavi.

[2] *Fragm. Vat.*, 325, 327. — Zimmern, *R. G.*, t. I, § 233, note 50.

CHAPITRE V.

De la *manus*[1].

Le mariage se contractait à Rome par le simple consentement, *nuptias non concubitus sed consensus facit*, dit le jurisconsulte ; mais la puissance maritale (*manus*), qui faisait sortir la femme de la famille à laquelle elle appartenait, et qui dépouillait ses agnats des droits de succession, ne s'acquérait que du consentement des agnats[2],

---

[1] Hugo, *R. G.*, p. 102 et ss, 110 et ss, 409 et ss, 755 et ss, 927. — Zimmern, *R. G.* t. I, § 222. — Schweppe, *R.G.*, § 387, 390. — Ed. Gans, *Erbrecht*; t. I, p. 22 et ss; t. II, p. 215 et ss. — Schrader, dans le *Civ. magasin de Hugo*, V, 147. — Wœchter, *Ueber Ehescheidungen bey den Rœmern.*, Stuttgart, 1822. — A. d'Hauthuille, *Sur l'origine et les progrès du régime dotal chez les Romains* (*Revue de Législation et de Jurisprudence*, t. VII, p. 305).

[2] Cic., pro *Flacco*, cap. 34. Nihil potest de tutela legitima nisi omnium tutorum auctoritate diminui. — *Scholia Bobiennii*..... Negotialem quæstiunculam facit, proponente adversario inciviliter egisse Flaccum, quod bona cujusdam Valeriæ possederit, quæ Androni Sestullio marito suo in manum convenerat. Hoc autem juris observabatur, ut loco filiarum haberentur, quæ in manum viris convenissent. Verum fuit hæc Valeria de libertis Flacci; ac propterea in legitima tutela quasi apud patronum habebatur; nec videri poterat jure in manum convenisse, quum bic ei tutor legitimus auctor non fuerit, et ideo hereditas ad hunc Flaccum legitimo jure pervenerit.

soit par une cérémonie religieuse, la *confarreatio*[1], soit par une mancipation solennelle, la *coemptio*[2], soit par une année de cohabitation non interrompue (*usus*); le mari prescrivait sa femme comme une *res mancipi*.[3]

La puissance maritale (*manus*) rappelait presqu'à tous égards le pouvoir paternel (*potestas*); moins absolue relativement aux droits sur la personne[4], mais tout aussi étendue quant aux biens. Cette toute-puissance du chef de famille souffrait difficilement quelque degré.

La femme n'est point l'égale de son mari; sa position vis-à-vis de lui est celle d'une fille[5], elle

---

[1] Ulp., IX. — Gaius, I, 112.

[2] Gaius, I, 113 et sqq. Remarquez que cet achat ressemble tout à fait à l'achat du mariage germain. Le prix de la *coemptio* était sans doute l'indemnité de la succession enlevée aux agnats; une inscription citée par Heineccius, *Comm. ad. I. J. et P. P.*, p. 255, nous montre le prix d'achat donné aux parens.

> Publ. Claudio. Quæst.
> Aer.
> Antoninam Volumniam
> Virginem
> Volent. Auspic.
> A parentibus suis coemit
> Et fac. IIII In dom.
> Duxit.

[3] Gaius, I, 108, 116.

[4] Il est bien certain qu'on ne pouvait ni vendre la femme ni la *noxæ dare*.

[5] Filiæ locum obtinebat, dit Gaius, I, 111. — Boëthius, in

est la sœur de ses enfans, la petite-fille de son beau-père, si son époux est encore en puissance paternelle [1].

Cette situation dans la famille est la règle de ses droits : c'est un enfant adoptif; les biens qu'elle peut posséder avant sa venue en puissance de mari (*conventio in manum*) sont dévolus de plein droit au chef de la famille qui l'adopte [2].

La *manus* est comme l'adrogation une acquisition à titre universel [3], et tout ce que la femme obtient par la suite, à quelque titre que ce soit, appartient au chef de famille [4], car aucun droit

---

Top., lib II (ed. Orelli, p. 299). Mulier viri conveniebat in manum, et vocabantur hæ nuptiæ per coemptionem, et erat mulier mater familias viro loco filiæ. — Gaius, II, 139. — L. I, *Rer. amot.*, D., XXV, 2.

[2] Gaius, II, 159.

[3] Gaius, III, 82. Sunt autem etiam alterius generis successiones, quæ neque lege XII Tabularum, neque prætoris edicto, sed eo jure quod consensu receptum est, introductæ sunt, *velut cum materfamilias se in adoptionem dedit, mulierque in manum convenit*. — Cicero, *Top.*, c. 4. — Boethius, ad *Top.* (edi. Orelli, p. 317). Ipsa igitur in manus conventio omnia quæ mulieris fuere viri fecit dotis nomine, non procedente tempore, sed statim propria vi naturæ. Nam ut in manum quæque convenerit, mox ejus bona dotis nomine virum sequuntur.

[3] Gaius, IV, 80. — Térence, *Andria*, I, 5, in fine.

[4] Gaius, II, 86, 90. Per eas vero personas, quas in manu mancipiove habemus, proprietas quidem adquiritur nobis ex omnibus causis, sicut per eos qui in potestate nostra sunt : an autem possessio adquiratur quæri solet, quia ipsas non possidemus.

de propriété ne peut résider sur sa tête, non plus que sur celle du fils *in potestate*, puisqu'elle n'est pas *sui juris*.

Meurt-elle la première, elle ne laisse point de succession, car tous ses biens ont été dévolus à son mari et confondus dans sa fortune [1]. Survit-elle, elle ne retourne point dans la famille dont elle a quitté les dieux pour adopter ceux de son mari [2]; elle reste dans sa nouvelle famille et passe sous la tutelle des agnats de son époux, qui sont désormais les siens. Elle succède à son mari comme une fille à son père, comme *sua heres*, pour la totalité si elle est seule dans cette catégorie, pour une portion virile s'il y a des héritiers siens [3]. Son titre est le même que celui de ses enfans : elle est leur sœur consanguine. C'est à titre de sœur qu'elle leur succède, c'est au même titre que ses enfans viennent à sa succession [4].

Tant que le mariage fut perpétuel, cette con-

---

[1] Cic., *pro Flacco*, cap. 34. — Servius, *ad Æneid.*, VII, 423.

[2] Denys d'Hal., II, 25. — Dirksen, *Quellen des Rœm. Recht*, p. 203. — Savigny, dans son journal, t. II.

[3] Gaius, III, 3. Uxor quoque quæ in manu est, sua heres est, quia filiæ loco est : item nurus, quæ in filii manu est, nam et hæc neptis loco est, sed ita demum erit sua heres, si filius cujus in manu erit, cum pater moritur, in potestate ejus non sit. Idemque dicimus et de ea quæ in nepotis manu matrimonii causa sit, quia proneptis loco est.

[4] Gaius, III, 14.

fusion des biens de la femme dans le patrimoine du mari fut supportable; si elle mourait avant son époux, ses enfans retrouvaient plus tard ses biens confondus dans la succession de leur père; si au contraire elle survivait, le droit qu'elle exerçait dans la succession du mari lui tenait lieu de sa dot [1]. Mais quand, au sixième siècle, Carvilius eut donné le premier exemple du divorce, la femme divorcée, sortie de la famille du mari par des cérémonies analogues à celles qui l'y avaient fait entrer [2], se trouva dépouillée; ses biens s'étaient perdus dans ceux du mari. Ce fut pour parer à cet inconvénient que les jurisconsultes et les préteurs vinrent au secours des femmes par les *cautiones* et les *actiones rei uxoriæ* [3]. Les parens de la femme stipulèrent pour elle, lors de la célébration du mariage, la restitution en cas de divorce des biens qu'elle apportait au mari (*cautio rei uxoriæ*) [4]. Le préteur accorda de

---

[1] Zimmern, *R. G.*, I, § 166. — Schweppe, *R. G.*, § 400.

[2] Festus, V° Diffareatio et V° Remancipatam.

[3] A. Gell., IV, 9. Memoriæ traditum est quingintis fere annis post Romam conditam, nullas rei uxoriæ neque actiones cautiones in urbe Roma aut in Latio fuisse : quia profecto desiderabantur, nullis etiam tunc matrimoniis divertentibus. Servius quoque Sulpicius in libro quem composuit de dotibus, tum primum cautiones rei uxoriæ necessarias esse scripsit cum Sp. Carvilius qui Ruga cognomentum fuit, nobilis, divortium cum uxore fecit quia liberi ex ea corporis vitio non gignerentur, anno urbis conditæ 523, M. Atilio, P. Valerio, coss.

[4] La femme ne pouvait faire une stipulation de cette nature,

son côté une action (*actio rei uxoriæ*) pour fortifier ces conventions matrimoniales ou les suppléer lorsqu'elles auraient été omises [1].

La restitution de la dot (*res uxoria*), introduite pour le cas de divorce, se généralisa ; on l'appliqua au cas de dissolution du mariage par le décès du mari ; mais ce ne fut que dans la législation justinienne que la restitution eut lieu au cas du prédécès de la femme [2]. Jusque-là, sauf quelques exceptions, le mari gagnait la dot [3].

CHAPITRE VI.

Du régime dotal [4].

Le régime dotal dut prendre naissance là où la *manus* n'existait point ; la femme n'entrant

---

par la *manus*, emportant la *capitis diminutio*, entraînait avec elle l'extinction de l'*actio ex stipulatu*.

[1] Vinnius, *Comm. in Inst.*, lib. II, tit. 6, § 29. — Hugo, *R. G.*, § 363.

[2] §§ 4 et 6. L. un. C. *De rei uxoriæ actione in ex stipulatu actionem transfusa, et de natura dotibus præstita*, V, 13.

[3] Ulp., VI, 4, 5.

[4] Hasse, *Beyt. zur Revision der bisherigen Theorie von ehel. Güter gemeinschaft*, § 16. — Zimmern, *R. G.*, §§ 156, 178. — Schweppe, *R. G.*, 397-403. — Hugo, *R. G.*, §§ 102, 209, 352. — A. d'Hautbuille, *Essai sur le régime dotal* (*Revue de Législation*, tome VII, p. 305-325).

point dans la famille de son mari, mais demeurant sous la tutelle de ses agnats [1]; par une conséquence nécessaire, tout ce qui put lui advenir de fortune, soit avant, soit après son mariage appartint à son père tant qu'elle fut en puissance, ou demeura sa propriété lorsqu'elle ne dépendit plus de personne.

Dans une telle position, il était naturel qu'elle contribuât pour sa part aux charges du mariage, soit que son apport fût de sa fortune entière ou d'une part seulement, et soit que ces biens lui fussent donnés par un ascendant ou par un tiers en faveur du mariage; cet apport fut la dot. Du reste cette dot fut dans l'origine acquise à l'époux aussi complètement et aussi irrévocablement que l'était dans le mariage avec *manus* l'universalité des biens de la femme. *Dotis causa perpetua est*, dit Paul, *et cum voto ejus, qui dat, ita contrahitur, ut semper apud maritum sit* [2].

La constitution de dot ne fut dans le principe qu'un transport de propriété pur et simple, sans aucune réserve pour l'avenir. A l'acquisition de de plein droit, universelle, qui avait lieu par la

---

[1] L. 5, D., XLIII, 3. Gans, *Erbrecht*, t. II, p. 256.

[2] L. 1, *de Jure dotium*, D., XXIII, 3. Si en effet les actions en restitution de dot demeurèrent inconnues jusqu'au sixième siècle de Rome, il faut bien admettre que jusqu'à cette époque la dot se confondit dans le patrimoine du mari. V. Aulu-Gelle, IV, 3.

manus, fut substitué un apport conventionnel et à titre particulier : ce fut toute la différence ; mais quand une fois fut introduite la restitution de la dot, le régime dotal se trouva constitué avec tous les caractères qui le distinguent encore parmi nous. Ce qui caractérise en effet ce régime, c'est la conservation de la fortune de la femme pendant la durée du mariage. Tout concourt à ce but : obligation de restituer la dot, séparation des patrimoines, inaliénabilité du fonds dotal, prohibition de donations entre époux, défense à la femme de s'obliger pour le mari, défense au mari de restituer la dot pendant le mariage [1] ; en un mot la conservation absolue, et pour ainsi dire en nature de la fortune de la femme, au travers de toutes les chances bonnes ou mauvaises que peut courir le mari, c'est l'âme du système de dotalité.

Jusqu'au commencement de l'Empire, je vois le mari propriétaire absolu de la dot pendant toute la durée du mariage. Faire de lui un usufruitier eût répugné à l'idée romaine du père de famille [2]. Le mari a le domaine quiritaire du fonds dotal, les fruits sont à lui ; il peut comme propriétaire vendre l'immeuble dotal ; seulement

---

[1] Hasse, *Explication de la loi* 73, § 1. D., *de Jure dotium*, dans le journal de Savigny, V. n° 9. — D'Hauthuille, p. 322.

[2] Zimmern, R. G. § 160.

lors de la dissolution du mariage, il doit indemnité de la valeur[1].

Sous le règne d'Auguste, la loi *Julia de adulteriis* au titre de *fundo dotali*, limita cette pleine propriété du mari. Ce fut une protection accordée aux femmes que la fréquence des divorces rejetait dans la société, sans fortune, avec une créance illusoire contre un mari ruiné, hors d'état souvent de sortir du veuvage et de contracter une seconde union, qui cependant était dans le vœu de la loi[2].

Pour aliéner le fonds dotal, il fallut le consentement de la femme, et on ne put obliger le bien même avec ce consentement. L'esprit de la

---

[1] L. 64. *Soluto matrimonio dos quemadmodum petatur*, D., XXIV, 3, § 10. Quod ait lex QUANTA PECUNIA ERIT, TANTAM PECUNIAM DATO, ostendit æstimationem hereditatis vel bonorum liberti, non ipsam hereditatem voluisse legem præstare, nisi maritus ipsas res tradere maluerit; et hoc enim benignius admitti debet.

[2] L. 2, *de Jure dotium*, D., XXIII, 3. Reipublicæ interest, mulieres dotes salvas habere, propter quas nubere possunt. — L. 1. *Solut. matrim.* Dotium causa semper et ubique præcipua est; nam et publice interest dotes mulieribus conservari, quum dotatas esse feminas ad sobolem procreandam replendamque liberis civitatem maxime sit necessarium. — A. d'Hauthuille, loc. cit., p. 316. C'est par une suite des mêmes idées que la *Loi Pappia Poppœa* ne donne plus au mari, au cas d'adultère de sa femme, que le sixième de la dot, tandis qu'avant il retenait la dot entière. La loi avait toujours en vue le second mariage. Hein., *ad. L. Pap. Popp.*, L. II, ch. 29.

législation tendait dès lors à considérer les femmes comme incapables de s'obliger pour leur mari, incapacité qui fut consacrée par le sénatus-consulte Velléien [1].

Cette prohibition d'aliéner n'atteignait que les propriétés italiques, soumises seules au domaine quiritaire. Justinien étendit cette prohibition à toutes les propriétés de l'Empire et défendit l'aliénation aussi bien que l'affectation hypothécaire, même avec le consentement de la femme [2], *ne fragilitate naturæ suæ in repentinam deducatur inopiam.*

Cette restriction apportée par la loi Julia au droit de propriété du mari sur la dot, droit jusque-là complet et absolu, conduisit peu à peu à la doctrine, aujourd'hui régnante, qui considère la femme comme restant pendant le mariage propriétaire de la dot : *cum naturaliter in rei permanserit dominio,* dit Justinien [3]. On n'attribua plus au mari qu'un domaine imparfait et résoluble, tel que celui du grevé de substitution ; de

---

[1] Ulp., L. 2, ad S. C. Velleianum, D., XVI, 1, nous a conservé le souvenir des édits d'Auguste et de Claude qui avaient prononcé la nullité d'engagemens de cette nature.

[2] L. un., C. de *Rei uxoriæ actione,* V, 13, § 15. pr. I, *Quib. alien. licet,* II, 8.

[3] L. 30, C. *de Jure dotium,* V, 12. — V. Loehr. Quel est le propriétaire de la dot? dans le *Magasin de Grolman,* IV, n° 5. p. 57-77. — Cujac. *Obss.,* X, 52. — Donelli, *Comm..* X, 4.

là à le considérer comme un usufruitier, il n'y avait qu'un pas.

Je ne parlerai point de donations entre époux, longtemps prohibées par l'usage, sinon pour dire que les institutions contractuelles étaient inconnues à Rome; on n'avait point fait exception en faveur du mariage à la règle du droit commun qui prohibe les conventions sur les successions futures. Je ne dirai rien de la *donatio propter nuptias* du Bas-Empire, espèce de dot que le mari apportait à sa femme en équivalent de la dot qu'il recevait. Toutes ces institutions intéressent bien plus directement les personnes que la propriété et ne créent point de ces droits absolus que les tiers sont tenus de connaître et de respecter; mais je ne finirai pas sans rappeler que c'est à Justinien que nous devons l'hypothèque légale de la femme [1], ce point délicat des législations hypothécaires, toujours juste en principe, presque toujours faux et dangereux dans son exécution.

---

[1] L. un., C. de *Rei uxoriæ act.*, V, 13.

CHAPITRE VII.

Comparaison du régime dotal et de la communauté.

Dans le mariage *in manus*, la femme était sacrifiée à cette unité politique de la famille qui se résumait tout entière dans la seule personne du chef ; l'épouse n'était guère plus qu'un esclave, à peu près dans la situation des femmes d'Orient. Cette législation devint mauvaise à mesure que grandit la dignité de la femme, ce qui dut rapidement arriver en Occident, où la femme était seule épouse et seule mère dans la maison conjugale.

La législation de la dot qui remplaça celle de la *manus* fut une réaction qui mena trop loin. Ne pouvant faire de la femme l'égale de son mari, puisque cette principauté de la famille ne souffrait point de partage, la loi en fit une étrangère dans la famille de son mari, tellement étrangère que le but constant de la jurisprudence fut l'entière séparation des deux patrimoines ; ainsi l'époux avait contre sa femme l'action *legis Aquiliæ*, afin de réparer les dommages qu'elle avait pu causer aux bijoux même que son mari lui avait prêtés [1]. La donation permise entre étrangers leur était interdite, *Ne*, dit un empereur, *ne melior in paupertatem incideret, deterior ditior fieret* [2]. La jurisprudence, dans sa jalousie, considérait même comme une donation du mari toute acquisition faite par la femme durant le mariage [3]. En un mot, la femme était, si l'on veut, une épouse, mais ce n'était pas une mère de famille.

Genus enim est uxor, ejus duæ formæ, una matrum familias, earum quæ in manum convenerunt, altera earum quæ tantummodo uxores habentur [4].

Ainsi le droit romain a toujours dépassé le but, soit en exagérant, soit en affaiblissant outre mesure la dépendance de la femme. Il était réservé au droit germain, sous l'influence des idées chrétiennes et du droit canonique, de donner à la femme sa véritable place dans la famille, d'en faire une associée et non point une esclave ni une

---

[1] Si cum maritus uxori margaritas extricatas dedisset in usu, eaque invito vel inscio viro perforasset, ut pertusis in linea uteretur, teneri eam lege Aquilia, sive divertit, sive nupta est adhuc. L. 27, § 30, D., *ad leg. Aquiliam*, IX, 2. — L. 56, cod.

[2] L. 3, D., XXIV, 1, *de Don. int. vir et ux.*

[3] L. 51, D., *de Don. int. vir. et ux.*, XXIV, 1. Quintus Mucius ait, quum in controversiam venit, unde ad mulierem quid pervenerit; et verius et honestius est, quod non demonstratur unde habeat, existimari a viro, aut qui in potestate ejus esset, ad eam pervenisse. Evitandi autem turpis quæstus gratia circa uxorem hoc videtur Quintus Mucius probasse.

[4] Cic., *Top.*, c. 3.

étrangère, de réaliser en un mot la belle définition du jurisconsulte : *Nuptiæ sunt conjunctio maris et feminæ, et consortium omnis vitæ : divini et humani generis communicatio* [1].

Sous l'empire de cette idée d'égalité de la femme, l'union des personnes, en confondant les besoins, les travaux, les désirs, a conduit naturellement à l'union des biens. Cette affection que chacun des époux porte à la chose commune, l'absence d'intérêts opposés, cette sécurité que donne l'assurance d'un avenir égal, a conduit à la prospérité du ménage ; l'éducation et l'établissement des enfans s'est trouvé un objet d'intérêt commun, nouveau moyen d'empêcher des préférences, sources perpétuelles de mésintelligences. Ces avantages sont si évidens que dans nos sociétés modernes le régime de la communauté, sous le nom de *société d'acquêts*, s'est associé victorieusement au droit romain, même dans les pays où le régime dotal est resté comme règle [2].

[1] L. 1, *de Ritu nupt.*, D., XXIII, 2.

[2] Sur cette préférence du système de la communauté sur le régime dotal, et *vice versâ*, voyez les discussions du conseil d'État sur le tit. V, liv. III du C. C., et les rapports de Berlier, Duveyrier et Siméon, avec les discours de Carion-Nisas (Fenet, t. XIII) ; les observations des tribunaux de Grenoble, Rouen et Montpellier (Fenet, t. III, IV et V). Voir aussi le mémoire de M. Siméon : *Du régime dotal et du régime en communauté* (*Revue de Législation*, t. II, p. 306).

CHAPITRE VIII.

Réflexions générales sur le droit de succession.

Décider suivant quel ordre et en quelles mains passera la propriété après la mort du possesseur actuel, c'est un problème qui, à toutes les époques, a vivement préoccupé le législateur. Les mutations contractuelles intéressent médiocrement l'État; la condition de la propriété reste la même, il n'y a de changé que la personne du possesseur. Il n'en est pas de même des mutations héréditaires; elles changent l'état de la propriété, elles décident de la condition de la famille, et par la famille de l'organisation de la société. Ces lois de succession sont le levier d'Archimède. Donnez-moi, par impossible, un peuple sans passé, un peuple comme en rêvait le divin Platon, et, législateur à mon tour, au moyen des lois de succession, j'organiserai à mon gré une république populaire ou une puissante aristocratie. Portez sur la tête d'un aîné privilégié toute la fortune paternelle, la propriété s'agglomère et mène par la concentration au gouvernement d'un patriciat; — rejetez tout privilège, divisez également entre les enfans, sans distinction d'âge ni de sexe; admettez à l'infini la représentation même en collatérale; point de distinction ni à raison de l'origine ni à raison de la nature des biens, la propriété disséminée vous donnera la démocratie; les lois forceront les mœurs.

Ce que je dis des successions *ab intestat* s'applique aux successions testamentaires : ce sont deux modes de partage, différens dans la forme, identiques dans le fond. Dans une démocratie on voit d'un œil peu favorable les testamens : cet arbitraire de l'homme conduit facilement à l'agglomération et à l'inégalité des fortunes, et cette inégalité est la plaie mortelle des gouvernemens populaires. La succession que fait la loi, en ne donnant rien au caprice, amène bien plus sûrement la division de la propriété foncière, moyen sûr d'augmenter la population, d'encourager le mariage et d'entretenir cette égalité générale qui est à la fois le principe et le but de la constitution. Dans une aristocratie, au contraire, la loi favorise ces dispositions qui perpétuent ou augmentent l'éclat et la puissance des races privilégiées. Une certaine inégalité de fortune, une certaine concentration de la propriété est nécessaire pour que les grandes familles, maîtresses de la constitution, existent et se maintiennent. De là les lois d'aînesse, les majorats et les substitutions; la perpétuité des tenures est dans le vœu de ces lois patriciennes, comme la mobilité du sol est dans l'esprit des lois plébéiennes ; c'est pour chacune de ces constitutions la condition absolue d'existence.

CHAPITRE IX.

Du testament romain [1].

Je viens de dire que, suivant l'état politique de la nation, la loi favorisait tantôt le testament et tantôt la succession légale. A Rome cependant, et dès une époque reculée, on trouve les deux institutions également admises, également favorisées ; la cause en est dans cette toute-puissance du chef de famille qui dominait la législation elle-même. Il pouvait tuer son fils, comment n'aurait-il pas eu le droit de le déshériter [2]. Sa volonté faisait loi : *Uti legassit super familia pecunia tutelave suæ rei ita jus esto.* Ainsi parlait la *Loi des douze Tables* [3].

[1] Dernburg, *Beytrage zur Geschichte des Rœmischen testament.*, Bonn, 1821. — Gans, *Erbrecht*, II, p. 145 et ss.

[2] Licet eos exheredare quos et occidere licebat. Paul, L. 11, D., *de Lib. et post.*, XXVIII, 2.

[3] Cic., *de Inv.*, II, 50. — Ulp., XI, 14. L. 120, D., *de V. S.* Verbis legis XII Tabularum his : Uti legassit suæ rei ita jus esto, latissima potestas tributa videtur, et heredis instituendi

Je ne m'arrête point aux formes du testament romain; chacun sait comment du testament *in calatis comitiis*, espèce d'adrogation solennelle, faite en présence des pontifes [1], succéda le testament *per æs et libram* [2], et comment, par ce progrès

et legata et libertates dandi, tutelas quoque constituendi, sed id interpretatione coangustatum est, vel legum, vel auctoritate jura constituentium.

[1] Gaius, II, 101. — A. Gell., XV, 27. — Le testament *in procinctu* était un privilége des citoyens romains qui testaient au moment du combat. — Plut., *in Coriolan.*, c. 9. — Festus, V. ENDO PROCINCTU.

[2] Gaius, II, 102. Qui neque calatis comitiis neque in procinctu testamentum fecerat, is si subita morte urgebatur, amico familiam suam, id est patrimonium suum mancipio dabat, eumque rogabat quid cuique post mortem suam dari vellet; quod testamentum dicitur per æs et libram, scilicet quia per mancipationem geritur. 103. Sed illa quidem duo genera testamentorum in desuetudinem abierunt; hoc vero solum quod per æs et libram fit, in usu retentum est : sane nunc aliter ordinatur atque olim solebat : namque olim familiæ emptor, id est qui à testatore familiam accipiebat mancipio, heredis locum obtinebat, et ob id ei mandabat testator, quod cuique post mortem suam dari vellet; nunc vero alius heres testamento instituitur, a quo etiam legata relinquuntur, alius dicis gratia propter veteris juris imitationem, familiæ emptor adhibetur. (Théophile donne la raison de ce changement, c'est que le *familiæ emptor*, se sachant héritier, attentait souvent à la vie du testateur, ἐπιβουλεύει τῷ δεσπότῃ τῆς περιουσίας. II, 10, § 1.) 104. Eaque res ita agitur : qui facit, adhibitis sicut in ceteris mancipationibus V testibus civibus romanis puberibus et libripende, postquam tabulas testamenti scripserit, mancipat alicui dicis gratia familiam suam ; in qua re his verbis familiæ emptor utitur. FAMILIAM PECUNIAMQUE TUAM ENDO MANDATELAM CUSTODELAQUE MEA...... QUO TU JURE TESTAMENTUM FACERE POSSIS SECUN-

naturel de la civilisation qui amène la ruine des symboles, le préteur, laissant de côté ces formalités de la mancipation, en vint à donner la *bonorum possessio secundum tabulas* au testament simplement revêtu de la signature de sept témoins [1].

Mais je prie de considérer avec attention la nature du testament romain ; je ferai voir ensuite comment la loi et la jurisprudence limitèrent le droit absolu du chef de famille.

Le testament romain, du moins dans son origine, avait un caractère particulier qui le distingue de toutes les dispositions de dernière volonté admises par les législations modernes. C'était plus qu'une donation des biens du testateur,

---

DUM LEGEM PUBLICAM, HOC ÆRE, et ut quidam adjecerunt, ÆNEAQUE LIBRA ESTO MIHI EMPTA ; deinde ære percutit libram, idque æs dat testatori, velut pretii loco ; deinde testator tabulas testamenti tenens ita dicit : HÆC ITA UT IN HIS TABULIS CERISQUE SCRIPTA SUNT, ITA DO, ITA LEGO, ITA TESTOR ; ITAQUE VOS, QUIRITES, TESTIMONIUM MIHI PERHIBETOTE ; et hoc dicitur nuncupatio : nuncupare est enim palam nominare, et sane quæ testator specialiter in tabulis testamenti scripserit ea videtur generali sermone nominare atque confirmare. Voyez aussi Théophile, *Inst.*, II, 10, § 1, 2.

[1] Gaius, II, 119, 121. Cette protection du préteur existait dès l'époque de Cicéron. Verrès avait introduit cette disposition dans son édit : SI DE HEREDITATE AMBIGATUR ET TABULÆ TESTAMENTI NON MINUS MULTIS SIGNIS QUAM E LEGE OPORTEAT AD ME PROFERENTUR, SECUNDUM TABULAS TESTAMENTI POSSESSIONEM HEREDITATIS DABO. *Hoc tralatitium est*, ajoute Cicéron. — Ulp., *Fragm.*, XXVIII, 6.— Gaius, II, 119, 147.— Hunger, *Das Rœmische Erbrecht*, § 27, 28.

c'était la transmission de la *familia* tout entière et de ce culte domestique (*sacra privata*) dont le maintien était un objet de si vive sollicitude[1]. L'héritier institué continuait la personne du défunt comme eût fait l'héritier du sang. *Heres in omne jus mortui, non tantum singularum rerum dominium succedit quum et ea quæ in nominibus sint, ad heredem transeant*[2].

Cette importance attachée au titre d'héritier et l'indivisibilité des devoirs religieux qu'elle imposait avaient enraciné dans l'esprit des Romains cette idée que la *familia* ne pouvait se transmettre que tout entière, avec ses bénéfices, comme avec ses charges : *Nemo pro parte testatus, pro parte intestatus decedere potest*[3]. Admettre en concurrence la succession testamentaire et la succession légitime, c'eût été une contradiction à la nature même du testament : *Earumque rerum naturaliter inter se pugna est testatus et intestatus*[4].

[1] Voyez la dissertation de Savigny sur les *sacra privata*. Zeitschrift, t. II. — A. Gell, XV, 27, et surtout Gaius, II, 52, 55.

[2] L. 37, *de adq. vel omitt. hered.*, D., XXIX, 2. — L. 9, § 12, *de hered. Instit.*, D.

[3] *Inst.*, II, 14, § 5. — L. 53, § 1, *de adq. vel om. hered.*, D., XXIX, 2. Qui semel aliqua ex parte heres extiterit, deficientium partes etiam invitus excipit, id est deficientium partes etiam invito adcrescunt. — L. 80, *de leg.* 3, D., XXXII. Conjunctim heredes institui aut conjunctim legari, hoc est : totam hereditatem, et tota legata singulis data esse, partes autem concursu fieri — Cic., *de Invent.*, II, 27.

[4] L. 27, D., *de R. J.*

Le but principal, je dirai presque le but unique du testament, c'était *l'institution d'héritier*. Toutes les dispositions que contenait le testament avant d'en venir à l'institution d'héritier étaient comme non écrites, car jusque-là le testament n'existait pas. *Ante heredis institutionem legari non potest*, dit Ulpien, *quoniam et potestas testamenti*[1] *ab heredis institutione incipit*[2]. L'institution, c'était la clé de voûte du testament; manquait-elle, le testament était ruiné.

CHAPITRE X.

De la *querela inofficiosi* et de la légitime[3].

Ce droit absolu du père de famille devait recevoir des bornes à mesure que l'État grandis-

---

[1] Ulp., XXIV, 15.

[2] § 34. I, *de Legatis*, II, 20. — Gaius, II, 229. Ante heredis institutionem inutiliter legatur, scilicet quia testamenta vim ex institutione heredis accipiunt, et ob id velut caput et fundamentum intelligitur totius testamenti heredis institutio. — 230. Pari ratione nec libertas ante heredis institutionem dari potest.—231. Nostri præceptores nec tutorem eo loco dari posse existimant: sed Labeo et Proculus tutorem posse dari (*putant*), quod nihil ex hereditate erogatur tutoris datione. — Ulp., XXIV, 15. — Paul, *R. S.*, III, 6, 2. — L. 1, § 3, *de vulg. et Pupil. succ.*, D., XXVIII, 6.

[3] Hofacker, *Diss. sistens historiam jur. civ. de exheredatione et præteritione*, Tubingue, 1782. — Francke, *Das recht*

sant absorbait la famille. On exigea d'abord, à peine de nullité du testament [1], que le chef de famille déshéritât formellement son fils en puissance; car ce fils, la jurisprudence tendait de plus en plus à le considérer comme co-propriétaire de la fortune paternelle [2], et c'était une suite naturelle de cette tendance de n'admettre l'exhérédation que là où la volonté du testateur était certaine.

Sub conditione exheredatus, dit Hermogenien [3], *contra tabulas bonorum possessionem petet, licet sub conditione heres institutus a contra tabulas bonorum possessione excludatur, certo enim judicio liberi a parentum successione removendi sunt.*

Quant à la fille et aux descendans du fils, la loi, moins favorable, permettait de les exhéréder

---

der Notherben und Pflechttheils berechtigten, Gœttingue, 1831. — Hugo, *R. G.*, § 108. — Schweppe, *R. G.*, §. 507, 512.

[1] Gaius, II, 123. Qui filium in potestate habet, curare debet ut eum vel heredem instituat, vel nominatim exheredet; alioquin si eum silentio præterierit, inutiliter testabitur : adeo quidem ut nostri præceptores existiment etiam si vivo patre filius defunctus sit, neminem heredem ex eo testamento existere posse, scilicet quia statim ab initio non constiterit institutio. — Gaius, II, 134. — L. 29, § 10. — L. 30, *de liber. et posthum.*, D., XXVIII, 2. — L. 11, 13, p. Mais en cas de prédécès du fils, les héritiers institués avaient la *bonorum possessio secundum tabulas*. — L. 12, p. *de Inj. rupt. et irrit. test.*, D., XXVIII, 3.

[2] L. 11, *de lib. et posthum.*, D., XXVIII, 2.

[3] L. 18, pr. D., *de B. P. contra tabulas*, D., XXVIII, 4. — L. 19, *de lib. et posthum.*, D., XXVIII, 3.

par une formule générale, *inter ceteros*, et lors même que le testateur les avait omis dans ses dernières volontés, elle respectait encore le testament ; seulement elle donnait une part à ces descendans oubliés [1], sage mesure qui mettait des intérêts sacrés à l'abri de l'indifférence ou de l'oubli du testateur.

Le préteur alla plus loin que le droit civil ; ce ne fut pas seulement le droit des membres de la famille qu'il protégea contre l'absolue volonté du chef, ce fut la parenté naturelle qu'il fit triompher. Et quand le testateur oublia d'exhéréder, soit les enfans qui n'étaient plus dans la famille, soit la fille, soit les enfans du fils, le préteur donna à ces descendans la possession de biens *contra tabulas*, et l'interdit *quorum bonorum*. Avec cette protection prétorienne le lien du sang tendit chaque jour à prévaloir sur l'arbitraire de l'homme [2].

---

[1] Gaius, II, 134. Ceteras vero liberorum personas, si præterierit testator valet testamentum. Præteritæ istæ personæ scriptis heredibus *adcrescunt, si sui instituti sint, in virilem*; si extranei in dimidiam. — Ulp., XXII, 17, 20. — *Inst.*, II, 13, pr.

[2] Cujas, *ad tit. D., de bon. poss. contra tabulas et de legatis præstandis in opp.* (éd. Fabrot, t. IV, p. 11; p. 26-86).— Gaius, II, 135. — Ulp., XXVIII, 2. — L. 2, § 9, *de B. P. contra tabulas.*—Ulp., D., XXVII, 4. Si pater alicujus pervenerit in adoptivam familiam, filius non, an patris sui in adoptiva familia mortui bonorum possessionem accipere possit? Et arbi-

Dans ce progrès d'idées plus humaines, on en vint, dès le temps de la république [1], à donner aux héritiers du sang exhérédés, non pas une action, mais une plainte, *querela inofficiosi* [2], contre le testament qui les dépouillait. On supposa que le père qui sans juste cause avait marqué ses enfans de cette flétrissure de l'exhérédation, et qui avait ainsi violé l'*officium pietatis*, n'avait point toute sa raison. Sur ce motif, et quand la plainte parut fondée, les centumvirs annulèrent le testament comme fait par un incapable [3]. Le testament détruit, les héritiers du sang recueillirent la succession *ab'intestat*.

Cette *querela inofficiosi*, exposant aux hasards des procédures tout testament où les héritiers du sang [4] n'étaient point institués, donna l'idée de les désintéresser en quelque sorte en leur assurant une certaine part. Cette part, la juris-

---

tror humaniorem esse hanc sententiam, ut filius hic, quamvis non sit in eadem familia in qua pater, ad bonorum possessionem tamen ejus admittatur.

[1] Cic., *in Verr.*, I, 42. — Val Max., VII, 7, 5.

[2] Gans, *Erbrecht*, p. 117 et ss.

[3] L. 2 *de Inoff. test.*, D.,V, 2. L. 5, ibid. *Hujus autem verbi de inofficioso vis illa est, docere immerentem se et ideo et indigne præteritum vel etiam exheredatione summotum ; resque illo colore defenditur apud judicem, ut videatur ille quasi non sanæ mentis fuisse quum testamentum inique ordinaret.* — L. 6, § 1 ; L. 17, § 1, ibid.

[4] L. 1, D., *de Inoff. test.*, V, 2. — L. 1 ; L. 8, C. Th., cod. tit., II, 19. — L. 27, C. J., cod., III, 28.

prudence (par imitation sans doute de la quarte Falcidie), la fixa au quart des biens de la succession. La part ainsi faite aux héritiers, le testament était inattaquable par la *querela inofficiosi*[1].

Créer une légitime, c'était introduire la succession *ab intestat* dans la succession testamentaire, et en quelque sorte les identifier toutes deux.

CHAPITRE XI.

Des lois *Julia* et *Pappia Poppæa*[2].

Je laisse de côté les codicilles et les fidéicommis, modes de testament *naturel*, si j'ose m'exprimer ainsi, qui remplacèrent les solennités du testament civil. Une simple lecture des *Instituts* instruira suffisamment le lecteur; il y verra comment Auguste s'empressa de favoriser ces formes nouvelles, communes à tous les habitans de l'Empire, cherchant ainsi à effacer, par la facilité de ces usages nouveaux, ces formalités de l'an-

---

[1] Ulp., l. 8, § 11. — Paul, l. 23. D. *de Inoff. test.*, V, 2. — L. 30, C. h. t., *Inst.*, II, 11, § 3 et ss.

[2] Heineccius, *ad legem Juliam et Pappiam Poppæam*, Amsterdam, 1726, in-4. — A. d'Hauthuille, *Essai sur le droit d'accroissement*, Marseille, 1834. — Hugo, *R. G.*, § 295.

cien droit civil, plus strictes, plus rigoureuses, mais qui faisaient des citoyens romains un peuple particulier dans l'empire, avec des coutumes et des lois spéciales qui le maintenaient toujours, en le distinguant, au-dessus des nations provinciales.

J'ai hâte d'arriver à ces lois remarquables, au moyen desquelles Auguste essaya de fonder la monarchie dans les mœurs; je veux parler des lois Julia et Pappia Poppœa.

Auguste, inquiet du dépérissement de l'Italie [1] et de cette solitude qu'avaient faite les guerres civiles, espéra remédier à ce mal incurable en encourageant le mariage et en punissant le célibat. Ce qu'avaient essayé avant lui les censeurs [2] et César [3] par des moyens différens, Auguste voulut le faire par les faveurs et les rigueurs de la loi civile. Tel fut le dessein de la loi Julia et de la loi Pappia Poppœa, lois détestées des Romains et qui manquèrent leur but, parce qu'elles n'attaquèrent point le mal dans sa racine, et qu'en opprimant les individus, elles n'empêchèrent en rien ce développement inouï

---

[1] L. 61, *de Cond. et Dem.*, D., XXXV, 2.—Horace, *Epod.*, XVII, v, 17, 45. — Sozomène, *Hist. ecclés.*, 1, 9.

[2] Festus, V. Uxorium. — A. Gell, 5, 19. — Livii *Epit.*, lib. IX. — Columelle, I, 8.

[3] Dio Cassius, lib. XLIII. — Suet., *in Julio*, c. 20. — Appien, lib. II.

du luxe et cette concentration des grandes propriétés qui faisaient de l'Italie le patrimoine de quelques familles. César avait mieux calculé quand il avait partagé la Campanie entre vingt mille citoyens mariés et pères de trois enfans. C'était l'agriculture qu'il fallait encourager, c'était le sol qu'il fallait diviser entre ces bras sans occupation. Les familles, cette richesse de l'État, se seraient rapidement multipliées avec la richesse de la terre.

« Partout, dit Montesquieu, où il se trouve
» une place où deux personnes peuvent vivre
» commodément, il se fait un mariage; la nature
» y porte assez lorsqu'elle n'est point arrêtée par
» le défaut de subsistances [1]. »

Des préséances ou des punitions ne donnent ni la subsistance ni la sécurité nécessaires au développement des familles. En créant des incapacités la loi n'augmenta pas le nombre des mariages, elle ne fit qu'enrichir le fisc et multiplier les délateurs, cette race infâme [2].

---

[1] *Esprit des lois*, XXXII, 10. — Pline, *Panegyr.*, 27.

[2] Tacite, *Ann.*, III, 25. Relatum deinde de moderanda lege Pappia Poppœa, quam senior Augustus, post Julias rogationes, incitandis cælibum pœnis et augendo ærario sanxerat : nec ideo conjugia et educationes liberum frequentabantur, prævalida orbitate. Ceterum multitudo periclitantium gliscebat quum omnis domus delatorum interpretationibus subverteretur : atque ante hæc flagitiis, ita tunc legibus laborabatur. *Ibid.*, ch. 28.

CHAPITRE XII.

Continuation du même sujet.

La loi défendit aux sénateurs et à leurs descendans tout mariage avec des affranchies ou avec des femmes qui avaient paru sur la scène, ou dont le père ou la mère avaient excercé quelque honteux métier; mais quant aux autres *ingenus*, si on leur défendit, comme aux sénateurs, d'épouser quelque femme flétrie, on leur permit d'épouser des affranchies, ce qui dérogeait aux anciennes coutumes [1].

Dans cette faveur extrême qu'elle portait au mariage, la loi essaya de limiter la fréquence des divorces [2]; favorisa les secondes noces, restreignit l'affinité [3] et réputa non écrite toute condition testamentaire qui gênait le mariage : *Quum ea legis nostræ fuerit sententia, ne quod omnino nuptiis impedimentum inferatur* [4].

La loi alla plus loin; sans respect pour le vieux

---

[1] Hein., lib. II, c. 1.
[2] Hein., p. 326.
[3] Hein., p. 310.
[4] L. 12, *de Condit. et Demonst.*, l. 79, § ult. eod., D., XXXV, 2. — Hein., p. 298 et ss.

droit de la famille romaine, elle donna à la femme sous la tutelle d'un pupille un tuteur ad hoc qui la dota [1]. Bien plus, le magistrat put contraindre à marier ses enfants le père qui empêchait cette union sans juste cause, et Sévère déclara qu'il y avait injuste empêchement quand le père refusait une dot.

Qui liberos quos habent in potestate prohibuerunt ducere uxores, vel nubere, vel qui dotem dare non volunt, ex constitutione divorum Severi et Antonini per proconsules præsidesque provinciarum coguntur in matrimonium collocare et dotare [2].

CHAPITRE XIII.

Continuation du même sujet. Du concubinat [3].

A côté du mariage légitime, la loi, sacrifiant tout au désir d'accroître la population, toléra une union moins honorable; elle reconnut le concubinat [4]. On put se choisir une concubine parmi les femmes qu'on ne pouvait épouser légitime-

[1] Ulp., XI, 20.
[2] L. 19, D., de Rit nupt., XXIII, 2.
[3] Heineccius, ad l. Jul. et Pap. Poppæam, II, c. 1. — Zimmern, R. G., I, §§ 183, 184.
[4] L. 4, § 1, D., de Concubin., XXV, 7.

ment. C'était détruire d'une main ce qu'on élevait si péniblement de l'autre, la considération du mariage.

Le concubinat fut admis par la loi comme union naturelle et repoussé comme union civile ; c'était, comme le dit Heineccius, une espèce d'union morganatique [1]. Les enfans ne portaient point le nom du père, n'étaient point en sa puissance et ne lui succédaient point ; mais d'un autre côté, ils n'étaient point considérés comme bâtards et pouvaient recevoir tous les biens par testament : la loi, qui tolérait cette union, n'aurait pu sans injustice les frapper d'incapacité.

La loi punissant le veuvage comme le célibat, on prit souvent une concubine pour seconde femme. C'était le moyen d'obéir aux dispositions légales sans donner une marâtre aux enfans d'un premier lit ; c'est ce que firent Vespasien [2] Antonin [3] et Marc-Aurèle [4]. Ces lois *Pappia* étaient considérées comme une des bases de l'Empire, et quoique formellement dispensés de leurs prescriptions, les empereurs se faisaient un devoir d'y obéir : *Licet enim legibus soluti simus*, dit Sévère, *attamen legibus vivimus* [5].

---

[1] Hein., *Syntagm. antiq.*, appendix au liv. 1, § 42.
[2] Suet., *Vespas.*, c. 3.
[3] Julius Capitolin., in *Antonino*, c. 8.
[4] Id., in *Vita Marci*, c. 20.
[5] *Inst.*, II, 17, § ult. *Leges*, dans les écrits des jurisconsultes romains, désigne toujours les lois Julia et Pappia Poppœa.

Constantin, sous l'influence des idées chrétiennes, attaqua indirectement le concubinat, qui s'était multiplié trop puissamment dans l'Empire pour qu'on songeât à l'attaquer de front. Il défendit au père de rien laisser à ses enfans naturels [1], et en même temps il leur accorda la légitimation par mariage subséquent, remède momentané dans l'idée de Constantin, et qui ne devait avoir d'effet que pour le passé, mais qui, devenu perpétuel dans le code de ses successeurs, fut un nouvel encouragement au mal même qu'on voulait prévenir [2]. Il défendit également d'avoir des concubines à toutes les personnes en évidence (*viri illustres, clarissimi, spectabiles, perfectissimi*); espérant agir par l'exemple sur les classes inférieures [3]. Mais ses successeurs furent moins rigides que lui. Justinien considérait encore le concubinat comme union licite [4], et Léon le philosophe est le premier qui l'abolit en Orient [5]. En Occident il se maintint beaucoup

---

[1] L. 1, C. Th., *de naturalibus liberis.* — L. 2, C. J., eod. tit., V, 27.

[2] Desid. Heraldus, *Rerum quotidian.*, I, 4, 2.

[3] L. 1, C. J., *de Nat.*, lib. V, 27. Cette loi féroce ordonnait aux concubines de rendre au mari ou, à son défaut, de rapporter au fisc les donations qu'elles avaient reçues, et en cas de recel, les soumettait à la torture.

[4] L. 5, C., ad S. C. Orfitianum, *Nov.*, XVIII, c. 5.

[5] *Novel.* Leonis, XCI. Voyez aussi *Nov.* LXXXIX et XC.

plus tard ; et nous le retrouverons dans les lois des Lombards et des Francs¹.

CHAPITRE XIV.

Continuation du même sujet. Des privilèges de la paternité.

Ce ne fut pas seulement le mariage qu'essayèrent d'encourager ces lois d'Auguste, ce fut surtout la naissance des enfans ; sa législation tendit à donner aux pères tous les privilèges possibles.

Les pères eurent un droit de préférence dans la poursuite et dans l'exercice des honneurs [2]. Il leur fut permis de parvenir aux magistratures avant l'âge fixé par les *leges annales*, chaque enfant donnant dispense d'une année [3]. Qui avait trois enfans nés à Rome, quatre en Italie et cinq dans les provinces, était exempt des charges personnelles [4].

---

[1] Voyez *Concile de Tolède*, I, cap. 17. Si quis habens uxorem fidelem concubinam habeat, non communicet. Ceterum qui non habet uxorem, et pro uxore concubinam habet, a communione non repellatur : tantum ut unius mulieris, aut uxoris, aut concubinæ (ut ei placuerit) sit conjunctione contentus.

[2] Hein., *ad L. L. Jul.*, etc., liber II, cap. 6. — A. Gellius, II, 15.

[3] Tacite, *Ann.*, II, 51 ; XV, 19. — Plinius, *Ep.*, VII, 16. — L. 2, de minor., D., IV, 4. — Hein., p. 202 et ss.

[4] Hein., lib. II, cap. 8. — Le scoliaste de Juvénal, ad. v. 90.

Il y eut aussi des priviléges pour les mères. L'ingénue qui avait trois enfans, l'affranchie qui en avait quatre, sortaient de la tutelle perpétuelle de la famille ou du patron, ce qui leur donnait la libre disposition de leur fortune et le droit de tester [1].

Fidèle à son esprit, la loi défendait aux époux sans enfans de se donner plus d'un dixième de leurs biens (*decima*). Mais dès qu'il y avait un enfant issu du mariage, et quand bien même cet enfant n'aurait pas survécu à son inscription sur les registres publics (*nominum professio*), l'époux avait capacité de recevoir un nouveau dixième. Trois enfans permettaient de recueillir toute la fortune donnée par l'autre époux.

Cette faveur des enfans allait si loin que lors même que le ménage était stérile, si l'un des époux avait des enfans d'une précédente union, il pouvait recevoir par donation de son conjoint un dixième par chaque enfant [2]. Quand Auguste institua son héritière pour un tiers Livie, mère de deux enfans, et qui à ce titre n'avait droit qu'à deux dixièmes, il pria le sénat de la dispenser des in-

---

sat. IX. A tutela excusant liberi, et in fascibus sumendis prior est qui præstat numero liberorum.

[1] Ulp., XXIX, 3. — Plutarque, *in Numa*. — *Fragm. Dositheanum*, § 15.

[2] Ulp., XV, 9. — Pline, *Ep.*, VIII, 18.

capacités de la loi ; le sénat lui donna le *jus liberorum* [1].

Ce fut surtout dans la capacité de recevoir par testament que se montra le privilége de la paternité. Tandis que le célibataire ne pouvait rien recueillir dans le testament d'une personne étrangère et que les mariés sans enfans (*orbi*) ne recevaient que la moitié de la donation, l'homme qui avait un enfant et la femme qui en avait trois recueillaient toute la libéralité du testateur, et souvent même la part de l'incapable (*caducum*), ainsi que je le dirai plus loin.

« Que te plains-tu, dit l'adultère au mari, dans Juvénal :

> Nullum ergo meritum est ingrate, ac perfide, nullum,
> Quod tibi filiolus, vel filia nascitur ex me?
> Tollis enim, et libris actorum spargere gaudes
> Argumenta viri. Foribus suspende coronas,
> Jam pater es ; dedimus quod famæ opponere possis.
> Jura parentis habes, propter me scriberis heres,
> Legatum omne capis nec non et dulce caducum ;
> Commoda præterea jungentur multa caducis,
> Si numerum, si tres implevero [2].

« *Les Romains*, dit spirituellement Plutarque, » *se marient et ont des enfans, non pas pour avoir* » *des héritiers, mais pour avoir des héritages* [3]. »

---

[1] Suet., *in Aug.*, c. 101. — Dio Cassius, LVI.
[2] Juvénal, sat. IX, v. 82 et ss.
[3] Plutarque, Περὶ φιλοστοργίας, ...

CHAPITRE XV.

Continuation. Du célibat.

A Rome, et dès la république, on voit chez les citoyens une grande répugnance pour le mariage ; les censeurs avaient beau mettre à l'amende les célibataires, ou les inscrire dans les tribus urbaines, ce qui était une espèce de flétrissure, peines non plus que récompenses ne ramenaient les citoyens aux unions légitimes. Le luxe et la dépravation des femmes, la soumission et la complaisance des esclaves ou des affranchies, la facilité d'une vie licencieuse portaient de soi au concubinage. La pente était trop forte pour qu'on pût arrêter le mal : les mœurs triomphaient des lois.

Ajoutez qu'au milieu de cette corruption romaine ce fut la gloire et la puissance d'être riche et de n'avoir point d'héritiers, à ce point qu'on éloignât souvent de soi ses propres enfans [1]. Il n'y avait d'égards et de considération que pour l'homme dont on pouvait espérer l'héritage. « *Vile tunc Romæ existimatum*, dit ce brave soldat Ammien Marcellin, *quidquid extra urbis pomœria*

---

[1] Hein., ad *I.L. Jul. et Papp. Popp.*, p. 38.

natum fuisset, præter orbos et cœlibes, nec credi posse, qua obsequiorum diversitate culti sint homines sine liberis, ut his, qui patres fuerint, tanquam in capita mendicorum cœlibes dominarentur [1].

C'était une sécurité sous les mauvais princes. On attendait pour hériter la mort du célibataire, car chacun avait intérêt à le servir pour avoir part au testament; père de famille, on l'eût perdu par une accusation de lèse-majesté [2].

Auguste, pour décourager les célibataires, leur défendit de rien recevoir par testament d'un étranger, à moins qu'ils ne se rendissent au désir de la loi en se mariant dans les cent jours, d'où cette plaisanterie de Martial :

> Quæ legis causa nupsit tibi Lælia Quinto
> Uxorem potes hanc dicere legitimam [3].

Cette incapacité dura jusqu'à l'empereur Constantin, qui abolit presque en tous points ces lois Julia et Pappia Poppœa, si contraires aux idées

---

[1] Ammien Marcellin, XIV, 19. — Plaute, *Miles gloriosus*, act. III, sc. I, v. 92 et ss. — Tacite, *Ann.*, XV, 19, *de Morib. Germ.*, 20.

[2] Tacite, *Ann.*, XIII, 52. — Val.-Max., VI, 2.

[3] Martial, *Epigramm.*, V, 75. Les célibataires et les orbi demeurèrent capables de recevoir par fidéicommis jusqu'à ce que le sénatus-consulte Pégasien, sous Vespasien, assimila sous ce rapport les fidéicommis aux dispositions directes. C'est ce que nous apprend Gaius, II, 286.

chrétiennes ! Ce n'était point, en forçant les hommes au mariage par l'appât du gain, que le divin maître élevait à une si haute dignité l'union des époux chrétiens, c'était en étouffant les désirs effrénés du cœur par l'exaltation du célibat et la virginité, union plus grande et plus sainte que le mariage, union de l'âme et de Dieu, *Aliud est*, s'écrie l'ardent Tertullien, *si et apud Christum legibus Juliis agi credunt, et existimant cœlibes et orbos ex testamento Dei solidum non posse capere*.[2]

ˇˇˇ

CHAPITRE XVI.

Des caduques[3].

En même temps qu'elles décourageaient le célibat, ces lois cherchaient à encourager la naissance des enfans en gratifiant, aux dépens des

---

[1] L. 1, C. Th., *de infirm. pœnis cœlib.*

[2] Tertullien, *de Monogamia*, p. 583, édition de Beatus-Rhenanus.

[3] Holtius, *Sur le droit d'accroissement*, Liége, 1827. — Rudorff, *Ueber die caducorum vindicatio*, dans le journal de Savigny, t. VI, p. 396 et ss. — A. d'Hauthuille, *Essai sur le droit d'accroissement*, Marseille, 1834. — Marezoll, § 207 et ss.

incapables, les pères institués héritiers ou légataires par le même testament!

La succession testamentaire ou le legs laissé au célibataire, la moitié de la disposition faite au profit de l'*orbus*, ce qui excède les *decimæ* que peuvent se donner les époux sans enfans, toutes les parts en un mot que la loi refuse aux institués à raison des incapacités qu'elle a créées, sont caduques (*caduca*)[2], et à ce titre appartiennent à ceux qui *in testamento liberos habent*.

La loi *Julia vicesimaria* introduisit, dans l'intérêt du fisc sans doute, l'ouverture solennelle des *tabulæ* et défendit d'accepter l'hérédité avant cette formalité remplie. Il n'y eut d'exception que pour l'héritier sien [3] et pour l'héritier ins-

---

[1] Ce privilége ne concernait point les mères. *Vat. fr.*, § 195. Ex filia nepotes non prodesse ad tutelæ liberationem sicuti nec ad caducorum vindicationem, palam est, nisi mihi proponas ex veterano prætoriano socerum avum effectum. Tunc enim, secundum orationem Dei Marci,... id habebit avus, quod habet in nepotibus ex filio natis.

[2] Ulp., XVII, 1. Quod quis sibi testamento relictum ita ut jure civili capere possit, aliqua ex causa non ceperit, caducum appellatur, veluti ceciderit ab eo : Verbi gratia, si cœlibi vel Latino Juniano legatum fuerit, nec intra dies centum vel cœlebs legi paruerit, vel Latinus jus Quiritium consecutus sit ; aut si ex parte heres scriptus vel legatarius ante apertas tabulas decesserit, vel pereger factus sit.

[3] L. 3, C. *de jure delib*. Théodore et Valentinien étendirent cette faveur à tous les descendans du testateur sans distinction. L. un., C. *de his qui ante apert.*

titué *ex asse*, dont l'incapacité n'intéressait point le fisc, puisque la défaillance en ce cas donnait ouverture aux successions légitimes [1]. La loi *vicesimaria*, reculant l'effet du testament du jour de la mort du testateur au jour de cette ouverture des *tabulæ* [2], il y eut des incapacités intermédiaires, et cette part d'incapables fut dite aussi *caduque* [3].

Voici maintenant comment s'appliqua le privilége de la loi. Ces parts caduques, la loi les attribua aux héritiers institués par le même testament lorsqu'ils avaient des enfans et, à défaut de ces héritiers privilégiés, aux légataires qui avaient des enfans [4]. C'est Gaius qui nous a révélé

---

[1] L. 1, § 4, D., *de juris et facti ignorant*.

[2] Ulp., XXIV, 31. Legatorum quæ pure vel in diem certum relicta sunt, dies cedit, antiquo quidem jure, ex morte testatoris tempore; per legem autem Pappiam Poppœam, ex apertis tabulis testamenti, eorum vero quæ sub conditione relicta sunt, cum conditio extiterit.

[3] Ulp., I, 21. La disposition invalidée avant la mort du testateur fut considérée comme caduque, *in causa caduci*. — L. 3, D., *de his quæ pro non scriptis*. — L. 59, § 2, D., *de Condit. et Dem*. — V. d'Hautbuille, p. 119, et ss. — Marezoll, § 209.

[4] Il y eut néanmoins une exception en faveur des parens du testateur à qui l'on conserva l'ancien droit d'accroissement, *jus antiquum*. Item liberis et parentibus testatoris usque ad tertium gradum lex Pappia jus antiquum dedit, ut, heredibus illis institutis, quod quis ex eo testamento non capit, ad hos pertineat,

ces dispositions de la loi Pappia jusqu'ici mal connues¹.

A défaut de pères, l'*œrarium* revendiqua les caduques : *ut si a privilegiis patrum cessaretur, velut parens omnium populus vacantia teneret ?* La

aut totum, aut ex parte, prout pertinere possit. Ulp., *Fragm.*, XVIII.

¹ Gaius, II, 206. Quod autem diximus, deficientis portionem in per damnationem quidem legato in hereditate retineri, in per vindicationem vero collegatario adcrescere, admonendi sumus ante legem Pappiam jure civili ita fuisse ; post legem vero Pappiam deficientis portio caduca fit, et ad eos pertinet qui in testamento liberos habent.

207. Et quamvis prima causa sit in caducis vindicandis heredum liberos habentium, deinde si heredes liberos non habeant, legatariorum liberos habentium ; tamen ipsa lege Pappia significatur ut collegatarius conjunctus, si liberos habeat, potior sit heredibus, etiam si liberos habebunt.

208. Sed plerisque placuit quantum ad hoc jus quod lege Pappia conjunctis constituitur, nihil interesse utrum per vindicationem an per damnationem legatum sit.

286. Cœlibes qui per legem Juliam hereditates legataque capere prohibentur, olim fideicommissa videbantur capere posse. Item orbi qui per legem Pappiam, ob id quod liberos non habeat, dimidias partes hereditatum legatorumque perdunt, olim solida fideicommissa videbantur capere posse. Sed postea senatus-consulto Pegasiano perinde fideicommissa quoque ac legata hereditatesque capere posse prohibiti sunt, ea que translata sunt ad eos qui testamento liberos habent, aut si nullos liberos habebunt, ad populum, sicuti juris est in legatis et in hereditatibus. — Ulp., XXV, 17.

² Tacite, *Ann.*, III, 28.

fiscalité ne s'est jamais fait faute de belles paroles. Caracalla abolit ce privilége de la paternité sans supprimer les incapacités légales, le fisc hérita des caduques¹.

Trajan adoucit la rigueur de ces lois *caducariæ* (comme on nomme souvent la loi Julia) en donnant à l'incapable qui se dénonçait lui-même à l'*ærarium* cette moitié que la loi donnait au délateur². Obtenir par les lois et les mœurs ce que les mauvais princes ne pouvaient arracher que par l'infamie de la délation, c'est ce qui dans l'empire romain distingua les bons empereurs des tyrans, pour qui le fisc n'eut jamais tort.

Constantin diminua considérablement les cas de caducité en rendant aux célibataires et aux *orbi* la pleine capacité de recevoir par testament³. Justinien abolit les derniers vestiges de ce droit⁴.

---

¹ Ulp., XVII. Hodie ex constitutione imperatoris Antonini omnia caduca fisco vindicantur, sed servato jure antiquo liberis et parentibus.

² Pline, *Panégyr.*, 36. Fragm. *de jure fisc.*, 53. Jus patrum non minuitur, si se is deferat, qui solidum id, quod relictum est, capere non potest. Sane si post diem centesimum patres caducum vindicent, omnino fisco locus non est.

³ L. C. *de Pœnis orb.*

⁴ L. un., C.

CHAPITRE XVII.

Du droit d'accroissement.

Avant la loi Pappia Poppæa, le droit d'accroissement était simple et tel que l'exigeait la nature même du legs. Quand un individu appelé à recueillir une disposition ne la recueillait pas, elle devait forcément demeurer tout entière à celui qui y était appelé solidairement avec le défaillant. À défaut d'appel solidaire, elle restait à celui qui était chargé de l'exécution du legs.

Le *jus caduca vindicandi* reposa sur une tout autre base que l'appel solidaire. Ce fut une faveur spéciale attribuée par la loi à un individu qui dans les règles du droit civil n'y avait aucun droit. L'appelé solidaire devait tout au testament; son droit, il le puisait dans son propre titre; l'autre au contraire était substitué par la loi à la personne déclarée incapable de recueillir la disposition. L'appelé solidaire n'était tenu d'aucune des charges imposées au colégataire, car il ne représentait que lui-même; mais par cela même il ne pouvait renoncer à l'accroissement de la part défaillante, puisque c'eût été renoncer à son legs même, ce *jus crescendi* n'étant à vrai dire qu'un *jus non decrescendi*, pour parler comme les glossateurs. Au contraire, le substitué par la loi caducaire n'était point forcé d'accepter l'accroissement (la loi n'imposait pas ces faveurs, et il fallait revendiquer le caduc pour l'obtenir) ; mais une fois obtenu, le substitué représentait la personne qu'il remplaçait, et comme il exerçait tous les droits, il était soumis à toutes les charges du légataire.

Dans le droit civil, l'accroissement n'avait donc lieu que lorsqu'il y avait appel solidaire de deux colégataires, lorsqu'ils étaient *conjuncti re*. Une conjonction purement verbale ne donnait point le droit d'accroissement, puisqu'elle supposait nécessairement une division du legs, telle par exemple qu'elle avait lieu de plein droit dans le legs d'obligation : *damnatio partes facit*, disait-on.

La loi Pappia, partie d'un point différent, bouleversa le droit civil; elle donna le premier rang aux *verbis conjuncti*. L'intention présumée du testateur l'emporta sur la nature du legs. Gaius est formel : *Plerisque placuit, quantum ad hoc jus quod lege Pappia conjunctis constituitur, nihil interesse utrum per vindicationem an per damnationem legatum sit.*

Quand Justinien abolit la législation des caduques, au lieu de revenir à cette ancienne simplicité du droit d'accroissement, il introduisit un droit mixte fondé sur la volonté présumée du testateur, et où l'on retrouve, à côté de l'ancienne théorie, certains principes des lois caducaires [1]. Cette législation de Justinien, d'autant plus obscure que Tribonien n'avait peut-être plus le sens véritable des dispositions de la *lex Caducaria*, a fait le désespoir des jurisconsultes modernes. « *Cette nature du droit d'accroissement,* » dit Domat, *a été rendue si difficile que quelques in-* » *terprètes ont dit qu'il n'y en a aucune dans tout le* » *droit qui le soit autant* [2]. » La question était insoluble en effet tant qu'on cherchait dans le raisonnement une solution que l'histoire seule pouvait donner.

---

[1] Ainsi le colégataire *re tantum conjunctus* a droit à l'accroissement *sine onere* (§ 11, C. *de Caduc. toll.*); mais le *verbis conjunctus* prend le legs avec ses charges. C'est sous ce point de vue que la loi 89 *de Leg.*, III, pouvait avoir son intérêt dans la législation justinienne. — Cette loi, qui a donné lieu à un si grand nombre de systèmes sur le droit d'accroissement, est simple et facile, expliquée du point de vue de la loi Pappia, Re conjuncti videntur, non etiam verbis, quum duobus separatim eadem res legatur. (*C'est le legs* per vindicationem, *où on lègue à chacun séparément toute une même chose.*) Item verbis non etiam re Titio et Seio fundum æquis partibus do lego : quoniam semper (*dès l'origine*) partes habent legatarii. Præfertur igitur omnimodo ceteris (*à tous les autres pères qui in testamento liberos habent*), qui et re et verbis conjunctus sit. Quod si re tantum conjunctus sit, constat non esse potiorem. (*On ne le préfère pas aux autres pères.*) Si vero verbis quidem conjunctus sit, re autem non : quæstionis est an conjunctus potior sit? Et magis est ut ipse præferatur. L. 142, *de V. S.*

[2] Domat, *Lois civiles*, liv. III, tit. I, sect. 9.

« Je ne veux pas égarer mon lecteur ennuyé dans ce labyrinthe de gloses et de commentaires; je passe à la plus politique des lois civiles : celle de la succession *ab intestat*. »

CHAPITRE XVIII.

Quel fut le principe du droit de succession chez les Romains[1].

Chez les peuples modernes, le droit de succession est fondé sur le lien du sang. Rien ne paraît plus convenable que de transmettre la fortune à ceux que la communauté d'origine et la familiarité de la vie a dû placer au premier rang dans les affections du défunt. Notre succession est en quelque sorte un testament présumé où la loi parle au défaut du testateur; il n'en fut pas ainsi chez les premiers Romains.

Quand le citoyen mourait sans avoir disposé de son patrimoine par testament, la succession appartenait tout entière à la FAMILLE; et la famille dans ces anciens temps ne reposait point comme aujourd'hui sur cette union indissoluble que la naissance établit entre le père et la fille, entre la

---

[1] Marezoll, § 68-69, 184. — Gans, *Erbrecht*, t. II, p. 326 et ss.

mère et le fils. La famille chez les Romains, c'était une condition civile et politique (*status, caput,*) indépendante de la naissance et du sang; en un mot de même nature que la condition d'homme libre ou de citoyen. Nous avons trois états civils, dit le jurisconsulte, la LIBERTÉ, la bourgeoisie, la famille [1].

La famille avait sa racine dans la puissance paternelle et non dans le lien du sang. Ainsi l'enfant né du mariage, ou l'enfant adoptif, ou la femme *in manu*, tous trois en même puissance, ont tous trois un droit égal à la succession du *paterfamilias* [2]. Mais le fils donné en adoption ou émancipé, mais la fille qui, en se mariant, est passée en main étrangère, sortis de la puissance paternelle ont perdu leur condition civile (*capite minuuntur*) et leur droit de succession, car ils sont ou chefs d'une nouvelle famille ou membres

---

[1] Capitis diminutionis tria sunt genera : maxima, media, minima. *Tria enim sunt quæ habemus, libertatem, civitatem, familiam.* Igitur cum omnia hæc amittimus, hoc est libertatem, civitatem, familiam, maximam esse capitis diminutionem; cum vero amittimus civitatem, libertatem retinemus, mediam esse capitis diminutionem; cum et libertas et civitas retinetur, familia tantum mutatur, minimam esse capitis diminutionem constat. Paul, L. 11, *de cap. min.*, D., IV, 5. — Gans, *Erbrecht*, II, 329. — Marezoll, § 57.

[2] *Coll. Leg. mos.*, XVI. 3, 4. Sui heredes sunt hi : primo loco filius, filia, in potestatem patris constituti; nec interest adoptivi sint an naturales, et secundum legem Juliam Pappiamve quæsti, modo maneant in potestate.

d'une famille étrangère, et on ne peut avoir qu'une famille comme on n'a qu'une patrie.

Cette puissance paternelle était si bien la base du droit de famille et du droit de succession, toujours subordonné à la condition politique de la famille, que les héritiers siens (*sui heredes*, comme on nommait les personnes en puissance) succédaient malgré eux au *paterfamilias : omnimodo sive velint sive nolint, tam ab intestato quam ex testamento heredes fiunt*[1]. Ils étaient héritiers nécessaires (*sui et necessarii*) comme l'esclave, et il fallut l'intervention bienveillante du préteur pour leur permettre de s'abstenir d'une hérédité onéreuse. Dans une aristocratie telle que le patriciat, c'était une nécessité politique et religieuse que les familles ne s'éteignissent pas.

---

[1] Gaius, 157. — Ulp., XXII, 24. Inter necessarios heredes, id est, servos cum libertate heredes scriptos, et suos et necessarios, id est liberos qui in potestate sunt, jure civili nihil interest ; nam utrique etiam inviti heredes sunt. Sed jure prætorio suis et necessariis heredibus abstinere se a parentis hereditate permittitur; necessariis autem tantum heredibus abstinendi potestas non datur. *Inst.*, II, 19, § 2.

CHAPITRE XIX.

Du droit de succession suivant la *Loi des douze Tables*.

Le système de la *Loi des douze Tables* nous montre dans toute sa vivacité cet esprit de la législation romaine.

Si le père de famille meurt intestat, les siens (*sui heredes*), sans distinction d'âge ni de sexe, et qu'ils soient en sa puissance par naissance, par adoption ou par *manus*, les siens, dis-je, se partagent en portions égales et par souches, tout ce qui constitue le patrimoine du défunt, corps et biens.

S'il n'y a pas d'héritiers siens, la succession est aux agnats, qui seuls constituent la famille [1] :
AST SI INTESTATO MORITUR, CUI SUUS HERES NEC ESCIT, ADGNATUS PROXIMUS FAMILIAM HABETO.

---

[1] Jure proprio, dit Ulpien, *familiam* dicimus plures personas quæ sunt sub unius potestate, aut natura, aut jure subjectæ, ut puta patremfamilias, matremfamilias, filiumfamilias, filiamfamilias, quique deinceps vicem eorum sequuntur, ut pote nepotes et neptes et deinceps. — Communi jure familiam dicimus omnium agnatorum : nam etsi patresfamilias mortuo singuli singulas familias habent, tamen omnes qui sub unius potestate fuerunt recte ejusdem familiæ appellabuntur, qui ex eadem domo et gente prodidi sunt. L. 195, D., *de V. S.* — § I. Inst., *de Leg. agnat. tut.*, I. 15. — Marezoll, § 68. — Gans, *Erbrecht*, II. 366 et ss.

Les agnats succédaient à raison de la proximité de degré, par tête et sans distinction de sexe. Il n'y avait ni représentation ni dévolution d'un degré à l'autre [1]. Quand l'agnat le plus proche n'acceptait pas l'hérédité, nul n'y avait droit après lui, et chose bizarre, l'hérédité tout entière appartenait au premier occupant et se prescrivait par une année de possession. *Ratio*, dit Gaius, *quod voluerunt veteres maturius hereditates adiri, ut essent qui sacra facerent, quorum illis temporibus summa observatio fuit; et ut creditores haberent a quo suum consequerentur* [2].

Les femmes étant toujours *in manu* ou *in tutela*, il n'y avait point d'inconvénient politique à les admettre à la succession légitime quand elles étaient au nombre des agnats, car la tutelle laissant leur propriété sous la main des agnats, ce n'était que du consentement des intéressés que ces biens pouvaient sortir de la famille. On n'avait donc à craindre ni le luxe ni la dissipation

---

[1] Ulpien, XXVI, 5. Si plures eodem gradu sint adgnati, et quidam eorum hereditatem ad se pertinere noluerint, vel antequam adierint decesserint, eorum pars adcrescit his qui adierunt. Quod si nemo eorum adierit, ad insequentem gradum ex lege hereditas non transmittitur, quoniam in legitimis hereditatibus successio non est. — Paul, IV, 8, 23. In hereditate legitima successioni locus non est. Et ideo fratre decedente antequam adeat aut repudiet hereditatem fratris filius admitti non potest, qui omnis successio proximiori defertur. — Gaius, III, 11-12.

[2] Gaius, II, 55. V. *ibid.*, 52-53.

des femmes; leur dépense ne pouvait excéder le revenu. Mais quand, la *manus* affaiblie, la loi Voconia déclara les femmes incapables de succéder par testament [1], on en vint par une suite naturelle de l'esprit de la loi Voconia (*Voconiana ratione*, dit Paul [2]) à ne plus admettre les femmes à succéder parmi les agnats, encore bien que leur héritage appartînt aux agnats. Il n'y eut d'exception que pour les *agnatæ consanguineæ*, c'est-à-dire les sœurs paternelles du défunt [3].

Après les agnats venaient les gentiles : SI AGNATUS NEC ESCIT, GENTILES FAMILIAM HABENTO [4]. Quelle parenté comprenait ce titre, c'est ce que nous ne savons que très-imparfaitement [5].

---

[1] Gaius, II, 274.

[2] Feminæ ad hereditates legitimas ultra consanguineas successiones non admittuntur. Idque jure civili Voconiana ratione videtur effectum. Ceterum Lex XII Tabularum nulla discretione sexus *agnatos* admittit. Paul, IV, 8, 22.

[3] *Coll. Leg. mos.*, XVI, 3. § 18. — L. 14, C. *de Legit. hered.*

[4] *Coll. Leg. mos.*, XVI, 152.

[5] Festus, V. GENTILES. — Gaius, III, 17. — Gans, *Erbrecht*, II, 362. — Marezoll, § 70.

CHAPITRE XX.

De la *bonorum possessio* [1].

Comme presque toutes les institutions civiles, le droit de succession se modifia du tout au tout par l'édit du préteur. Ces modifications sont d'autant plus curieuses à étudier dans le sujet qui m'occupe que c'est dans ce point délicat du droit de succession qu'on est surtout à même d'étudier l'œuvre ingénieuse et patiente de l'édit. Au milieu d'une république agitée et changeante, l'édit, se prêtant à toutes les variations des mœurs et du gouvernement, tint toujours, sans secousse, sans ébranlement, le droit civil au niveau du droit politique. Ce point n'est pas assez remarqué par ceux qui se sont occupés de la constitution romaine.

Le droit de succession, telle que l'établissait la *Loi des douze Tables*, était dur, et de plus incomplet. Il devait souvent arriver qu'il n'y eût point d'héritiers. Le préteur, par des motifs d'équité appela, non point à l'hérédité, mais à la possession des biens de l'hérédité, ceux qui, in-

---

[1] Schweppe, §§ 162-176. — Marezoll, § 174.

connus au droit civil, paraissaient avoir le titre le mieux fondé à cette possession de biens sans maîtres. Cette possession ne portait préjudice à personne, puisque l'État ne s'était pas encore attribué les biens vacans. Les créanciers héréditaires et les pontifes y gagnaient, puisque le défunt se trouvait représenté.

La *bonorum possessio*, assurant certains avantages que ne donnait pas le titre d'héritier, les héritiers en vertu de la loi demandèrent au préteur la possession des biens; il y eut donc dans l'édit une *bonorum possessio* parallèle à l'hérédité, — *bonorum possessio secundum tabulas* pour les héritiers testamentaires, — *intestati bonorum possessio* pour les héritiers légitimes [1].

Maîtres du droit de succession, les préteurs le modifièrent à leur aise; ce ne fut plus seulement à défaut d'héritiers légitimes qu'ils donnèrent la possession des biens, ce fut souvent en concurrence et même de préférence aux héritiers qu'appelait la loi. Ce sont ces changemens que nous allons étudier.

Le *bonorum possessor*, qu'on le remarque bien, n'était point héritier, la loi seule pouvait faire un héritier. Il avait non point le domaine quiritaire des biens de l'hérédité, mais la simple possession, jusqu'à ce que l'usucapion lui eût donné

---

[1] *De bon. poss.*, §§ 1-3. *Inst.*, III, 9.

le domaine; et comme cette possession était garantie par le préteur et protégée par l'interdit *quorum bonorum*, en définitive, et grâce aux fictions et aux actions utiles, le *bonorum possessor* fut un véritable héritier, moins le nom [1].

CHAPITRE XXI.

Succession prétorienne.

Le préteur, en donnant la *bonorum possessio*, appela au premier rang les héritiers siens, par la clause de l'édit UNDE LIBERI. En ce point le

---

[1] Hi quibus ex successorio edicto bonorum possessio datur heredes quidem non sunt sed heredis loco constituuntur beneficio prætoris. Ideoque seu ipsi agant, seu cum his agatur, ficticiis actionibus opus est in quibus heredes esse finguntur. Ulp., XXVIII, 12. — Habemus etiam alterius generis fictiones in quibusdam formulis, velut cum is, qui ex edicto bonorum possessionem petiit, ficto se herede agit. Cum enim prætorio jure et non legitimo succedat in locum defuncti, non habet directas actiones, et neque id quod defuncti fuit potest intendere suum esse, neque id quod defuncto debebatur potest intendere dari sibi oportere. Itaque ficto se herede agit, veluti hoc modo : JUDEX ESTO ; SI AULUS AGERIUS, id est ipse actor (LUCII TITII HERES ESSET, TUM SI EUM FUNDUM) DE QUO AGITUR EX JURE QUIRITIUM FUISSE (OPORTERET, *vel si in personam agatur*) proposita simili formula ita subjicitur: TUM SI PARET NUMERIUM NEGIDIUM AULO (AGERIO) SESTERTIUM X MILLIA DARE OPORTERE. Gaius, IV, 34.

préteur copia la loi civile; mais en outre, il admit à la succession paternelle, concurremment avec les héritiers siens, l'enfant que l'émancipation ou quelque autre cause avait fait sortir de la famille. Il supposa qu'à la mort du père cet enfant était encore en puissance et *suus heres*[1]. Ainsi la puissance paternelle fut, en apparence du moins, la base de la succession prétorienne comme elle était celle de la succession civile.

Venaient ensuite par la clause UNDE LEGITIMI les agnats, et en concurrence avec les agnats ceux qu'une loi assimilait aux héritiers légitimes. Telle fut sous l'Empire la position de ceux qui héritèrent en vertu des sénatus-consultes Orfitien et Tertullien, ou en vertu de la constitution d'Anastase[2].

Dans cette succession des légitimes, le préteur

---

[1] L. 1, § 6, *de bon. poss. cont. tab.*, XXXVII, 3. Et sui juris factos liberos inducit in bonorum possessionem prætor; sive igitur emancipati sunt, sive alias exierunt de patris potestate, admittuntur ad bonorum possessionem; sed ad adoptivi patris non potest, ut enim admitti possit, ex liberis esse eum oportet. (*Il faut le lien du sang*.) Gaius, III, 26. — Ulp., XXVIII, 8.

[2] Anastase appela les frères et sœurs émancipés à la succession du frère ou de la sœur non émancipés en donnant part double à ceux qui étaient restés en puissance (§ 1, *de suc. cogn.*, Inst., III, 5), distinction abolie par Justinien, (L. 15, § 1, *de Legit. hered.*, C. VI, 58.) Justinien donna les droits de consanguinité aux frères et sœurs utérins (L. 15, § 2) et les droits d'agnation aux enfans des sœurs (L. 14, § 1, C. eod) et aux fils des frères émancipés (15, § 1, C. eod).

introduisit une importante modification; il admit la dévolution d'un degré à l'autre quand l'agnat du premier degré ne se présentait pas à l'hérédité [1]. Jusque-là il n'y avait eu de remède à ce refus d'accepter l'hérédité que par l'*in jure cessio* que l'héritier appelé faisait volontairement à l'agnat du degré suivant; procédure dont l'effet était de mettre le cessionnaire entièrement au lieu et place du cédant [2].

Mais le préteur alla plus loin encore; ce ne fut plus comme agnats qu'il admit les légitimes du second degré, ce fut comme cognats, ce qui lui permit de faire triompher la parenté naturelle quand il se trouva des cognats plus rapprochés du défunt que les *legitimi*.

La clause UNDE COGNATI appelait à la *bonorum possessio* les parens [3] qui n'étaient plus dans la famille, les femmes par conséquent, et permettait aux enfans de la fille de succéder à leur aïeul

---

[1] Gaius, I, 27, 28, § 7; Inst., *de Leg. agn. succ.*, III, 7.

[2] Gaius, II, 35. Si is ad quem ea ab intestato legitimo jure pertinet hereditas, in jure eam alii ante aditionem cedat, id est, antequam heres extiterit, perinde fit heres is, cui in jure cesserit, ac si ipse per legem ad hereditatem vocatus esset. Post aditionem vero si cesserit, nihilominus ipse heres permanet et ob id creditoribus tenebitur, debita vero pereunt, eoque modo debitores hereditarii lucrum faciunt; corpora vero ejus hereditatis perinde transeunt ad eum cui cessa est hereditas, ac si ei singula in jure cessa fuissent. V, § 36, *ibid*.

[3] § ult. I, *de succ. cogn.*, III, 5. Theoph., *h. l.*

maternel à défaut d'héritiers légitimes (*agnati*). Ainsi s'adoucit cette exclusion des lignes féminines, exclusion qui n'était pas fondée, comme dans le droit féodal, sur une préférence absolue des mâles, puisque la sœur du défunt lui succédait, mais qui reposait sur le maintien de la famille. Or, les enfans de la fille étaient dans la famille de leur père, et non point dans la famille de leur aïeul maternel.

A une époque où ce lien étroit de la famille n'existait plus qu'en souvenir, Valentinien admit ces enfans à la succession des aïeuls maternels, concurremment avec les oncles ou les cousins agnats ; mais il ne leur accorda que les deux tiers de la part qu'aurait eue leur mère, restriction sans objet et que Justinien abolit [1].

Cette clause UNDE COGNATI admettait la succession réciproque de la mère aux enfans, et des enfans à la mère ; c'étaient ses plus proches cognats. Mais malgré cette faveur de l'édit, ils ne s'entre-succédaient néanmoins qu'à défaut d'*agnats*, souvent fort éloignés. La loi civile forçait la main au préteur. Il avait bien pu supposer que le fils émancipé se trouvait encore en puissance, c'était tourner la loi sans la contrarier ; mais cette puissance, la base du droit de succession, n'avait jamais existé entre la mère et les enfans. La sup-

---

[1] L. 9, C. *de suis.*

poser au préjudice des agnats, c'était attaquer de front la *Loi des douze Tables*, c'était ouvertement préférer le lien du sang aux droits civils; le préteur ne le pouvait pas.

Enfin à défaut de *cognati* successibles, l'édit appelait l'époux survivant à la succession du défunt (UNDE VIR ET UXOR), succession devenue nécessaire quand l'abolition de la *manus* eut cessé de faire du mari le maître des biens de la femme, et de la femme l'héritière de son mari.

CHAPITRE XXII.

Du droit des pères.

Je n'ai point parlé du père parmi les personnes appelées à la succession; c'est, je le répète encore et je prie qu'on le remarque bien, c'est que le lien du sang n'était pas la base de la loi héréditaire. La qualité de père, non plus que celle de fils, ne fut un droit de succession qu'après une lutte de plus de dix siècles.

Le père avait-il son fils en puissance, cette puissance était son titre; le fils n'avait rien qui ne fût à son père, par conséquent il ne pouvait être question d'un droit de succession; et quand la loi reconnut au fils une propriété distincte, le *peculium castrense*, dont il lui fut permis de disposer par testament, le père eut la succession du fils *intestat*, non point par sa qualité de père, mais en vertu de sa puissance; il prit le pécule du fils comme il aurait pris celui de ses esclaves. *Si filius familias miles decesserit, siquidem intestatus, bona ejus non quasi hereditas, sed quasi peculium patri deferentur, si autem testamento facto, hic pro hereditate habetur castrense peculium*[1].

Si le fils était émancipé, le lien de la puissance paternelle était détruit; ce n'était donc plus comme père, c'était comme patron et en vertu de l'édit que le père héritait de son fils : *Emancipatus a parente in ea causa est, ut in contra tabulas bonorum possessione liberti patiatur exitum; quod œquissimum prœtori visum est, quia a parente beneficium habuit bonorum quærendorum, quippe, si filius familias esset, quodcunque sibi acquireret, ejus emolumentum patri quæreret : et ideo itum est in hoc, ut parens, exemplo patroni ad contra tabulas bonorum possessionem admittitur*[2].

J'ai dit plus haut comment se développa le pécule des enfans et comment la loi tendit à restreindre à un simple usufruit les droits qu'avait le père sur les biens des enfans en puissance. Une constitution de Léo et d'Anthemius préféra

---

[1] L. 2, D., *de pecul. cast.*, XLIX, 17.
[2] L. 1, pr. D., *Si a parente quis*, XXXVII, 12, § 6. Just., *quib. modis jus pat.*, I, 12.

les frères et sœurs au père dans cette succession des pécules, l'usufruit restant à ce dernier [1]; et quand il n'y eut ni frères ni sœurs, le père succéda aux biens du fils, non plus *jure peculii*, mais comme héritier [2]. Ce fut si bien le sang qui donna le titre qu'à la mort du petit-fils, ce fut le fils en puissance et non pas l'aïeul qui hérita des biens maternels de l'enfant décédé [3].

Le père avait les droits du patron sur la succession des enfans émancipés; ainsi le fils émancipé avait pour héritiers d'abord ses enfans, puis son père comme patron. Mais dans la succession de la fille, le père était le premier héritier jusqu'à ce que le sénatus-consulte Orfitien appela de préférence au père les descendans de la fille [4]. Ce ne fut plus comme patron qu'il hérita, mais comme père; et à ce titre il exclut de la succession tous les agnats, tous les cognats et la mère elle-même [5].

---

[1] L. 4, C. *de bonis quæ lib.*, VI, 61.

[2] L. 4, C. *ib.* (VI, 61).

[3] L. 3, *ibid.* (VI, 61). Sin autem nepos superstitibus tam patre quam avo paterno diem suum sine liberis obierit, eorum dominium quæ ad ipsum ex matre, vel ab ejus linea pervenerint, non ad avum sed ad patrem ejus perveniat, usufructu videlicet hujus modi casibus avo, dum supererit reservando. C'est une loi de Théodose et de Valentinien.

[4] Gans, *Scolies sur Gaius*, p. 308; *Erbrecht*, II, 376.

[5] § 3, Inst., *de S. C. Tertulliano*, III, 3.

Le sénatus-consulte Tertullien de l'époque d'Adrien admit la mère privilégiée du *jus liberorum* à la succession de ses enfans quand il n'y avait point d'héritiers siens ou d'agnats du premier degré, c'est-à-dire à défaut du père ou des frères consanguins du défunt. Elle partageait avec la sœur consanguine [1]. Sous Marc-Aurèle, le sénatus-consulte Orfitien compléta les bienfaits du sénatus-consulte Tertullien en admettant les enfans à la succession de leur mère de préférence aux agnats maternels [2]. Il ne fut plus même nécessaire que l'héritier fût encore dans la famille de son père, car cette succession n'était plus fondée sur le lien de la famille [3].

---

[1] Ulp., XXIV, 8. Sur les divers changemens qu'éprouva ce droit de mères, voyez L. 1, C. Th., *de Leg. hered.*, V, 1. — L. 7, C. Th., *eod.* L. 2, C. J., *de jure lib.*, VIII, 59. — § 5, Inst. *de S. C. Tertulliano*, III, 3.

[2] Ulp., XXVI, § 7, L. 9, D., *ad S. C. Orfit.*, XXXVIII, 17. — P. I., *h. t.*

[3] Inst., *de S. C. Orfit.*, III, 4. Sciendum autem est, hujus modi successiones quæ a Tertulliano et Orfitiano deferuntur, capitis minutione non perimi, propter illam regulam qua novæ hereditates legitimæ capitis diminutione non pereunt, sed illæ solæ quæ ex Lege XII Tabularum descendunt.

CHAPITRE XXIII.

De la Novelle 118.

Justinien régularisa ce chaos du droit de succession. Il retrancha tout ce qui n'avait plus qu'une valeur historique et abolit cette distinction de l'hérédité et de la *bonorum possessio*, qui n'était plus que dans les mots.

Son système, fort simple, est fondé sur le lien du sang et la proximité du degré. Il n'y a plus de famille dans le sens politique du mot; ainsi plus de distinction d'enfans *in potestate* ou émancipés, non plus que d'*agnats* ou de *cognats* : il n'y a plus que des parens. Le patrimoine du défunt appartient sans distinction de ligne ni de sexe : 1° aux descendans avec droit de représentation ; 2° aux ascendans en concurrence avec les frères et sœurs de père et de mère, et les enfans du frère ou de la sœur prédécédés ; 3° aux utérins ou consanguins et aux enfans du demi-frère prédécédé ; 4° enfin aux collatéraux les plus proches en degré. Le caractère de la famille romaine est entièrement perdu.

Je ne m'arrêterai point à développer un système qui nous est familier, car c'est le fond des législations modernes. Une simple lecture de la Novelle 118 suffira pour en donner une juste idée ; j'y renvoie mon lecteur.

SECONDE ÉPOQUE

LES GERMAINS.

LIVRE V.

DE LA CONQUÊTE.

510 — 912.

CHAPITRE PREMIER.

Des Germains.

Tacite, dans son admirable *Germanie*, nous représente les Barbares dans une condition sociale assez semblable à celle des sauvages de l'Amérique[1]. Chez eux, comme chez les Indiens, point de propriété distincte et par conséquent point d'État : un État n'est que le résultat de ces rapports permanens qu'engendrent la stabilité des possessions et le besoin de protection mutuelle.

---

[1] Gilbert Stuart, *A view of society in Europe*, ch. 1, a poussé ce rapprochement fort loin. — V. aussi Robertson, *Introduction à l'histoire de Charles V*; introduction, notes 6-8. — M. Guizot, dans ses *Essais sur l'histoire de France*, et M. Burnouf, dans ses notes sur la *Germanie*.

Chaque famille germaine s'établit pour une saison là où elle trouve à son gré une prairie, un bois, une fontaine [1]; quelques esclaves ensemencent d'un peu de grain les terres les moins infertiles, pendant que leurs maîtres, réunis après la chasse dans leurs sauvages manoirs, joueurs effrénés, buveurs intrépides, s'animent en de bruyans festins au projet d'expéditions lointaines. Si l'expédition se décide, une bande s'organise; les plus jeunes, les plus braves se réunissent autour du chef qu'ils se sont librement choisi; la troupe part, unie par ce lien sacré qui enchaîne les compagnons au chef, elle court chercher sur le territoire romain ou la fortune ou la mort [2].

[1] Tacit., *Germ.*, XVI. Nullas Germanorum populis urbes habitari, notum est; ne pati quidem inter se junctas sedes. Colunt discreti ac diversi ut fons, ut campus, ut nemus placuit... *Ibid.*, XXVI. Agri pro numero cultorum, ab universis per vices occupantur, quos mox inter se secundum dignationem partiuntur: facilitatem partiendi camporum spatia præstant. Arva per annos mutant et superest ager, nec enim cum ubertate et amplitudine soli labore contendunt, ut pomaria conserant, et prata separent et hortos rigent, soli terræ seges imperatur. — César, *Guerre des Gaules*, VII, 22. — Sur l'état de la propriété dans la Germanie, V. Gilbert Stuart, *Historical Dissertat. concerning the Antiquity of the english constitution*, part. I.

[2] Il faut lire et relire la *Germanie* de Tacite. C'est là que nous puisons les détails de la vie germaine. Il eût fallu citer tout entier ce précieux écrit; j'aime mieux laisser mon lecteur se délasser de mon livre en revoyant ces pages si belles. Il faut y joindre les notes de Burnouf.

CHAPITRE II.

De la conquête[1].

Il me semble qu'on ne se fait pas de la conquête une juste idée. Boulainvilliers et Montesquieu ont vu au travers de ce préjugé d'orgueil qui rattachait la noblesse à la descendance des anciens conquérans; Dubos, malgré sa détestable logique, et Sismondi, malgré son esprit de système, ont été plus près de la vérité.

Ce mot de conquête nous fait illusion. Nous nous imaginons une invasion de peuplades nombreuses, se précipitant le fer et la flamme à la main sur une nation compacte, et occupant tous les points du territoire. Puis nous supposons une lutte sanglante qui se termine par la destruction de la civilisation, l'entier asservissement des vaincus et le partage du sol entre la race sauvage; c'est voir le passé avec les idées d'aujourd'hui.

Il n'en fut pas ainsi. La Gaule était, comme l'Italie, dépeuplée par la grande culture, qui

[1] Winspeare, *Storia degli abusi feudali*, lib. I, c. 2.

avait changé les guérets en pâtures. La population libre était dans les villes, — les classes moyennes faiblissant sous l'impôt et la lourdeur des charges municipales, — les artisans divisés en corporations, servitude non moins lourde que le colonat; — dans les campagnes quelques esclaves, quelques colons épars dans des plaines sans fin, cherchaient à sauver leurs troupeaux de l'avidité du fisc ou du pillage des légions barbares maîtresses de cet empire qu'elles semblaient défendre.

Menacés sans cesse dans l'Italie, les empereurs, pour se délivrer des Barbares, les prenaient à leur solde, et cette solde c'étaient des terres, souvent même des provinces entières. Quand Jovin fut proclamé empereur des Gaules, Honorius, pour se venger d'un compétiteur et pour se débarrasser en même temps du dangereux voisinage des Wisigoths, ne trouva rien de mieux que de donner sa sœur Placidie en mariage au successeur d'Alaric; elle eut pour dot les Gaules et l'Espagne à conquérir [1].

Un caprice de ces Barbares fit la ruine de ce qu'on nommait encore l'empire d'Occident. Les Hérules au service de l'empereur voulurent le tiers de l'Italie. Oreste, qui le refusa fut assas-

[1] Jovin, de son côté, avait appelé dans les Gaules les Bourguignons et les Vandales. Paul Orose, lib. VII, c. 82.

siné, Odoacre, qui le donna, fonda le premier royaume barbare¹.

Odoacre ne crut pas avoir fait une révolution, car rien n'avait changé dans l'Empire, qu'un homme, Romulus Augustulus, qui avait quitté son nom d'empereur pour reprendre la position paisible d'un particulier. Le Barbare envoya les ornemens impériaux à Constantinople pour que l'empereur les lui retournât comme confirmation de sa nouvelle dignité². Mais là se trouvait un autre Barbare, consul et patrice de Constantinople; de plus, dangereux voisin de l'empire d'Orient, et qu'on était bien aise d'éloigner en l'envoyant conquérir pour l'empereur cette Italie qu'il convoitait. Ce consul, ce patrice, qui avait triomphé dans Constantinople, dont la statue équestre s'élevait devant le palais du prince, c'était Théodoric, le roi des Ostrogoths³.

¹ Procope, *Guerre gothique*, I, 1.
² *L'Anonyme de Valois*. Factâ pace cum Anastasio imperatore per Faustum de præsumptione regni, ei (Theodorico) omnia ornamenta palatii quæ Odoachar Constantinopolim transmiserat remittit. — Manso, *Hist. des Ostrogoths*, p. 40.
³ Jornandès, *de Rebus geticis* (ed. Muratori, *Script. rer. Ital.*, t. I, p. 2), c. 57.
Theodoricum vero genti suæ regem ordinatum audiens Zeno, gratum suscepit, eique, evocatoria destinata, ad se in urbem venire præcepit, dignoque suscipiens honore, inter proceres palatii sui collocavit. Et post aliquod tempus ad ampliandum honorem ejus, in arma sibi eum filium adoptavit, de suisque stipendiis triumphum in urbe donavit; factusque est consul ordinarius;

Ainsi, si j'excepte la grande invasion d'Attila, qui décida la ruine de l'Occident, la conquête de l'Empire par les Barbares se fit en quelque sorte par le dedans. Des auxiliaires tels que les

quod summum bonum primumque in mundo decus edicitur ; nec tantum hoc, sed etiam equestrem statuam ad famam tanti viri ante regiam palatii collocavit. Inter hæc ergo Theodoricus, Zenonis imperio fœdere sociatus, dum ipse in urbe bonis omnibus frueretur, gentemque suam in Illyrico residentem, non omninó idoneam aut refertam audiret, elegit potius solito more gentis suæ labore quærere victum, quam ipse ociose frui regni romani bona, et gentem suam mediocriter victitare, secumque deliberans ad principem ait : « Quamvis nihil deest nobis imperio vestro famulantibus, tamen si dignum ducit pietas vestra desiderium mei cordis libenter exaudiat »; quumque ei, ut solebat, familiaritas fuisset loquendi concessa: « Hesperia (inquit) plaga quæ dudum decessorum prædecessorumve vestrorum regimine gubernata est, et urbs illa caput orbis et domina, quare nunc sub regis Turcilingorum et Rugorum tyrannide fluctuat? Dirige eum gente mea, si præcipis, ut hic expensarum pondere careas, et ibi si adjutus a Deo vicero, fama vestræ pietatis irradiet. Expedit namque, ut ego, qui sum servus vester et filius, si vicero, vobis donantibus regnum illud possideam, haud ille, quem non nostis, tyranni jugo senatum vestrum partemque reipublicæ captivitatis servitio premat. Ego enim si vicero, vestro dono vestroque munere possidebo ; si victus fuero vestra pietas nihil amittit, imo lucratur expensas. » Quo audito, quamvis ægre ferret imperator discessum ejus, nolens tamen eum contristare, annuit quæ poscebat, magnisque ditatum muneribus dimisit a se, senatum populumque ei commendans romanum. — Procope, plus franc, avoue que ce fut à la suite d'une révolte des Goths d'Illyrie, mécontens de leurs cantonnéments, que Zénon conseilla à Théodoric, patrice et consul, d'aller attaquer Odoacre, « étant plus convenable à un sénateur
» de renverser un tyran et de commander à des Romains et à tous
» les Italiens que d'attaquer l'empereur et d'en venir à de si grands

Goths et les Hérules, des soldats de frontière, tels qu'étaient sans doute les Ripuaires, tous établis depuis longtemps sur le sol romain, se partagèrent l'empire expiré. Mais la condition des habitans ne fut pas sensiblement changée : si les grands propriétaires furent dépouillés d'une partie de leurs immenses domaines, les autres classes restèrent indifférentes ; il n'y avait ni patrie ni nationalité perdues à regretter ; l'impôt n'augmentait point par la conquête ; un roi barbare coûtait moins qu'un préfet du prétoire, et comme maîtres, les Goths valaient mieux que les Romains. « Nos concitoyens, disait Salvien, émigrent chez » les Goths, ou chez les Bagaudes, ou sous quel- » que domination barbare, et ils n'ont point re- » gret de cette émigration ; car mieux vaut pour » eux vivre libre sous l'apparence de la servitude » que vivre esclaves sous l'apparence de la li- » berté[1]. »

» périls.» *Guerre gothique*, I, 1. — *L'Anonyme de Valois*: Mittens Zeno Theodoricum ad Italiam, pactuatus est, ut si victus fuisset Odoacbar, pro merito laborum suorum, loco ejus, dum adveniret (*adviveret?*) tantum præregnaret. Ergo superveniente Theodorico patritio de civitate nova, cum gente gothica, missus ab imperatore Zenone de partibus Orientis ad defendendam sibi Italiam, etc. — Gibbon, c. 26.

[1] Salvien, lib. V, *de Gub. Dei.* — Paul Oroze, VII, 18. Quanquam et post hoc quoque continuo barbari execrati gladios suos ad aratra conversi sunt, residuosque Romanos ut socios modo et amicos foveant, ut inveniantur jam intra eos quidam, Romani, qui malint inter Barbaros pauperem libertatem quam inter

CHAPITRE III.

De Clovis et des Francs.

Dans cette décadence universelle, la Gaule conserva plus de vitalité que les autres provinces. Souvent elle essaya de se donner un chef indépendant et de se séparer de cet empire qui l'épuisait sans la gouverner ; c'étaient toujours ces Gaulois inconstans, peu soucieux de la nationalité romaine et impatiens des mauvais princes[1].

Plus d'une fois ces tyrans que la Gaule mit à sa tête sauvèrent de la barbarie l'État perdu par la mollesse ou la lâcheté des empereurs[2].

Romanos tributariam sollicitudinem sustinere.—Isidore, *Chron.*, ar. 447. Unde et huc usque Romani, qui in regno Gothorum consistunt, adeo amplectuntur, ut melius sit illis cum Gothis pauperes vivere, quam inter Romanos potentes esse, et grave jugum tributi portare.

Paulin., *in Eucharistico :*

Nam quosdam scimus summa humanitate Gothorum
Hospitibus studuisse suis, prodesse tuendis.

Sidonius Apollin., VIII, *Ep.* 6 et 9.

[1] Galli quibus insitum est esse leves, ac degenerantes a civitate romana, et luxuriosos principes ferre non posse. — Treb. Pollio, *Vie des deux Galliens.*

[2] Gallieno perdente rempublicam, in Gallia primum Posthumius, deinde Lollianus, Victorinus deinceps ; postremo Tetricus

Livrée à ses propres forces, la Gaule se relevait de ses blessures avec une insurmontable énergie ; réunie à l'Empire, elle retombait vaincue par une faiblesse qui n'était pas la sienne : c'était le supplice de Mézence.

Quand parut Clovis, les Wisigoths et les Bourguignons s'étaient emparés des belles provinces méridionales ; du reste de la Gaule, une partie s'était rendue indépendante, l'autre reconnaissait nominalement l'Empire ; mais il n'y avait plus de pouvoir central, plus de lien commun, plus de vie.

Ce fut alors que se fit un mouvement remarquable et qu'on n'a point encore étudié d'assez près. Le chef d'une de ces petites bandes de Barbares éparses sur les frontières de l'Empire, Clovis, un roi franc, qui à l'époque où il embrasse la foi chrétienne ne compte autour de lui que six mille fidèles, tout d'un coup est le maître du pays, jusqu'à la Loire, le roi reconnu par toutes les cités, le chef adopté par tout ce qui reste de troupes auxiliaires ou romaines, en un mot le véritable empereur des Gaules ; et

---

assertores romani nominis extiterunt : quos omnes datos divinitus credo : ne cum illa pestis inaudita luxuria impediretur in aliis possidendi romanum solum Germanis daretur facultas ; qui si eo genere tunc evasissent quo Gothi et Persæ, constantibus in romano solo gentibus, venerabile hoc romani nominis finitum erat imperium. — Treb. Pollio, *in Lollian.*

tandis que la puissance des Wisigoths est inquiète et mal assise, la sienne n'est jamais ébranlée. Toutes les portes s'ouvrent pour lui, les murailles tombent quand il s'approche des villes assiégées [1]; la nuit, une lumière divine guide ses pas [2]; c'est le favori des évêques et le protégé de Dieu [3].

C'est qu'évidemment Clovis ne fut qu'un instrument dont se servirent les chefs réels du pays, les évêques, maîtres des cités, où s'était retiré tout ce qu'il y avait de vie dans la nation.

Il y avait dans tous les cœurs ce besoin d'unité, sans laquelle il semble que ne puisse vivre ce beau pays; cette unité que demandait la Gaule catholique, les Wisigoths ne pouvaient la lui donner, car ils étaient ariens. D'ailleurs ils se tenaient à l'écart et comme au-dessus des provinciaux, qu'ils n'admettaient point dans leurs légions. C'étaient des vainqueurs en pays conquis, dont la puissance portait ombrage. Ce qu'il fallait aux cités gauloises, qui ne manquaient ni de courage ni de lumière, c'était un chef de bande dont on

---

[1] Greg. Tur., II, 37. — Dubos, *Hist. crit.*, liv. IV, ch. 16.

[2] Greg. Tur., *Hist.*, lib. II, c. 37. — Fortun., lib. II, *de Miracul. Hilarii*.

[3] *Collat. Epis. coram rege Gondobaldo*, dans les œuvres de Grég. de Tours, p. 1322. — Greg. Tur., *Hist.*, II. 36. — Et le martyre de saint Volusien, *Hist. du Languedoc*, t. I, preuves p. 32.

fit la fortune, c'était quelque Barbare ignorant, mais docile à la voix du clergé, mais brave, mais bon capitaine et sous lequel on pût rallier toutes ces forces éparses. C'était un bras qu'il fallait pour sauver l'Église et la Gaule; ce bras, ce fut Clovis.

CHAPITRE IV.

Partage des terres.

Les Barbares, maîtres de l'Empire, se contentèrent partout d'une part du sol, laissant le reste aux anciens possesseurs. Les Bourguignons et les Wisigoths prirent les deux tiers des terres à leur convenance [1]; les Hérules s'emparèrent d'un tiers de l'Italie; les Ostrogoths prirent la part des Hérules [2]; les Lombards, après avoir pris les terres du domaine et tout ce qui fut à leur convenance, exigèrent en outre le tiers des fruits des propriétés qu'on laissait aux Romains [3].

[1] Mancipiorum tertiam, et duas terrarum partes, mais ils laissèrent aux Romains medietatem sylvarum. V. la *Loi des Bourguignons*, tit. 54 et 55. *Loi des Wisigoths*, lib. X, tit. 1, § 8, 9, 16.

[2] Cassiodore, II, 16. — Procope, *Guerre gothique*, I, 1.

[3] Paul. Diac., II, 31. His diebus multi nobilium Romanorum ob cupiditatem interfecti sunt, reliqui vero per hostes (hospites)

Quant aux Francs, qui n'étaient point, comme les Bourguignons et les Goths, des peuplades marchant sous la conduite d'un roi, mais simplement quelques bandes germaines unies par la conquête sous un nom de guerre, on ne voit point qu'ils aient dépouillé les anciens possesseurs. Il y avait sans doute dans les Gaules plus de terres incultes ou domaniales qu'il ne fallait pour les satisfaire tous; c'est du moins ce qu'on peut juger par ces domaines immenses attribués aux rois francs, comme terres du fisc.

Ces terres conquises, les Barbares se les partagèrent au sort; de là ces noms de *sortes Burgundionum, Gothorum, kléroi Vandilôn;* de là aussi le nom germanique d'ALLOD, dont la racine *loos, lot,* se reproduit dans toutes les langues modernes pour désigner ce que donne le sort [1].

divisi ut tertiam partem suarum frugum Langobardis persolverent, tributarii efficiuntur.

[1] V. Caseneuve, *Du franc-alleu de Languedoc*, p. 85. — Dominicy (*Prærog. allod.*), p. 10 et ss., propose plusieurs étymologies du nom d'*alleu* ; la plus extraordinaire est celle qui fait venir le nom d'alleu de l'alouette (*alauda*) : Forsan alludere videtur ad hujus aviculæ morem in symbolis plerumque usurpatam, quæ ut à terrâ sese elevans, post aliquot crispante voce versiculos decantatos fœlici epodo Deum laudat; ita allodium sit terra aliis sublimior, velnti quæ solum Deum ratione dominii recognoscat in superiorem. — Je retrouve cette expression de *sortes* dans un diplôme de Charles-le-Chauve : Quidquid etiam in eadem villa ex fisco nostro Touantia-Albericus fidelis noster in beneficium cognoscitur habuisse, id est sortes quatuor et dimidiam cum

CHAPITRE V.

Condition des vaincus.

La condition des vaincus ne fut point partout la même. En Italie, lors de la conquête de Théodoric, en Espagne et dans les Gaules, la situation des Romains ne paraît point changée; dès les premiers temps de la domination barbare, on rencontre dans ces différens pays des Romains libres et propriétaires. Il semble même que les cités, toutes dédaignées qu'elles sont par les Barbares répandus dans les campagnes, grandissent en importance. Il est plus souvent question de la curie, c'est elle qui fait presque toutes les fonctions d'administration et de justice, et le *defensor curiæ*, l'évêque, presque toujours Romain, n'est pas dans ces premiers temps un personnage moins important que le comte barbare. C'est dans les cités que se garde le dépôt des idées romaines ; ce sont les évêques qui de main en main se transmettent ce précieux flambeau, et dès qu'un roi barbare a quelque idée civili-

mancipiis desuper commanentibus, vel ad easdem juste pertinentibus. *Ann. Benedict.*, III, 675.

satrice, c'est aux évêques qu'il le doit, c'est sur eux et sur leurs cités qu'il s'appuie. Ce fut le secret de la puissance des Carolingiens.

Cette prédominance des vaincus s'explique facilement pour les races gothiques, puisque ces races tendirent toujours à se confondre avec les populations romaines. L'administration des Ostrogoths fut semblable à celle de l'Empire [1]. Cassiodore se pouvait croire sans injustice revenu aux plus beaux siècles de l'Empire. Les lois des Wisigoths sont également tout imprégnées de l'esprit romain.

Dans les Gaules, le petit nombre des conquérans et l'influence dominante du clergé sont la solution du problème.

« La race des Saxons, dit Nithard [2], se divise » en trois ordres, édelinges, trilinges et lassi, » ce qui veut dire autant comme nobles, francs et » serfs. » Cette distinction existe dans la loi salique pour les Romains, déjà assimilés aux Germains. Seulement le *wehrgeld* du Romain n'est que la moitié du *wehrgeld* du Germain [3]. C'est

---

[1] Manso, *Histoire de l'empire des Ostrogoths*. — Gibbon, ch. 39. — Winspeare, p. 197.

[2] Nithardus, *Hist.*, lib. IV.

[3] Pour le meurtre d'un antrustion, le wehrgeld est de 600 solidi. } Pour la mort d'un Romain conviva regis (c'est le nom romain du leude royal), 300 solidi.

Pour la mort d'un Franc ou d'un autre barbare, 200 solidi. } Pour la mort d'un Romain possesseur, 100 solidi.

Le wehrgeld du Romain tributaire est de 45 solidi ; c'est le

une fierté de vainqueur, mais au fond la condition politique est la même ¹, et toute distinction fut bien vite effacée quand Gaulois et Germains combattirent ensemble ; ce qui ne tarda guère, car, dit noblement Dubos ² : « Les Gaulois n'ont » jamais été de ces peuples pacifiques qui ont la » patience de voir des armées étrangères s'entre-» battre dans le pays qu'ils habitent sans se mê-» ler de la querelle ³. »

Dans la haute Italie, sous la domination lombarde, la condition des vaincus fut plus dure. Ces nouveaux maîtres s'attribuant le tiers du produit brut des terres qu'ils laissaient aux Romains, ces derniers se trouvèrent dans une position des plus précaires, presque semblable à celle des colons ou des *aldiones* ⁴. Ils sortirent de cette mi-

---

prix du taureau banal (*L. Salique*, tit. 3, 57), ou du chien de race (tit. 6, § 1).

Cette distinction des trois classes se retrouve aussi dans les lois saxonnes.

Le wehrgeld du thane royal est de 1200 schillings (*tweyhindesman*) ; celui d'un thane ordinaire, de 600 schillings (*syxhyndesman*) ; celui du ceorl, de 200 schillings (*twyhyndesman*).— Wilkins, p. 41, 43. — Philipps, *Deutsche Geschichte*, I, p. 137.

La loi des Bourguignons ne distingue point les Barbares des Romains.

² *Hist. crit.*, liv. IV, ch. 15, t. II p. 303.

³ Daniel fixe ce mélange des deux nations au règne des enfans de Clovis, *Hist. de la milice française*, liv. I, c. 2.

⁴ Ducange, V. Aldio.

sère par la cession d'une part du sol à ces hôtes incommodes [1].

---

[1] Populi tamen aggravati per Langobardos hospites partiuntur. — Paul. Diac. II, 10. Un manuscrit de Milan porte *per Langobardis hospicia*, ce qui paraît une leçon préférable. — Sur la condition des Romains, sous les Lombards, V. *Della vicende della proprieta in Italia*, lib. II, c. 7.

LIVRE VI.

DES HOMMES LIBRES ET DES ALLEUX.

CHAPITRE PREMIER.

Réflexions générales.

Lors de la conquête, ce fut l'état des personnes qui fit la condition des propriétés. La terre du noble fut noble, celle du Barbare fut franche, celle du Romain soumise à l'impôt. Mais la terre étant la source et le cachet de la puissance, l'état des terres a bientôt exprimé plus au vif que tout le reste la condition des personnes. Le signe alors est devenu cause, et l'état des personnes a été commandé par l'état des terres. Un grand propriétaire barbare ou romain, peu importe, est devenu bien vite un noble, un grand; dépouillés, ses descendans se sont perdus dans la masse du peuple, et le successeur dans la propriété, quelle que fût son origine, a été à son tour un grand, un noble.

Cette révolution lente qui fit prévaloir les relations du sol sur les relations personnelles, c'est l'histoire de l'époque germaine. Quand la révolution fut accomplie, et que la terre fut la noblesse et la grandeur, ce fut le système féodal. Et la ruine de ce système arriva quand la condition des personnes vint à prévaloir sur la condition des terres; ce fut le règne de la noblesse de race et de la monarchie royale.

Ainsi, et à mesure qu'on s'est éloigné de la conquête, les conditions sociales s'étant toujours et de plus en plus incorporées au sol, les variations successives de la propriété ont réglé presque seules le mode et les vicissitudes de toutes les conditions, de tous les droits, de toutes les libertés [1]. Ceci, qu'on ne l'oublie pas, est la clé de ce livre.

CHAPITRE II.

Du canton et de la marche [2].

Ce puissant esprit d'association qui avait donné le monde aux Germains ne s'affaiblit

---

[1] Guizot, troisième essai sur l'histoire de France.
[2] Mœser, *Osnabrukische Geschichte*, t. I, 1ʳᵉ section. — Eichorn, *De l'origine des villes allemandes*, dans le journal de Savigny, t. I, p. 167 et ss.

point par la victoire ; un lien nouveau, celui du territoire, unit plus étroitement encore tous les vainqueurs.

Les cités laissées aux Romains, la campagne fut découpée en cantons¹, les cantons en centaines², les centaines en dixaines³, les dixaines en manoirs particuliers⁴ ; ce qui resta en dehors de ces manoirs fut propriété commune, ce fut la *marche*⁵, comme on disait alors. Cette marche

---

¹ *Pagus*, *gâu* chez les Allemands ; *scyre*, chez les Anglo-Saxons.

² *Centenæ*, LL. *Wisig.*, IX, 2. — §§. 1, 3, 4, *L. Alam.* t. 30, *hundred* chez les Anglo-Saxons. C'est de ce mot *hundred* (*hundrâdâ*) que quelques savans font dériver le mot italien *conträda*, contrée.

³ Ces dixaines sont dites ordinairement *marcha*; *toothing*, *tienmantale* chez les Anglo-Saxons.

⁴ *Villa, mansus, hoba.* Dans les ventes ou donations d'immeubles, on désigne toujours le canton et la centaine. *Chronic. Fontanellense*, c. 7. Villam... sitam in pago Oximensi, in centena Noviacense, c. 8. De villa Digmaniaco, quæ sita est in pago Oximensi, in centena Alancionensi. *Tabularium abbatiæ Belliloci in Lemovicibus.* Hæc omnia sunt in pago Lemovicino, et Caturcino, et centenis Vertelense et Lidense.

⁵ Je me sers de cet ancien mot, qui fut autrefois usité dans ce sens :

Le *Roman d'Amile et d'Amy*, mss.

<blockquote>
Si saisirez vos honors et vos marches
Que l'an vous a donnés.
</blockquote>

En latin *marca*, en allemand *mark*, chez les Anglo-Saxons *meare*, chez les Suisses *almende*.

fut composée d'immenses pâtures où le Barbare envoyait ses bestiaux [1], et de forêts où il se livrait à la chasse avec cette furie dont les rois normands ont laissé le dernier exemple [2].

Chaque canton eut à sa tête un comte [3], chef pendant la guerre, juge pendant la paix. On ne séparait point alors ces deux fonctions [4]. La centaine et la dixaine eurent aussi leur chef, le

---

[1] Sur l'usage de ces communaux, usurpés plus tard par les comtes et les monastères, voyez Zellweger, dipl. 17, et un diplôme curieux dans Mœser, *Osnab. Gesch.*, t. II, dipl. 49.

[2] Chez les Alamanni, par exemple, un chien tête de meute (*leithynt*) vaut 12 solidi, le prix du cheval de bataille, deux fois le prix d'un cheval ordinaire, quatre fois le prix d'un taureau. *Lex Alam.*, tit. 82, § 2; tit. 76, § 1.

[3] *Comes*, en allemand *graf*; chez les Anglo-Saxons *greve*. Muratori, *Dissertazioni sopra le antichità Italiane*, dissertat. 8. — Mariana, *De reb. Hisp.*, lib. VI, c. 1.

[4] Voici un diplôme de comte donné par Charlemagne et qui détaille les fonctions de ce magistrat. Baluze, I, 250. Quapropter in illa parte Saxoniæ Trutmannum virum illustrem ibidem comitem ordinamus, ut resideat in curte ad campos, in mallo publico ad universorum causas audiendas, vel recta judicia terminanda, isque advocatum omnium presbyterorum in tota Saxonia fideliter agat, superque vicarios et scabinos, quos sub se habet, diligenter inquirat, et animadvertat ut officia sua sedulo peragant, tandem idem comes omnia sua sibi singulariter a nobis præscripta toto conatu et viribus perficiat, atque ita memoratus noster comes Trutmannus bene ingenuus, atque securus existat. Winspeare, *Storia degli abusi feudali*, p. 201 et ss.

centenier [1] et le dizainier [2], qui avaient leur juridiction comme le comte [3].

C'est surtout par les lois anglo-saxonnes que nous connaissons cette organisation des dizai-

---

[1] *Centenarius*, le *thungius* de la Loi salique? *Centuriones, vicarii*. Chez les Saxons, il porte le nom d'*advocatus*. Mœser, *Osnabrük. Gesch.*, t. I, p. 213.

[2] *Decanus. Leges Edow.*, c. 32, R. Schmid, *Die Gesetze der Angel-Saxen*, p. 201. Statuerunt justitiarios super quosque decem *friborgos* (alii frithborgos), quos decanos possumus appellare, anglice verò *tienheofod* (alii tendeheved) dicti sunt, id est, caput de decem. § 1. — Isti inter villas et vicinos causas tractabant, et secundum forisfacturas emendationes capiebant, et concordationes faciebant, videlicet, de pascuis, pratis, messibus, et de litigationibus inter vicinos et innumerabilibus hujus modi decertationibus quæ humanam fragilitatem infestant et eam incessanter oppugnant. § 2. Cum autem causæ majores erumpebant, referebantur ad superiores eorum justitiarios quos supradicti sapientes, super eos constituerant, scilicet super decem decanos, quos possumus dicere centuriones, vel centenarios, eo quod super centum friborgos judicabant.

[3] Tacite, *Germ.*, c. 12. — Walafridus Strabo, *de exordiis rerum ecclesiastic.*, c. 31. Porro sicut comites quidam missos suos præponunt popularibus, qui minores causas determinent, ipsis majora reservent, ita quidem episcopi chorepiscopos habent. — Centenarii qui et centuriones, et vicarii qui per pagos statuti sunt, presbyteris plebium, qui baptismales ecclesias tenent et minoribus præsunt presbyteris, conferri queunt. Decuriones et decani qui sub ipsis vicariis quædam minora exercent, minoribus presbyteris titulorum possunt comparari. — Hincmar, *Epist.*, IV, 15. Comites et vicarii vel etiam decani plurima placita constituant, et si ibi non venerint, compositionem ejus exsolvere faciant.

nes et des centaines [1], seul moyen d'assurer la sécurité publique dans un pays sans administration centrale.

« Il y a, dit Édouard le confesseur [2], un grand
» et parfait moyen d'assurance, qui donne à tous
» la paix; c'est que chacun se mette sous cette ga-
» rantie commune que les Anglais nomment
» *frithborg*, et ceux d'York *tien manna tala*, ce
» qui veut dire un nombre de dix hommes, § 1.
» Voici comment se fait cette assurance. Dans
» tous les manoirs du royaume, chaque personne
» doit être en garantie commune avec neuf au-
» tres personnes : si l'un des dix forfait, les neuf
» autres lui feront donner satisfaction (*directum
» eum habere*). S'il s'enfuit, la loi donne un délai
» de trente et un jours. § 2. Si pendant ce délai
» on le trouve, qu'on l'amène à la justice du roi;
» qu'il répare à prix d'argent le mal qu'il a fait,
» et s'il ne peut, qu'il paie de sa personne. § 3.
» Mais s'il n'a pu être trouvé après ce délai, alors
» que le chef du *friborg*, celui qu'on appelle le
» *friborges hefod* (al frithborges heved), prenne
» avec lui deux des meilleurs de son *friborg* et
» les chefs des trois *friborgs* voisins, et deux des
» meilleurs de chacun de ces trois *friborgs*, alors

---

[1] Voyez cependant le décret du roi Childebert vers l'an 535, chap. 8 et ss., et le décret du roi Chlotaire vers la même année, chap. 1 (Baluze, t. I, p. 19 et 20).

[2] *Leges Edouardi confessoris*, L. 20, Schmidt, p. 287.

» que lui douzième, il se purge (s'il est possible),
» lui et tout son *friborg*, de la forfaiture et de la
» fuite du malfaiteur. § 4. S'il ne peut le faire,
» qu'il répare, lui et son friborg, le dommage
» causé, d'abord du bien propre du malfaiteur, et
» quand celui-ci ne suffit pas, qu'il complète de
» son bien et de celui du *friborg*, et qu'il paie
» l'amende, ainsi qu'il a été jugé. § 5. Enfin, s'ils
» ne peuvent obtenir le serment des trois friborgs
» voisins, que les neuf jurent qu'ils ne sont point
» coupables, et que s'ils retrouvent le voleur, ils
» l'amèneront ou le dénonceront à la justice. »

Ce friborg, cette assurance commune, ne comprenait que le chef de famille, et parmi les chefs de famille les propriétaires; car à cette époque, où la responsabilité se résolvait toujours en réparations pécuniaires, l'homme sans propriété devait être repoussé de toutes les dizaines comme un membre dangereux; il n'y avait de ressources pour lui que dans la vassalité [1].

Quant à la famille dans le sens le plus large du mot, femme, enfans, hôtes [2] ou vassaux, co-

---

[1] *Lud. Pii capit.* anno 829, c. 6, Baluze, I, 671. — *Capit.*, V, 156.

[2] On répondait de son hôte après un séjour de trois nuits. *L. L. Edowardi confessoris*, L. 27. *Twa night gest, thrid night gest agen hine.* — *Ein dreytægiger gast ist jedem eine last*, dit encore le proverbe allemand : « Un hôte de trois jours est pour tout un fardeau. » — Voyez Mœser, *Osnabruk. Geschichte*, I, 17.

lons, esclaves, c'était le chef qui les représentait tous et répondait pour tous, *propriæ familiæ fidejussor*, suivant la vive expression d'une loi de Canut.

CHAPITRE III.

De l'assemblée du canton et du plaid [1].

C'est un devoir pour tous les hommes libres de paraître à l'assemblée du canton, *placitum* [2], *mallus* [3]. Quand le pays est ....ille, cette assemblée se tient communément ... s les quinze jours ou, pour parler comme nos ancêtres, toutes les quinze nuits [4]. Elle se tient tous les huit jours quand la paix est douteuse, *quando pax*

---

[1] Rogge, *Gerichtswesen ler Germanem*, 1820. — Maurer, *Geschichte des all germanischen Gesichtsverfaren*. — Savigny, dans son *Histoire du droit romain*, II.

[2] De ce *placitum* vient le mot français *plaid*, *plaider*; le provençal *plaz*; l'espagnol *pleito*; le hollandais *pleit*, *pleiten*; l'italien *placito*; l'anglais *plea*, *plead*.

[3] Sur l'origine de ce mot, voyez Grimm, *D. R. A.*, p. 746. Les Allemands se servent aussi du mot *ding*.

[4] Tacite, *German.*, c. 11. — *Lex Alam.*, 36, 2. En anglais une quinzaine se dit encore *a fortnight*. Les Gaulois comptaient aussi par quinzaine. — César, *B. G.*, VI, 5.

parra est in provincia [1]. Le jour ordinaire de réunion est le samedi.

La réunion est présidée par le comte ou son délégué, *missus, vicarius*, ou par le centenier. Celui qui manque à une assemblée qui intéresse le canton [2] est puni d'une amende sévère de douze sous [3] si c'est le duc qui convoque les hommes libres ; le ban du comte est de six sous d'amende, celui du centenier est de trois sous.

Je vois, surtout à l'époque carolingienne, deux sortes de plaids nettement distingués, les grands plaids, dans lesquels se traitent des affaires d'intérêt public et auxquels on doit forcément assister, et les petits plaids (*placita minora*), dans lesquels on s'occupe spécialement d'affaires judiciaires, telles que les transmissions de propriétés, les donations, les majorités [4].

---

[1] *Lex Alam.*, 36, 1.

[2] *Gauding*.

[3] *Lex Alam.*, 36, 6.

[4] *Lex Alam.*, 36, 3. — *Cap.* V, a. 819, cap. 14. De placitis siquidem quos liberi homines observare debent, constitutio genitoris nostri (Charlemagne) penitus observanda atque tenenda est, ut videlicet in anno tria solummodo generalia placita observent, et nullus eos amplius placita observare compellat; nisi forte quilibet aut accusatus fuerit, aut alium accusaverit, aut ad testimonium perhibendum vocatus fuerit. Ad cetera vero quæ centenarii tenent non alius venire jubeatur, nisi qui aut litigat, aut judicat, aut testificatur. — *Capit.*, lib. IV, c. 57. Voyez un exemple de ce plaid, *Hist. du Languedoc*, II, dipl. 12, appendix S.

« Le comte présidait et dirigeait l'affaire ; mais ce n'était pas lui qui jugeait ; il était assisté de consultans, de sages, versés dans les coutumes, *judices* [1], *rachimburgi* [2], *sagibarones* [3], *asega* [4]. L'avis de ces prud'hommes était d'un grand poids pour la décision de l'affaire, et l'assemblée suivait d'ordinaire le dire des *judices* [5] ; néanmoins il est hors de doute qu'elle pouvait juger différemment. Le jugement se faisait par acclamation

[1] *Lex Bajuv.*, II, 15, 2. Comes vero secum habeat judicem qui ibi constitutus est judicare, et librum legis, ut semper rectum judicium judicet de omni causa. — *Capitul. Ludovic.* II, donné par Muratori. De judicio autem judicis tam frequenter rememoramus, quia omnimodo consuetudinem judicandi injuste auferre volumus. Sed tantum secundum scripturam judicent, et nullatenus secundum arbitrium suum. Sed discant pleniter legem scriptam. De quo autem non est scriptum, hoc nostrum consilium habeatur in quibusdam. — Grimm, *D. R. A.*, p. 781, nous apprend que la formule des anciens jugemens bavarois commence toujours ainsi : « Comme je siégeais pour rendre la justice, » le bâton à la main, et l'écrivain juré près de moi avec le livre » de la loi, alors vint pour se faire rendre justice, etc. » L'écrivain juré fait là auprès du juge seigneurial la fonction du *judex* près du comte.

[2] Grimm, *D.R.A.*, p.375. Formul. Lindenbr., n° 162. Præsentibus quam pluribus viris venerabilibus rachimburgis qui ibidem ad universorum causas audiendum vel recta judicia terminandum residebant, vel adstabant.

[3] Ducange. V. SAGIBARO.

[4] Grimm., *D. R. A.*, p. 781.

[5] Tunc omnis plebs, cum audierat concilium, tam principes quam mediocres, judicaverunt justissimum judicium. Grimm. *d. l.*

et lever des mains¹. Le comte ne pouvait changer le jugement²; mais il était chargé de l'exécution.

Plus tard, à une époque où le plaid était devenu un moyen d'oppression entre les mains du comte, nous voyons disparaître ces rachimbourgs. Charlemagne remplaça ces prud'hommes de bonne volonté par des assesseurs en titre (*scabini*), nommés par le comte avec le consentement des hommes libres³. Ce furent les échevins, au nombre de sept ou de douze, qui furent de fait les vrais juges de l'affaire, non pas qu'il fût défendu aux assistans de prendre part au jugement, c'était le droit de l'homme libre; mais sa présence au plaid ne fut plus exigée et devint plus rare de jour en jour⁴.

---

¹ Cet usage existait encore en Italie au quatorzième siècle; le pape Urb.. se plaint vivement de cette coutume. Voyez appendix B.

² *Cap.*, II, ann. 813, c. 13 (Baluze, I, 509). Ut vicarii munera ne accipiant pro illis latronibus qui ante comitem judicati fuerint ad mortem. Quod si hoc perpetraverint, tale judicium sustineant sicut et latro judicatus fuit; quia postquam scabini eum dijudicaverint, non est licentia comitis vel vicarii ei vitam concedere.

³ Loi 48 de Lothair. Ut missi nostri, ubicumque malos scabinos invenerint ejiciant, et cum totius populi consensu in eorum locum bonos eligant. Et cum electi fuerint, jurare faciant, ut scienter injuste judicare non debeant. — Savigny, *Hist. du droit romain*, t. I.

⁴ *Carol. M. leges Langob.* L. 19. Ut nullus alius de liberis hominibus ad placitum vel ad mallum venire cogatur, exceptis

Charlemagne établit l'appel aux *missi dominici* des jugemens du comte et du centenier [1]. Il affaiblit en outre la juridiction de ce dernier en mettant hors de sa compétence toutes les questions qui intéressaient la liberté et la propriété des alleux ou des esclaves ; ce fut le comte qui fut chargé du jugement de ces deux grandes affaires. Il empêcha également que le tribunal du centenier pût condamner à mort [2] ; il ne resta donc plus à ce tribunal que les causes pécuniaires et les délits.

scabinis et vassis comitum nisi ille qui causam suam quærit, aut si alter illi, quærere debeat, et ille qui respondet. L. 116, *ibid.* Ut nullus ad placitum banniatur, nisi qui causam suam quærit, aut si alter ei quærere debet : exceptis scabinis septem, qui ad omnia placita esse debent. (Voyez le plaid du comte Uldaric de l'an 852, et celui des lieutenans d'Humfrid, marquis de Gothie. *Histoire du Languedoc*, t. I, dip. 88, et le diplôme 90, ibid., appendix Q.)

[1] *Capit.*, lib. II, c. 26. — Eichorn, *R. G.*, § 164.

[2] L. 30, *ibid.* Ut nullus homo in placito centenarii, neque ad mortem neque ad libertatem suam amittendam, aut res reddendas, vel mancipia judicetur. Sed ea omnia in præsentia comitum vel missorum nostrorum judicentur.

CHAPITRE IV.

De l'organisation judiciaire actuelle comparée à celle des Germains.

Telle fut l'organisation judiciaire des Germains ; chaque propriétaire, chaque homme libre eut sa part du pouvoir judiciaire et fut jugé par ceux qu'il jugeait à son tour. Ces Barbares étaient bien loin de l'organisation perfectionnée des États modernes. Chez nous, dans un pays qui se dit libre, les citoyens n'ont point de part à l'administration de la justice civile, point de part même à la nomination du juge, comme si la justice civile était moins que la justice criminelle une portion des plus importantes de la liberté politique. Ce droit si précieux de juger ses concitoyens appartient à une classe privilégiée, sans responsabilité, sans émulation, sans besoin de bien faire ; elle nous dispense la justice, comme on fait l'aumône d'un patrimoine, dans les quelques momens dérobés à ses heureux loisirs.

Pour couronner un si beau système, on a remis aux mains du pouvoir la nomination et l'avancement du juge, la nomination sans conditions de capacité, l'avancement sans conditions de service. En fait d'administration judiciaire, les Turcs n'ont rien à nous envier. Leurs cadis ont de moins que les nôtres l'inamovibilité; mais cette inamovibilité, quand le pouvoir tient le juge dans sa dépendance par l'ambition d'avancer, c'est sans doute un admirable oreiller pour la paresse, l'ignorance, la faiblesse, ou la décrépitude du juge; mais qu'est-ce donc pour le plaideur? Tout nouveaux sortis du fond des bois, nos pères entendaient cependant mieux que nous la liberté.

CHAPITRE V.

Du service militaire[1].

Cette organisation du canton et de la centaine était toute militaire. La société barbare n'était qu'une armée campée sur le sol, et le *mallus*, une assemblée en armes où la grande question était presque toujours : « Où portera-t-on la guerre? »

Tous les hommes libres en armes se réunissaient sous les ordres de leurs dizainiers, de leurs centeniers, et du comte (*gaugraff*), chef de l'ar-

---

[1] Montesquieu, *Esprit des lois*, XXX, ch. xvii. — Daniel, *De la Milice française*, liv. II, ch. 1. — Eichhorn, § 166, 1. — Philipps, II, § 56.

mée cantonale; puis à côté de cette réunion venaient les grands avec leurs vassaux; armée nouvelle qui se recrutait sans cesse aux dépens des hommes libres, et dont le développement amena la ruine de la constitution germaine et l'établissement du système féodal.

L'armée se rassemblait tous les ans au mois de mars, et plus tard, sous les Carolingiens, au mois de mai [1]. La peine de celui qui manquait à l'appel, à l'*heribannum*, était une amende de soixante sous [2], somme considérable; s'il ne la pouvait payer, il était fait le serf du roi jusqu'à

---

[1] *Annales Petav. cont.*, ann. 755. Venit Thassilo ab Martis campo, et mutaverunt Martis campum in mense maio. Les anciens annalistes remarquent curieusement s'il y a eu ou non champ de mai chaque année. Sine hoste (*sans ost*) fuit hic annus (*Ann. Palav.*, a. 781). — *Ann. Laurish.*, a. 790. Eo anno conventum rex habuit in Wormacia, non tamen Magiscampum, et ipsum annum transiit sine hoste.

[2] Cette amende portait elle-même le nom d'*heribannum*. — *Capit. Carol. VI*, lib. III, c. 67. Quicumque liber homo in hoste bannitus fuerit, et venire contempserit, plenum heribannum componat, secundum legem Francorum, id est LX. Sol. solvat. — *Lex Lingob.*, I, t. 14, § 18. — *Établissemens de Saint-Louis*, (Ducange, art. 59, Laur. 61.) Se li bers fait semondre ses hons, que il ly amaine ses hons coustumables, pour aller en l'ost le roy, li prevos les doivent amener de chacun ostel, au commandement leur seigneur, et cuer (*al au cors*) du chastel, et puis s'en doivent retourner..... Et se un de ceus qui sont sémons ne venoient, et l'en le poit sçavoir, il en paieroit soixante sols d'amende. » Il s'agit ici d'une convocation d'*arrière-ban*, comme on disait par corruption d'*heribannum*.

ce que ses services eussent payé l'amende.

Le service militaire était la gloire et le privilège des hommes libres ; certains Barbares, les Wisigoths par exemple, étaient même si jaloux de cet honneur qu'ils n'avaient point admis les Romains dans leurs légions. La guerre en effet était la source de toute richesse et de toute puissance : chacun donc ambitionnait de combattre ; mais quand, sous les premiers Carolingiens, la société se fut assise et que les guerres furent devenues lointaines et coûteuses, le service devint un impôt des plus lourds, et en outre, un moyen d'oppression dans les mains du comte ; ce fut alors

---

¹ *Capit.*, lib. IV, addit. 2, c. 20 (Canc., III, 211). De heribanno, ut diligenter inquirant missi nostri, qui hostem facere potuit et non fecit, ut bannum nostrum ipse componat, si habet unde componere possit. Et si tantum non habuerit unde componere valeat, rewadiatuum (*des gages*) fiat, et imbreviatum : et nihil ex hoc exactum fiat usque dum ad notitiam domini imperatoris veniat. Lib. III, c. 67. Aut si non habuerit unde illam persolvat, semetipsum pro wadio in servitium principis tradat, donec per tempora ipse bannus ab eo fiat persolutus ; et tunc iterum ad statum libertatis suæ revertatur, ibid., c. 68 (*Capit.* II, ann. 812, c. 2). Ut non per aliquam occasionem, nec pro vuacta nec de scara nec de vuardia ne pro heribergare, nec pro alio banno, heribannum comes exactare præsumat, nisi missus noster prius heribannum ad partem nostram recipiat, et ei suam tertiam partem exinde per jussionem nostram donet. Ipse vero heribannus non exactetur in terris neque in mancipiis, sed in auro et argento, palliis atque armis, et animalibus atque pecudibus, sive talibus speciebus quæ ad utilitatem pertinent.

que Charlemagne fit du service militaire, une charge proportionnelle de la propriété [1].

Ces lois, rédigées dans un esprit de protection pour la classe des hommes libres, furent impuissantes contre la violence des grands et ne purent empêcher le rapide établissement de la suzeraineté territoriale et la transformation du service sous la bannière du comte en service sous le gonfanon du seigneur; c'étaient les officiers même de l'empereur, les comtes et les ducs qui, plus puissans que les autres pour le mal, ruinaient les hommes libres par le ban de guerre et

---

[1] Capit. I, ann. 812 (Baluze, I, 490). *Brevis Capitulorum quem missi dominici habere debent ad exercitum promovendum.*— Cap. 1. Ut omnis liber homo qui quatuor mansos vestitos de proprio suo, sive de alicujus beneficio habet, ipse se præparet, et ipse in hostem pergat, sive cum seniore suo. Qui vero tres mansos de proprio habuerit, huic adjungatur unus, qui unum mansum habeat, et det illi adjutorium ut ille pro ambobus ire possit. Qui autem duos mansos tantum de proprio habet, jungatur illi alter qui similiter duos mansos habeat, et unus ex eis, altero illi adjuvante, pergat in hostem. Qui etiam unum tantum mansum de proprio habet, adjungantur ei tres qui similiter habeant, et dent ei adjutorium, et ille tantum pergat. Tres vero qui illi adjutorium dederunt domi remaneant. — Cap. 6. Volumus ut missi nostri diligenter inquirant in quibus locis hoc factum sit quod ad nos pervenit, quod quidam homines postquam secundum nostram jussionem sociis suis, qui in hostem perrexerunt, de stipendia sua adjutorium fecerunt, jubente comite vel ministerialibus ejus propter se redimendum pretium dederunt ut eis domi remanere licuisset, cum illi in hostem ire non deberent, quia jam sociis suis constitutum a nobis adjutorium dederunt.— Eichorn, I, § 166. V. aussi l'*Edict. Pistense.*

le ban de justice, et les forçaient à chercher un abri dans la vassalité.

~~~~~~

CHAPITRE VI.

Des alleux [1].

Il ne faut point chercher chez les Barbares la trace d'un gouvernement régulier. Un État où chacun sacrifie sa part de liberté dans l'intérêt de l'ordre et de la prospérité commune, c'était pour eux comme pour les sauvages une incompréhensible idée. Ils ne connaissaient que la liberté, et la liberté pour eux, c'était l'indépendance individuelle dans tout ce qu'elle a de plus absolu et de plus farouche.

Les propriétés furent indépendantes comme les individus, et chaque Barbare, soumis seulement aux trois grandes obligations de la communauté, l'assemblée du canton, la fonction de juge de ses pairs et le service militaire [2], fut du

---

[1] *Alodis, terra salica* ; — *terra aviatica*, chez les Ripuaires ; — *sors*, chez les Bourguignons et les Goths ; — *proprium, proprietas*, dans les capitulaires ; — *folcland*, chez les Anglo-Saxons ; *eigen, erigen eigen, echteseigen*, en Allemagne, au moyen âge ; — *franc-alleu*, en France. — Ducange, V. Alodi et Grimm, *D. R. A.*, p. 493 et ss.

[2] *Capit. ap. Carisiac.*, si aliquis ex fidelibus nostris post

reste roi absolu dans son manoir, chef et juge de ses vassaux, maître des es serfs ; enfin ne relevant, comme on dit plus tard, que de Dieu et de son épée.

« Tenir en franc-alleu, si est tenir terre de
» Dieu tant seulement. Et ne doivent cens, ne
» rentes, ne dettes, ne servage, relief, n'autre
» nulle quelconque redévance à vie n'à mort ;
» mais les tiennent franchement de Dieu [1]. »

obitum nostrum, Dei et nostro amore compunctus, seculo renuntiare voluerit, ei liceat placitare, et si in alode suo quiete vivere voluerit, nullus ei aliquod impedimentum facere præsumat, neque aliud aliquid ab eo requiratur, nisi solummodo ut ad patriæ defensionem pergat.

Un diplôme du treizième siècle, donné par Mœser, Osnab., Gesch., III, dip. 119, énonce les privilèges de l'alleu dans les termes suivants : Jus autem ejusdem prædii est ; quod ab omni jurisdictione cujuslibet tam seculari quam spirituali præterquam illius cujus est prædium capellani qui eadem celebraverit, fuit semper et erit immune. Homines etiam bona eadem incolentes nullam nisi sacerdotis synodum tenebuntur observare. Nullus judex secularis præter dominum prædii jurisdictionem aliquam infra prædium exercebit. Præscriptum igitur jus simul cum prædio cum omni integritate B. Petro collatum et eis in pfeudo recontessum esse noverint universi ad majorem etiam firmitatem in judicio seculari Joannis Dinegravii de Capellen, quod vulgariter Dhine dicitur, hæc omnia sunt consummata.

[1] Je donne au long le reste du passage ; on voit, au travers des altérations qu'a subies l'allodialité des terres, quelle haute idée nos anciens jurisconsultes se faisaient encore des prérogatives de l'alleu : « Et y ont toute justice basse, si comme de treuf [1], de
» plainte, de coguoissance de simple delit, a juger par leurs pers

[1] Treuf, estrif, querelle.

J'aime à retrouver à une époque toute féodale ce vieil esprit germain, qui fut toujours celui de l'indépendance et de la liberté.

« L'empereur Frédéric Ier, dit un chroniqueur [1], passant par la ville de Thun, du diocèse de Constance, le baron de Krenekingen, seigneur du lieu, ne se leva pas devant lui ni ne le salua ; mais seulement, par forme de courtoisie, remua son chapeau. Et s'étant l'empereur enquis de la condition de ce personnage, éloigné du respect, il lui fut répondu qu'il était si franc et si libre qu'il ne rendait à personne hommage ni redevance. »

» tenans en alleux qui sont de la chastellenie, et conjurent l'un alleux l'autre sans seigneur, ne baillif, requérant au seigneur souverain qu'il veuille en aide de droit faire mettre leur jugement à exécution par ses sergens ; et le seigneur doit faire l'advest et devest de tous les alleux, et en conjurent l'un l'autre, et bailler lettres de décret qui tiennent et vallent séellées de leurs seaux. Et en plusieurs lieux pour faire vente de son alleux, il n'y faut que la cognoissance qu'en fait le vendeur par devant notaire ou tabellion, et lettres sur ce lever ; ou par devant gens sur son séel, s'il a séel cognu dont lettres s'en facent : et s'il était appelé de leur sentence, selon aucuns lieux les francs-alleux le deffendent en armes, et non autrement. Et selon le droict, il peut être relevé devant prud'hommes. Mais l'usage des alleux doit être gardé en tant que raison serait[*]. »

[1] V. Galland, *du Franc-alleu*, p. 18. Galland intitule plaisamment cette anecdote de mœurs : *Insolence d'un aleutier.* — Malléolus, *de Nobilitate*, cap. 14.

[*] Bouteiller, *Somme rural.*, lib. 1, tit. 84.

Il est aisé de comprendre comment, à une époque où un pouvoir central était une puissance inconnue, les grands alleux tournèrent rapidement à la souveraineté. Dès qu'il n'y eut plus à la tête des conquérans un chef dont la main puissante contint tout le monde dans l'obéissance, l'alleu, débarrassé de cet obstacle, fut de soi, et sans révolution, une propriété absolue et souveraine.

C'était là sa nature. Quand Dumoulin veut donner une nette idée de l'indépendance absolue du domaine des rois de France, il en fait un alleu [1].

CHAPITRE VII.

Comment les petits alleux disparurent.

Cet esprit de la bande germaine, esprit de compagnonage et d'association, domina le territoire comme il avait dominé les individus. Il fallut que les terres, comme les hommes, s'enchaînassent à un chef, à un seigneur, par un lien

---

[1] Autonomastice alaudium est terra salica, seu sacrum dominium nostri Francorum regis suæque coronæ patrimonium ; quod est vere, simplicissime et absolutissime alaudium, nativa sua naturalis juris libertate, originaliter et perpetuo gaudens ; nullius unquam hominis servituti aut recognitioni subditum.

mutuel de protection et de fidélité; cet assujettissement fut le travail de l'époque germaine et de l'enfantement des fiefs. De gré ou de force, tout propriétaire qui ne put être chef dut être vassal.

Trois causes, dont la racine est la même, contribuèrent à détruire la propriété allodiale (propriété tout individuelle et indépendante) et à la confondre dans la propriété bénéficiaire (propriété hiérarchique), seule capable, à ce degré de civilisation, de former d'un grand territoire un État, et de la masse des propriétaires une société. Ces trois causes ce furent la violence des grands, l'usage des vassalités et les donations à l'Église. Je ne parle ici que de la première.

Les faits et les lois, tout nous atteste que du sixième au dixième siècle les petits propriétaires d'alleux furent peu à peu dépouillés ou réduits à la condition, soit de vassaux, soit de tributaires par les envahissemens des grands propriétaires et des comtes. Les capitulaires abondent en dispositions répressives; mais ces menaces sans cesse renouvelées n'attestent que la persévérance du mal et l'impuissance du gouvernement.

L'oppression du reste ne varie guère dans ses moyens, et l'on croit entendre dans la plainte des propriétaires francs les gémissemens de la plèbe au temps des Gracques.

« Ils disent que toutes les fois qu'ils refusent

» de donner leur héritage à l'évêque, à l'abbé,
» au comte, au juge ou au centenier, ceux-ci
» cherchent aussitôt une occasion de perdre le
» pauvre. Ils le font aller à l'armée, jusqu'à ce
» que, ruiné complétement, il soit amené de gré
» ou de force à vendre ou à livrer son alleu. Mais
» quant à ceux qui ont cédé à la volonté des puis-
» sans, ceux-là restent dans leurs foyers sans
» qu'on les inquiète jamais[1]. »

[1] Cap. 3, ann. 811 (Baluze, I, 485), cap. 3. — Cap., 4. *ibid.* Dicunt quod episcopi et abbates, sive comites, dimittunt eorum liberos homines (*ceux qui se sont mis en vassalité*) ad casam, in nomine ministerialium. Ibi sunt falconarii, venatores, telonarii, præpositi, decani, et alii qui missos recipiunt et eorum sequentes. — Cap. 8. Sunt iterum et alii qui remanent, et dicunt quod seniores eorum domi resideant, et debeant cum eorum senioribus pergere ubicumque jussio domini imperatoris fuerit. Alii vero sunt qui ideo se commendant ad aliquos seniores quos sciunt in hostem non profecturos. Quod super omnia magis fiunt inobedientes ipsi pagenses comiti et missis decurrentibus quam antea fuissent. — V. aussi le *Præceptum de Hispanis*, Baluze, t. I, p. 499, et l'*Histoire du Languedoc*, t. I. preuves n° 16, appendix N.

A l'époque féodale, le plaid seigneurial fut encore un des plus lourds instrumens d'oppression.

Roman de Rou, V. 3,580 :

    A cil (Torte) livra li reis totes li prévostés
    De Cax et de Roem, e des altres cités.
    Cil a mult tez li homs laidement desménés
    De plaids é d'achoisons domagiés é grevés.
    Altressi les menont com s'il fut quens Geufez ;
    Se paisans otassent, pur chent feiz l'oussent tuez,
    Mez li barons lor dient : «Filz à putains, soffrez,
    Ço ne durra mez gaires, tost est un tems passez. »

Ainsi la propriété se concentra de plus en plus en d'immenses domaines; la force en effet, et une force souveraine, pouvait seule garantir la propriété. A chaque instant le petit propriétaire était attaqué, pillé, dépossédé; il lui fallut donc se réduire à une simple jouissance sous la protection des puissans du jour, qui du moins ne le dépossédaient pas tout entier.

CHAPITRE VIII.

La grande propriété germaine comparée à la grande propriété romaine.

Cette concentration de domaines, qu'on le remarque bien, ne ressemblait en rien à cette grande propriété romaine qui ruina l'Empire et l'Italie. Il y eut dans la nature de ces deux propriétés la même différence qu'entre le génie des deux peuples. Le grand propriétaire romain était jaloux et absolu dans ses jouissances; ce qu'il lui fallait, c'étaient des bois, des forêts, des solitudes: la présence du cultivateur libre l'aurait gêné dans ses débauches ou dans son orgueil. Le grand propriétaire germain, le *senior*, était avant tout un capitaine; ce qu'il lui fallait, c'étaient des soldats, des compagnons; s'il voulait le petit manoir de l'homme libre, ce n'était point pour le renverser, c'était pour avoir un bras de plus à sa disposition. Le Romain voulait la propriété, le Germain ne demandait que la suzeraineté; la puissance du premier désolait le sol, la puissance du second couvrait la terre d'habitations, en la partageant à tout bon compagnon prêt à suivre son seigneur à la guerre. C'est le Germain que l'histoire nomme un Barbare!

CHAPITRE IX.

De la recommandation [1].

Une pratique singulière et vraiment caractéristique de cette époque, la recommandation, nous explique l'origine des bénéfices et la conversion des alleux en bénéfices, phénomène important qui, en faisant de la condition bénéficiaire l'état légal de la plupart des propriétés, amena le fief.

La recommandation, c'était le choix libre que tout guerrier se faisait d'un chef à qui il vouait

---

[1] Marculf, *Form.*, I, 21; II, 32. — Sismondi, form. 44. — Lindenbrogi, form. 177. — *L. Wisig.*, V, l. 3, § 1; IX, l. 2, § ult. — *Cap. Kar. M.*, 813, art. 16, 806; art. 10. — Ducange, v° COMMENDATUS.

sa personne et sa vie ; lien fondé sur des engagemens réciproques et que chez les Wisigoths
le recommandé pouvait rompre à son gré en rendant à son chef ce qu'il avait reçu de lui [1].

La loi lombarde règle aussi ces rapports et

---

[1] *L. L. Wisig.*, V, tit. 3, 1. Si quis ei quem in patrocinio habuerit arma dederit, vel aliquid donaverit, apud ipsum quæ sunt
donata permaneant. Si vero alium sibi patronum elegerit, habeat
licentiam cui se voluerit commendare, quoniam ingenuo homini
non potest prohiberi, quia in sua potestate consistit : sed reddat
omnia patrono quem deseruit.

Similis circa et filios patroni, vel filios ejus qui in patrocinio fuit,
forma servetur : ut si tam ipse qui in patrocinio fuit, quam filii
ejus, filiis patroni obsequi voluerint, donata possideant. Si vero
patroni filios vel nepotes ipsis nolentibus crediderint relinquen-
dos, reddant universa quæ parentibus eorum a patrono donata
sunt.

Quicumque autem in patrocinio constitutus (FUERO IUZGO. *E si
aquel que ayuda a so senor en oste, o en lid*) sub patrono aliquid acquisierit, medietas ex omnibus in patroni vel filiorum ipsius potestate consistat. Aliam vero medietatem idem buccellarius
(le *bachelier*, celui qui porte le *bouclier* du patron) qui acquisivit obtineat.

Quod si buccellarius filiam tantummodo reliquerit, et filium
non reliquerit, ipsam in potestate patroni manere jubemus ; sic
tamen ut ipse patronus æqualem ei provideat, qui eam sibi
possit in matrimonio sociare, et quicquid patri vel matri fuerit
datum ad eam pertineat. Quod si ipsa sibi, contra voluntatem
patroni inferiorem forte maritum elegerit, quicquid patri ejus a
patrono fuerat donatum, vel a parentibus patroni, patrono vel
heredibus ejus restituat.—§ 4, *ibid*. Quicumque patronum suum
reliquerit, et ad alium tendens forte se contulerit, ille cui se
commendaverit, det ei terram. Nam patronus quem reliquerit, et
terram et quæ ei dedit obtineat.

décide à quelles conditions un seigneur peut recevoir à hommage le recommandé d'un autre seigneur [1].

La perpétuité du lien était dans le vœu de la loi franque [2], ce qui explique comment les pays

---

[1] *Capit. Pippini, regis Italiæ*, anno 793, Baluze, I, 536. — Capit. 5. *De illis hominibus qui seniores suos dimittunt.* Statit nobis de illis hominibus qui hic intra Italiam eorum seniores dimittunt, ut nullus eos debeat recipere in vassallatico sine comiato senioris sui (sans la permission de son seigneur) antequam sciat veraciter pro qua causa aut culpa ipse suum seniorem dimisit. Et ille homo qui eum recipere voluerit, et ipsum secum habuerit, debeat eum in nostra præsentia præsentare, aut ipse aut missus suus intra XL noctes postquam ipse homo ad eum venerit, si nos intra Italia sumus. Et si nos intra Italia non fuerimus, tunc postquam inde non fuerimus reversi, intra XL noctes eum in nostra præsentia debeat præsentare, sicut supra diximus. Et qui super hoc facere præsumpserit, et si non adimpleverit, exinde bannum nostrum ad partem nostram componat.

[2] *Formul. Sirmond.*, 44. Domino magnifico illo ego enim ille. Dum et omnibus habetur percognitum qualiter ego minime habeo unde me pascere vel vestire debeam, ideo petii pietati vestræ, et mihi decrevit voluntas, ut me in vestrum mundoburdum tradere vel commendare debeam; quod ita et feci; eo videlicet modo ut me tam de victu quam et de vestimento, juxta quod vobis servire et promereri potuero, adjuvare vel consolare debeas, et dum ego in caput advixero, ingenuili ordine tibi servitium vel obsequium impendere debeam, et me de vestra potestate vel mundoburdo tempore vitæ meæ potestatem non habeam subtrahendi, nisi (pro sed) sub vestra potestate vel defensione diebus vitæ meæ debeam permanere. Unde convenit ut si unus ex nobis de his convenientiis se emutare voluerit, solidos tantos pari suo componat, et ipsa convenientia firma permaneat. Unde convenit

francs furent la vraie patrie de la féodalité ; les capitulaires de Charlemagne ne parlent pas autrement que les coutumes féodales.

« Que nul, dit l'empereur [1], ne quitte son sei-
» gneur après avoir reçu la valeur d'un *solidus*,
» à moins que son seigneur ne veuille le tuer, le
» frapper d'un bâton, déshonorer son épouse, sa
» fille, ou lui enlever son héritage. »

Le coutumier connu sous le nom d'*Établissemens de saint Louis* s'exprime de même [2] :

« Quand li sires vée (*dénie*) le jugement de sa
» cour à son homme, il ne tiendra jamais rien
» de luy, ains tiendra de celuy qui sera par-des-
» sus son seigneur ; et ainsy seroit-il se il gisoit o
» (*avec*) la femme son homme, ou o la fille si elle
» étoit pucelle, ou si le hom avoit aucune de ses
» parentes et elle fust pucelle, et il l'eust baillée à
» garder à son seignior, et il li depucelast, il ne
» tiendra jamais rien de luy. Mais, dit Beauma-
» noir [3], si le hom accusoit son seignior de mau-

---

ut duas epistolas uno tempore conscriptas ex hoc inter se facere vel adfirmare deberent ; quod ita et fecerunt. — *Conv. ap. Marsnam*, c. 3. Unusquisque liber homo post mortem domini sui, licentiam habeat se commendandi inter hæc tria regna ad quemcumque voluerit.

[1] *Karol. Magn. Capitul.* 11, anno 813, cap. 16. Baluze, I, 510.

[2] Chap. 51, *Ord. du Louvre*, t. I.

[3] *Coustumes de Biauvoisins*, ch. 57.

» vaiseté, il conviendroit qu'il li rendist son hom-
» mage. »

Ceci nous ramène à la recommandation, qui elle aussi s'établissait par l'hommage, tel que les lois féodales l'ont conservé.

» Illic [1] et Tassilo, dux Baioariorum, cum
» principibus gentis suæ venit, et more fran-
» cico in manus regis in vassaticum manibus suis
» semetipsum commendavit, fidelitatemque tam
» ipso regi Pippino quam filiis ejus Karlo et Karlo-
» manno jurejurando supra corpus sancti Diony-
» sii promisit; et non solum ibi, sed etiam super
» corpus sancti Martini et sancti Germani simili
» sacramento fidem se prædictis dominis suis
» diebus vitæ suæ servaturum est pollicitus. Si-
» militer et omnes primores ac majores natu
» Baioarii, qui cum eo in præsentiam regis per-
» venerunt, fidem se regi et filiis ejus servaturos
» in prædictis venerabilibus locis promiserunt. »

Ne croyez-vous pas voir en action cette naïve formule du bon Littleton [2].

« Homage est le pluis honourable service et
» pluis humble service de reverence que Frank

---

[1] Einh. *Annales*, anno 757. D. Bouquet, tome V, p. 198.
[2] Littleton, *Les tenures*, lib. II, c. 1, n° 85. Je suis l'édition de Londres, chez Wight, 1684. Houard altère presque continuellement l'orthographe; il lit par exemple : *et doncques le seigneur issue seyant*, et il traduit : « Le seigneur se lève et embrasse le vassal ; » il aurait dû, pour être exact, traduire : « Le seigneur sort en s'asseyant. »

» tenant puit faire à son seigniour ; car quant le
» tenaunt ferra homage à son seignior, il sera
» discint, et son test discover, et son seignior
» séera, et le tenant genulera devant luy sur am-
» bideux genues, et tiendra ses mains extendes,
» et joyntes ensemble enter les maines le sei-
» gnior, et issint dirra : *Jeo deveigne vostre homme
» de cest jour en avant, de vie et de member, et de
» terrene honour, et a vous serrai foial et loyal, et foy
» a vous porterai des tenemens que jeo claime de te-
» ner de vous, salve le foy que jeo doy a nostre seignior
» le roy*, et donques le seignior issint seyant, luy
» basera. »

CHAPITRE X.

Des effets de la recommandation relativement à la propriété.

Dans l'origine on trouve de ces personnes re-
commandées qui n'ont point reçu de terres de
leurs patrons [1]. Tels étaient les *vassi dominici* [2],

---

[1] *Moine de Saint-Gall*, lib. I, c. 2. (Celui que le bon Mœser prétend nous avoir donné le *Charlemagne en belle humeur*.) Hic (un certain évêque) habuit unum vassalum non ignobilem civium suorum valde strenuum et industrium, cui tamen ille, ne dicam aliquod beneficium, sed ne unum quidem aliquando blandum sermonem impendit.

[2] *Capit.*, III, 73 (cap. 2, ann. 812, c. 7). De vassis domi-

qui vivaient dans l'intérieur du manoir, hommes libres qui servaient leur seigneur sans renoncer à la liberté. C'est un des traits caractéristiques de l'esprit germain, que cette facilité de s'attacher au service d'un chef avec un dévoûment si noble et une indépendance si franche que la fonction s'honore et s'élève bien au-dessus de la domesticité. Cet esprit a fait le fond de la foi féodale et de cet amour chevaleresque, qui entoura le trône de nos anciens rois ; aujourd'hui c'est un esprit mort et que nous ne comprenons même plus.

On voit par quelle transition facile on en vint à donner des terres, la seule richesse d'alors, pour s'attacher de plus près le recommandé [1]. Telle fut l'origine des bénéfices; et ce qui me confirme dans cette opinion, c'est que si j'ai trouvé quelquefois une recommandation sans bénéfice, je n'ai jamais rencontré de bénéfice sans recommandation [2].

---

nicis qui adhuc intra casam serviunt, et tamen beneficia habere noscuntur, statutum est ut quicumque ex eis cum domino imperatore domi remanserit, vassalos suos casatos secum non retineat, sed cum comite cujus pagenses sunt ire permittat.

[1] On voit dans les écrits du temps que cet usage était général. L'auteur *De villa Novilliaco*, dans les œuvres d'Hincmar : Processu denique temporis commendavit Donatus filium suum Gozelinum Carolo regi ; cui in beneficium dedit Carolus villam Novilliacum cum appenditiis suis.

[2] Ducange, V° BENEFICIUM, I.

Cette recommandation présentait de trop grands avantages pour que les hommes libres ne cherchassent pas à se créer aussi un protecteur; ce fut plus tard une nécessité.

Dans cette anarchie qui précéda l'établissement des fiefs, le pouvoir central que Charlemagne avait essayé d'organiser en imitant l'administration romaine, ce pouvoir, qui seul aurait pu protéger les petits propriétaires, fut anéanti. Le canton,—cette association des hommes libres unis pour le conseil et le jugement commun,—affaibli par les vassalités, qui lui avaient enlevé la plupart de ses membres, disparut devant la persécution des comtes. Le comte, d'officier public qu'il était, devint souverain dans son ressort; le conseil des fidèles tint lieu de l'assemblée du canton; les vassaux remplacèrent à la guerre les hommes libres; la justice ne fut plus une fonction du comte, mais un démembrement de sa propriété; la cour féodale remplaça le jugement par les hommes libres. Devant cette puissante féodalité, il n'y avait plus de place, au moins dans le Nord, pour les petits propriétaires, faibles, épars, isolés; ce ne fut plus pour obtenir quelque concession de bénéfices qu'on se recommanda, ce fut pour sauver sa propriété.

Des communautés, des cantons entiers passèrent par la recommandation sous la seigneurie des puissans, qui trop souvent abusèrent de cette confiance pour réduire leurs protégés à l'état de serfs.

« In Wola habitavit quondam secularis ac
» præpotens vir, nomine Guntramnus (dit un
» vieux diplôme du dixième siècle), habens multas
» possessiones, et ibi et alibi, vicinorumque suo-
» rum rebus inhians. Æstimantes autem qui-
» dam liberi homines qui in ipso vico erant be-
» nignum et clementem illum fore, prædia sub
» censu legitimo illi contradiderunt, ea condi-
» tione ut sub mundiburdio illius semper tuti
» valerent esse. Ille gravisus et suspiciens statim
» ad oppressionem illorum incubuit, cœpitque
» eos primum petitionibus aggredi, deinde libera
» utens potestate, pene quasi mansoarii sui es-
» sent, jussit sibi servire, scilicet in agricultura
» sua, et secando fenum, et metendo, et in om-
» nibus rebus quibus voluit, oppressit eos [1]. »

La loi les considérait comme des hommes libres[2], et on voit dans la formule de Sirmond que
j'ai citée plus haut [3], qu'ils se réservaient la li-

---

[1] Herrgott, Genel. diplom. domus Austriæ, t. I, p. 322.

[2] *Lex Alam.*, tit. 9. Quicumque liberum Ecclesiæ, quem colonum vocant, occiderit, sicut alii Alamanni ita componatur. — Tit. 36, ch. 5. — *Lex Bajuv.*, II, 15, § 1; III, 13, § 1. Si quis liberum hominem occiderit, solvat parentibus suis, si habet; si autem non habet, solvat duci, *vel cui commendatus fuit dum vixit*, bis octoginta solidos, id sunt, centum sexaginta.

[3] Sirmond. form. 11.

berté ; mais cette idée de liberté devenait de jour en jour plus incompatible avec leur dépendance personnelle et les redevances dont leurs terres étaient chargées. Les grands, d'ailleurs, ne se faisaient faute de les assimiler à ceux de leurs serfs à qui ils avaient concédé quelque terre à charge de redevance [1], et les moines n'y allaient pas moins tyranniquement que les grands quand il s'agissait de chicaner la liberté de leurs protégés.

Témoin ce placité de l'an 854, qui se trouve dans la chronique de Volturno [2].

Nos et parentes nostri semper liberi fuimus, s'écrient les malheureux recommandés ; *nam nos per defensionis causam fuimus liberi homines commendati, non vero servi.*

C'est un dernier cri de liberté. Un diplôme d'Hugues, roi d'Italie, des premières années du dixième siècle, confirme le monastère de Saint-Zénon de Véronne dans la propriété de tous les

---

[1] Ranfredo, qui vivait sous Frédéric II, nous peint en ces termes l'état des recommandés : Recommendati dicuntur qui veniunt sub alienis partibus, et habitare volunt in civitate tua, eligit patrocinium tuum, et dicit : dominus, volo esse tuus recommendatus, ut habeamus tuam defensionem annis singulis et serviam in Pascha vel in Natali duas gallinas, vel libram piperis, vel aliquid aliud. De istis multos invenies apud Neapolim in villis eorum et baroniæ. Isti de jure nihil aliud debent conferre : sed Neapolitani ab illis multa exigunt, et fere omnia quæ domini exigunt a vassallis.

[2] Muratori, *Antichita*, etc., dis. 15.

biens qu'il possède, *cum familiis et servis utriusque sexus, mancipiis, colonis, libellariis* (les emphytéotes), *cartolatis, commendatis*[1]. La révolution est complète, l'homme libre est devenu un vilain.

CHAPITRE XI.

Comment on recommandait sa propriété.

Marculf nous a conservé la forme de la recommandation de la propriété[2]; c'était celle de

[1] Muratori, dicto loco.
[2] Marculf, I, 13. *Præceptum de Lœseuverpo* (de déguerpissement) *per manum regis.* Quicquid enim in præsentia nostra agitur, vel per manu nostra videtur esse transvulsum, volumus ac jubemus, ut maneat in posterum robustissimo jure firmissimum. Ideoque veniens ille fidelis noster ibi, in palatio nostro, in nostra vel procerum nostrorum præsentia, villas nuncupantes illas, sitas in pago illo, sua spontanea voluntate nobis per festucam visus est leuseuverpisse, vel condonasse, in ea ratione si ita convenit, ut dum vixerit eas ex nostro permisso sub usu beneficio debeat possidere; et post suum discessum, sicut ejus adfuit petitio, nos ipsas villas fideli nostro illo plena gratia visi fuimus concessisse.

Quapropter per præsentem decernimus præceptum, quod perpetualiter mansurum esse jubemus, ut dummodo taliter ipsius illius decrevit voluntas quod ipsas villas in suprascripta loca nobis voluntario ordine visus est leuseuverpisse vel condonasse, et nos prædicto viro illo ex nostro munere largitatis, sicut ipsius illius decrevit voluntas, concessimus, hoc est, tam in terris, domibus, ædificiis, accolabus, mancipiis, vineis, silvis, campis,

l'aliénation solennelle. Le propriétaire se dévêtissait de la propriété et transférait la saisine au seigneur par le symbole ordinaire d'une baguette ou d'une touffe de gazon ; puis il recevait immédiatement cette propriété à titre de bénéfice — pour en jouir *absque aliqua diminutione, usufructuario ordine.* Mais comme, en s'assimilant au bénéficiaire, le recommandé se trouvait dans la position d'un usufruitier, il avait grand soin d'assurer à l'avance à ses descendans la succession du bénéfice, ce qui se faisait d'ordinaire en présentant son successeur au seigneur, qui l'acceptait par le même acte.

Ainsi, le plus souvent la recommandation n'apportait à la condition du petit propriétaire d'autre changement que de lui donner un patron territorial (*senior*) ; ce dont il s'appuyait d'ordinaire pour se soustraire à la justice et à la milice du comte, les deux grandes oppressions d'alors.

pratis, pascuis, aquis aquarumve decursibus, ad integrum quicquid ibidem ipsius illius portio fuit, dum advixerit, absque aliqua diminutione, de qualibet re usufructuario ordine debeat possidere, et post ejus discessum memoratus ille hoc habeat, teneat et possideat, et suis posteris aut cui voluerit ad possidendum relinquat. Et ut hæc auctoritas, etc.

CHAPITRE XII.

Des recommandations à l'Église.

« Notre fisc est appauvri, s'écrie Childebert,
» nos richesses ont passé aux églises, l'honneur
» de notre couronne a disparu ; ce sont les évê-
» ques des cités qui en sont investis[1]. »

L'Église était la plus sûre et la plus douce protection : c'était la seule retraite respectée quand la guerre désolait le pays, — le seul refuge assuré contre la persécution des grands, — le seul abri où les veuves fussent à couvert de la jalousie et de l'audace des Barbares, — la seule école où se fût conservée quelque lumière, en un mot le seul asile pour tout ce qui n'était pas soldat.

On donnait donc à l'Église son bien en toute propriété pour récompenser ou solliciter sa sainte tutelle, — pour le salut de son âme[2], — pour ob-

---

[1] Greg. Tur., VI, 46 : Ecce pauper remansit fiscus noster; dives Ecclesia : divitiæ nostræ ad ecclesias sunt translatæ. Nulli penitus nisi soli episcopi regnant ; periit honor noster et translatus est ad episcopos. Hæc agens assidue testamenta quæ in ecclesiis conscripta erant plerumque dirupit, ipsasque patris sui præceptiones, etc.

[2] Marculf, liv. II, form. 1, 2, 3, 4. *Formulæ Goldastinæ*, 57-58.

tenir, par l'abandon du domaine, la nourriture et le vêtement viagers. Souvent aussi on recommandait à l'Église sa personne et ses biens, position d'autant plus avantageuse que le gouvernement de l'évêque était plus doux que celui du comte et que moyennant une faible redevance on prenait part aux immunités de l'Église, c'est-à-dire à l'exemption d'une foule de redevances onéreuses et de l'impôt le plus oppressif de tous; je parle du service militaire[1].

[1] *Polypticum Irminonis abbatis*, p. 31, n° 61. De alodo sancti Germani sito in pago Madriacensi. Quem alodum, id est villam quæ vocatur Nidalfa (*Neauflete*) pariter cum ecclesia dederunt sancto Germano ad luminaria Sigebertus, Hilduinus, Fulcoldus, Dodo, Frapnus, Berta ingenua femina. Isti homines fuerunt liberi et ingenui, sed quia militiam regis non volebant exercere tradiderunt alodos suos sancto Germano.

Deinceps vero post breve tempus propter amorem ac dilectionem ejusdem episcopi, seipsum cum omni bono suo quod tunc habuit, et post hæc adepturus erat, ad eamdem tradidit ecclesiam, et cum sacramento sicut proprius liddo merito debuit eidem ecclesiæ et episcopo fidelitatem fecit (Werimberthus). E contra vero episcopus in præsentia fidelium suorum clericorum et laicorum cum manu advocati sui tradidit eidem Werimbertho in beneficium hæc omnia quæ ipse tradidit, et insuper decimæ libras duas, et de servitio quod sibi deberet annuatim in circuitione sua de bonis abbatis Corbeiensis (Corvey) farris videlicet sigulis, hordeæ, avenæ et brasii libras II, nec non per singulos annos vini karradas II, si autem vinum defuerit, quod sæpe contingit, pro vino marchas II, sive argenti sive farris, et annuatim duas feras id est cervum et cervam unam, aut ipse capiat, aut ad capiendas det cuiqumque sibi placeat. Eo rationis tenore, ut ipse et uxor sua Hazucha traditum simul et acceptum usque ad finem vitæ il'o-

Cette facilité d'échapper au service militaire appauvrissait singulièrement l'armée franque; Lothaire, pour couper court au mal, ordonna aux recommandés de faire le service, et en cas de refus enjoignit aux comtes de saisir les biens mis sous la protection de l'Église¹. Mais la faveur du clergé était si grande qu'elle prévalut sur ces sages dispositions; et en France comme en Alle-

---

rum absque omni molestia et famulatu possideant et obtineant. Sciant insuper omnes quia idem Werinbraht hoc specialiter habet pactum, quod nullus episcopus, neque aliqua alia persona eum cogat ire in expeditionem aut ad curtem regalem. Si aliquis episcopus vel advocatus, quod absit, hanc illorum pactionem infringerit sive destruerit, cognoscant omnes Dei cultores quod hoc firmiter pepigerunt, ut libertatem et prædium et mancipia cum ceteris cunctis bonis suis sicut antea possederant, ita absque omni contradictione libere atque potestative possideant et retineant. Et ut hoc verius credatur hanc paginam ad memoriam et adgnitionem illius rei scriptam episcopus idem sigilli sui impressione signavit. Hujus rei testes : Wal, advocatus; Heinrich, Giselbrath, Abbo, Abbico, Athalbrath, Athalword, Hildilech, Ezo, Godefritz. De familia : Regil, Hedo, Eilhard, Ezo, Sicto, Fraric, Luidbrath, Gerard (an 1049). Mœser, *Osnabrukische Gesch.*, tom. II, dip. 22, p. 241.

¹ Hein., *Corp. juris. Germ.*, p. 1220. Placuit nobis ut liberi homines, qui ad vitandam reipublicæ utilitatem, res suas ingeniose ecclesiis delegant ut quousque res ipsas possident, et hostes (l'*ost*) et reliquas publicas functiones faciant. Quod si jussas facere neglexerint, licentiam eos distringendi comitibus per ipsas res permittimus, non obstante immunitate, ut status et utilitas regni nostri hujusmodo adinventionibus non infirmetur. Voy. aussi *Lex Salica Reform. Capit., ad omnes general.*, cap. 15. Canciani, II, p. 168.

magne, nous voyons souvent les évêques et leurs vassaux exempts du service militaire, sinon au cas de landwehr.

« Ita ut nisi Dani ad delendam christianitatem
» sui episcopii naves ascenderent, nullum se
» suosque ad alium exercitale iter debite cons-
» censuros, nec aliquod de regali servitio secum
» haberi. »

C'est ainsi que parle un diplôme donné, l'an 889, par l'empereur Arnould à l'évêque d'Osnabruck [1].

CHAPITRE XIII.

Du précaire [2].

Une des causes fréquentes qui donna aux églises le domaine des alleux fut l'usage du pré-

[1] Mœser, *Osnab. Gesch.*, tome I, p. 344.
[2] Ce fut ainsi qu'on nomma toute concession viagère des biens de l'Église, soit qu'on recommandât sa propriété et qu'on la reprît seulement en usufruit, soit que l'Église joignît une donation bénéficiaire à la propriété qu'elle vous rendait en usufruit, soit même que l'Église donnât un usufruit sans que le donataire lui offrit rien du sien. — *Hist. du Languedoc*, tome I, preuv. 26.
Il ne faut pas confondre le précaire ecclésiastique (*precaria, precaturia*) avec le précaire romain (*precarium*), encore bien que ce dernier contrat soit probablement l'origine du premier.

caire. Pour échauffer le zèle des fidèles, l'Église retournait à celui qui lui donnait son bien, ce bien même à titre de précaire, mais augmenté d'une quantité souvent considérable des biens de l'Église.

Ut precariæ, dit le concile de Meaux, *a nemine de rebus ecclesiasticis fieri præsumantur, nisi quantum de qualitate convenienti datur ex proprio, duplum accipiatur ex rebus Ecclesiæ, in suo tantum qui dederit nomine, si res proprias et ecclesiasticas usufructuario tenere voluerit*[1].

Cet usage, introduit par les constitutions des empereurs[2], favorisé par les lois barbares où le clergé avait mis la main[3], nous le retrouvons jusque dans le douzième siècle, en France et en Italie.

D'ordinaire ces précaires faisaient retour à l'Église après la mort du donateur[4], moyen sûr

---

la *precaria* était constituée pour un temps donné, cinq ans communément, le *precarium* cessait à la volonté du propriétaire; aussi était-il gratuit, tandis que la *precaria* était constituée moyennant un cens. Voyez les *Obs.* de Bignon, ap. Canciani, II, 225. — Voy. aussi Dominicy, ch. IX.

[1] Ann. 845. Can., 22. Baluze, II, p. 32.
[2] L. *Jubemus,* C. de sac. sanct. Eccl., § 5. *Sane omnis.*
[3] *Lex Alam.,* I, 2. — *Lex Bajuv.,* II.
[4] *Form. Goldast.*, 41. Canciani, t. II, p. 432. — Mœser, *Osnab. Gesch.*, dipl., 82 (t. II, p. 329). — Hæc omnia sub tali conditionis conclusione ordinata sunt ut si post mortem ipsius Heelivigis aliquis trium filiorum suorum legitimum matrimonium contraxerit, et inde legitimos filios generaverit, illi filii

de mettre à la discrétion de l'Église, les héritiers du donateur, et de se servir d'une succession pour en acheter une autre. Charlemagne voulut cependant que l'Église agît avec discrétion et qu'elle ne refusât pas de continuer le précaire aux héritiers sans fortune, encore bien que leurs droits ne fussent pas réservés dans la donation[1]. Plus d'une fois aussi la prudence du donateur lui fit réserver le précaire à tous ses descendans[2], ce qui dut amener dans ces

et ultra, non alii, eadem bona eodem pacto obtineant. Si vero sine legitimis liberis fuerint defuncti, cum omni integritate in potestatem Ecclesiæ libere per omnia revocentur.

[1] *Cap.*, IV, anno 819, cap. 4. — *Cap.*, lib. IV, 39. Si quis terram censalem habuerit quam antecessores sui vel ad aliquam ecclesiam, vel ad villam nostram dederunt, nullatenus eam secundum legem tenere potest, nisi ille voluerit ad cujus potestatem vel illa ecclesia, vel illa villa pertinet; nisi forte filius aut nepos ejus sit qui eam tradidit, et ei eadem terra ad tenendum placitata sit. Sed in hac re considerandum est utrum ille qui hanc tenet dives an pauper sit, et utrum aliud beneficium habeat, vel etiam proprium. Et qui horum neutrum habet, erga hunc misericorditer agendum est, ne ex toto dispoliatus in egestatem incidat, ut aut talem censum inde persolvat qualis ei fuerit constitutus, vel portionem aliquam inde in beneficium accipiat unde se sustentare valeat.

[2] Zellweger, *Dipl.* 3. — *Ibid.*, *Dipl.*, 5. Post meum vero obitum eumdem runcalen (friche) habeat nepos meus nomine Cotesman, et eumdem censum persolvat; simili modo faciat ejus tota procreatio ab eo legitime genita usque ad ultimam progeniem, et census prædictus a domo Dei prædicta nullo modo deficiat (831). *Ibid.*, *Dipl.* 13. Le donateur réserve à ses héritiers même la faculté de rachat. *Dipl.* 20, 21, 22, 28. Le donateur (*dipl.* 21) se réserve le droit de disposer du précaire.

tenures une position analogue à celle des bénéfices, du moins quand les services furent de nature noble [1].

Les détenteurs du précaire payaient en signe de dépendance [2] une petite redevance annuelle

[1] *Form. Goldast.*, 78. Canc., II, 115. Pluribus cognitum esse speramus, qualiter duo germani fratres Arnolt et Altini, filii Herimoti ex Ustenwilare proprietatem suam quicquid ex paternica hereditate vel ex conquisitione eorum habuerunt, totum et integrum uobis Grimaldo abbati et Hartmoto vel advocato nostro Tagaberto in manus nostras condonaverunt, nihil e contra postulantes nisi tantum easdem res illis et legitimæ potestati eorum in beneficium concederemus vel in censum. Quapropter ego Grimaldus petitionibus præfatorum hominum, et ceterorum populorum precationibus aurem pietatis accommodans, cum manu advocati mei Tagaberti, post vestituram et consessum, easdem res illis in beneficium et in censum concessimus ipsis et cunctæ legitimæ procreationi eorum, id est, ut annis singulis inde censum persolvant, id est, aut sex denarios vel tres maldras de grano, ipsi et universa legitima posteritas eorum sub eodem monasterii dominio deinceps firmiter consistant, et equitent ubicumque eis præceptum fuerit. Si autem contigerit, ut legitimi heredes defecerint tunc præfatæ res ad nos revertantur, absque ullius contradictione in ævum possidendæ.
Actum in monasterio Sancti-Galli, coram nobis, videlicet Grimaldo venerabili abbate et Hartmoto decano, nec non et Tagaberto advocato, Vuolfcozzo præposito..... Thario sacratario, Managoldo cellerario, Erlebaldo portario, Cotaberto camerario, Yrfingo hospitario, Utone bibliothecario, Cauzario et ceteris multis. Ego Romidingus presbyter scripsi (anno 850). Voyez également les formules 81, 82 et 83. V. appendix C., Marculf, *Form.*, II, 39, 40.

[2] Flodoard, *Hist. Rem.*, III, 26 (ex Hincmaro). Ne forte suggeratur imperatori quod cupiditate illectus hunc censum repetat episcopus quem in suos usus nunquam redegerat; sed

(*census*), et quelquefois s'assujettissaient à certains services particuliers. La concession se renouvelait tous les cinq ans, précaution prudente, qui avait pour but d'empêcher *ne per tentionem diuturnam præjudicium (possessor) afferat Ecclesiæ*, pour parler avec un concile de Tolède [1].

Chez les Francs, où ce contrat fut en grand usage, ces biens de l'Église s'étaient si fort accrus que Charles-Martel s'en saisit pour enrichir ses bandes guerrières. Pépin se fit autoriser par le concile de Leptine à retenir, à titre de précaire, ces biens mal acquis : *Ut sub precario et censu aliquam partem ecclesialis pecuniæ in adjutorium exercitus nostri cum indulgentia Dei aliquanto tempore retineamus* [2]. De là, dit-on, l'origine de la dîme [3].

cupiens evadere periculum, ne silentio suo in diebus suis census ipse depereat, et ipsa villa in alodem vertatur.

[1] Concile de Tolède, VI, c. 5. — Synode de Reims sous Charlemagne, c. 35. — Synode d'Épaone, c. 18.

[2] *Capit.*, lib. V, c. 3, ex synodo Leptin. (Baluze, capit. I, 826).

[3] L'auteur de *Villa Noviliaca*. Karolus dedit villam Noviliacum in beneficio Anchero Saxoni, qui nonas ac decimas ad partem Rhemensis ecclesiæ usque ad mortem suam persolvit. — V. Baluze, I, p. 267, et Thomassin, *des Bénéfices*, liv. I, c. 4, 5, 6 et 7.

CHAPITRE XIV.

De la forme du précaire.

Qui veut voir dans toute sa naïveté comment l'Église s'enrichissait par le précaire lise la soixante-dix-septième formule de Goldast [1].

« Chacun doit faire ce dont l'avertit la loi de l'É-
» vangile, disant : « Donnez et on vous donnera. »
» Au nom de Dieu, nous Luitulf et Merolf, et
» Zaozzo et Piscolf, fils de Marulf, nous avons
» reconnu devant le comte Cozpert et devant l'as-
» semblée de notre canton que notre père Ma-
» rulf a donné toute sa propriété et toute sa for-
» tune au monastère de Saint-Gall [2], construit
» dans le canton d'Arbon, où repose le corps du
» saint ; et que nous-mêmes, après nous être dé-
» vêtus de tout le bien paternel, nous en avons
» investi Vuolframm, moine et envoyé de l'abbé,
» par trois jours et par trois nuits, et que nous
» sommes rentrés ensuite dans ce bien par le
» bienfait des moines. Et ensuite, d'après la con-

---

[1] Canciani, II, 415. Appendix D.
[2] Sur ce monastère de Saint-Gall, voyez Zellweger, *Geschichte der Appenzellischen Volkes*, t. I, p. 52 et ss ; t. III, diplomes, nos 1-20.

» vention faite, nous les frères, fils de Marulf,
» avec l'assentiment du comte Cozpert et devant
» l'assemblée du canton, nous avons trans-
» porté de nos mains tout notre avoir et l'héré-
» dité paternelle au monastère susdit, par les
» mains de Vuinidhar, doyen et moine. Ce trans-
» port a été fait à charge de rendre au monas-
» tère les services que nous aurions rendus au
» roi et au comte à raison de cette terre, et de te-
» nir cette terre en bénéfice des moines par charte
» de précaire. Et si nos enfans et leurs descen-
» dance veulent faire ainsi que nous, qu'ils s'ac-
» quittent du service de la terre et qu'ils la
» tiennent en bénéfice des moines; sinon qu'ils la
» rendent. Et voici ce que notre père Marulf, et
» nous ses quatre fils dénommés avons donné au
» monastère : tout ce que nous avons dans le
» canton de Nibelgau, champs, bois, manoir,
» cour, case, friches, prés, pâtures, chemins,
» eaux et cours d'eau, notre part dans la marche
» de Nibelgau. Et nous transportons entièrement
» tous ces biens aux conditions dessusdites et à
» charge de payer pour cens ce que nous pourrons
» attraper de bêtes farouches, et de rendre au
» monastère les services que les autres habitans
» du canton rendent au comte..... »

Cette formule est une tradition solennelle faite en présence du comte. C'est le transport de la propriété libre, de l'alleu, et sa transformation en propriété bénéficiaire. Un tel changement intéressait trop vivement les hommes libres pour qu'elle pût se faire en dehors de l'assemblée cantonale; mais de l'Église au donateur, le contrat se faisait, dans la forme romaine, par une double lettre [1], dont les formules abondent dans les anciens recueils, faits par des moines qui songeaient avant tout aux intérêts du couvent. La main des moines se reconnaît aussi dans ces malédictions terribles dont le donateur accable à l'avance quiconque osera jamais réclamer l'héritage donné à l'Église :

« J'adjure mes héritiers, par celui qui est et
» qui doit venir un jour, qu'ils ne fassent guerre
» ni mal engin à cause de cette donation; mais
» qu'ils défendent ma fille et la congrégation
» en guerre comme en justice. Qui fera autre-
» ment, qu'il ait sa part avec Dathan et Abiron;
» que ses péchés ne lui soient remis ni dans ce
» monde ni dans l'autre. Qu'il soit ainsi ! qu'il
» soit ainsi [2] ! »

[1] La charte du donateur se nomme *precaria*, celle de l'évêque *præstaria*. Appendix de Marculf, form. 27, 28, 41, 42. *Formulæ antiquæ Alsaticæ*, form. 1, 2. Canciani, II, 402. Appendix E.

[2] *Diplomata Miræi*, t. I, p. 146. — Donation du comte Eberhard au monastère de Mourbach, *Annal. Bened.*, t. II, p. 702 : Si quis vero, quod futurum esse non credimus, si ego ipse, aut aliquis heredum aut proheredum meorum, aut ulla opposita persona, vel etiam quislibet homo præsentem paginam, vel hæc

CHAPITRE XV.

Belles paroles de Charlemagne.

« A cette époque de ténèbres, quand chacun cherchait de tirer à soi quelque lambeau du sol et quand des membres infidèles de l'Église se laissaient aller par imitation du siècle à une avidité déshonorante, il est beau de voir briller

acta mea, quæ ego devoto animo pro æterna retributione feci et firmare rogavi, infringere conaverit, vel attemptare aut minuere præsumpserit, imprimitus iram omnipotentis Dei et omnium sanctorum, vel angelorum, ejus offensionem incurrat, sed et cunctæ Ecclesiæ catholicæ excommunicationem, et ab omni populo christiano se extraneum, et pœnam illam, quam Dathan et Abiron aperta terra deglutivit, viventesque eos infernus absorbuit; vel damnationem quam Judas Scariothis, qui Christum tradidit et suspensus crepuit medius, sic diffusa viscera ejus igne æterno perenniterque intereat; vel Sodomorum interitu qui sulphureo igne flammante consumpti sunt, et diem judicii experiendum damnandorumque omnium iniquorum consummandum se exhorrescat; et insuper si Deum timere noluerint, judicantes principibusque cum.... auri libras centum, argenti talenta centum, similiter coactus exsolvat, et quod repetit non vindicet: et hæc facta mea omni tempore firma et inviolata permaneant cum stipulatione subnixa.

Voyez encore Marculf, lib. II, form. 1. —Veniam consequatur quando consecuturus est et diabolus; form. 3, etc. *Hist. du Languedoc*, II, dipl. 78.

comme une vive lumière la raison et la sagesse de Charlemagne :

« Ont-ils quitté le siècle ceux qui, chaque jour,
» cherchent par tous moyens et de toutes façons à
» augmenter leurs propriétés, promettant la béa-
» titude du céleste royaume, menaçant du sup-
» plice éternel de l'enfer, et sous le nom de Dieu
» ou de quelque saint, dépouillant le riche et le
» pauvre, qui sont de nature simple, moins fins
» et moins rusés. Ils déshéritent les héritiers lé-
» gitimes et les poussent ainsi par la misère aux
» mauvaises actions et aux crimes ; car pour ces
» malheureux dépouillés de la succession pater-
» nelle le vol et le brigandage deviennent une
» nécessité.

» Ont-ils quitté le siècle ceux qui, poussés par
» l'avarice, pour acquérir ce qu'un autre possède,
» achètent à prix d'argent le parjure et le faux
» témoignage et se choisissent pour avoué ou
» prévôt, non point un homme juste et craignant
» Dieu, mais quelque individu cruel, cupide, se
» riant du parjure et qui cherche non point
» comment, mais combien il peut acquérir.

» Que dire de ceux qui, sous prétexte d'a-
» mour de Dieu et des saints, ou des martyrs,
» ou des confesseurs, s'en vont promener de
» place en place leurs saintes reliques, construi-
» sent une église à chaque déplacement et exhor-
» tent les fidèles à leur donner leurs biens ?

» Ceux-là veulent paraître bien faire et persua-
» der aux évêques qu'en agissant ainsi, ils ont
» bien mérité de Dieu ; mais il est évident qu'ils
» font cela pour atteindre au pouvoir [1]. »

Du reste, il serait injuste d'attribuer à la ruse et à la séduction cette accumulation de domaines, qui fit du clergé le premier corps de l'État. Quelque puissant que soit l'esprit de suite de ces grands corps qui ne périssent jamais et qui jamais ne lâchent ce qu'ils ont une fois acquis, néanmoins cet esprit n'expliquera jamais la ferveur et l'empressement des donateurs, qui tous, corps et biens, se jetaient sous le patronage de l'Église, comme dans le seul port de salut.

La religion, la terreur de l'enfer, le désir de gagner le ciel, la crainte de la fin du monde [2], la fuite de l'oppression séculière, le remords [3], le besoin qu'éprouvèrent de bonne heure les rois

---

[1] *Capitulaire second de l'an* 811, Baluze, I, 480.

[2] Marculf, lib. II, form. 3.

[3] Voyez les prologues des *Formules* de Marculf : Ille reus quidem meritis flagitiis, quoque sceleribus, praelascivis actibus ac nimia foeditate pollutus, vel opere omnium bonorum christianorum longe satis extremus. Lib. II, form. 1.

Les Barbares s'imaginaient effacer tous leurs crimes par de riches donations : Sint hæc Ecclesiæ data, dit un Barbare, ut dum de his pauperes reficiuntur, mihi veniam obtineant apud Deum (Greg. Tur., VI, 20). Le concile de Châlons, sous Charlemagne, s'éleva contre cette fausse idée ; cap. 36 : Non enim idcirco quis peccare debet ut eleemosynam faciat, sed ideo eleemosynam facere debet quia peccavit.

germains d'être autre chose que des chefs de bande et de s'appuyer sur les évêques, dépositaires des traditions romaines, pour être empereurs en leur pays ; mille causes en un mot contribuèrent à cette fortune inouïe du clergé, et jamais, on peut le dire, meilleur usage ne fut fait d'une aussi grande puissance. C'est aux monastères, c'est à la sécurité dont le respect des saints environnait ces pieux asiles, que nous devons ce que nous sommes ; ce sont les moines qui ont défriché, mis en culture et peuplé les immenses solitudes qu'avaient faites la nature, l'avarice romaine ou la conquête ; ce sont eux qui ont mis en valeur la France, l'Allemagne, l'Italie, l'Angleterre. Il est venu sans doute une époque où, leur tutelle finie, ce peuple de travailleurs que les moines avaient créé a trouvé bien lourd le joug du servage qui pesait sur sa tête et a enveloppé dans une commune haine les oppresseurs du siècle présent et les bienfaiteurs des siècles passés ; mais c'est au philosophe de s'élever au-dessus de ces préjugés du vulgaire et de rendre justice à des vertus qu'on méconnaît trop aujourd'hui. Comme agriculteurs et comme savans, les moines ont été nos premiers maîtres. Et si dans nos villes on élevait des monumens aux promoteurs de la civilisation, le premier, le plus beau appartiendrait, je ne crains pas de le dire, à l'ordre des Bénédictins.

CHAPITRE XVI.

Des pays où les alleux se maintinrent.

J'ai dit les causes qui diminuèrent progressivement le nombre des petits alleux; ces causes n'agissant pas partout avec la même intensité, les alleux se maintinrent en certains pays. C'est ce qui arriva, par exemple, dans les régions d'outre-Loire, et c'est à cette persistance des alleux que j'attribue cette division capitale de pays coutumiers et pays de droit écrit : division applicable à l'Europe franco-romaine.

Dans le nord de la France, où le flot barbare se succéda continuellement pendant les deux premières races, l'organisation féodale fut une nécessité; par suite les coutumes féodales, qui partaient de principes tout différens de ceux du droit civil, et la juridiction territoriale étouffèrent la loi romaine.

Au midi, où la population gallo-romaine était riche et nombreuse, où la conquête des Wisigoths n'avait point ébranlé la législation romaine, où cette uniformité dans l'esprit de la législation avait effacé toute distinction entre les provinciaux et les vainqueurs, les propriétés libres ou, comme on les nomma alors, les alleux se maintinrent, et avec les alleux la loi romaine, qui tout à la fois cause et effet de la liberté des terres, protégea les alleux contre la loi féodale et, contre-balançant l'esprit germain, força ce qu'il y eut de fiefs dans le Midi à se prêter aux formes et à l'esprit de la législation romaine [1].

Cette persistance des lois romaines, qui conserva la civilisation dans les provinces du Midi et rendit ces grandes cités méridionales libres et florissantes à une époque où le Nord était plongé dans la plus épaisse barbarie, a vivement frappé M. de Savigny dans sa belle *Histoire du droit romain au moyen âge*. Mais avant lui, trois jurisconsultes du Midi, Cazeneuve, Dominicy [2], avaient rattaché la liberté des terres et des hommes à la loi romaine; Hauteserre surtout, esprit exact et vif, qui a suivi avec un détail infini cette loi romaine dans toutes ses manifestations et a montré comment et par où le droit coutumier a fait invasion dans les usages romains, Hauteserre ne s'y était pas trompé. Pour

[1] Caseneuve, *Traité du franc-alleu de Languedoc*, Toulouse, 1645, tome I, p. 37. — Furgole, *du Franc-alleu*, Paris, 1777, chap. II, p. 213. — Montesquieu, liv. XXXI, ch. 8; liv. XXVIII, ch. 3.— *Hist. du Languedoc*, aux preuves, *passim*.

[2] *De Prærogativa allodiorum*, Paris, 1645, in-4°. C'est l'ouvrage le plus solide sur les alleux du Midi.

lui, la loi romaine est la mère des alleux, *allodiorum parens* [1].

Ce n'est pas seulement dans le midi de la France, c'est dans l'Espagne, dans l'Italie, que se maintint la loi romaine; mais c'est surtout dans la Lombardie qu'il faut voir comment ce génie vivace du droit romain pénétra complètement et finit par absorber ces coutumes lombardes, les plus entièrement germaines parmi les coutumes barbares. Le livre des fiefs est une curieuse démonstration de tout ceci.

CHAPITRE XVII.

Des grands alleux.

Quant aux grands alleux, c'est-à-dire à ceux que la puissance du propriétaire garantissait de

---

[1] Dans la préface des *Rerum Aquitan.*, lib. X, éd. de Naples, IV, p. 1, p. 20. Il faut lire le troisième livre tout entier. Hauteserre l'avait déjà publié séparément sous le titre de *Lex Romana*, en l'an 1641; éd. de Naples, tome IV, pars prima, p. 83-114. Donation de Raoul, comte de Cahors, sous Louis-le-Débonnaire : Legum authoritas et patrum constitutio monet qualiter homines cuncti sub vinculo legis romanæ consistentes ex propriis rebus facere quidquid voluerint juxta Dei voluntatem faciendi licentiam habeant. Idcirco in nomine Dei, ego ipse Rodulphus, comes, *et rel.* Dominicy, p. 136.

la violence ou de la juridiction envahissante du comte, leur condition était préférable à celle des bénéfices.

La propriété des alleux était pleine, perpétuelle, indépendante et en quelque façon souveraine; celle des bénéfices était précaire, dépendante, viagère. Aussi les grands bénéficiers s'efforçaient-ils continuellement de convertir leurs bénéfices en alleux [1].

Charlemagne menace sans cesse ces déprédateurs des bénéfices royaux qui, au mépris de la foi jurée, aliènent le bénéfice et le rachètent comme un alleu dans l'assemblée du canton [2]; Louis-le-Débonnaire ordonne [3] de leur retirer

---

[1] *Cap. Kar. M.* ann. 802, c. 6. (Baluze, I, 364). *Capit.* VII, ann. 803, c. 3. (Bal., I, 403), *Cap. incerti anni*, ch. 49. (Bal., I, 518.)

[2] *Capit.* V, ann. 806, cap. 7. Auditum habemus qualiter et comites, et alii homines qui beneficia nostra habere videntur, comparant sibi proprietates de ipso nostro beneficio, et faciunt servire ad ipsas proprietates servientes nostros de eorum beneficio, et curtes nostræ remanent desertæ, et in aliquibus locis ipsi vicinantes multa mala patiuntur. — Cap. 8. Audivimus quod alibi reddant beneficium nostrum ad alios homines in proprietatem, et in ipso placito dato pretio comparant ipsas res iterum sibi in alodum : quod omnino cavendum est; quia qui hoc faciunt non bene custodiunt fidem quam nobis promissam habent. (Baluze, 453.)

[3] *Cap.* IV, ann. 819. Quicumque suum beneficium occasione proprii desertum habuerit et intra annum postquam ei à comite vel à misso nostro notum factum fuerit, illud emendatum non

cette concession dont ils abusent. Effort inutile : tout grand propriétaire veut devenir indépendant à mesure qu'il se sent moins protégé ou moins maintenu par le pouvoir central.

Ainsi s'explique ce phénomène singulier qui se présente sous Charles-le-Chauve ; phénomène qui a frappé tous les bons esprits [1]. On touche à l'époque où le système féodal va prévaloir, où — suivant les idées ordinaires — la propriété allodiale va se perdre dans les bénéfices ; et précisément alors le nom d'alleu devient plus fréquent que jamais dans les lois, dans les diplômes, dans tous les monumens de l'époque. On donne le nom d'alleu à des terres évidemment bénéficiaires [2] ; le lien du bénéfice, qui se resserre entre le grand et le petit propriétaire, s'est rompu entre la couronne, impuissante, appauvrie, et les grands vassaux tout-puissans par leurs possessions et leurs fidèles. Charlemagne multipliait les me-

---

habuerit, ipsum beneficium amittat. *Capit. Wormat.*, ann. 829, *addit.* c. 1. (Baluze, I, 611, 665.)

[1] Guizot, *Essais sur l'histoire de France*, troisième essai.

[2] Cap. *Post reditum a Confluentibus*, cap. 4, 5. (Bal., II, 145). *Adnuntiatio*, cap. 5. — (Bal., II, 148). *Apud Tusiqcum*, cap. 5, 7. (Bal., II, 197, 198). — Nous donnons au comte Oliba, dit un diplôme de Charles-le-Chauve, omnes alodes quæ fuerunt olim infideli nostro Etelio Berani, et ob illius infidelitatem in jus et dominationem nostram legaliter devenerunt. Ces alleux sont évidemment des bénéfices. *Hist. du Languedoc*, tome I, dip. 107.

naces et les lois pour empêcher de convertir les bénéfices en alleux; Charles-le-Chauve donna le nom d'alleux aux bénéfices tenus de lui[1]. La révolution est faite : les grands bénéfices ont acquis les priviléges et l'indépendance des alleux, les petits alleux ont disparu ou se sont changés en précaires et en bénéfices; le régime féodal a conquis la propriété.

[1] Et dominus Karolus excelsiori voce lingua romana dixit : « Illis hominibus qui contra me sic fecerunt sicut scitis, et ad meum fratrem venerunt, propter Deum et propter illius amorem, et pro illius gratia totum perdono quod contra me misfecerunt, et illorum alodes de hereditate et de conquisitu, et quod de donatione nostri senioris habuerunt, excepto illo quod de mea donatione venit, illis concedo, si mihi firmitatem fecerint quod in regno meo pacifici sint, et sic ibi vivant sicut christiani in christiano regno vivere debent; in hoc si frater meus meis fidelibus qui contra illum nihil misfecerunt, et me quando mihi opus fuit adjuvaverunt, similiter illorum alodes, quos in regno illius habent concesserit. Sed et de illis alodibus quos de mea donatione habuerunt, et etiam de honoribus, sicut cum illo melius considerabo, illis qui ad me se retornabunt, voluntarie faciam.

Et dominus Hlotarius lingua theodisca insupra adnuntiatis capitulis se consentire dixit, et se observaturum illa promisit. *Adnuntiatio apud Confluentes,* c. 7, (Bal., II, 144.)

LIVRE VII.

LE DOMAINE DU ROI, LES IMMUNITÉS ET LES BÉNÉFICES.

CHAPITRE PREMIER.

Du roi.

Comprend-on bien ce que c'était qu'un roi barbare; il me semble que non. A voir la facilité avec laquelle un Wisigoth et un Franc succédèrent au commandement de ces riches provinces où le génie romain avait réalisé la centralisation dans les finances, l'unité dans l'administration, dans l'organisation de la justice et dans celle de l'armée, on se persuade trop facilement qu'il n'y eut qu'un chef de changé, un Clovis, par exemple, au lieu d'un Théodose; et on juge cette époque, qui ne ressemble à aucune autre, avec les idées qu'on s'est faites de l'empire qui l'a précédée ou des temps modernes qui l'ont suivie. A. Thierry, le premier, nous a montré la vérité.

Il y avait des tribus éparses sur le territoire conquis, ayant chacune ses mœurs, ses usages, ses coutumes, et reconnaissant, à des degrés différens, un chef commun. Il y avait un général, mais point de souverain ; une fédération, mais point d'État ; un commandement sur les hommes des cantons, mais point sur leur territoire, car chacun était souverain chez soi : le roi n'était que le chef de l'armée franque, *rex Francorum* [1].

A côté des Germains, il y avait les provinciaux des cités, pour qui ce chef barbare était une espèce de proconsul romain, un patrice, un *vir inluster*, comme ces rois s'intitulent dans leurs diplômes [2]. Là était le germe d'un gouvernement régulier, que Charlemagne voulut développer quand il se fit couronner empereur.

Enfin, à côté des hommes libres et des provinciaux, il y avait les fidèles du roi, ses vassaux, ses ministériels, ses esclaves, répandus sur ses domaines, prêts à le suivre partout où il voudrait les conduire, et qui considéraient dans leur chef non point le roi, mais le propriétaire et le suzerain.

---

[1] Voyez l'histoire du vase de Soissons. Greg. Tur., II, 27, 31-37, 40 ; III, 7, 11 ; IV, 14.

[2] Winspeare, *Storia degli abusi feudali*, p. 270 et ss. Dans la vie de saint Martin (*Script. rer. Fran.*, tome I), Dagobert s'intitule roi des Francs et des Romains.

Ce fut cette relation qui prévalut sur les deux autres, et la confusion des idées se répandant dans les choses, l'État vint à être considéré comme la propriété du roi. Le gouvernement s'organisa comme l'administration d'un domaine, à la réserve de quelques usages de l'Empire, lambeaux échappés de la pourpre impériale, conservés pour flatter la vanité du chef barbare. Le roi franc fit administrer l'État comme sa chose par ses vassaux et ses fidèles. Les envoyés (*missi dominici*), chargés de mission d'un intérêt général, avaient également dans leurs fonctions l'inspection des terres du fisc et des bénéfices [1]. L'État en un mot ne fut que le plus grand des alleux, comme plus tard il fut le plus grand des fiefs.

CHAPITRE II.

Le domaine du roi.

Les rois francs possédaient d'immenses domaines disséminés dans toutes leurs provinces.

---

[1] *Cap.*, I, ann. 802, c. 6. — *Cap.*, II, ann. 813, c. 4, c. 19. *Cap.*, III, ann. 812, c. 5. Ut missi nostri diligenter inquirant et describere faciant unusquisque in missatico quid unusquisque de beneficio habeat, vel quot homines casatos in ipso beneficio.—

M. Hüllmann a compté jusqu'à cent soixante-quinze de ces possessions dans l'étendue de l'empire carolingien. Plusieurs de ces domaines sont devenus plus tard des villes importantes, telles que Aix-la-Chapelle, Andernach, Coblentz, Boppard, Ingelheim, Mayence, Francfort, Oppenheim, Gernsheim, Worms, Spire, Seltz, Strasbourg, Schélestadt, Colmar, Remiremont, Thionville, Metz, Stenay, Liége, Spa, Stavelot, Theux, Paderborn chez les Saxons ; Ratisbonne chez les Bavarois; Zurich et Ulm chez les Allemanni [1].

Le roi se transportait de domaine en domaine avec ses *vassaux*, *fidèles*, *leudes*, *antrustions*, *convives du roi* [2]. Il vivait avec ces fidèles compa-

---

Quomodo eadem beneficia conducta sunt, aut quis de beneficio suo alodem comparavit vel struxit. *Cap.*, VII, ibid. (Baluze, I, 193.)

[1] D. Hüllmann. *Geschichte des Ursprungs der Stænde in Deutschlande*, deuxième édition, Berlin, 1830, § 7.

[2] *Antrustiones, in truste regia*, les *druz* des romans du moyen âge : *Roman de Florimond*, mss.

> En sa chambre so sont entrés
> Avec ses chevaliers privés,
> Le sénéschal et de ses druz
> Avoit avec soi retenus.

Gasindi en Lombardie, *thanes* royaux en Angleterre, *convivæ regis* pour les leudes romains.

> Jussit et egregios inter residere potentes
> Conyivam reddens proficiente gradu.

Fortunatus, ap. Bouquet, II, 518.

gnons jusqu'à ce que, la récolte du domaine épuisée[1], il passe avec sa cour dans une autre métairie. C'était le contre-pied des idées romaines. Les Romains affermaient tout pour centraliser les revenus et les dépenses; l'empereur était le chef d'un État. Les rois francs faisaient valoir par leurs agens, recevaient les redevances et les consommaient sur place; le roi n'était qu'un propriétaire, et son domaine absorbait l'État.

Quand les fils de Clovis se partagèrent la succession de leur père, ce ne fut pas l'empire qu'ils se divisèrent, ce furent les trésors, les domaines et le commandement des bandes guerrières; c'est ce qui explique comment Charibert, par exemple, eut en partage Châteaudun, Vendôme, Étampes, Chartres, Meaux, Bourges, la moitié de Senlis, le quart indivis de Paris, la Loraine, le Poitou, Avranches, Aires, Conserans, Bayonne et l'Albigeois; tandis que Thierry, son frère, dont la capitale était à Metz et les possessions, principales au delà du Rhin commandait en Auvergne et dans plusieurs cités des deux Aquitaines[2]. La Bourgogne conquise se divisa comme

---

[1] Hincmar, *de Ordine palatii*, c. 23 : Omnes actores regis praescirent ubi vel ubi rex illo vel illo tempore, tanto vel tanto spatio, manere debuisset, propter adductionem vel praeparationem.

[2] V. Dubos, *Hist. critique de la monarchie française*, II. — Philipps, *Hist. d'Allem.*, I, 315; II, 83, 125.

la Gaule ; c'était un héritage que les vainqueurs se partageaient.

CHAPITRE III.

Des vassalités.

Dans les compagnons de la bande germaine, dans les présens du chef, Montesquieu voit les vassaux et les fiefs. Des terres remplacèrent la framée et le cheval de bataille ; ces terres ce sont les bénéfices.

Dès la conquête, je vois les rois barbares environnés de leurs fidèles, comme naguère le chef de ses compagnons, partageant avec eux les domaines royaux (*fisci*), singulièrement augmentés par les confiscations et les guerres civiles. Aux fidèles le premier rang dans l'État, à eux les fonctions publiques et celles du palais, à eux les titres de comte, les commandemens militaires et pour rétribution les bénéfices.

La recommandation et la concession des bénéfices fit, plus puissamment que tout le reste, la fusion des Barbares et des Romains. Le *conviva regis* fut moins que l'antrustion, mais plus que l'homme libre ; la race romaine, plus civilisée, plus adroite, s'insinua promptement à la cour de ces demi-sauvages ; chacun voulut jouer auprès de Clovis le rôle que Cassiodore avait rempli avec tant de succès et de talent auprès de Théodoric. Le premier favori du roi franc, celui qui, en déterminant son mariage, prépara sa conversion au catholicisme et sa grandeur, c'est le duc Aurélien, dont le nom indique assez l'origine[1].

J'ai déjà dit que les Germains ne se faisaient pas des fonctions de la domesticité les mêmes idées que nous ; l'époque féodale avait conservé à cet égard l'esprit germain, et il n'y a pas longtemps encore qu'on regardait comme un insigne honneur d'être page dans une bonne maison. Il est aisé de comprendre comment avec de semblables idées chacun s'empressait d'entrer dans le rang des vassaux du roi. Marculf nous a même conservé la formule par laquelle un grand, arrivant avec toute sa suite (*cum arimannia sua*), avec sa *mesgnie*, comme on disait au moyen âge, se faisait admettre parmi les fidèles[2]. Cet usage se

[1] Aimoinus, I, 14. Inde cum Clodoveus regnum suum usque Sequanam atque post modum usque Ligerim fluvios ampliasset, Milidunum castrum eidem Aureliano cum totius ducatu regionis, jure beneficii concessit.

[2] Marculf, *Form.*, I, 18. *De regis antrustione.* Rectum est ut qui nobis fidem pollicentur illæsam, nostro tueantur auxilio. Et quia ille fidelis Deo propitio noster veniens ibi, in palatio nostro, una cum arimannia sua, in manu nostra trustem et fidelitatem nobis visus est conjurasse, propterea per præsentem præ-

généralisa sous le règne de Charlemagne ; chacun voulut prendre part à tant de gloire et de puissance. Il y eut bien quelques races princières qui s'indignèrent de cet assujettissement, et le moine Weingart nous peint Eticho, de l'antique maison des Guelfes, Eticho, le beau-frère de Louis-le-Débonnaire, refusant de recevoir son fils qui s'est fait le vassal de son oncle en acceptant de lui un bénéfice¹. Mais ces répugnances furent une exception ; cette fidélité, qui n'était pas un servage, puisque le vassal était toujours libre de renoncer à son assujettissement en répudiant le domaine, grandissait à tous les yeux les obligations du bénéficiaire et élevait sa condition au-dessus de celle de l'homme libre. Le wehrgeld de l'antrustion royal était le triple du wehrgeld de l'homme libre, et un seul nom, vassal, désignait à la fois le vaillant homme et le fidèle².

ceptum decernimus ac jubemus ut deinceps memoratus ille in numero antrustionum computetur. Et si quis fortasse eum interficere præsumpserit, noverit se wirgildo suo solidis sexcentis esse culpabilem judicetur.

¹ Ap. Leibnitz, *Scriptores rerum brunsvicarum*, I, 782.

² Hincmar, au livre contre son neveu, ch. 58 : Multi te apud plurimos dicunt de fortitudine et agilitate tui corporis, et de præliis, atque ut nostratium lingua dicitur, de vassaticis frequenter ac libenter sermonem habere. — *L'Ancienne chronique de Flandres*, ch. 18 : Et fit moult de beaux vesselages ou vivant de son père. — Cazeneuve, *Franc-alleu*, p. 106.

Le *Roman d'Artus*, mss.

De force, né de vasselage.

CHAPITRE IV.

Des immunités.

L'effet le plus remarquable de ces vassalités, c'était de soustraire à la juridiction du comte les vassaux du recommandé et de rendre le fidèle justiciable de la cour du roi, qui l'avait pris sous sa garde (*sub mundeburdo*)[1]. A l'abri de ce privilége,

N'ot son per en tot le barnage.
Que Richard est moult prous, de grans vasselage.

Ducange, V°. Vassaticum.
Roman de Rou, V. 1, 807.

Là furent li boen chevalier,
Li boen vassal, li boen guerrier.
Là furent li gentil baron,
Li boen archier, li boen geldon.

V. 15,350.

Quand Williame, son seneschal,
De Tancarville un boen vassal,
Li a dit : « Sires levez sus. »

V. 4,062.

Normands se desfendirent comme vassal prové.

[1] Rectum est ut regalis potestas illis tuitionem impertiat, quorum necessitas comprobatur. Igitur cognoscat magnitudo seu utilitas vestra quod nos apostolico aut venerabili viro illo de civitate aut de monasterio in honore sancti illius constructo, cum omnibus rebus vel hominibus suis aut gasindis, vel amicis, seu undecumque ipse ... gitimo reddebit mittio (*meix*) juxta ejus petitionem, propter malorum hominum inlicitas infestationes sub

de cette *immunité* (comme on disait alors), le domaine du fidèle était dans le canton comme un petit État indépendant.

« Nous défendons, dit la formule d'immu-
« nité ¹, nous défendons à tout juge public d'en-

sermone tuitionis nostræ visi fuimus recepisse, ut sub mundeburdo vel defensione inlustris viri illius majoris domus nostri, cum omnibus rebus præfatæ ecclesiæ aut monasterii, quietus debeat residere, et sub ipso viro illo inlustris vir ille causas ipsius pontificis aut abbatis vel ecclesiæ aut monasterii vel qui per eum sperare videntur vel undecumque legitimo reddebit initio, tam in pago quam in palatio nostro persequi deberet. Propterea per præsentem decernimus ac jubemus præceptum ut memoratus pontifex aut abba sub nostro sermone et mundeburdo antedicti viri quietus resideat, et nec vos nec juniores aut successores vestri vel quislibet eum de inquisitis occasionibus injuriare vel inquietare non præsumatis. Et si aliquas causas adversus eum vel suo initio surrexerint, quæ in pago absque ejus gravi dispendio definitæ non fuerint, in nostri præsentia reserventur. Quam præceptionem ut firmior habeatur, propria manu subscripsimus. Marculf, I, 24. V. aussi le diplôme d'Othon en faveur du marquis de Saxe. Meibom., p. 128, à la suite de son édition de Vitikind. — *Ann. Bened.*, II, 721. — Montesquieu, XXX, c. 22. — Baluze, cap. 2, p. 1408-1411. Et le diplôme 29, *Hist. du Languedoc*, t. I.

¹ Marculf, I, 3. Ut... nullus judex publicus ad causas audiendo aut freda undique exigendum nullo unquam tempore non præsumat ingredere; sed hoc ipse pontifex, vel successores ejus, propter nomen Domini, sub integro emunitatis nomine valeant. Statuentes ergo ut neque vos neque juniores, neque successores vestri, neque ulla publica judiciaria potestas quoque tempore in villas ubicunque in regno nostro ipsius ecclesiæ aut regia aut privatorum largitate conlatas, aut qui in antea fuerint conlaturas, aut ad audiendum altercationes ingredere, aut freda de quaslibet causas exigere, aut mansiones aut paratas vel fidejussores

» trer en aucun temps sur ce domaine pour en-
» tendre les causes ou exiger les amendes ; mais
» que le pontife ou ses successeurs gouvernent
» seuls sous ce privilége d'entière immunité.
» Nous défendons à vous comte, à vos officiers [1],
» à vos successeurs, à toute puissance judiciaire
» quelle qu'elle soit, d'oser jamais entrer sur les
» domaines présens et futurs de cette église
» (où qu'ils soient situés dans notre royaume,
» et qu'ils viennent de notre largesse ou de celle
» des particuliers), pour juger [2], pour exiger

tollere non præsumatis; sed quicquid exinde aut de ingenuis aut de servientibus ceterisque nationibus quæ sunt infra agros vel fines seu supra terras prædictæ ecclesiæ commanentes fiscus aut de freda aut undecumque potuerat sperare, ex nostra indulgentia pro futura salute in luminaribus ipsius ecclesiæ per manum agentium eorum proficiat in perpetuum. — Appendix Marculfi, form. 44. — Formulæ Alsaticæ, form. 7.

La formule de Marculf a trait, comme le dit le protocole, locis ecclesiarum, aut cui volueris dicere. Il ne paraît pas douteux que les vassaux séculiers in mundeburdio regis ne fussent dans une position analogue à celle du clergé privilégié d'immunités. V. à cet égard deux diplômes donnés par Baluze (n° 19 et 25) dans son édition des Capitulaires, t. II, p. 1400 et 1401. — V. aussi, ibid. p. 1407. — Hist. du Languedoc, t. I, preuves, n° 25. (Appendix O.)

[1] V. Muratori, Antichita d'Ital., diss. 60. — Eichhorn, R.G., 161. — I, 172. C'est le sens du mot juniores, Capit. I. Greg. Tur., V., 26. A junioribus Ecclesiæ jussit bannos exigi, pro eo quod in exercitu non ambulassent.

[2] Seu placitum teneat, dit un diplôme d'Aubert-le-Mire (Miræus) I, 131. V. le diplôme de Charles-le-Simple en faveur de l'église de Narbonne, Hist. du Languedoc, t. II, dipl. 23.

» des amendes [1], pour y prendre des logemens [2]
» des contributions [3], pour demander des cau-
» tions [4]; et nous donnions, à l'intention de notre
» salut, pour consacrer au luminaire de l'église,
» tout ce que notre fisc pouvait retirer, soit à
» raison des *freda*, soit pour autres causes, des
» hommes libres, des esclaves ou des autres
» gens qui habitent dans la circonscription ou
» sur les terres de l'église. »

Le seigneur se trouvait ainsi le juge des hommes libres qui résidaient sur son territoire, comme le roi, entouré de ses fidèles, était le juge

---

[1] Greg. Tur., de *Mirac. sancti Mart.*, IV, 26. Affirmavit rex quosdam ex his qui absoluti fuerant ad se venisse, compositionemque fisco debitam, quam illi fredum vocant, a se indultam. — Tacite avait dit dans sa *Germanie* : Pars multæ regi vel civitati, pars ipsi qui vindicatur vel propinquis ejus exsolvitur. La part de l'offensé, c'est la composition, le *wehrgeld*; la part du roi, c'est l'amende publique pour la paix rompue, le *fredum*.

[2] Ce logement des officiers royaux était une des plus lourdes charges de la propriété. Charlemagne, *Capit.* III, 39 : De missis nostris discurrentibus, vel ceteris propter utilitatem nostram iter agentibus, ut nullus mansionem contradicere eis præsumat. Hincmar, *Ep.*, III, 25.

[3] *Paratas*, c'est proprement la livraison en nature, la nourriture : *Non ad mansionaticos vel repastos exigendum*, dit une formule citée par Pithou dans son *Glossaire de la loi salique*, V°. Pastus. (Appendix, T.)

[4] On donnait caution de comparaître au plaid du comte, procédure qui rappelle involontairement celle des *Legis actiones*. Marculf, I, form. 27, 28.

in palatio de ceux qui étaient sous sa garde. L'amende (le *fredum*) lui appartenait dès lors ; et par une conséquence facile, la justice, source de revenus importans, fut considérée comme un des fruits de la terre, comme un des attributs de la propriété [1].

Pour se faire une idée de ces juridictions seigneuriales, il faut lire le fameux capitulaire *de Villis*; c'est un premier essai de justice féodale [2].

[1] Montesquieu, *Esprit des lois*, XXX, 20. — Winspeare, p. 260.

[2] Baluze, I, 331, c. 3. Ut non præsumant judices nostram familiam in eorum servitium ponere ; non corvadas, non materiam cædere nec aliud opus sibi facere cogant. Et neque ulla dona ab ipsis accipiant, non caballum, non bovem, non vaccam, non porcum, non vervecem, non porcellum, non agnellum, vel aliam causam (*chose*) nisi buticulas et ortum, poma, pullos et ova.

Si familia nostra partibus nostris aliquam fecerit fraudem de latrocinio aut alio neglecto, illud in caput componat, de reliquo vero pro lege recipiat disciplinam vapulando ; nisi tantum pro homicidio et incendio, unde feida exire potest. Ad reliquos autem homines justitiam eorum qualem habuerint reddere studeant sicut lex est. Pro feida vero nostra, ut diximus, familia vapuletur.

Franci autem qui in fiscis aut villis nostris commanent quicquid commiserint, secundum legem eorum emendare studeant : et quod pro feida dederunt ad opus nostrum veniat, id est in peculio aut in alio pretio.

CHAPITRE V.

Continuation. Des immunités ecclésiastiques.

Ce fut surtout aux évêques et aux moines, fidèles les plus assidus et les plus dévoués du roi, que se prodiguèrent les immunités. La politique des Carolingiens fit même de ce privilége la condition commune des évêchés et des abbayes.

Ces immunités contribuèrent singulièrement à diminuer le nombre des hommes libres et possesseurs de petits alleux. Pour échapper au service militaire [1], pour éviter le servage des corvées [2], pour prendre part aux exemptions des péages et de redevances souvent fort lourdes [3], on

---

[1] Dans le diplôme 21 de Mœser, *Osn. Gesch.*, Werimbert donne ses propriétés à l'église d'Osnabruck, qui les lui rend en précaire, eo rationis tenore ut ipse Werimbertus et *datum* et acceptum usque ad obitum vitæ suæ potestative et absque omni molestia possideat atque obtineat, sic ut ab eodem episcopo... minime cogatur propter illud bonum in expeditionem sive ad curtim regalem migrare. — Diplôme 22, *ibid.*

[2] Le moine de Saint-Gall, *Script. rer. Franc.*, V, 119. — *Cap.*, anno 793, c. 13. — *Cap.*, V, anno 803, c. 17. — *Cap.*, IV, anno 805, § 13. — *Capit.*, V, anno 803, c. 17. — Mœser, *Osnab. Gesch.*, dipl. 17.

[3] V. Baluze, *Capit.*, t. II, p. 1439, 1553.

se réfugia dans ces immunités [1], et on se recommanda en donnant ses propriétés à l'Église. Bien plus, pour fuir la longue main du comte, on se réduisit à l'état de serf de l'Église ; Marculf nous a conservé la formule, triste tableau des misères d'alors [2].

Les bénéfices donnés par le roi, les recommandations des grands vassaux, les immunités accordées aux domaines de l'Église, mêlaient le

---

[1] Diplôme de l'an 881. Petiit etiam venerabilis abba Attila celsitudinem nostram ut homines liberi commanentes infra terminos ejusdem monasterii, quos præfixerunt auctoritate domini Ludovici.... et Bernardus comites, terras quas ex eremo quiete possideant, et congruum obsequium sicut homines ingenui, exinde eidem monasterio exhibeant, ne eorum ingenuitas vel nobilitas vilescat. *Hist. du Languedoc*, t. II, preuves, p. 17. — Mœser, *Osnab. Gesch.*, dipl. 10.

[2] Privilége de l'église de Hambourg de l'an 928. Ut nullus judex publicus, vel quælibet judiciaria potestas, aliquam sibi vindicet potestatem in supradictorum hominibus monasteriorum, litis videlicet et colonis, vel eos aliquis capitis banno ob capitis furtum, vel quocumque banno constringat, vel aliquam justitiam facere cogat, nisi advocatus archiepiscopi quamdiu eos corrigere valuerit. Quod si quispiam illorum incorrigibilis extiterit, tunc ab advocato eidem præsentetur judiciariæ potestati, ceteri vero in subditione archiepiscopi permaneant. Si vero aliquis ex liberis voluerit jam mundling vel litus fieri, aut etiam colonus ad monasteria supradicta cum consensu coheredum suorum, non prohibeatur a qualibet potestate, sed habeat licentiam nostram, habeat quoque potestatem prædictus Adaldag, successoresque ejus Hammaburgensis ecclesiæ archiepiscopi, super liberos et jam mundilingos monasteriorum supradictorum, in expeditionem sive ad placitum regis. (Ap. Meibom., loc. cit., p. 116.) — *Capit. exc. ex L. Langob.*, a. 801, c. 20.

territoire du comte d'une foule de juridictions privilégiées; et, gagnant peu à peu les hommes libres, amenaient la ruine politique du canton. Les évêques essayèrent d'obtenir des empereurs ce qui restait de la juridiction du comte, et ils y parvinrent rapidement sous les derniers Carolingiens [1], et surtout sous les premiers empereurs d'Allemagne, toujours prêts à agrandir le pouvoir viager des évêques pour contre-balancer l'hérédité menaçante des ducs et des comtes [2].

[1] Voyez le diplôme de Charles-le-Chauve en faveur de l'évêché de Narbonne, *Hist. du Languedoc*, t. I, dipl. 62. — Diplôme du roi Raoul en faveur de l'évêque du Puy (an 924) : Cujus petitioni benignum præbentes assensum, regum morem servantes, hoc præceptum immunitatis fieri jussimus, concedentes ei omnibusque successoribus omne burgum ipsi ecclesiæ adjacentem et universa quæ ibidem ad dominium et potestatem comitis hactenus pertinuisse visa sunt ; forum scilicet, teloneum, monetam et omnem districtum cum terra et mansionibus ipsius burgi, percipientes, etc, *Hist. du Languedoc*, II, dipl. 48.— Diplôme de l'an 1051..... Heinricus..... Imperator... notum sit omnibus Christi notrisque fidelibus tam et futuris quam et præsentibus qualiter Albericus Osnabrugensis ecclesiæ episcopus nostram imperialem adiit clementiam, querimoniam faciens de Bernhardo comite, quod liberos homines in suo episcopatu habitantes mahelman nominatos* ad suum placitum vi et injusta potestate constringeret..... Quapropter modis omnibus interdicimus ut dux neque comes aut vice comes vel aliqua persona judiciaria suos liberos vel servos constringere præsumat præter ejus advocatum. Mœser, *Osnab. Gesch.*, t. II, dipl. 23.

[2] Diplôme du treizième siècle (Mœser, *Osnab. Gesch.*, III,

* Les *mahhmanu* sont les hommes libres (en all. les hommes du plaid, du *mathan*).

L'immunité ne fut plus seulement une exemption de juridiction [1], ce fut la concession de ces droits qui aujourd'hui font partie inséparable de la souveraineté : droit de monnaie [2], de marché [3], établissement de fortifications, droit de barrer les rivières pour y poser des moulins [4], droit de pêche, juridiction privilégiée, exemption de douanes (*teloneum*), de péages des ponts et des rivières,

---

273). Henricus, Dei gratia Romanorum rex, semper Augustus. Ad totius ignorantiæ scrupulum resecandum notum facimus universis imperii fidelibus quod dilectus princeps et consanguineus noster Engelbertus Osnaburgensium electus a nostra postulavit excellentia ut in quibusdam villis sui episcopatus videlicet civitate Osnabrugensi, Iburg, Melle, etc., judicium quod vulgo Gogericht (*justice du canton*) appellatur, ipse suique successores per Gogravios (*comtes du canton*) proprios, per eos institutos libere exequantur, quod habeant liberiorem subditorum suorum excessus et insolentias corrigendi facultatem. Nos ergo cum ex suscepta cura regiminis promotionibus ecclesiarum intendere teneamur, et eas sui juris conservatione clementer confovere, memorati principis nostri Engelberti petitioni pio concurrentes assensu in prænominatis villis idem judicium quod Gogericht dicitur sibi et suis successoribus de consiliis principum et fidelium nostrorum exequendi concessimus auctoritatem..... Datum Wormatiæ, 1225.

[1] Sur l'étendue de l'immunité, V. *Hist. du Languedoc*, t. I, dipl. 39 (append. P).

[2] Winspeare, *Storia degli abusi feudali*, p. 267. — *Hist. du Languedoc*, t. I, dipl. 69.

[3] Privilège de l'église de Magdebourg (anno 965) ap. Meibom., 126.

[4] Privilège donné par Othon Ier à l'évêque de Padoue (an. 965) ap. Meibom., 124. — Privilège de l'église de Magdebourg, *ibid.*, p. 121.

en un mot exemption de tout impôt et privilége d'en établir [1].

Ainsi agrandi, l'évêché ne fut plus seulement une dignité spirituelle, ce fut une juridiction territoriale et un pouvoir politique qui, dans presque toutes les villes où siégeait l'évêque, finirent par absorber la puissance du comte.

« Nos, dit un diplôme de Henry II (1007), nos
» Cameracensi ecclesiæ... comitatum Camera-
» censem in proprium donavimus. Præcipientes
» igitur ut prælibatæ sedis, venerabilis Ewalwi-
» nus episcopus suique successores liberam de-
» hinc habeant potestatem eumdem comitatum
» in usum ecclesiæ supradictæ tenendi, comitem
» eligendi, bannos habendi, seu quidquid sibi
» libeat, modis omnibus faciendi [2]. »

---

[1] Diplôme de Charles-le-Chauve en faveur de l'église d'Agde, *Hist. du Languedoc*, t. I, dipl. 70. — Miræus, I, 148. Othon III accorde à Herloin, évêque de Cambrai, jus, fas, atque licentiam faciendi, statuendi atque construendi merchatum cum moneta, teloneo, banno et totius publicæ rei ministeriis, in quadam proprietate sanctæ Cameracensis ecclesiæ, in loco qui vocatùr Castellum Sanctæ-Mariæ *(Câteau-Cambresis)*, quod situm est in pago Cameracensi, ac comitatu Arnulfi comitis. Atque prædictum merchatum, monetam, teloneum, bannum cum tota publica functione in proprium concedimus sanctæ Cameracensi ecclesiæ tali tenore ut nullus dux, marchio sive comes, seu aliquis homo ullam potestatem habeat, etc. — Voyez les priviléges donnés par l'empereur Arnold à l'évêché d'Osnabruck en 889. Mœser, t. I, p. 115, 119. — Félibien, *Histoire de Paris*, t. V, p. 595 et ss, a publié les immunités de l'évêché de Paris.

[2] Miræus, I, 181.

Le choix du comte remis à l'évêque; le comte ne fut plus que l'officier, l'*advocatus* de l'évêché; mais en cette qualité, chargé qu'il était de la justice et de la guerre, ce fut encore un rival inquiétant. Pendant près de deux siècles, l'histoire de Genève n'est que l'histoire des querelles du comte et de l'évêque [1]; et ce que je dis de Genève est vrai pour cent autres villes. Les évêques, instruits par la persécution, finirent par garder pour eux ce pouvoir si dangereux hors de leurs mains et prirent place avec ce titre de comte dans la hiérarchie féodale; nous les y retrouverons.

CHAPITRE VI.

Continuation. Renaissance des villes [2].

La protection des empereurs d'Allemagne et la faiblesse des rois de France firent la grandeur des évêques. Ce fut surtout dans l'Italie, éloignée de l'Empire, et où la seigneurie foncière avait

---

[1] Spon, *Histoire de Genève.* Voyez les premiers diplômes du tome III (Genève, 1730, in-12).
[2] Eichorn, *Ueber den ursprung der stædtischen verfassung in Deutschland.* (Journal de Savigny, t. I et II.) — Hullmann, *Stædtewesen des mittel alters,* Bonn, 1829. — Raynouard, *Histoire du droit municipal,* Paris 1829. — Sclopis, *Histoire de la législation piémontaise,* p. 35.

jeté des racines peu profondes, que se développa cette toute-puissance épiscopale. Entourés de ces vassaux que leur avait conquis l'immunité, tout à la fois comtes, juges et chefs militaires[1], les évêques furent pendant près de trois siècles les maîtres de la chose publique.

D'autre part, la douceur du gouvernement ecclésiastique, la sûreté des villes, séjour ordinaire de l'évêque, protégées doublement par des fortifications privilégiées[2] et par le respect du saint patron de l'Église[3], les duretés et les exactions des seigneurs, maîtres des campagnes, tout concourut à augmenter la puissance de l'évêque, en rassemblant autour du siége épiscopal tout ce qui restait de vie morale ou industrielle, tout ce qui n'était point soldat ou brigand[4].

[1] *Anonymus Cassin.* Extitit suis civibus (Landolfus, Capuæ episcopus) non solum episcopus sed et comes et judex, non solum præsul verum etiam gastaldius; neque tantum pontifex, quin et velut miles super cunctos præerat. — Châteaubriand, *Génie du Christianisme*, 4e partie, liv. VI et X.

[2] C'est un privilège ordinaire des évêques de pouvoir *castella cum turribus et propugnaculis construere.* (Dip. d'Othon Ier, ap. Meihom., 123.) — Baluze, t. II, p. 195. — Muratori (*Antich. d'Italia*), Della milizia dei seculi, etc. — Winspeare, p. 305.

[3] L'image du saint protégeait le territoire de l'église; de là ces noms de *weichbildrecht* et de *corpi santi* pour désigner l'immunité de la ville. Les faubourgs de Milan se nomment encore aujourd'hui *corpi santi.*

[4] Bluntschli, *Staats und Rechts-Geschichte der stadt Zurich.* p. 121.

CHAPITRE VII.

Continuation. Immunités des monastères.

Ce n'était pas seulement aux évêchés, c'était aussi aux monastères que les rois et les empereurs conféraient l'immunité ; ces pieux travailleurs des couvens avaient grand besoin de la protection royale, car les comtes ne se faisaient faute d'une proie aussi facile que celle de moines inoffensifs [1]. L'évêque ajoutait à la parole royale la puissance de la parole divine et tâchait d'écarter par l'anathème les deux ennemis de la ruche monastique, les femmes et les soldats [2]. Mais l'évêque n'était pas toujours l'ami le plus sûr du monastère, et de bonne heure je vois les moines solliciter la mainbournie royale, pour se défendre de la juridiction de l'évêque, non moins oppressive que celle du comte [3].

---

[1] Planck, *Histoire de l'Église*, t. II, p. 542 et ss. — Bal., *Capit.* II, p. 1420.

[2] *Ann. Bened.*, V. 646. — L'excommunication était une peine fort grave, car elle entraînait l'incapacité de toute fonction publique. Planck, t. III, p. 511 et ss. — Sur ces immunités concédées par l'évêque, V. Marculf, *Form.*, I, 1.

[3] Diplôme d'immunité accordé vers 980 par les rois Lothaire et Louis à l'église Saint-Magloire (Félibien, III, p. 46). Ut

Ce que j'ai dit de l'influence civilisatrice de l'évêque est encore plus vrai de l'influence de l'abbé. Maîtres d'immenses domaines, cultivateurs habiles et seuls tranquilles au milieu de l'inquiétude et de la désolation générale, les moines eurent bientôt sous leurs ordres des nations entières de serfs et de vassaux. Saint Bertin a vu croître sous sa tutelle la cité naissante de Saint-Omer ; Saint-Amand, Bergues-Saint-Vinox; Saint-Gall, Munster, mille cités puis-

---

nullus abhinc ad causas exigendas, aut freda, aut tributa exigenda, etc., etc. Volumus etiam ut noster ac vester, o dux clarissime, omniumque episcoporum ac comitum in hoc concordet assensus, ut idem locus semper abbatem habeat ex propria congregatione, qui ipsam causam Dei et monachos degentes cum normali honore custodiendo tractet. Simulque volumus, ut nullus metropolitanus, aut alius subjectus, etiamque pontifex parisiacus, causa alicujus ordinationis illuc ingredi præsumat, nisi vocatus venerit, aut ad sanctam missam celebrandam, aut ad ecclesias consecrandas aut ad benedictiones clericorum faciendas, etc. Voyez aussi le diplôme de Saint-Maur-les-Fossés (Félibien, III, 20, 22), et Gieseler, *Lehrbuch der Kirchen Geschichte*, t. II, 1re partie, p. 261 et ss. — Baluze, *Capit.* II, 1436. — Diplôme de Charles-le-Chauve (Bal., II, 1460). Præcipientes ut nullus episcoporum per successiones subtrahere aut minuere, aut ad usus suos retorqueat, aut alicui in beneficio tribuat aut ullum impedimentum ex prædictis villis eis inferat, sed neque servitia ex eisdem villis exactet, neque ullas in aliqua re exactiones inde exigat. Si augere eis aliquid placuerit, licentiam habeant; distrahendi autem aut minuendi ea quæ pro Dei statuta sunt amore, nequaquam præsumant. — Diplôme de l'empereur Arnould en faveur du monastère de Saint-Gall. Zellweger, dip. 19. — *Hist. du Languedoc*, t. I, preuves nº 44.

santes se sont élevées à l'ombre de ces cloîtres protecteurs.

J'oubliais une remarque importante. Ces immunités, en détachant le monastère de l'évêché, n'attaquaient pas la subordination spirituelle; elle était expressément réservée [1]. Néanmoins cette indépendance était fâcheuse et contraire à l'esprit hiérarchique de l'Église. Ce fut au pape que se rattachèrent les monastères; ce ne furent plus les rois qui conférèrent les immunités, ce fut le successeur de saint Pierre [2]. Et tandis que l'Europe, déchirée entre mille petites sociétés féodales, s'agitait en vain pour atteindre cette unité qu'elle n'a point encore obtenue, dès le onzième siècle, le pape était le chef reconnu de ces innombrables abbayes qui couvraient le sol de l'Italie, de la France, de l'Allemagne, de l'Angleterre, de ces abbayes dont Mabillon a écrit les annales comme on écrit l'histoire d'un empire. Le pape en effet était le seul gardien possible des monastères, le seul protecteur assuré contre l'avidité des rois, les vexations des seigneurs et l'ambition des évêques.

[1] *Capit.*, lib. VI, cap. 139. Abbates pro humilitate religionis in episcoporum potestate consistant. Et si quid extra regulam fecerint, ab episcopis corrigantur.
[2] *Hist. du Languedoc*, t. II, preuves, p. 29. — Voyez pour le formulaire de ces Bulles, celle du pape Innocent II (de l'an 1136), confirmative des priviléges de Saint-Maur-les-Fossés (Félibien, III, 22). Planck, t. II, p. 487-551.

Et l'on s'étonne encore que le pape parlât si haut aux rois du moyen âge, lui le chef spirituel de tous et qui tenait dans ses mains les intérêts temporels de plus de la moitié de l'Europe.

CHAPITRE VIII.

Des bénéfices [1].

C'est une opinion généralement reçue que les bénéfices furent d'abord temporaires, puis viagers, puis héréditaires ; les docteurs italiens ont même été plus loin et ont compté jusqu'à huit révolutions successives qui ont transformé le bénéfice annuel en fief héréditaire [2]. Les faits sont loin de se prêter à ces combinaisons mathématiques de la science, et il me semble que pour l'histoire des bénéfices on s'est trop facilement contenté d'une étude superficielle des mots, sans aller au fond même des choses.

Ce nom de *beneficium* indique une jouissance,

---

[1] Muratori, *Antichita d'Italia*, diss. 11. — Ducange, V° Beneficium.

[2] Federigo Sclopis, *Storia dell'antica legislazione del Piemonte*, 1833, in-8°, p. 15.

un droit d'usage ¹, un usufruit² ; c'est une expression générique et qui a désigné des concessions de nature fort diverses, telles par exemple que les censives des biens ecclésiastiques ³, les biens destinés à rétribuer les officiers du prince

---

¹ *Libram de argento mihi ad beneficium præstitistis*, disent les *Formules* de Marculf, II, 25 ; *ideo per hunc vinculum cautionis, spondeo me kalendas illas proximas ipsum argentum vestris partibus esse rediturum.* Voyez aussi les formules 11, 27 et 35. — *Si quis* præstitum *aut* conductum *habuerit caballum, vel bovem, aut canem, vel quodlibet peculium, et dum in* ipso beneficio et conductura *est homicidium fecerit...* (*Lex Rotharis* 332, Canc., t. I, 90. — Il se prend dans le sens d'*usages* dans la form. 36, au même livre. Cedimus tibi a die præsente locello nuncupante illo cum omni adjacentia ad ipso locello aspiciente, terris, domibus, mancipiis, vineis, pratella, silvola, vel reliquis beneficiis ibidem aspicientibus. V. Appendix, F.

² C'est ce qu'indiquent les expressions ordinaires, *ad usum beneficium* (Form. Bign., 21), — *ad usum beneficii* (Marculf, II, 9), — *sub usu beneficio* (Marc., II, 8), — *sub usu beneficii* (Marc., II, 6), — *ad beneficium usufructuario ordine* (Marc., II, 5), — *jure usufructuario et beneficiario,* — *usufructuario et jure beneficii,* — *beneficiario usufructuario ordine. Quas* (res) *uxori meæ, quamdiu vivet, ego Galfredus beneficiavi.* — Ducange, V° Beneficium, *beneficiario jure possidere.*

³ Les expressions les plus ordinaires pour désigner la censive, sont : *in beneficium et censum, ad censum beneficiare* (Ann. Bened., III, 712), — *in beneficio tenere et precario modo,*—*sub beneficio præstariæ* (Ducange, loc. cit.). — Mœser, Osnab. Gesch., dipl. 21, t. II. — Ducange, V° Beneficia ecclesiastica. Les lois wisigothes emploient dans ce sens *beneficium* comme synonyme d'Emphythéose. *Ll. Wisig.*, X, tit. 1, l. 11.

et attachés en quelque sorte à la fonction [1], et enfin les terres dont le roi donnait la jouissance à ses fidèles, les bénéfices proprement dits.

En ne perdant pas de vue ces différentes acceptions, il deviendra plus facile de comprendre l'histoire des bénéfices. Il n'est pas douteux, par exemple, que les bénéfices-honneurs attachés à une fonction étaient dans l'origine essentiellement temporaires et révocables à volonté, comme cette fonction même [2]; mais il est moins certain

---

[1] Les expressions les plus ordinaires pour désigner ces bénéfices sont : *beneficiarii honores* (*Ann. Bertin.*, ann. 839). — *Honores. Cap.*, an. 779, c. 9; a. 789, c. 24. *Cap.* II, ann. 812, c. 3. Quicumque homo nostros habens honores in hostem bannitus fuerit, et ad condictum placitum non venerit, quot diebus post placitum condictum venisse comprobatus fuerit, tot diebus abstineat a vino. — Eichorn, *R. G.*, I, 167. — *Hist. du Languedoc*, t. I, preuves n° 13. — Nithard, lib. III. Victoriam ut Caroli esse didicit (Bernhardus, dux Septimaniæ) filium suum Willelmun ad illum direxit, et si honores, quos idem in Burgundia habuit, eidem donare vellet, ut se illi commendaret, præcepit. — *Capit. Kar. Calv.*, ann. 857, tit. 22. Regino, ann. 940. Uto comes obiit, qui permissu regis, quidquid beneficii aut præfecturarum habuit, quasi hereditatem inter filios divisit. — Ducange, V° Honores. Ce mot d'*honor* a plus tard désigné le fief, comme il avait désigné le bénéfice. *Leges Henrici*, cap. 55; le *Roman de Rou*, V. 9,054.

N'a dreit el fié, ne a l'onor
Ki se cumbat a son seignior.

V. 5,930 :

Quand li primier Richart mourut
E li secunt l'onur reçut.

[2] Greg. Tur., VIII, 26. — Fredeg. Schol., *Chron.*, 43. — Paul Diacre, IV, 11, 19; V, 15, 23, 36; VI, 25, 26, 57.

qu'il y ait eu, soit des bénéfices-censives, soit des bénéfices proprement dits, concédés à temps et révocables à volonté. On a vu plus haut, quand il s'est agi des précaires, comment, nonobstant le renouvellement de l'acte toutes les cinq années, les donateurs réservaient au profit de leurs héritiers la succession du bénéfice; ils allaient ordinairement même plus loin, et le non-payement du cens faisant perdre le bénéfice (*qui negligit censum perdat agrum*)[1], ceux qui donnaient leur alleu à l'Église et le reprenaient en bénéfice stipulaient à l'avance que le non-payement du cens n'entraînerait qu'une amende, sans perte du fonds[2].

Pour les bénéfices donnés aux fidèles, bénéfices où le service militaire faisait fonction de cens[3], je vois toujours des concessions viagères[4]. Je remarque qu'à la mort du roi les

---

[1] Concile de Meaux (an. 845), c. 62. — Voyez la procédure usitée en pareil cas dans le diplôme 82 de l'*Histoire d'Osnabruck*, p. 328. — Dominicy, p. 99, remarque que cette législation du précaire est la législation romaine de l'Emphythéose.

[2] *Formulæ Lindenbrogii*, form. 25.

[3] *Théorie des lois de la monarchie française*, t. VI. — *Histoire du Languedoc*, t. I, preuves, n° 9, p. 29.

[4] C'est l'opinion de Ducange, verbo BENEFICIUM, et de Bignon sur la formule 5 de Marculf, lib. II. Ce qui confirme cette opinion, c'est qu'il n'y a rien de plus fréquent que des donations à l'Église de biens parmi lesquels il y a des bénéfices, l'usufruit réservé aux bénéficiaires. *Diplôme de Charles-le-Chauve* (D. Bouquet, VIII, 553). Dedimus... monasterio Sancti-Germani...

vassaux venaient se recommander entre les mains du successeur pour obtenir la conservation du bénéfice¹, mais je ne vois là que la prestation de foi féodale, et rien n'autorise à conclure que le nouveau seigneur pût à son gré priver du

res proprietatis nostræ sitas... in pago Autissiodorensi... et quicquid fidelis noster Gausmarus et modo Iterius... per nostrum.., beneficium visi sunt habuisse, ut prædictus Iterius nullatenus omni tempore vitæ suæ memoratas res amittat, nisi nos alibi ei... aliud tribuamus. — V. *ibid.*, dipl. 219, p. 617, et dipl. 223, p. 622. — Fredeg., c. 21. OEgila patricius ligatus interficitur, instigante Brunechilde ob nullum commissum, sed ut facultates ejus fiscus adsumeret. Eichorn, I, § 119. — Dominicy, p. 98.

¹ *Théorie des lois*, t. VI, preuves, p. 48.— Eginhard, *Ep.* 26 (ap. Bouquet, VI, p. 374). Frumoldus filius V. comitis... magis infirmitate quam senectute confectus... habet beneficium non grande in Burgundia, in pago Genewense... Timet illud perdere, nisi vestra benignitas illi opituletur, eo quod præ infirmitate quæ premitur ad palatium venire non potest. Idcirco precatur ut... Imperatorem rogare dignemini, ut permittat se habere beneficium, quod avus ejus illi concessit, et pater habere permisit, quosque viribus receptis, ad ejus præsentiam venerit, ac se commendaverit. *Ejusd. Epit.*, 14, 40, 41, 42. — V. aussi Marculf, I, form. 17. — *Ann. Bertin.*, ann. 877 : Et discurrentibus legatis inter Ludovicum et regni primores, et pactis honoribus singulis quos petierunt VI idus decembris consensu omnium tam episcoporum et abbatum, quam regni primorum ceterorumque qui adfuerunt, consecratus et coronatus est in regem Ludovicus ab Hincmaro, Remorum episcopo, et episcopi se suasque ecclesias illi ad debitam defensionem et canonica privilegia sibi servanda commendaverunt, profitentes secundum suum scire et posse juxta suum ministerium consilio et auxilio illi fideles fore; abbates autem et regni primores, ac vassalli regii se illi commendaverunt, et sacramentis, secundum morem, fidelitatem promiserunt.

bénéfice le fidèle prêt à faire hommage; si du moins il en fut ainsi dans l'origine, l'usage changea bientôt cet arbitraire.

« *Neminem injuste privavimus, sed neque privari* » *absque legali sanctione aliquem nostrorum fidelium* » *volumus beneficio.* » Cette loi de l'empereur Louis II n'est que la confirmation des coutumes qui régissaient les bénéfices [1].

CHAPITRE IX.

Obligations du bénéficiaire. 1° Service militaire.

Le bénéficiaire devenait, par la recommandation, le fidèle du seigneur, et cette qualité lui imposait envers le donateur certaines obligations qui se peuvent ramener à deux chefs principaux :

1° Service de guerre à la réquisition du seigneur;

2° Services auprès de la personne ou dans la cour du seigneur, services que nous retrouverons plus tard dans les usages féodaux.

Les rois francs projetant souvent des expédi-

---

[1] *Conv. ap. Marsnam*, I, anno 847, c. 5. — Ut singulis eorum fidelibus talis lex conservetur, qualem temporibus priorum regum, et præcipue avi patrisque eorum habuisse noscuntur : si tamen et ipsi pristinam fidem erga ipsos conservent.

tions lointaines et hardies, ce n'était point à
l'armée franque qu'ils s'adressaient, car cette
armée s'éloignait difficilement du sol qu'elle faisait valoir ; c'était aux fidèles et à leurs vassaux
qu'ils avaient recours [1], car ces fidèles devaient
à peine de félonie suivre le seigneur partout où il
lui plaisait de les mener. On comprend aisément
comment, dans un pays où la guerre était la seule
occupation, la relation du vassal prévalut sur
celle du sujet. Charlemagne est continuellement
occupé de régler les obligations du bénéficiaire [2],

[1] Ces fidèles faisaient tellement la force des seigneurs qu'une
convention ordinaire des rois francs, c'est de ne pas chercher à
s'enlever mutuellement les fidèles. Greg. Tur., IX, 20 : Convenit (entre Gontran et Childebert) ut nullus alterius leudes nec sol-
licitet nec venientes accipiat. — V. aussi l'acte de partage de
Louis-le-Débonnaire et le *Capit.* de Charles-le-Chauve *ap.*
Confluentes.

[2] *Capit.*, V, ann. 806, cap. 19 (Bal., I, 455). — *Capit.* lib.
I, c. 126 : Consideravimus itaque quia per plurima loca fames va-
lida esse videtur, ut omnes episcopi, abbates, abbatissæ, optimates et comites, seu domestici, et cuncti fideles qui beneficia re-
galia tam de bonis ecclesiasticis quamque et de reliquis habere
videntur, ut unusquisque de suo beneficio suam familiam nutri-
care faciat et de sua proprietate propriam familiam nutriat. Et si
Deo donante super se et super familiam suam, aut in beneficio
aut in alode, annonam habuerit et venundare voluerit, non carius
vendat nisi modium de avena contra denarios II, modium de
hordea contra denarios III, modium unum de sigilo contra denarios IV, modium unum de frumento parato contra denarios
VI. Et ipse modius sit quem omnibus habere constitutum est.
Et unusquisque habeat æquam mensuram et æquales modios.
— *Capit. prim. incerti anni*, c. 49, 50, 51, 52. (Bal., I, 518.

non-seulement en ce qui concerne le service militaire, mais encore en tout ce qui regarde la bonne tenue de la concession, car les bénéficiaires sont devenus le nerf de ses armées et de l'État.

Les obligations des arrière-vassaux étant de même nature que celles du bénéficiaire, l'empereur, dans ses inutiles efforts pour organiser un gouvernement central, ordonna qu'en l'absence du bénéficiaire les vassaux du bénéfice marcheraient sous les ordres du comte [1]. Les lois de ses successeurs spécifièrent de plus en plus les obligations militaires du bénéficiaire, car les hommes libres passant chaque jour sous la puissance des seigneurs, l'armée ne se composait plus que de seigneurs suivis de leurs vassaux [2]. Mais dans toutes ces prescriptions des lois se

— *Cap.*, ann. 807, c. 1. Quicumque beneficia habere videntur, omnes in hostem veniant. — *Cap.*, I, an. 812, c. 1. — *Cap.*, II, an. 812, c. 9. — *Cap.*, III, an. 811, c. 4, 8.

[1] *Cap.*, II, an. 812, c. 7. De vassis dominicis qui adhuc intra casam serviunt et tamen beneficia habere noscuntur, statutum est, ut quicumque ex eis cum domino imperatore domi remanserint, vassallos suos casatos non retineant, sed cum comite cujus pagenses sunt, ire permittant, c. 9. — Tot heribanni (*amende*) ab eo (*seniore*) exigantur, quot homines domi dimisit.

[2] *Conv. ap. Marsnam* (Bal., II, 44). *Adnuntiatio Karoli*, c. 5. — Et volumus ut cujuscumque nostrum homo, in cujuscumque regno sit, cum seniore suo in hostem vel aliis suis utilitatibus pergat; nisi talis regni invasio quam *lantweri* dicunt, quod absit, acciderit, ut omnis populus illius regni ad eam repellendam communiter pergat.

reconnut le principe que l'engagement était *réel*, et que l'obligation de fidélité cessait par la reprise ou l'abandon du bénéfice [1]. Cette réalité de l'engagement, c'est l'esprit des lois féodales; je l'ai déjà dit plus haut.

CHAPITRE X.

Continuation du même sujet. 2° Services de cour et du conseil.

Parmi les services que le vassal doit à son seigneur, indépendamment du service militaire, objet principal du bénéfice, j'en remarque deux principaux : 1° le conseil; 2° le jugement.

Le roi s'entoure de ses fidèles, évêques et leudes, dès qu'il y a une décision importante à prendre; ce sont les leudes et les évêques seuls qui figurent au traité d'Andelau et au concile de Paris de l'an 615; Clothaire II rassemble ses fidèles pour décider du sort de Brunehaut, meurtrière

---

[1] Et si aliquis ex istis hominibus senioratum alicujus elegerit, liberam habeat licentiam abeundi, verum tamen ex his quæ possidet nihil habeat, nihilque secum ferat. Sed omnia in dominium et potestatem prioris senioris plenissime revertantur. Diplôme de Charles-le-Chauve cité par Chantereau-Lefèvre, *de l'Origine des fiefs*, I, p. 164. — V. aussi le *Præceptum pro Hispan.*, Baluze, II, 27.

de dix rois [1] ; c'est de leur avis que Rotharis publie les lois lombardes [2] ; c'est avec le conseil et du consentement de ses fidèles que Pépin partage le gouvernement entre ses fils Charles et Carloman [3] ; Charlemagne consulte ses vassaux avant de proclamer son fils empereur [4] ; ce sont les fidèles qui font proclamer Lothaire empereur du vivant de son père [5] ; ce sont eux qui font les lots du partage entre les trois fils de Louis-le-Débonnaire [6] ; ce sont eux, sous les derniers rois

[1] Fred., *Chron.*, c. 10, 12.
[2] Winspeare, p. 287.
[3] Winspeare, note 192, p. 286.
[4] Theganus (ap. Duchesne, *Script. rer. Franc.*, p. 276). Cum omni exercitu, episcopis, abbatibus, ducibus, comitibus, loco positis, habuit grande colloquium cum eis Aquisgrano palatio, interrogans omnes a maximo usque ad minimum, si eis placuisset ut nomen suum, id est imperatoris, filio suo Ludewico tradidisset.
[5] *Annal. Mettenses*, ann. 768. Pippinus omnes optimates suos, duces et comites Francorum, episcopos quoque ac sacerdotes ad se venire præcepit. Ibique una cum consensu procerum suorum æquali sorte inter duos filios Karolum et Karolomannum regnum Francorum paterno jure divisit. — *Charta divisionis imperii*, an. 817, præf. (Bal., 1, 573)... Cum nos... Aquisgrani palatio nostro, more solito sacrum conventum et generalitatem populi nostri propter ecclesiasticas, vel totius imperii nostri utilitates pertractandas, congregassemus, et in his studeremus, subito divina inspiratione actum est ut nos fideles nostri commonerent, quatenus manente nostra incolumitate, et pace undique a Deo concessa, de statu totius regni et de filiorum nostrorum causa, more parentum nostrorum tractaremus, *et la suite*.
[6] *Ann. Fuld.*, anno 812. Fœdus inire maluerunt (Louis et Charles avec Lothaire) quam contentionibus diutius deservire :

carolingiens, qui veillent à l'administration des bénéfices [1]; en un mot, ce sont les conseillers perpétuels du seigneur [2].

Charlemagne organisa cette réunion de fidèles, qui jusque-là n'avait guère lieu qu'au bon plaisir du prince, et l'éleva au rang d'institution po-

ea tamen conditione, ut e partibus singulorum XL ex primoribus electi, in unum convenientes, regnum æqualiter describerent, quo facilius post modum inter eos pari sorte divideretur.

[1] *Capit. Karol. Kalri in villa Sparnuco*, c. 20. (Baluze, II, 31.) *Ce sont les fidèles qui parlent* : Et ne magnificentiam vestram illuc vestræ dignitati indecens et inhonesta impellat necessitas quo non trahit voluntas, et partim necessitate, partim etiam subreptione, quia aliter quam se rei veritas habeat vobis dictum vel postulatum fuit, maxime quod ad rempublicam pertinuit, aut præreptione in beneficiario jure, aut in alode adsumptum habetur, videtur nobis utile et necessarium ut fideles et strenuos missos, ex utroque ordine, per singulos comitatus regni vestri mittatis, qui omnia diligenter imbrevient quæ tempore avi ac patris vestri, vel in regio specialiter servitio, vel in vassallorum dominicorum beneficiis fuerunt, et quid vel qualiter aut quantum exinde quisque modo retineat, et secundum veritatem renuntietur vobis. Et ubi inveneritis quia ratio et utilitas, ac ordo seu veritas in absumptis vel donationibus habeantur, in statu permaneant. Ubi autem irrationabilitas vel potius fraus inventæ fuerint, *una cum consilio fidelium vestrorum hoc taliter corrigite*, ut ratio atque utilitas seu justitia non deserantur, et dignitas vestræ magnificentiæ per necessitatem ita vilis non fiat, sicut vos non decere cognoscitur : quoniam domestica domus vestra aliter obsequiis domesticorum repleri non poterit, nisi habueritis unde eis meritis respondere et indigentiæ solatium ferre possitis. Et sic demum respublica vestra de suo suffragetur sibi, et Ecclesiæ a quibus non expedit, habeantur immunes.

[2] Eichorn, I, 121. — Hotoman *Franco-Gallia*, c. 7 et ss.

litique. Les fidèles, réunis autour de lui chaque année, formèrent une espèce de conseil qui donnait son avis sur l'administration de l'État pendant l'année qui allait s'ouvrir. Hincmar nous a conservé l'organisation de cette assemblée; il y brille un esprit d'ordre, un désir de s'éclairer et de bien faire dont pourrait profiter plus d'un contempteur de ces temps réputés barbares[1].

CHAPITRE XI.

Continuation du même sujet. Du jugement.

C'est surtout dans la fonction de juge que paraît toute l'importance du fidèle.

Une fois recommandé, l'homme libre ne pouvant figurer dans l'assemblée du canton, — au moins à raison du bénéfice, — puisqu'il était sous la mainbournie, sous la garde du concédant, son seigneur le couvrait et répondait pour lui; c'était donc au seigneur à juger ses fidèles comme il jugeait les gens de sa maison[2]. Mais par un

---

[1] Hincmar, *de Ordin. palat.*, c. 20, 35. — Hullmann, *Ursprung der Stænde*, p. 195 et ss. — Eichorn, *R. G.*, I, 161. — Mably, *Histoire de France*, t. I, p. 288 et ss.

[2] *Hist. du Languedoc*, t. I, dipl. 53. Volumus etiam atque

phénomène remarquable et que j'attribue à l'introduction des hommes libres dans les vassalités, là reparurent tous les priviléges de l'homme libre [1]. Le propriétaire d'alleux, le Franc ne peut être jugé que par ses pairs et dans l'assemblée du canton présidée par le comte ; ainsi le bénéficiaire doit être jugé par les autres fidèles réunis sous la présidence du comte du palais [2]. Et

---

præcipimus, ut si adversus jam dictum abbatem ejusque successoribus vel etiam monachis ibidem Deo famulantes, eorumque rebus vel familia aliquæ causæ suriectæ vel ortæ fuerint, aut etiam ullus sit qui de eorum rebus abstrahere vel minuare cogat, nullatenus præsumat, nec eos distringere, neque de eorum rebus aliquid minuare, quousque in præsentiam nostram, vel comites palatii nostri sint suspensæ vel reservatæ ; quatenus initi cuncta ad eos pertinentia secundum æquitatis ordinem diffiniantur. — Diplôme de Pépin, roi d'Aquitaine, de l'an 833. *Hist. du Languedoc*, t. I.

[1] Mœser, *Osnab. Gesch.*, dipl. 81.

[2] L'intitulé ordinaire des diplômes est : Cum nos in Dei nomine in palatio nostro, ad universorum causas recto judicio terminandas, una cum dominis et patribus nostris episcopis, optimatibus, domesticis, palatii ministris, vel reliquis fidelibus nostris, nec non cum comite palatii resideremus, etc. (Baluze, t. II, 909.) — Schœpflin, *Alsatia illust.*, t, I, p. 51, nous a conservé un de ces jugemens royaux de Charlemagne. — L'auteur de *Villa Noviliaca* (œuvres d'Hincmar, II, 833). Dedit Carolus Donato in beneficium villam Noviliacum. Processu denique temporis commendavit Donatus filium suum Gozzelinum Carolo regi, cui in beneficium dedit Carolus villam Noviliacum..... Deinde Landrada uxor Donati. Sed et filii eorum pergente Carolo (Calvo) rege ad obsidendos Normannos..... cum aliis defecerunt. Quorum honores et proprietates a francis auferri et in fiscum re-

ce ne furent pas seulement des causes de médiocre intérêt qui furent portées au jugement des fidèles, ce furent toutes les affaires qui intéressèrent le roi et sa cour, alors même que l'accusation atteignait des personnes du sang royal : Tassilon, accusé de félonie[1], Bernhard[2], Pépin[3], accusés de conspiration, l'impératrice Judith[4], accusée d'adultère, furent jugés par des fidèles.

Ces priviléges de l'alleu communiqués aux bénéfices expliquent comment le fief reproduisit les priviléges de l'alleu ; preuve évidente que du bénéfice au fief il n'y eut de différence que la durée.

---

digi judicatæ sunt. Ce nom de *Franci* se prend souvent pour désigner les fidèles, surtout dans les derniers temps de la monarchie. — *Conv. ap. Marsnam*, II, an. 851, cap. 8.

[1] *Ann. Mettenses*, ann. 788. Rex congregavit synodum in præfata villa (Ingelheim) et ibi venit Tassilo. — Ab omnibus dijudicatus est ad mortem ; et cum omnes capitalem sententiam proclamarent, rex, misericordia motus, eo quod consanguineus ejus esset, obtinuit ab ipsis Dei et suis fidelibus, ut non moreretur.

[2] *Einhardi annales*, ann. 818. — *Ann. Fuldenses*, ann. 818 (D. Bouquet, VI, 207).

[3] *Ann. Bertin.*, ann. 801.

[4] *Ann. Bertin.*, an. 830 — D. Bouquet, VI, 193. Ab omnibus episcopis, abbatibus, comitibus ac ceteris Francis judicatum est : ut conjux imperatoris reduceretur. — *Ibid.*, an. 831. Purificavit se secundum judicium Francorum.

CHAPITRE XII.

Le maire du palais[1].

Ce développement des concessions bénéficiaires, en modifiant l'organisation militaire et en jetant dans la vassalité royale tout ce qu'il y avait d'ambitieux et d'ardent dans le pays, fit la fortune du maire du palais. Cet officier n'était dans l'origine que l'administrateur des biens royaux, ce qu'étaient le *major*, le *villicus*, dans les terres des grands; ces biens du fisc devenus l'objet des bénéfices, le maire, chargé de l'administration et de la dispensation des bénéfices[2], fut en réalité le premier personnage du royaume. Il y eut entre lui et les fidèles une conspiration permanente, une espèce d'assurance mutuelle qui garantit à l'un la perpétuité de l'office pour garantir à tous la perpétuité du bénéfice[3]. Quand les leudes bourguignons

---

[1] Major domus regiæ, major palatii, major in aula, senior domus, præpositus palatii, rector aulæ, subregulus. Pertz, *Geschichte der Merowingischen Hausmeier*, Hanovre, 1819.

[2] Eichorn, *Deutsche Rechts und Staats geschichte*, § 125.

[3] Fredeg., *Chron.*, c. 89. Flaochatus cunctis ducibus de regno

livrèrent Brunehaut à Clothaire ; ils firent jurer au roi qu'il conserverait toute sa vie dans ses fonctions de maire Warnachaire, le chef de la défection ; c'était la garantie la plus sûre que Clothaire n'oublierait pas un jour les services rendus [1].

Les leudes finirent par se rendre maîtres de la fonction, seul moyen d'assurer la possession paisible de la concession ; l'élection du maire dépendit de leur choix. Le maire commanda seul l'armée des fidèles ; et présidant la cour féodale, l'autorité du roi ne fut plus que nominale [2] : toute la puissance fut aux mains de cet autre vizir.

En Austrasie les leudes choisirent le maire dans la même famille ; ce fut la fortune des Carolingiens : les bénéfices s'accumulèrent dans leurs mains, et avec ces bénéfices ils s'attachèrent directement les fidèles. Le nom du roi mérovingien finit même par s'oublier en Austrasie, et

---

Burgundiæ, seu et pontificibus per epistolam, etiam et sacramentis firmavit unicuique gradum honoris et dignitatem seu et amicitiam perpetuo conservare.—Montesquieu, XXXI, c. 1-3 —Eichorn, I, 123.

[1] Fredeg., *Chron.*, c. 42.

[2] Fredeg., *Chron.*, 42, 72, 89, 92, 95, 98, 101 et 106. — Winspeare, *Storia degli abusi feudali*, p. 208.

le maire eût ses fidèles [1], son armée et sa cour [2]. La victoire de Testri acheva cette indépendance absolue de la famille carolingienne. Un souvenir de leur descendance sacrée conserva quelque temps encore les derniers Mérovingiens, mais il y avait longtemps que leur puissance était évanouie et qu'ils n'étaient plus dans l'État qu'une gêne inutile, quand le pape Zacharie prononça, sur la demande de Pépin [3], que le trône devait appartenir à celui qui avait la science et la force, de préférence à celui qui n'avait que le nom [4].

[1] Fredeg., *Chron.*, c. 109. Egregius bellator Carolus princeps regionem Burgundiæ sagaciter penetravit, fines leudibus suis probatissimis viris industriis ad resistendum gentibus rebellibus et infidelibus statuit; pace parta Lugdunum in Gallia suis fidelibus tradidit. — *Vita S. Salvii episcopi.* Dux (Carolus)... convocavit omnes principes, satrapas et optimates, ac magistratus et duces, et omnes domesticos suos, qui gubernabant sub ipso regnum et imperium. Pertz, p. 86. — Eichorn, I, 127 et ss.

[2] Placitum, ann. 720 et 740 (Martène et Durand, t. II, p. 15, p. 19). Proinde nos (dit Charles-Martel) tallier una cum fidelibus nostris, id est — episcopis — et abbate — comiti palatio nostro:

[3] Philipps, *Hist. d'Allemagne*, se donne beaucoup de mal pour démontrer qu'il n'y eut pas usurpation de la part de Pépin; t. I, p. 623 et ss. — Hotoman, *Franco-Gallia*, ch. Utrum Pipinus papæ an concilii franco-gallici auctoritate rex factus fuerit.

[4] *App. ad Gesta Franc.* (Bouquet, II, p. 576).

CHAPITRE XIII.

Des bénéfices sous Charlemagne.

La lutte des bénéficiers pour obtenir la jouissance assurée du sol avait placé les Carolingiens sur le trône; mais le triomphe d'une famille n'était point la satisfaction de ce besoin de perpétuité dans les bénéfices qui agitait tous les esprits. La lutte, un moment apaisée par l'entraînement de la conquête et par les immenses domaines que distribua Charlemagne, reparut après sa mort avec une violence nouvelle qui amena le démembrement de l'Empire et l'établissement de la société féodale.

La nature même du bénéfice devait engendrer un combat perpétuel entre le seigneur et le vassal : l'agriculture appelle la perpétuité; l'usufruitier voulut être propriétaire, le donateur voulut reprendre à la mort du fidèle ces terres qui faisaient sa puissance. C'est là l'histoire des bénéfices.

Je dirai plus, c'est l'histoire de toutes les tenures viagères, quel qu'en soit le nom : *ager publicus*, *ager vectigalis*, emphythéose, bénéfice, fief, censive. A côté de ce droit mystique de la propriété, il y a un fait important et qui finit à la longue par dominer le droit, c'est la possession, c'est la culture. Sur cette terre fécondée par vos sueurs, sur ce sol que vous avez bâti, que vous avez planté, vous avez un droit que chaque année rend plus sacré, le droit du travail, origine de la propriété même. Il vient un moment où ces intérêts se sont développés si puissamment sur le sol qu'il y aurait une injustice extrême à dépouiller le possesseur au profit du propriétaire. La loi prend alors en main la cause du colon ou du bénéficiaire. La propriété se divise, le sol reste au colon, tandis qu'une redevance conserve le droit paralysé du propriétaire. Mais cette redevance devient plus insupportable à mesure que le droit du propriétaire s'efface davantage dans le lointain des années; ce n'est plus qu'une charge du fonds qui grève la propriété nouvelle et qui finit par se racheter ou s'éteindre. Le fief remplace le bénéfice; la censive, le précaire; la propriété remplace le fief et la censive : c'est là une de ces révolutions périodiques qui se reproduisent chez les peuples anciens comme chez les nations du moyen âge. La concession, la redevance, la propriété, ce sont les trois grandes phases que les classes pauvres ou esclaves ont successivement parcourues pour arriver à la liberté, et de la liberté à la puissance.

CHAPITRE XIV.

Du génie de Charlemagne.

Je ne puis assez m'étonner du génie de cet homme, qui, au milieu de cette dissolution sourde de l'Empire, sut réunir par la grandeur de ses idées et de ses entreprises toutes ces forces diverses près de se séparer. Sous son règne tout est lumière, tout est éclat ; après lui tout est ténèbres : en mourant, il emporte l'empire avec lui.

« Au temps de bonne mémoire du grand
» Charles, mort il y a trente ans à peine, la paix
» et la concorde régnaient partout, car le peuple
» ne suivait qu'une seule voie, la voie droite, la
» voie publique du seigneur. Maintenant au con-
» traire, chacun prend le sentier qui lui plaît;
» il n'y a partout que dissension et querelles.
» Alors tout était abondance et joie, aujourd'hui
» tout est parjure et tristesse. Les élémens même
» souriaient au grand roi, maintenant ils sont
» partout contraires, selon la divine parole de
» l'Écriture : *Et pugnabit orbis terrarum contra*
» *insensatos* [1]. »

[1] Nithard, lib. IV, *in fine*. Nam temporibus bonæ recordatio-

On sent au fond de ces paroles de Nithard cet incurable découragement qui affaisse les meilleurs esprits quand une révolution profonde ébranle la société.

« Voici, dit-il ailleurs [1], ce qui me paraît plus » admirable que tout le reste. Ces Barbares, ces » Francs, esprits sauvages, cœurs de fer que n'a- » vait pu dompter la puissance romaine, lui » seul sut si bien les contenir par une terreur » modérée qu'ils n'osaient plus rien entre- » prendre dans l'Empire qui ne contribuât au » bien public. »

Rien de plus juste et de plus vrai que cette appréciation de Charlemagne faite par son petit-fils. Seul, l'empereur sut tenir en bride ces nations diverses : Romains, Lombards, Alemans, Saxons, Bavarois, Francs, Provinciaux, Espa-

---

nis Magni Karoli, qui evoluto jam pene anno XXX decessit, quoniam hic populus unam eamdemque rectam ac per hoc viam domini publicam incedebat, pax illis atque concordia ubique erat; ut nunc e contra, quoniam quique semitam quam cupit, incedit, ubique dissensiones et rixæ sunt manifestæ. Tunc ubique abundantia atque lætitia nunc ubique perjuria atque mœsticia. Ipsa elementa tunc cuique regi congrua nunc autem omnibus ubique contraria, uti scriptura divino munere prolata testatur : « Et pugnabit orbis terrarum contra insensatos. »

[1] Nithard, lib. I, in principio. Nam super omne, quod admirabile fateor fore, Francorum Barbarorumque ferocia ac ferrea corda quæ nec romana potentia domare valuit, hic solus moderato terrore ita repressit, ut nihil in Imperio moliri præter quod publicæ utilitati congruebat, manifeste auderent.

gnols; lui seul, présent partout, par les envoyés, par les évêques, par les comtes, eut le génie nécessaire pour diriger cette immense administration et maintenir chacun dans le devoir. Mais quand la mort eut desserré cette main puissante, tout s'échappa, tout fut perdu.

CHAPITRE XV.

De l'hérédité des bénéfices [1].

Dès la mort de Charlemagne, l'hérédité commence à devenir la condition commune des bénéfices. Thégan, le flatteur de Louis-le-Débonnaire, exalte la générosité de ce prince, qui ne sut rien refuser à ses fidèles, non plus qu'à ce clergé, qui lui donna le surnom de Pieux [2]. Nithard, homme d'État, y voit la ruine de la ré-

---

[1] Winspeare, *Storia degli abusi feudali*, lit. I, c. 6 et 7.
[2] Théganus, *de Gestis Ludov. imp.* c. 19. Id tantum largus ut antea nec in antiquis libris, nec in modernis temporibus auditum est, ut villas regias, quæ erant sui et avi et tritavi fidelibus suis tradidit in possessiones sempiternas, et præcepta construxit et annuli sui impressione cum subscriptione manu propria roboravit. (Schilter, p. 14.) Les concessions d'immunité de Louis-le-Débonnaire abondent dans toutes les collections de diplômes de cette époque.—V. Duchesne, *Scrip. rer. Franc.*, t. II, p. 297, et les preuves du t. I de l'*Histoire du Languedoc*.

publique ¹. Dans les guerres qui déchirèrent l'Empire après la mort de Louis-le-Débonnaire, il ne fut plus au pouvoir de princes trop faibles de refuser cette hérédité à des vassaux puissans; contester la succession aux bénéfices ou aux honneurs, c'était se faire un ennemi implacable et créer à ses adversaires un partisan de plus ².

¹ Adelardus (*le ministre de Louis*) utilitati publicæ minus prospiciens placere cuique intendit. Hinc libertates, hinc publica in proprios usus distribuere suasit, ac dum quod quisque petebat ut fieret efficit, rempublicam penitus annulavit. Quo quidem modo effectum est ut in hac tempestate populum qua vellet facile diverteret. Et hac de re Karolus (*Charles-le-Chauve*) præfatas nuptias (*le mariage d'Hirmentrude, la nièce d'Adelard*) maxime iniit, quia cum eo maximam partem plebis sibi vindicare posse putavit. Nithard, lib. IV, inf. (Schilter, p. 108).

² *Ann. Fuldenses*, ann. 884. Igitur duo fratres Willihalmus et Engilscalcus, cum terminum regni Boioariorum in oriente a rege, id est seniore Illudowico concessum, contra Maravonos tenuerunt. — Tandem diem ultimum finiere; cum non vero esset honor illorum filiis redditus, Arbo in comitatum, domino rege concedente successit. Quod prædictorum virorum puerulli illorumque parentes propinqui in contrarium accipientes vel vertentes, dixerunt alterutrum fieri, vel Arbonem comitem, si non recederet de comitatu parentum suorum, vel se ipsos morituros gladii ante faciem. — *Ann. Fuld.*, an. 883. Imperator animos optimatum regionis illius (*l'Italie*) contra se concitavit. Nam Witonem aliosque nonnullos exauctoravit, et beneficia, quæ illi et patres et avi et atavi illorum tenuerunt, multo vilioribus dedit personis. — Vitikind, p. 19 (éd. de Meibomius, Francfort, 1621) : Igitur patre patriæ et magno duce Ottone defuncto, illustri et magnifico filio Henrico totius Saxoniæ ipse reliquit ducatum. Rex autem Conradus cum sæpe expertus esset virtutem novi ducis, veritus est ei tradere omnem potestatem patris. Quo factum est ut in-

Charles-le-Chauve s'emploie continuellement à rassurer et à flatter les bénéficiaires [1]. Sous son règne, les transformations de bénéfices en propriétés se multiplient rapidement [2]. Enfin en 877,

---

dignationem incurreret totius exercitus saxonici. Ficte tamen pro laude et gloria optimi ducis plura locutus, promisit se majora sibi daturum et honore magno glorificaturum. Saxones vero hujuscemodi simulationibus non attendebant, sed suadebant duci suo, ut si honore paterno eum nollet sponte honorare, rege invito quæ vellet obtinere posset. Rex autem videns vultum Saxonum erga se solito austeriorem, nec posse publico bello ducem eorum conterere, suppetente illi fortium militum manu, exercitus quoque innumera multitudine, egit ut quoquo modo interficeretur dolo.

[1] *Conc. ap. Marsnam*, II, a. 851, c. 6. Ut nostri fideles, unusquisque in suo statu et ordine, veraciter sint de nobis securi, quia nullum abhinc in ante contra legem et justitiam, vel auctoritatem et justam rationem aut damnabimus, aut deshonorabimus, aut opprimemus, vel indebitis machinationibus affligemus; et illorum... communi consilio, secundum Dei voluntatem, et commune salvamentum ad restitutionem sanctæ Dei ecclesiæ, et statum regni et ad honorem regium atque pacem populi commissi nobis pertinenti adsensum præbebimus; in hoc ut illi non solum non sint nobis non contradicentes et resistentes ad illa exsequenda, verum etiam sint nobis fideles et obedientes ac veri adjutores atque cooperatores vero consilio et sincero auxilio ad ista peragenda quæ præmisimus, sicut per rectum unusquisque in suo ordine et statu suo principi et suo seniori esse debet. *Conc. ap. Carisiacum*, 877, cap. 11 (Bal., II, 269.)

[2] Baluze, II, 1,444; 1,445; 1,475. *Hist. du Languedoc*, t. I, dipl. 72, 73, 74, 82 et surtout 83. L'intitulé ordinaire de ces diplômes est : Regalis celsitudinis mos est, fideles regni sui donis multiplicibus et honoribus ingentibus honorare, sublimesque efficere. Proinde ergo morem paternum, regum videlicet prædecessorum nostrorum sequentes, etc.

sous le coup d'une invasion des Normands, il reconnaît l'hérédité du bénéfice toutes les fois qu'il se trouvera pour le recueillir des gens capables de porter les armes et d'accomplir ainsi les conditions de la concession ¹. Là est le fief.

Toutefois il ne faut pas chercher dans l'his-

---

¹ *Cap. ap. Carisiacum*, cap. 10 (Bal., II, 263). Si aliquis ex fidelibus nostris post obitum nostrum, Dei et nostro amore compunctus, seculo renuntiare voluerit et filium vel talem propinquum habuerit, qui reipublicæ prodesse valeat, suos honores, prout melius voluerit ei valeat placitare. Et si in alode suo quiete vivere voluerit, nullus ei aliquod impedimentum facere præsumat, neque aliud aliquid ab eo requiratur, nisi solummodo ut ad patriæ defensionem pergat. — *Addit.*, cap. 3 (Bal., II, 269). Si comes de isto regno obierit, cujus filius nobiscum sit, filius noster cum ceteris fidelibus nostris ordinet de his qui eidem comiti plus familiares propinquiores fuerunt, qui cum ministerialibus ipsius comitatus, et cum episcopo in cujus parochia fuerit ipse comitatus, ipsum comitatum prævideant usque dum nobis renuntietur, ut filium illius qui nobiscum erit de honoribus illius honoremus. Si autem filium parvulum habuerit, iisdem filius ejus cum ministerialibus ipsius comitatus, et cum episcopo in cujus parochia consistit, eumdem comitatum prævideant, donec obitus præfati comitis ad notitiam nostram perveniat et ipse filius ejus per nostram concessionem de illius honoribus honoretur. Si vero filium non habuerit, filius noster cum ceteris fidelibus nostris ordinet qui cum ministerialibus ipsius comitatus et cum episcopo proprio ipsum comitatum prævideat, donec jussio nostra inde fiat. Et pro hoc ille non irascatur qui illum comitatum præviderit, si eumdem comitatum alteri, cui nobis placuerit dederimus quam illi qui eum eatenus prævidit. Similiter et de vassallis nostris faciendum est. Et volumus atque præcipimus ut tam episcopi quam abbates et comites, seu etiam ceteri fideles nostri hoc erga homines suos studeant conservare.

toire une brusque révolution qui changea subitement tous les bénéfices en fiefs : les faits n'ont pas cette rigueur. En toute l'Europe ce fut la coutume qui peu à peu introduisit l'hérédité des bénéfices. Quand l'empereur Conrad [1] publia sa fameuse constitution, première reconnaissance légale des fiefs, il y avait dès longtemps des bénéfices héréditaires en Allemagne et en Italie.

L'établissement des fiefs fut l'œuvre non d'un jour, mais de deux siècles, et ce nom de fief comprit bien d'autres natures de propriété que le bénéfice; je le dirai plus loin [2].

CHAPITRE XVI.

Comment se détruisit le lien qui unissait les bénéfices à la monarchie.

Les rapports qui existaient à raison des bénéfices entre le roi et les vassaux subsistaient entre les vassaux et les fidèles qui recevaient un bénéfice de leur seigneur. Tout chef de bande,

---

[1] Cette constitution (lib. V, *Feud.*, tit. 1) n'est point de Conrad-le-Salique, mais de Conrad II. L'exemplaire publié par Canciani (t. V, p. 44), où cette constitution porte la date de l'an 1138, ne laisse aucun doute à cet égard.

[2] Livre XI, au commencement. — Hullman, *Ursprung der Stænde*, § 32.

grande ou petite, s'installant sur de vastes domaines, possédés à titre d'alleu ou de bénéfice, subdivisa entre ses compagnons cette richesse nouvelle pour avoir lui aussi son armée, sa cour et ses fidèles [1].

Ainsi se forma peu à peu cette hiérarchie de propriétés et de personnes qui devait être la féodalité. Ainsi par la division progressive des bénéfices s'étendit de jour en jour cette chaîne de vassaux et d'arrière-vassaux, liés les uns aux autres par des obligations de même nature, toujours comprises dans ce serment de fidélité qui était le titre même de la possession. Sous l'influence des immunités et de l'hérédité des bénéfices, on conçoit combien s'affaiblit le nœud qui rattachait l'arrière-vassal au souverain; les Francs d'ailleurs étaient toujours ces compagnons ger-

---

[1] *Præcept. de Hispan.* (Bal., I, 551), III. Et si quispiam eorum (*de ces Espagnols à qui on a donné des terres et qui sont sous la mainbournie royale, sub regia defensione atque protectione*) in partem quam ille ad habitandum sibi occupaverat, alios homines undecumque venientes adtraxerit, et secum in portione sua, quam adprisionem (*bénéfice*) vocant, habitare fecerit, utatur illorum servitio absque alicujus contradictione vel impedimento et liceat illi eos distringere ad justitias faciendas quales ipsi inter se definire possunt. Cetera vero judicia, id est criminales actiones, ad examen comitis reservantur. IV. Et si aliquis ex his hominibus qui ab eorum aliquo adtractus est, et in sua portione conlocatus locum reliquerit, locus tamen qui relictus est, a dominio illius qui eum prius tenebat non recedat.

mains, qui ne connaissaient que le chef qu'ils s'étaient choisi ; leurs besoins ni leurs idées n'allaient pas plus loin¹.

Charlemagne entreprit de relier et d'organiser cette féodalité naissante. C'est dans ce but qu'une fois proclamé empereur, il exigea que tous les hommes libres lui rendissent l'hommage². Faire de chaque sujet de l'Em-

---

¹ *Capit. Pippini* (Canciani, V, 18), cap. 35. Quia modo isti infideles homines magnum conturbium in regnum Karoli regis voluerint terminare, et in ejus vita consiliati sunt, et inquisiti dixerunt quod fidelitatem ei non jurassent.

² Cap. 1, an. 802 (Walter, *Corpus juris germ. antiq*. t. II, p, 159) c. 2, *de fidelitate promittenda domino imperatori*. Præcepitque ut omnis homo in toto regno suo, sive ecclesiasticus sive laicus, unusquisque secundum votum et propositum suum, qui antea fidelitatem sibi regis nomine promisissent, nunc ipsum promissum hominis Cæsari faciat. Et ique qui adhuc ipsum promissum non perfecerunt, omnes usque ad XII ætatis annum similiter facerent. Et ut omnibus traderetur publice qualiter unusquisque intelligere posset magna in isto sacramento et quam multa comprehensa sunt, non ut multi, usque nunc existimaverunt, tantum fidelitatem domino imperatori usque in vita ipsius, et ne aliquem inimicum in suum regnum causa inimicitiæ inducat ; et ne alicui infidelitate illius consentiat aut retaciat, sed ut sciant omnes istam in se rationem hoc sacramentum habere. — *Capit.*, V, ann. 806, c. 2. — *Capit.*, III, ann. 812, c. 13. — *Capit. Pippini regis Italiæ*, ch. 36 (Canciani, V, 18). — *Capit. Karoli Calvi*, t. 15, c. 13, donne la formule du serment de fidélité ; c'est la formule féodale. Sacramentum autem fidelitatis tale est : ego illi Karolo Hludowici et Juditæ filio ab ista die in antea fidelis ero, secundum meum savirum, sicut francus homo per rectum esse debet suo regi. Sic me Deus adjuret et istæ reliquiæ. — Tit. 37, c. 2. Le tit. 44 donne la *professio epi*-

pire, un fidèle et se proclamer, sous ce titre sacré d'empereur, le chef suprême de la hiérarchie féodale, c'était avec un génie admirable détourner une force qu'on ne pouvait contrarier, et sous l'apparence d'une organisation féodale, faire en réalité prédominer la relation de roi à citoyen sur celle de seigneur à vassal; mais cette tentative généreuse échoua contre la

coporum, puis le *sacramentum laicorum*, puis le *generale sacramentum omnium fidelium*; le voici : Sic promitto ego quia de isto die in antea seniori meo, quamdiu vixero, fidelis et obediens et adjutor quantumcunque plus et melius sciero et potuero et consilio et auxilio secundum meum ministerium in omnibus ero absque fraude et malo ingenio, et absque ulla dolositate vel seductione, seu deceptione, et absque respectu alicujus personæ, et neque per me, neque per missum, neque per litteras, sed neque per emissam seu intromissam personam, vel quocumque modo ac significatione contra suum honorem et sanctæ Ecclesiæ atque regni illi commissi quietem et tranquillitatem atque soliditatem machinabo vel machinanti consentiam, neque unquam aliquod scandalum movebo quod illius præsenti vel futuræ saluti contrarium vel nocivum esse possit. Sic me Deus adjuvet, et ista sanctorum patrocinia. *Et le roi prêtait à son tour le serment seigneurial. Capit. Karoli Calvi*, tit. 20. *Sacramentum regis*. Et ego, quantum sciero et rationabiliter potero, Domino adjuvante, unumquemque vestrum secundum suum ordinem et personam honorabo et salvabo, et honoratum ac salvatum absque ullo dolo ac damnatione vel deceptione conservabo, et unicuique competentem legem et justitiam conservabo. Et qui illam necesse habuerit, et rationabiliter petierit, rationabilem misericordiam exibebo, sicut fidelis rex suos fideles per rectum honorare et salvare, et unicuique competentem legem et justitiam in unoquoque ordine conservare et indigentibus et rationabiliter petentibus rationabilem misericordiam debet impendere.

force des choses : elle était venue quatre siècles trop tôt. Malgré les efforts de l'empereur, malgré les menaces impuissantes de ses faibles successeurs, l'obligation de fidélité ne se maintint qu'entre le bénéficiaire et son seigneur direct ; elle s'arrêta là.

CHAPITRE XVII.

Continuation du même sujet.

« Et saichez que avant de partir le roy manda
» à Paris tous les barons de France et leur fist
» faire foy et hommage, et jurer que loyaulté ils
» porteraient à ses enfans s'aucune malle chose
» avenait de sa personne ou saint veage d'oultre
» mer ; et aussi me manda-il. Mais moy qui n'é-
» tais point sujet à lui ne voulu point faire de
» serment [1]. »

On agissait au temps de Charles-le-Chauve comme au temps de saint Louis : c'est aux seigneurs que s'adresse cet empereur pour réprimer les désordres commis dans leurs terres [2].

---

[1] Joinville, édition de Ducange, p. 23. Joinville relevait du comte de Champagne, vassal immédiat de la couronne. Voyez aussi la 13ᵉ dissertation de Ducange sur Joinville.

[2] Capit. Karoli Calv., t. 35, post reditum a Confluentibus (Bal., II, 146 et ss).

C'est par leur autorité qu'il fait passer la sienne [1]. Seigneurs, évêques et comtes sont des princes indépendans, l'Empire n'est plus qu'un nom. Il ne pouvait être autrement : la classe des hommes libres, qui seule aurait pu faire contre-poids à la puissance des grands seigneurs, s'était perdue dans les vassalités [2]. Les bénéfices croissaient tous les jours en nombre comme en fixité. Les terres étant la seule richesse, c'était avec des terres que se payaient tous les services civils et militaires, et quand les officiers royaux se perpétuèrent dans la propriété de la fonction et du sol, le fisc fut ruiné, le pouvoir royal anéanti.

Déjà des Mérovingiens, réduits pour entretenir leur maison déchue à une seule métairie [3], le trône avait passé aux maires austrasiens, maîtres et distributeurs des bénéfices royaux. Une seconde révolution de même nature brisa l'Empire de Charlemagne dans les mains de ses successeurs dépossédés.

---

[1] *Conv. ap. Marsnam*, I (Bal., II, 44), IV. Et volumus ut sciatis quia nos fidelibus nostris rectum consentire volumus et contra rationem eis facere non volumus. Et similiter vos ac ceteros fideles nostros admonemus ut vos vestris hominibus rectum consentiatis, et contra rationem illis non faciatis.

[2] *Caroli Calvi Capit.*, tit. O, *inf*. Volumus etiam ut unusquisque liber homo in nostro regno seniorem qualem voluerit in nobis et in nostris fidelibus eligat.

[3] Eginhard, *Vita Caroli*, VI (Eichorn, I, 125).

Mais pour recueillir ce grand héritage, il n'y eut pas un homme qui pût comme Charles-Martel distribuer à ses bandes les biens immenses du clergé, ou comme Charlemagne partager entre ses fidèles la Saxe [1] et l'Italie. Chacun tira à soi quelques lambeaux de l'Empire. Chaque seigneur fut roi dans ses terres, chaque comte s'attribua la propriété du ressort qu'il administrait [2]. En Allemagne, en Italie, en France, la souveraineté se brisa en mille fractions diverses ; par un phénomène remarquable, elle s'incorpora au sol avec tous ses attributs : droit de faire la guerre, droit d'impôts, droit de battre monnaie, justice civile et criminelle, tout fut en quelque sorte un fruit de la terre, car la terre c'était la souveraineté.

[1] Philipps, *Deutsche Geschichte*, III, 57.
[2] Regino, *Chron.*, l. II, ad ann. 949. Uto comes obiit, qui permissu regis quidquid beneficii aut præfecturarum habuit quasi hereditatem inter filios divisit. — In comitatu Balduini ejusque familia, id multis jam seculis servabatur, ut unus filiorum qui patri potissimum placuisset nomen patris acciperet, et totius Flandriæ principatum, solus hereditaria successione obtineret. Ceteri vero fratres aut huic subditi dictoque obtemperantes ingloriam vitam ducerent, aut peregre profecti magis propriis rebus gestis florere contenderent, quam desidiæ ac socordiæ dediti egestatem suam vana malorum opinione consolarentur. (Lambert. Schaff., ad ann. 1071.)

CHAPITRE XVIII.

De la monarchie française.

« Le royaume de France, dit judicieusement
» Mézeray, a été tenu, plus de trois cents ans
» durant, selon la loi des bénéfices, se gouvernant
» comme un grand fief plutôt que comme une
» monarchie [1]. » Le lien qui unissait les barons
français aux comtes de Paris était bien faible et
vivement contesté, non-seulement par les grands
vassaux, souvent plus puissans que le souverain,
mais encore par une foule de petits seigneurs,
qui chacun prétendaient à l'indépendance. Il
fallut à Louis VI des efforts infinis pour réduire
les seigneurs de Montlhéry, qui interceptaient
toutes les communications de Paris à Orléans
et faisaient hardiment la guerre au roi [2]. Ce
fut donc une nécessité aux premiers Capétiens
de se contenter d'être reconnus nominalement pour seigneurs dominans, médiats ou immédiats de cette foule de vassaux dépendans les
uns des autres; leur souveraineté n'était qu'une

---

[1] Mézeray, *Abrégé*, t. IV, p. 102, édition in-12 de 1717. — Brussel, *De l'usage des fiefs*, p. 147 et ss.

[2] Voyez Joinville, édit. de Ducange, p. 15.

suzeraineté; mais l'hommage que tous ces fiefs devaient au suzerain était un fil qui rattachait à la couronne ce nombre prodigieux de parties divisées, et entre les mains habiles de nos rois, par une politique suivie avec une admirable persévérance, politique qui s'appuyait sur la protection des classes moyennes et le génie des légistes, représentans ordinaires de l'esprit bourgeois, ce fil mena droit au gouvernement de Louis XIV et à l'unité nationale, le plus beau présent que la France doive à ses anciens rois.

LIVRE VIII.

DE LA PROPRIÉTÉ GERMAINE DANS SES RAPPORTS AVEC LE DROIT PRIVÉ.

CHAPITRE PREMIER.

De l'alleu. — Propres et acquêts.

Les lois barbares distinguent le patrimoine héréditaire, les PROPRES (*allod, bonum paternum, avitum,—hereditas,—terra salica*) de ACQUÊTS (*attractum, bonum ex conquistu, conquestum*)[1]. Cette distinction, inconnue des Romains, est particulière au génie germain; elle règne encore aujourd'hui dans les législations modernes.

Des acquêts la disposition était libre : *Et quia emptio sua erat, poterat eam dare cui volebat, sine ulla contradictione*, dit un diplôme cité par Galland[2].

---

[1] Marculf., form. 11, 12. — *Lex Ripuar.*, tit. 56. — *Lex Salic.*, t. 7. — *Lex Burg.*, I, § 1. — Mittermaier, *Grundsætze* § 131.

[2] *Du Franc-alleu*, p. 25.

De ses propres, il n'était pas loisible de disposer sans le consentement et hors la présence [1] de ses héritiers [2]. Il n'y avait d'exceptions que pour les donations faites au roi ou à l'Église [3]; et néanmoins dans la crainte de violences ordinaires, l'Église avait grand soin dans toutes les donations de faire consentir et signer la femme [4] et les enfans [5].

Galland a rassemblé sur ce point des titres curieux; j'y renvoie le lecteur [6].

---

[1] Diplôme du onzième siècle. Sed cum hæc res (*cette donation*) minorem firmitatem habere videretur, eo quod justus heres, frater videlicet ejus Temo, utpote vulnerum infirmitate detentus, præsens non esset, sed nuntius ejus, iterum constituto die in loco Reineselhe, in comitatu Adalgeri, idem Everhardus, præsente et consentiente et collaudante fratre ejus Temone justo herede, supradictam curtem... tradidit, et in æternum confirmavit. (Mœser, *Osnab. Gesch.*, t. II, p. 269. — Guérard, *Polyptique*, p. 340.)

[2] Eichorn pense que cette limitation du droit d'aliéner n'est pas de l'ancien droit germanique (*Privat recht*, p. 401); Mittermaier, *Grundsætze*, § 141, est d'une opinion contraire. Il est certain que cette prohibition était tout au moins dans l'esprit du droit germanique. — V. Bluntschli, p. 91.

[3] *Lex Saxon.*, tit. 15, c. 1.

[4] *Ann. Bened.*, II, 718.

[5] Dans le diplôme où Pépin et sa femme fondent le monastère de Prum on fait signer ses deux enfans, Charles et Carloman. Signum Karoli filii consentientis, — signum Karolimanni filii sui consentientis. (*Ann. Bened.*, II, 707.)

[6] *Lex. Saxon.*, t. 15. — Meichelbeck, *Historia Frisingensis*, dipl. n° 7, p. 28; n° 13, p. 52. Ego in Dei nomine Poapo, vir nobilis congregavi multitudinem parentum meorum nobilium virorum per quamdam dubitationem filiorum meorum consiliati

Ce droit de la famille, nous le retrouverons dans la législation féodale réduit sous le nom de retrait lignager à une simple préférence. Je le vois en Orient, où la législation des fiefs n'a point pénétré, sous le nom de *jus protimeseos;* on le retrouve aussi dans la coutume des villes de France et d'Allemagne et dans la plupart des *fueros* espagnols [1].

cum illis sicut ipsi consilio, mihi per fidem dederunt, ut hereditatem meam domui S. Mariæ tradidissem. — Dipl. de l'an 1087. Notum esse volumus omnibus fidelibus tam futuris quam et præsentibus, quod Hildeberga Frexherundæ abbatissa et Hildesuith soror, quædam loca infra nomiu oda, quæ jure hereditatis in partem proprietatis a prædictis sororibus acceperat, earum et mundiburdi (*son tuteur*) et heredum suorum præsentia et collaudatione ecclesiæ S. Petri in jus proprietatis et perpetuæ possessionis in placito Wecelonis comitis, I. Mito Eppirslot, contradidit. Mœser, *Osnab. Gesch.*, t. II, dipl. 37. — *Sachsen Spiegel*, I, 21. Man mut ok wol vrowen g en egen to irme live mit erven gelove, svo jung se sin, binnen deme gerichte dar't egen inne leget, in jewelker statt deste dar k niges ban si.—52. § 1. Ane erven gelof unde ane echt ding ne mur nieman sin egen noch sine lüde geven... Gift he't weder rechte s der erven gelof, die erve underwinde's sik mit ordelen, als of e dot si jene de't dar gaf, so he's nicht geven ne mochte.— Sydow, *Erbrecht des Sachsen spiegels*, p. 181, 211.—Appendix V.

[1] *Foro de Baeza*, a. 27. Empero a quel quo raiz (*radix*, souche) alguna quisiere vendar, fagala pregonar III d s en la villa, a estonce si alguno de sus parientes la quisiere co prar, compre la per quanto aquel que mas caras la quisiere comprar.

CHAPITRE II.

Des formes par lesquelles se transmettait la propriété.
1° Forme germaine [1].

La propriété de l'alleu se transférait par une tradition solennelle (*legitima traditio* [2]) faite en l'assemblée du canton sous la présidence du comte [3]. Cette tradition se faisait par quelque symbole, comme d'un bâton (*traditio per festucam, infestucatio, scotatio* dans les législations du Nord), d'une touffe de gazon [4], d'un gant, etc.;

[1] Philipps, *Hist. d'Allemagne*, I, 593 et ss; II, p. 532. Le plus curieux diplôme est donné dans l'*Histoire du Languedoc*, t. I, dipl. 109. (Appendix, R.)

[2] *Capit.*, I, an. 819, c. 0.

[3] Marculf, append., form. 19. Veniens homo aliquis nomine ille, in pago illo, in loco qui dicitur ille, ante bonos homines qui subter firmaverunt, terram illam id est tam mansis *etc.*, totum et ad integrum, quam ante hos dies homine aliquo nomine ille per venditionis titulum, accepto vero pretio, visus fuit vendidisse, sed ante ipsos bonos homines ad integrum ut quicquid prædicta venditione ei vendidit, per manus partibus ipsius lui vel terram visus fuit tradidisse, et per suam fistucam contra ipsum illum exinde exitum (*alias* exutum) fecit, ut quicquid ipso ille de ipsa terra a die præsente facere voluerit, liberam et firmissimam in omnibus habeat potestatem faciendi, etc. Form. 20 et 43, *ibid.* — Voyez cependant Bluntschli, p. 9.

[4] C'est par une touffe de gazon que Guillaume se saisit de l'Angleterre :

Galland a précieusement recueilli toutes ces curiosités [1].

La tradition par le fétu se perpétua durant le moyen âge.

« Par l'enseignement et le jugement des hom-
» mes devant dit, nous fummes adherités (dit
» un diplôme gantois du treizième siècle) et li dis
» hues deshérités, et en vuerpi et enfestuca une
» fie, autre et la tierche, si que nien eût, ni re-
» tient, et nous en fumes enherités bien et
» a loy [2]. »

Roman de Rou, vers 11,711 et ss :

    Quand li dus primes fors issi,
    Sor sez dous palmes fors chaï;
    Sempres i ont leve grand cri
    E distrebt tuit : mal signe est cy;
    Et il lor a en haut crié :
    « Seignors, par la resplendor Dé
    » La terre ay a dous mainz seizie ;
    » Sans chalenge mais mest guerpie ;
    » Tote est nostre quant qu'il y a ;
    » Or verrai qui hardy sera. »
    Donc courut un hom au terrein
    Sor un bordel tendi sa main
    Plein puing prist de la coverture
    El duc torna a grant aleure ;
    « Sire, dit-il, avant venez,
    » Ceste saisine recevez ;
    » De ceste terre vos saisis,
    » Vostre est sains dote li païs. »
    E li dus respont : « Jo l'otrei,
    » E Dex y seit ensemle od mei. »

[1] *Franc-alleu*, p. 323 et ss. — Grimm, *R. A.*, p. 121 et ss. — Dreyer, dans la publication de Spangenberg (*Beyt. zur Kunde deutscher Rechtsalterthuemer*, nos 24, 26, 29).

[2] Diplôme de Guy, comte de Poitou (de l'an 1068). Volis et

Je suis cette coutume jusqu'à une époque fort avancée dans tous les pays où domina l'esprit germanique, en Allemagne[1], en Hollande[2], et près de nous dans les coutumes de Haynault, de Flandres et de Picardie.

« En acquisition des héritages cotiers ou de » main ferme (dit l'art. 136 de la *Nouvelle Coutume d'Artois*), jasoit que la femme n'ait été » présente à telle acquisition et saisine, *ne mis la » main au bâton;* néanmoins, elle est acqueste- » resse comme son mary, et transmet après son » trépas la moitié d'iceulx héritages à ses plus » prochains héritiers. »

Cette tradition solennelle donnait la saisine (*investitura, gewehr*). Celui qui livrait la chose déguerpissait la propriété[3]; celui qui la recevait

---

omnibus aliis abhinc in antea permitto, concedo et ad integrum restituo terras easdem et cetera omnia cum omnibus pristinis consuetudinibus, sicut ipse et mater mea cum illo tenuerunt, et monasterio S. Trinitatis dederunt, ut habeatis et teneatis firmissimo stabilimento vos et posteri vestri. Tunc inclinavit se comes, et accepit viridem scirpum, nam domus erat recenter juncata, sicut solemus facere quando aliquem personæ potentis vel dominum suscipimus vel amicum. Tunc junco ipso, non tam domum faciens quam restaurationem, dedit duobus fratribus, *etc.* Bignon, sur Marculf, I, 13 (*Canc.*, II, 198).

[1] Mittermaier, *Grundsœtze*, § 144, a.

[2] Sande, *Commentatio de effestucatione* (Arnheim, 1658), p. 276 et ss.

[3] *Abdicare, werpire, exutum se werpire;* dans les diplômes hollandais et flamands du quatorzième siècle : Ende heeft A't selve goet voor op-gedragen, ende nae daer op met handt

LIV. VIII; CHAP. II. 377

avait *main garnie* ¹, et la possession d'an et jour rendait la saisine irattaquable ².

La tradition faite sans ces solennités légales ne donnait pas la saisine. Cette saisine restait au vendeur, seul propriétaire aux yeux de la loi. Lors donc qu'on traitait en dehors de l'assemblée du canton, on faisait donner au vendeur caution de parfaire l'investiture devant le comte.

Capit. 1. ann. 819. c. 6. « Si quis res suas pro
» salute animæ suæ vel ad aliquem venerabilem
» locum, vel propinquo suo, vel cuilibet alteri
» tradere voluerit, et eo tempore intra ipsum co-
» mitatum fuerit in quo res illæ positæ sint, legiti-
» mam traditionem facere studeat. Quod si eodem

---

balm ende mondt verteghen, ende is daer oock met allen rechten nytghegaen, end's heeft B daer aen geerft ende *gevest* in alle der beste forme des rechten, ende soo sich dat met recht gebeurde; also dat na het oordeel van Gerichtshuyden, A ende syne Erven daer aften eeuwigen dagen onterft ende *ontguedt* sal wesen ende blyven, ende daer aen nummermeer geen recht toeseggen, noch aenspraeck meer hebben noch beholden, ende B voor hem ende syne Erven daer aen *geguedt* ende *ghevest* zyn, ende daer aen *vast* ende stede blyven sal. — Charondas, *Pandectes du droit français*, liv. II, c. 16. — *Histoire du Languedoc*, t. II, dipl. 35.

¹ *Lex Baj.*, XVII, 2.

² Cette saisine d'an et jour, c'est la saisine proprement dite de nos anciennes coutumes, ce que les Allemands nomment *rechte gewehr* (Mittermaier, *Grundsætze*, § 137.) les Suédois et les Danois, *lagaherd*. (K. Rosenvinge, *Hist. du droit danois*, § 55.)

» tempore quo illas tradere vult, extra eumdem
» comitatum fuerit, id est, sive in exercitu, sive
» in palatio, sive in alio quolibet loco, adhibeat
» sibi vel de suis pagensibus [1], vel de aliis qui ea-
» dem lege vivunt qua ipse vivit, testes idoneos;
» vel si illos habere non potuerit, tunc de aliis qua-
» les ibi meliores inveniri possunt. Et coram eis
» rerum suarum traditionem faciat, et fidejusso-
» res vestituræ [2] donet ei qui illam traditionem
» accipit ut vestituram faciat. Et postquam hæc
» traditio ita facta fuerit, heres illius nullam de
» prædictis rebus valeat facere repetitionem. In-
» super et ipse per se fidejussionem faciat ejus-
» dem vestituræ, ne heredi ulla occasio remaneat
» hanc traditionem immutandi sed potius ne-
» cessitas incumbat illam perficiendi [3]. »

La loi ripuaire veut en ce cas que la tradition soit faite sur le lieu même, en présence de six ou douze témoins qu'on faisait accompagner d'autant d'enfans; la loi ordonne en outre à l'acquéreur, après la tradition faite et le prix payé, *de donner*

---

[1] *Lex Bajuv.*, XVI, 1. Ille homo qui hoc testificare voluerit, commarchanus ejus debet esse, et debet habere sex solidorum pecuniam et similem agrum.

[2] L'ancienne version allemande traduit toujours *vestitura* par *geweri*. Philipps, *Hist. d'All.*, II, 536. — Brower, *Diss. de veteri populi Trevirorum lingua*, p. 102.

[3] Sur cette obligation de l'héritier, voyez le *Miroir de Saxe*, art. 9. Bluntschli, p. 91.

un soufflet et de tirer les oreilles aux enfans, pour qu'ils lui rendent un jour témoignage devant l'assemblée du canton [1].

Ces formes de tradition, qui rappellent la mancipation romaine, s'appliquaient comme cet acte solennel à la transmission de l'hérédité tout entière [2] et à la donation [3].

---

[1] *Lex Ripuar.*, tit. 60, *de Traditionibus et Testibus adhibendis*. Si quis villam aut vineam vel quamlibet possessiunculam ab alio comparaverit, et testamentum (*le témoignage devant le canton*) accipere non potuerit, si mediocris res est, cum sex testibus, et si parva cum tribus, quod si magna cum duodecim, ad locum traditionis cum totidem numero pueris accedat, et sic præsentibus eis pretium tradat, et possessionem accipiat, et unicuique de parvulis alapas donet et torqueat auriculas, ut ei in postmodum testimonium præbeant. Eichorn, *R. G.*, § 59. Sur ces témoignages, voyez les formules 90, 91 et 94 de Goldast.

[2] *Capit.* IV, ann. 803, c. 7. Qui filios non habuerit, et alium quemlibet heredem facere sibi voluerit, coram rege, vel comite et scabinis, vel missis dominicis, qui tunc ad justitias faciendas in provincia fuerint ordinati, traditionem faciat.

[3] *Lex Salica*, tit. 49, *de Adframire*. Hoc convenit observare ut tunginus aut centenarius mallum indicent, et scutum in ipso mallo habere debet, et postea tres homines tres causas demandare debent; postea in ipso mallo requirant hominem, qui ei non pertinet (*qui n'est point parent du donateur*) et sic festucam in laisam (*sein, giron*) jactet, et ipse in cujus laisam festucam jactaverit dicat verbum de fortuna sua, quantum ei voluerit dare, aut si totam aut si mediam fortunam suam illi voluerit dare. — *Lex Longob.* lib. II, tit. 14, c. 13. Si quis desperaverit propter senectutem aut aliquam corporis infirmitatem, quod filios non possit habere, et res suas alii thingaverit, posteaque cum contigerit filios legitimos procreare, omne thinx quod est donatio, quæ prius facta est rumpatur, et filii legitimi unus

CHAPITRE III.

Continuation. 2° Forme romaine.

A côté de la tradition solennelle faite devant le canton, je vois subsister la vente et la donation romaines, et il est souvent question de l'insertion de ces contrats aux actes municipaux [1]. La forme germaine est plus usitée dans le Nord, la forme latine plus fréquente dans le Midi [2]. L'Église, qui vit sous la loi romaine, rédige suivant cette loi les donations qu'on lui fait chaque jour [3].

---

aut plures, qui postea nati fuerint, heredes patri in omnibus succedant. Si autem filiam legitimam unam, aut plures, seu filios naturales unum aut plures post thinx factum habuerit, habeant et ipsi legem suam, sicut supra constitutum est, tanquam si nulli alii thingatum fuisset. Et ille cui thingatum est tantum habeat, quantum alii parentes proximi debuerant habere, aut curtis regia suscipere, si alii thingatum non fuisset. *Ibid.* liv. II, tit. 15, c. 2. — Meichelbeck, p. 33. Marculf, *Form.*, app., 27.

[1] Raynouard, *Histoire du droit municipal*, liv. II, chap. 7, 8, 9, a donné les documens les plus curieux à ce sujet.

[2] *Hist. du Languedoc*, t. II, diplôme, n° 5.

[3] Donation du comte Eberhard au monastère de Murbach en 727. (*Ann. Bened.*, II, 702.) Præsentem vero donationem nequaquam civiliter gestis municipalibus alligare curavimus, et omnino decernimus ne alioquin in eam ob hanc causam quisquam valeat repetere.

Cette persistance de la loi romaine fut plus longue qu'on n'admet généralement. Des formules qui datent du douzième siècle, à juger par leur mauvaise latinité, présentent le modèle d'une vente dans la forme de la cession judiciaire, en même temps qu'elles nous apprennent, chose non moins curieuse, qu'à cette époque on distinguait encore pour régler les formes du contrat quelle était la loi du vendeur [1].

L'avantage d'un acte écrit sur le souvenir fugitif ou corrompu de quelques témoins fit adopter l'usage de rédiger un acte, ou plutôt un procès-verbal de vente, pour l'aliénation faite devant l'assemblée du canton. En ce point, les deux formes se ressemblèrent et tendirent à se confondre [2].

---

[1] *Formulæ antiquæ ex Veronensi codice*, ap. Canciani, II, 472 et 474. Appendix G.

[2] *Goldast. Form.* 11. Pernhardus, subdiaconus. Superventuras igitur contentiones quæ sæpius etiam causis ex minimis oriri solent ad devitandas, placuit mihi Amalperto traditionem, quam filiis meis feci, conscriptione firmari et ad memoriam posteris tradere. Dedi itaque tribus filiis meis Annoni, Amalperto et Reginfredo, qui mihi nati sunt ex ancilla Sancti-Galli, omnem proprietatem meam, quam hodierna die in Vuolerammes wilare visus sum possidere : ea videlicet ratione, ut eadem possessio sine ullius contradictione ab illis perpetualiter possideatur, censusque II denariorum ab eisdem singulis annis persolvatur. Actum in Zuocewilare, in publico mallo Notkeri advocati coram monasterii Sancti-Galli abbate Cralone, aliisque testibus quorum hic nomina continentur. Signum Amalperti qui hanc traditionem fecit. Signa et aliorum testium, qui ibidem præsentes affuerunt. *(Il y a dou-*

CHAPITRE IV.

De la prescription [1].

La prescription est une institution étrangère aux idées germaines, et que les conquérans empruntèrent totalement au droit romain [2]; seulement ils confondirent ensemble ses divers délais. Pour les immeubles la prescription fut de trente ans, de quarante ans pour les possessions de

noms). Ego itaque Pernhardus, subdiaconus, scripsi et subscripsi in vicem Vualdonis. Notavi diem feriam III, anno XII rege Ottone regnante sub Peringario comite. — Marculf, II, 19, 20, 21. Appendix, form. 14. — Diplôme de l'an 1238. Quoniam negotia et actus hominum sæpius volubilitate temporis transeunt in oblivionem, hinc est quod perutile agitur et necesse est ut scripturæ testimonio roborentur. Quapropter universi tam præsentes quam posteri noscant hanc paginam inspecturi quod domum quandam in Hallenburen, quæ libera hereditas dicitur, ab Helmwico consentientibus heredibus suis, qui omnes liberi dicuntur pro triginta marcis comparavimus, et idem Helmwicus cum heredibus suis in judicio quod dicitur vridynch resignaverunt. Mœser, *Osnab. Gesch.*, III, 326. — *Hist. du Languedoc*, t. II, dip. 64.

[1] Eichorn, I, § 200.—*LL. Wisigoth.*, II, 10. *L. Burg.*, tit. 79. *L. Longob*, lib. II, t. 35.— Marculf, appendix, form. 23. —Dominicy, p. 48 et ss. — Sidonius, VIII, 6.

[2] Winspeare, lib. I, c. 6, p. 195.

l'Église[1]; les lois lombardes mentionnent aussi le privilége du fisc à cet égard[2].

Il n'est question ni de bonne foi ni de juste titre, car tous les passages où il est parlé de la prescription ne désignent que la prescription libératrice; il n'est pas douteux cependant qu'elle ne fut aussi un moyen d'acquérir.

CHAPITRE V.

Du bénéfice et de la censive[3].

A comparer l'idée que les Romains se faisaient du domaine quiritaire et l'idée que les Germains se faisaient de l'alleu, on peut dire que cette dernière nature de propriété ne le cède en rien à la première pour la richesse et la grandeur de ses attributs[4]. Il en est tout autrement pour les possessions qui s'établirent à côté de l'alleu. Le sol fut affecté d'une infinité de char-

---

[1] *Capit.*, lib. V, c. 389.
[2] *L. Longob.*, lib. II, tit. 35, c. 8.
[3] Bluntschli, p. 93 et ss.
[4] En quelques passages de chroniqueurs, l'alleu est appelé *res mancipi*. Sigebert, lib. III, c. 20. Quidquid in re mancipi habebat, in tres partes divisit. Et plus loin. Quidquid in re mancipi habuit per testamentum Ecclesiæ delegavit. Dominicy, p. 21.

ges ignorées des lois romaines, qui écartaient soigneusement tout ce qui eût gêné l'indépendance de la propriété.

Cette dégénérescence de la propriété franche fut le résultat de l'établissement et du développement rapide des bénéfices et des censives.

Ces deux espèces de possession différaient à plus d'un égard; mais elles se ressemblaient en ce point : que les possesseurs tenaient leur droit d'un propriétaire ; qu'ils reconnaissaient perpétuellement cette propriété supérieure, *la directe*, pour me servir d'une expression féodale; qu'ils devaient à raison de leur tenure des redevances ou des services, enfin que leur possession n'était directement reconnue, ni protégée par la loi nationale. Telle était la position des recommandés, des bénéficiaires et même des serfs à qui leur maître avait concédé une portion de son domaine.

J'ai parlé plus haut des services du bénéficiaire [1]. Quant aux redevances des hommes libres, concessionnaires de l'Église, des grands ou du roi, ils payaient, soit en services, soit en denrées, soit en argent, un cens tout à fait semblable à celui que payaient les colons [2], avec cette seule

---

[1] Sup., l. VII.

Zellweger, dipl. 3 (ann. 825). Christi enim favente clementia ego Cozbertus abba congregationis Sancti-Galli : convenit nos una cum consensu fratrum nostrorum, ut illas res quas nobis

différence, que cette redevance en argent était en général très-faible et plutôt l'aveu que le fermage du domaine.

Le paiement du cens, l'attache du concessionnaire au domaine, la dépendance de ses héritiers amenèrent la ruine fatale de la liberté des possesseurs; mais d'autre part cette assimilation des hommes libres aux colons, funeste aux premiers, grandit les seconds. Il se fit comme une moyenne entre la franchise et l'esclavage. A mesure que l'une baissa sous le poids de la misère et de la dureté des temps, l'autre s'éleva par la faveur du maître et prit de la stabilité par la possession du sol. La condition des colons, en s'assimilant à celle des hommes francs, se régularisa. Il s'établit sur le domaine du seigneur des coutumes qui rappelèrent en plus d'un point la loi des hommes libres et qui protégèrent la possession, comme cette loi protégeait le

Ribhoh et Roadhoh illorum jure proprietatis tradiderant pari consilio, in loco qui dicitur Surveinperc (Schweinberg) eis iterum per precariam repræstare debuerimus, quod ita et fecimus. Ea videlicet ratione, ut annis singulis nobis inde censum persolvant, hoc est X modios de grano; et inter ambos unum integrum juchum arent, et in tempore messis II dies in laboris opere persolvant. Similiter et in tempore fœni secandi alios duos dies. Et sicut enim alii liberi homines servilia opera nobis exhibent, ita et illi, similiter et illorum cuncta de reliquo posteritas faciat legitime procreata. Actum præsens precaria in ipso monasterio publice præsentibus quorum hic signacula continentur. *Ibid.*, diplôme 4.

domaine. La censive, qui fut pour les hommes libres une réduction en servage, fut pour les colons la transition du servage à la liberté.

CHAPITRE VI.

Procédure des actions réelles [1].

Sur les questions de propriété les deux genres de preuves les plus usités, et non certes les moins bizarres, c'étaient le serment [2] et le duel. La loi des Bavarois semble laisser aux parties le choix de s'accorder sur ce point [3]. Celle des Allemanni

---

[1] Philipps, *Hist. d'Allem.*, 1, 546 et ss.

[2] *Ann. Bened.*, II, 736. — *Form. Gold.*, 85 (appendix, G bis); ibid., form. 90, 91, 92, 93, 94, 95; et le diplôme 98, *Hist. du Languedoc*, t. I, 124.

[3] *Lex Bajuv.*, XVII, 2. De his qui propriam alodem vendunt, vel quascumque res, et ab emptore alter abstrahere voluerit et sibi sociare in patrimonium, tunc dicat emptor ad venditorem : *Terram abstrahere mihi vult vicinus meus* (aut quis fuerit). Et iste respondet : *Ego, quod tibi donavi, cum lege integra et verbis testificatione firmare volo.* Super septem noctes fiat constitutum. Si dicit, cum utrisque utræque partes conveniunt : *Cur invadere conaris territorium quod ego juste jure hereditatis donavi?* Ille alius contra : *Cur meum donare debuisti, quod antecessores mei antea tenuerunt?* Iste vero dicit : *Non ita, sed mei antecessores tenuerunt, et mihi in alodem reliquerunt, et vestita est illius manus cui tradidi et firmare volo cum lege. Si statim voluerit, liberam habeat*

ne connait que le duel [1] ; celle des Bourguignons
favorise le combat pour éviter le parjure [2].

potestatem; sin autem, postea super tres dies aut quinque aut
certi septem ea ratione firmet. Per quatuor angulos campi, aut
designatis terminis, per hæc verba tollat de ipsa terra, val aratrum circumducat, vel de herbis, aut ramis, silva si fuerit : *Ego tibi tradidi et legitime firmabo per ternas vices.* Dicat
hæc verba, et cum dextera manu tradat : cum sinistra vero porrigat wadium huic qui de terra ipsa cum mallat, per hæc verba :
Ecce wadium tibi do quod terram tuam alteri non do, legem faciendo. Tunc ille alter suscipiat wadium et donet illum
successoribus istius ad legem faciendam. Si causa fuerit inter illos
pugnæ, dicat ille qui wadium suscepit : *Injuste territorium
meum alteri firmasti* (id est faswirotos). *Ipsum mihi debes reddere, et cum duodecim solidis componere.* Tunc spondeant
pugnam duorum, et ad Dei pertineat judicium. Sin autem, cum
sacramento se defendat, id est cum duodecim quod suam terram
injuste non firmaret alteri, nec suæ ditioni restituere deberet, nec
cum duodecim solidis componere. — *Hist. du Languedoc*, II,
dipl. 93.

[1] Tit. 84, sup.

[2] *Lex Burg.*, tit. 45. Multos in populo nostro et pervicatione
causantium et cupiditatis instinctu ita cognoscimus depravari ut
de rebus incertis sacramenta plerumque offerre non dubitent et
de cognitis jugiter perjurare. Cujus sceleris consuetudinem submoventes præsenti lege decernimus, ut quotiens inter homines
nostros causa surrexerit, et is qui pulsatus fuerit, non debere a se
quod requiritur, aut non factum quod objicitur, sacramentorum
obligatione negaverit, hac ratione litigio eorum finem oportet imponi. At si pars ejus, cui oblatum fuerit jusjurandum, noluerit sacramenta suscipere, sed adversarium suum, veritatis fiducia, armis dixerit posse convinci, et pars diversa non cesserit,
pugnandi licentia non negetur; ita ut unus de eisdem testibus,
qui ad danda convenerant sacramenta, Deo judicante confligat :
quoniam justum est, ut si quis veritate rei incunctanter scire se
dixerit, et obtulerit sacramentum, pugnare non dubitet. Quod si

A ces moyens barbares vinrent de bonne heure, et sous l'influence de la civilisation chrétienne, se joindre des mesures plus humaines, telle que la preuve par la croix [1], et d'autres plus sensées, telle que la preuve par écrit [2], destinée à remédier aux dangers de l'absence, de la mort ou de la versatilité des témoins [3].

Dirai-je enfin que l'assemblée du canton, présidée par le comte, avait seule qualité pour juger les procès d'héritages, et que ces Barbares, nos maîtres en ce point, avaient senti qu'il est deux choses qu'un citoyen ne peut remettre

---

testis partis ejus, quæ obtulerit sacramentum, in eo certamine fuerit superatus, omnes testes qui se promiserant juraturos, trecenos solidos mulctæ nomine, absque ulla induciarum præstatione, cogantur exsolvere. Verum si ille qui renuerit sacramentum fuerit interemptus, quidquid debebat de facultatibus ejus novigildi solutione pars victoris reddatur indemnis, ut veritate potius quam perjuriis delecteutur. DATA SUB DIE V. KAL. JUNIAS, LUGDUNI, ABIENO V. C. CONS.

[1] Grandidier, *Histoire de l'Église de Strasbourg*, II, diplôme 69. (App. II.)

[2] *Lex Ripuar.*, LIX. La preuve par écrit remplace dans cette loi la preuve par le duel. — V. aussi *Lex Alam.*, tit. 1. — *Lex Bajuv.*, tit. 1, c. 1; tit. 15, c. 2, c. 13.

[3] Voyez un plaid de cette espèce (*Goldast. Form.*, 99; appendix I) et le diplôme cité par Bignon. — Marculf, appendix, form. 1. Voyez aussi le plaid du monastère de Farfa de l'an 1014, *Ann. Bened.*, IV, 104; le jugement en faveur de Daniel, archevêque de Narbonne, contre le comte Milon, et le plaid tenu à Nîmes par le comte Raymond en l'an 890. (Appendix I bis.)

qu'entre les mains de ses pairs, sa liberté, sa propriété [1].

CHAPITRE VII.

De la propriété féodale.

Je n'entrerai pas dans de plus longs détails ; nous retrouverons dans le fief la propriété allodiale avec toutes ses prééminences et son cachet particulier. Le fief, comme l'alleu, est une propriété d'une sphère beaucoup plus étendue que la propriété romaine. Il n'y a point au-dessus de ces deux natures de propriété, ce droit supérieur de l'État, que reconnaissent nos lois modernes, toutes romaines en ce point.

L'alleu était une propriété absolument indépendante. Tous les droits réservés aujourd'hui au souverain, chasse, pêche, barrage de rivières faisaient partie de l'alleu. On le vendait toujours *cum omnibus pertinentiis, pratis, pascuis silvis, venationibus, piscationibus, molendinis*, etc. [2].

[1] *Cap. Kar. M.*, III, 79 (sup.). — *Cap.*, I, anno 819, cap. 12. — *Lex Bajuv.*, tit. 2, cap. 1, l. 4.

[2] Schœpflin, *Alsatia diplomatica*, I, p. 16, 36. — Grandidier, *Hist. de l'Église de Strasbourg*, t. II, dipl. 58. — Grimm, *R. I.*, p. 299. — La Thaumassière, du *Franc-Alleu*, à la suite de sa *Coutume du Berry*.

Le fief fut une propriété souveraine; la propriété féodale comprit, en outre des priviléges de l'alleu, tout ce qu'on nomma plus tard droits régaliens, droits pris par les seigneurs féodaux dans cette grande usurpation qui incorpora la souveraineté au sol, et plus tard reconquis un à un par la patience de nos rois. Justice civile et criminelle, impôts, péages, droit de battre monnaie et de lever le ban, tous ces droits qui sont aujourd'hui de la souveraineté ont fait partie du fief.

Quant aux formes de transmission, à l'investiture, à la distinction de propres et d'acquêts, à la préférence de la famille, le fief se gouverna comme l'alleu. Le suzerain, dans sa cour, assisté des pairs de son vassal, fit fonction du comte et de l'assemblée des hommes libres; ce fut toute la différence.

La distinction du fief et de l'alleu ne fut donc sensible dans la législation qu'à l'égard des successions. Ceci tient à la nature militaire du fief; nous le dirons plus tard.

Le fief fut tellement de la nature des alleux que ce fut par la loi des alleux, *lex salica*, que se gouverna la couronne de France, le plus ancien des fiefs [1].

---

[1] Dominicy, *de Prærogat. Allod.*, p. 59.

LIVRE IX.

DE LA PROPRIÉTÉ CHEZ LES BARBARES DANS SES RAPPORTS AVEC L'ORGANISATION DE LA FAMILLE.

CHAPITRE PREMIER.

De la famille.

La famille se résume dans le chef qui protége et défend les siens. Femmes, enfans, vassaux, serfs, recommandés, toute la famille, dans l'acception la plus étendue du mot, est en la garde du père [1]; c'est lui qui la représente dans l'assemblée du canton, où seul peut figurer l'homme libre, indépendant dans sa personne et dans ses biens. C'est à lui qu'appartient le wehrgeld de tous les siens [2]. C'est en un mot le seigneur suzerain de cette société domestique.

Mais le chef de famille germain n'est point, comme le *pater familias*, le maître absolu des

---

[1] *In mundio, in tutela.*
[2] *Lex Alam.*, tit. 80 ; *Lex Frision.*, IX, 9 ; *Lex Saxon.*, VI, 3.

siens; il n'est que leur protecteur[1]. Il a en vertu de cette protection l'administration des biens de sa femme, l'usufruit des biens de ses enfans jusqu'à leur établissement, mais la propriété n'est point à lui. Son droit, c'est plus que la tutelle, c'est moins que la *manus* et que la puissance paternelle des Romains, en un mot, c'est la MAIN-BOURNIE, c'est la GARDE (*mundium*).

CHAPITRE II.

Du fils de famille.

Cette puissance du chef sur tous les biens de son domaine, et toutes les personnes qui s'y trouvent, faisait nécessairement du père le gardien de son fils. La mère ne pouvait partager ce droit, puisqu'elle-même était en puissance de son époux, et que cette garde était non moins politique que civile.

Le père tient en sa garde (*mundium*) tous ses enfans nés en mariage légitime. Le fils reste en puissance jusqu'à ce qu'il se marie ou qu'il s'établisse, la fille jusqu'à ce que son père l'ait mariée. Une fois mariée, le *mundium* passe au mari,

---

[1] Mundoaldus, mainbour, gardien, bail.

qui l'a payé par avance¹. Mais si un ravisseur prend la fille sans le consentement du père, ce dernier garde son *mundium*.

La loi des Allemanni autorise en ce cas le père à réclamer sa fille avec une amende de 40 *solidi*. Et si la fille meurt avant que le ravisseur ait acquis le *mundium* du père, les enfans sont bâtards et en la puissance de l'aïeul maternel, qui peut en outre demander un wehrgeld de 400 *solidi* pour la mort de sa fille².

Le père avait l'administration et la jouissance des biens de ses enfans, tant qu'ils étaient en puissance. Leurs travaux lui profitaient, et il en gardait les produits; mais d'autre part, il ne pouvait disposer entre vifs de ses biens sans leur

---

¹ *Lex Burg.*, 34, c. 2. — *Lex Saxon.*, tit. 9. — *Lex Longob.*, II, t. 2, c. 2. — *Lex Salica*, tit. 46, c. 1. — Philipps, *Hist. d'Allem.*, I, p. 203 et ss. — Tacite, *de M. G.* Dotem non uxor marito, sed uxori maritus offert. Intersunt parentes et propinqui ac munera probant..... In hæc munera uxor accipitur.

² *Lex Alam.*, tit 54. *De eo qui filiam alienam non desponsatam acceperit.* C. 1. Si quis filiam alterius non desponsatam acceperit sibi uxorem, si pater ejus eam requirit, reddat eam et cum XL solidis eam componat. — C. 2. Si autem ipsa femina sub illo viro mortua fuerit, antequam ille mundium apud patrem acquirat, solvat eam patri ejus quadringentis solidis. — C. 3. Et si filios aut filias genuit ante mundium et omnes mortui fuerint, unumquemque eum weregildo suo componat patri feminæ. — *Lex Langob.*, I, 30, 2. — Gans, *Erbrecht*, III, p. 170.

consentement, ou du moins sans la réserve d'une légitime [1].

CHAPITRE III.

De la tutelle des femmes [2].

Il y a chez les Germains une tutelle des femmes qui rappelle involontairement la tutelle romaine. C'est chez les Lombards que cette institution a pris sa forme la mieux déterminée; mais on la rencontre chez tous les peuples d'origine germanique. Toute femme vivant sous la loi lombarde doit avoir un tuteur (*mundualdus*); la femme a pour tuteur son mari, la fille son père, la sœur son frère, la mère son fils [3]. A défaut de

---

[1] *Lex Burgund.*, t. 1, tit. 51, c. 1; tit. 78. — Philipps, *Hist. d'Allem.*, I, p. 608 et ss. — Eichorn, *R. G.*, § 63. — Bluntschli, § 24. — *Lex Lang.*, II, t. 14, c. 14. Si pater filiam suam, aut frater sororem suam legitimam alii ad maritum dederit, in hoc sibi sit contenta de patris aut fratris substantia quantum ei pater aut frater in die nuptiarum dederit, et amplius non requirat.

[2] Muratori, diss., 20. — Gans, *Erbrecht*, III, p. 173. — Bluntschli, § 25.

[3] Mœser, *Osn. Gesch.*, t. II, dipl. 44..... Swaneburg multorum annorum vidua quandam curtem Nothenfeld nominatam..... consensu et collaudatione legitimorum heredum suorum, id est Erphonis filii sui et Thetæ filiæ suæ per manum mundiburdi sui.

ces parens, c'est l'agnat le plus proche qui prend la tutelle ; à défaut d'agnats, c'est la cour du roi [1].

Nulle femme ne peut aliéner ou contracter sans le consentement de son tuteur, et quand ce tuteur est le mari, il faut au contrat de vente la présence de deux ou trois des plus proches parens à qui la femme déclare qu'elle agit volontairement et sans contrainte [2].

On trouve encore les vestiges de cette coutume dans les statuts des villes d'Italie, surtout dans le royaume de Naples où les usages germains persistèrent plus longtemps que dans le reste de la Péninsule ; Villani en fait mention comme d'une coutume fort en usage de son temps : *E feciono la legge, che ancora si chiama longobarda ; e tengono ancora i Pugliesi, e gli altri Italiani in quella parte, dove danno monualdo, overo il volgare monovaldo alle donne, quando s'obbligano in alcun contratto ; e fu bona e giusta lege* [3].

id est ejusdem Erphonis, qui heres et mundiburdus ejus erat mihi Widoni episcopo et ecclesiæ Sancti-Petri ad manum advocati mei Amulungi in jus et proprietatem perpetuæ possessionis contradidit.

[1] *Rotharis L.* 205 (Lomb. II, 10, 1). Nulli mulieri liberæ sub regni nostri ditione, lege Langobardorum viventi, liceat in suæ potestatis arbitrio, id est sine mundio vivere, nisi semper sub potestate virorum aut potestate curtis regis debeat permanere. Nec aliquid de rebus mobilibus aut immobilibus sine voluntate ipsius, in cujus mundio fuerit, habeat potestatem donandi aut alienandi.

[2] *Leges Lang.*, II, 10, 2, 4.

[3] Giov. Villani (*Giunte alla sua Storia*), lib. II, c. 9.

CHAPITRE IV.

Une procédure lombarde au XIIe siècle.

Voici un formulaire lombard du douzième siècle au plus, qui mieux que tout ce que je pourrais dire, nous peint cette persistance des coutumes germaines dont on a trop négligé l'étude, comme si le régime féodal n'était pas avant tout le développement du germe barbare.

C'est au précieux recueil de Canciani que j'emprunte cette formule [1]. Il s'agit d'une déposition de tuteur et du mariage de la femme en tutelle.

« Seigneur comte, donnez à cette femme un tuteur. — Qu'on
» le donne. — Seigneur comte, voici ce que dit cette femme avec
» Pierre son tuteur ; déjà plusieurs fois elle s'est plainte à vous
» de Paul (de tel endroit), son mainbour, qui l'a accusé d'adul-
» tère, ou qui a attenté à sa vie, ou qui a voulu la marier malgré
» elle, et vous déjà plusieurs fois vous avez mandé Paul, par
» bref ou par lettre, pour qu'il eût à venir à votre plaid et y re-
» cevoir justice, et il n'a pas voulu venir. — Femme, dites-vous
» ainsi ? — Je le dis. — Et vous, Pierre, son tuteur, dites-vous
» ainsi ? — Oui, je le dis. — Seigneur comte, vous recordez-
» vous ainsi ? — Oui. — Et vous, juges, dites-vous ainsi ? —
» Oui.

» Alors le comte doit interroger les juges: Dites ce qu'ordonne

[1] Canciani, II, 167, form. 9 (appendix, J.). La formule 7 n'est pas moins curieuse.

» la loi : et les juges doivent dire la loi. Ensuite le comte doit
» interroger la femme et lui dire : Sous quel *mundium* voulez-
» vous être ? sous celui de la personne qui vous a offensée, ou
» sous le *mundium* de la cour. — Et la femme, si elle n'a point
» de parens, doit répondre : Sous le *mundium* de la cour.

» Et alors un des juges doit dire pour celui qui veut prendre
» la femme pour épouse : Seigneur comte, s'il est ainsi fait, voici
» venir Martin qui veut fiancer Marie, la pupille de la cour
» (*mundualda de palatio*). — Venez-vous pour cela? — Oui.
» — Donnez au comte des gages que vous assurerez à cette
» femme le quart de ce que vous possédez actuellement et de ce
» que vous acquerrez par la suite, soit meuble, soit immeuble,
» soit serf (*seu de familia*), et si vous manquez à votre parole
» vous composerez de mille solidi. — Par cette épée et par ce
» manteau [1] je te fiance, Marie, pupille du palais. Et je vous la
» recommande jusque là [2]. — Seigneur comte, donnez-lui des
» gages que vous lui donnerez en légitime mariage Marie, pupille
» du palais, et que vous la remettrez sous son *mundium* avec
» tous ses biens, meubles et immeubles, et ses colons. — Et
» vous, Martin, donnez des gages que vous acceptez, et que
» celui qui manque à sa parole compose de mille solidi. — Qu'on
» dresse un acte (*charta*) et qu'on le remette à la femme. —
» Seigneur comte, prenez cette pupille du palais et donnez-la à
» Martin pour qu'il la tienne en légitime mariage. — Seigneur
» comte, Martin donne ce manteau [3], cette lance et cet écu au
» seigneur empereur pour le prix du *mundium* de Marie, la
» pupille du palais, afin que vous la remettiez sous son *mundium*
» avec tous ses biens, meubles, immeubles et colons qui lui ap-
» partiennent par droit. — Et retenant la lance et l'écu, donnez
» lui le manteau et le *mundium*, car la lance et l'écu restent au
» comte. — Seigneur comte, faites dresser acte de tout ceci. »

[1] *Wantonem*, c'est le *gewand* des Allemands. Voyez la formule de Canciani, II, 476 et 477. Tunc gladius cum *clamide* tenditur.

[2] Et commendo eam usque ad terminum talem, dit également la form. 7.

[3] *Crosinam*, Grosinam (form. 7). *Crosnam unam valentem solidos* XX
(Canc., p. 443). V. Ducange, H. V.

CHAPITRE V.

Du régime des biens durant le mariage [1]

Le régime des biens des époux, tel que nous le présentent les lois barbares, et tel qu'il s'est conservé jusqu'à nous sans changemens sensibles, répondait parfaitement à l'idée que les Germains se faisaient du mariage. C'était un milieu entre les deux régimes romains, la *manus* et la dot; plus libre que le premier, plus intime que le second.

Dans le régime de la *manus* la femme n'a point de droits; ses biens sont perdus pour elle; ils appartiennent, comme tout ce qu'elle acquerra par la suite, à l'époux qui la tient en sa puissance. Il n'y a point de bien des époux, il n'y a que le bien du mari, sur lequel la femme n'a d'autres droits que ceux d'une fille sur la fortune de son père; le droit du mari est exclusif.

L'autre régime part d'un principe opposé; chacun des époux garde séparément ses biens, comme seul maître et possesseur. Seul il les administre et seul il en dispose à son gré, sans con-

[1] Bluntschli, § 23.

sulter l'autre époux. Il y a deux fortunes distinctes ; cette unité, cette communauté d'existence, qui fait le fond du mariage, n'occupe qu'un plan secondaire ; tout est sacrifié à la conservation distincte, en nature, de la fortune de la femme ; sa seule obligation c'est de céder la jouissance de quelque portion de son bien (*dos*), afin que le mari ne soit pas seul à supporter les charges du ménage.

Dans le droit germanique, les deux époux restent propriétaires des biens qu'ils apportent, seulement l'administration et la jouissance de ces biens sont remises entre les mains du mari, non point dans l'intérêt exclusif de l'homme ou de la femme, mais dans l'intérêt du ménage, dans l'intérêt de la comnauté.

La communauté, en effet, est en germe dans ces premières institutions ; le mari, en vertu de son *mundium*, fait les fruits siens durant le mariage, et la femme en tutelle ne peut rien aliéner ; mais à la mort du mari la communauté paraît ; Une partie des acquêts appartient à la femme suivant la loi salique [1] ; c'est le tiers dans la loi des Ripuaires : *tertiam partem de omni re quam simul*

---

[1] *Lex Salica*, tit. 9. Cette portion de communauté se nomme *elaboratum*, trad. Fuld., lib. I ; *Conquet*, dans l'appendix des formules de Marculf, form. 40. Quod manente conjugio apud jugali neo illo visa sum conquisisse. Les formules de Marculf parlent du tiers. Form. 11, 17.

conlaboraverint[1]. La loi des Bavarois lui donne un part d'enfant[2]; celle des Saxons lui donne la moitié[3]. C'est la communauté d'acquêts, système adopté encore aujourd'hui par le code civil.

Ainsi donc le *mundium* donne au mari l'administration des biens de la femme; l'intérêt commun demande cette unité de direction; mais il ne lui donne pas la propriété, et le mari ne peut aliéner ni les biens de sa femme ni ses biens propres lorsqu'ils sont affectés au douaire[4].

La femme de son côté ne peut aliéner ses biens que du consentement du mari[5]; et il n'est point rare de voir en outre figurer dans ces aliénations un tuteur *ad hoc* ou, comme on disait alors, un *advocatus*. Pourquoi sa présence est-elle nécessaire? je l'ignore.

---

[1] *Lex Rip.*, tit. 37, c. 1. — *Lex Burg.*, tit 62.

[2] *Lex Baj.*, c. 14, tit. 7.

[3] *Lex Saxon.*, tit. 9. — V. aussi *L. Wisig.*, lib. IV, tit. 2, c. 16.

[4] Ad habundantem autem cautelam prædictis Hermannus advocatus uxorem suam Agnetem et filium suum Adolphum quem tunc habebat unicum adduxit et exhibuit coram nobis et quibusdam de confratribus nostris Bunede, ubi idem puer si quid juris habebat in prædictis, advocatus, et mater ejus similiter jus quod in iisdem advocatus tenuit, quod dicunt liftucht (*douaire*) in manus nostras libere et absolute resignarunt. Mœser, *Osnab. Gesch.*, III, p. 258 et 261.

[5] *L. Long.* lib. II, t. 1, c. 16. *Lex Burg.*, Addit. I, tit. 13.

CHAPITRE VI.

Du douaire[1].

Indépendamment de cette part dans la communauté, la femme prend sur les biens du mari le douaire (*dos*) que ce dernier lui a donné. Rien de plus fréquent dans les anciens diplômes que ces constitutions de douaire, par lesquelles le mari donne à sa femme, si elle lui survit, soit la propriété, soit l'usufruit d'une part de ses biens, ordinairement du tiers de sa fortune.

Cette jouissance de la douairière est désignée dans les anciens actes par le nom d'*ususfructus;* mais il faut se garder de confondre le douaire et l'usufruit romain, ce sont deux institutions fort différentes. Dès le mariage, la femme a un droit sur le bien qui constitue son douaire, et le mari ne peut aliéner l'immeuble à son gré[2]. De plus, tan-

---

[1] En allemand *witthum, leibzucht.* Bluntschli, p. 106.

[2] *Goldast. Form.* 60 (ann. 760). Donavi... quidquid ibidem visus sum habere... *excepte tudem* (dotem) *uxoris meai Valdradanai* quid ego illi dedi.

dis que la jouissance de l'usufruitier est contenue par les lois romaines dans des limites assez étroites, celle de la douairière est, sauf le droit d'aliéner, une jouissance de propriétaire. Les héritiers du mari ont, il est vrai, la propriété du bien, mais leur droit est en quelque sorte suspendu pendant le douaire, et ne s'ouvre que quand la douairière a cessé de vivre [1].

Le douaire se constituait avant le mariage [2], et par les formes solennelles qui présidaient à l'aliénation de la propriété [3]. Quelquefois il comprenait l'universalité des biens du mari. Son objet est toujours un immeuble. Des meubles n'en font partie qu'autant qu'ils sont eux-mêmes immeubles par destination [4].

Le douaire ne reste à la femme qu'autant qu'elle demeure dans le veuvage. Si elle se remarie, son droit tombe au profit des héritiers du premier

---

[1] Marculf, II, 15. — Baluze, Capit., II, p. 1427. — Galland, p. 321, 22.

[2] Albrecht, *Die gewere als grundlage des ælteren deutschen Sachenrechts*, § 22, p. 223. — Mœser, *Osnab. Gesch.*, dipl. 44.

[3] Gisla dedit amantissimo nepoti suo Wiberto omnia sub ea datione quidquid vir Rothlagus, dotis gratia, legaliter donaverat in comitatu Noistenaco. (Mirœus, I, 140.) — Marculf, II, 15, donne une formule de douaire; joignez-y les notes de Bignon.

[4] Neugart, n° 614. — Bluntschli, p. 107.

époux [1]. Du moins on fait souvent de cette cause de résiliation une stipulation expresse [2].

CHAPITRE VII.

Dos, meta, morgengabe.

A côté du douaire immobilier, je vois dans plusieurs lois une dot mobilière, *dos legitima* [3], donnée par le mari comme présent de noce et dont la loi fixe le taux [4]. Cette dot, qui fut peut-être l'origine du douaire, est-ce le prix du *mundium*, donné d'abord aux parens de la fille, et depuis devenu propre à celle-ci, comme fut la *meta* lombarde [5], ou bien est-ce une donation

---

[1] *Lex Ripuar.*, tit. 37. — *Saxon.*, t. 8. — *Alam.*, 55. — Marculf, II, 15.

[2] Neugart, n° 250. Si absque herede obiero, tunc uxor mea Waldarat, si non nupserit, ipsas res omnes habeat ; si vero post me nupserit tunc nepotes mei illud redimant.

[3] Bluntschli, p. 104.

[4] *Lex Alam.*, tit. 45, 2. Dotis enim legitima quadraginta solidis constat aut in auro, aut in argento, aut in mancipiis, aut in qualicumque re quam habet ad dandum.— Grimm, *R. A.*, p. 422.

[5] Luitprand, VI, 35. Si quis conjugi suæ metam dare voluerit, ita nobis justum esse comparuit, ut ille qui est judex dare debeat si voluerit solidos CCCC, amplius non, minus

distincte? c'est ce que je ne puis définir; quoique je penche pour la première opinion [1].

Ce qui est certain, c'est que cette dot appartenait en propre à la femme à la dissolution du mariage [2]; mais en cas de prédécès de la femme, ses héritiers n'avaient rien à réclamer de l'époux survivant [3]. Si on lui contestait sa dot, la femme se défendait par le duel ou le serment [4].

quando placuerit. Reliqui nobiles homines debeant dare solidos CCC, amplius non. Et si quisquam alter homo minus dare voluerit, det quomodo convenit, et ipsa meta sub æstimatione fiat data et appretiata, ut nullo tempore exinde intentiones aut causationes procedant. (Lomb., II, 4, 2); L. Rotharis 178, 199.

[1] C'est aussi l'opinion de Grimm, R. A., p. 423, qui s'appuie sur le passage de Tacite: Dotem non uxor marito, sed uxori maritus offert. Intersunt parentes ac propinqui, ac munera probant... In hæc munera uxor accipitur. Bluntschli, p. 104, est d'un avis contraire, sans donner de motif à l'appui de son opinion.

[2] Lex Alam., tit. 46, 1. Si quis liber mortuus fuerit, et reliquit uxorem sine filiis et filiabus, et de illa hereditate exire voluerit nubere sibi alio coæquali, sequatur eam dotis legitima, et quidquid parentes ejus ei legitime placitaverint, et quidquid de sede paterna secum adtulit, omnia in potestate habeat auferendi quod non manducavit aut non vendidit.

[3] Bluntschli, p. 105. Arg. Lex Alam., tit. 46, c. 1. — Eichorn, R. G., 62 b.

[4] Lex Alam., tit. 46, 1. Si autem proximus mariti defuncti contradicere ipsam dotem illi mulieri voluit quod lex non est, illa sequatur cum sacramento cum nominatis quinque, aut cum spata tracta pugna duorum; si potest adquirere aut per sacramentum aut per pugnam, illa pecunia post mortem mulieris retro numquam revertatur, sed ille sequens maritus aut filii ejus usque in sempiternum possideant.

C'est un usage général de donner à sa femme, le lendemain du mariage, un présent du matin (*morgengabe*). Quand Galsuinde, la sœur de Brunehaut, vint en France épouser Chilpéric, elle eut Bordeaux, Limoges, Cahors, etc., pour son *morgengabe* ¹. C'était le prix de la virginité, *pretium pulchritudinis* ²; les veuves n'avaient point de *morgengabe* ³. Toutes les lois qui parlent de cette donation l'entourent d'une faveur singulière. La loi des Allemands, par exemple, qui ordonne le duel quand on conteste le douaire, dès qu'il s'agit du *morgengabe*, croit la femme sur parole et lui permet d'affirmer, *per pectus suum* ⁴, que le mari lui a fait cette donation. Cet usage, je le retrouve jusqu'au

¹ Greg. Tur., ad an. 588, lib. IX, c. 20. De civitatibus vero hoc est Burdegala, Lemovica, Cadurco, Benarno et Bigorra quas Galesuindam germanam dominæ Brunechildis, tam in dote quam in morgangeba, hoc est matutinali dono, in Franciam venientem certum est acquisisse, ita convenit ut Cadurcum civitatem cum terminis et cuncto populo domina Brunechildis de præsenti in sua proprietate percipiat. Reliquas vero civitates ex hac conditione superius nominatas dominus Guntramnus dum adjuvet possideat, ita ut quandoque post ejus transitum in dominationem dominæ Brunechildis heredumque suorum cum omni soliditate, Deo propitio revertantur. *Pacte d'Andelau.*

² Diplôme cité par Galland, p. 321.

³ Une coutume suisse appelle le présent que le mari peut faire à la veuve qu'il épouse le *présent du soir* (*abentgab*). Bluntschli, p. 109.

⁴ C'est le serment des femmes et des clercs; les hommes jurent par leurs armes. (*Lex Alam.*, t. 89.)

quinzième siècle dans les coutumes de la Suisse, pays où le droit germanique s'est longtemps conservé pur de toute alliance avec le droit romain [1].

« On dit encore que si un mari veut donner à
» sa femme un morgengabe, il peut, si c'est une
» fille qu'il a épousée, lui faire cette donation la
» première nuit, au moment où il se lève, et si
» elle peut prouver cette donation par deux
» prud'hommes, quelque élevée que soit la som-
» me, la donation aura plein effet. »

» Si la femme n'a pas le témoignage de deux
» prud'hommes, elle est admise, sur son dire seu-
» lement, à demander son morgengabe; et si l'on

---

[1] *Lex Alam.*, t. 52, 2. Si autem ipsa femina dixerit : maritus meus dedit mihi morgangeba, computet quantum valet aut in auro, aut in argento, aut in mancipiis aut in equo pecuniam XII solidos valentem. Tunc liceat illi mulieri jurare per pectus suum et dicat : Quod maritus meus mihi dedit in potestate et ego possidere debeo. Hoc dicunt Alemanni *nastahit*, (Grimm, *R. A.*, 906.) *Landrecht*, cap. XXI, art. 2. Heineccius, *Elementa juris germanici*, p. 111, — 223.

Bluntschli, p. 108. (*Hofrecht von Münch-Altorf*, an. 1439.) Si sprechent och, ist daz ein man sinem ewib; ist si ein tochter, ein morgengab git, das mag der man wol tuon der ersten Nacht, so er von ir uf statt, und mag si die wisen mit zweyn Biedermanne, so sol es guot kraft han, wie vil joch der sunim ist.

Macht si aber die zwen Biderman nit gehaben, so mag si von Mund ir morgengabe erzellen, und woelt man ir daz nit glouben, so mag si nemen die rechten Brust in die linggen Hand und iren Zopf, und mit der rechten Hand swerren liplich zuo Gott an den Heilgen, und waz si da behebt, das sol so guot kraft han, das ira das niemau sol abwysen. — *Schwaben spiegel*, 20, Bluntschli, note 237.

» ne veut pas la croire, elle doit prendre dans sa
» main gauche sa tresse de cheveux, poser cette
» main sur son sein droit, et avec sa main droite
» jurer par Dieu et les saints; ce qu'elle aura
» ainsi affirmé aura pleine valeur, et personne
» ne pourra lui contester son morgengabe. »

Chez les Lombards, qui ne connaissaient point de douaire, la morgengabe en faisait fonction; mais cette donation ne pouvait excéder le quart des biens du mari; ainsi l'avait établi Luitprand [1].

L'usage d'assurer le quart de ses biens à sa femme finit par devenir général. La faculté devint un droit, la quarte fut une légitime. Les femmes dans l'acte même des fiançailles demandaient caution pour leur morgengabe [2] et se faisaient en outre constituer ce douaire avant le mariage [3]. Muratori a donné sur ce point les plus curieux documens [4].

[1] *Leges Langob. Luit.*, lib. II, lege 1.

[2] *Formulæ regni Italici ad Legem* 182 *Rotharis regis :* Da wadium quod facies ei quartam portionem de quanto tu habes, aut in atea adquirere potueris, tam de re mobili quamque immobili, seu familiis, et si te subtraxeris componas libras C. — V. aussi la formule que j'ai donnée sup., ch. IV.

[3] De là le nom d'*antefactum, antefatto*, que porte le douaire dans les coutumes italiennes. Gans, *Erbrecht*, III, 239. — Muratori, diss. 20.

[4] *Antiq. Italic.*, diss. 20. Voici un de ces diplômes : In nomine Domini nostri J.-C., anno nativitate ejusdem 1185, 15 kal. decemb. Ind. III. Dilecta valde atque amabilis mihi semper No-

CHAPITRE VIII.

Faderfium. Don mutuel.

Dans cette législation du mariage, les donations du mari jouaient le principal rôle; c'était le contrepied des idées romaines. Il n'est pas rare néanmoins de voir la femme apporter à son mari quelque dot. *Atque invicem ipsa armorum aliquid viro affert*, dit Tacite[1]. C'était en général un avancement d'hoirie donné par le père, ainsi

---

mencale, filia Guasconi de Monte-Clariculo, honesta femina, sponsa mea; ego quidem in Dei nomine Guidotus filius quondam Vilani de prædicto loco, qui professus sum ex natione mea lege Langobardorum vivere; sponsus et dator tuus, præsens præsentibus dixi: Manifesta causa *(chose)* est mihi, quoniam die illo quando te sponsavi, promiseram tibi dare justitiam tuam *(la légitime)* secundum legem meam in morgincap, id est quartam portionem omnium rerum mobilium et immobilium quas nunc habeo aut in antea habuero. Nunc autem si Christo auxiliante te in conjugio sociavero, suprascriptam quartam portionem omnium rerum mobilium et immobilium ut supra legitur, tuæ dilectioni do, cedo, confero, et per præsentem cartam morgincap in te habendum confirmo, ut facies exinde a præsenti die tu et heredes tui, aut cui vos dederitis, quicquid volueritis ex mea plenissima largitate. Actum Montis-Clariculi feliciter. Ego Ainricus, notarius sacri palatii, rogatus interfui et scripsi. — Voyez aussi Galland, p. 321 et ss.

[1] *De Morib. Germ.*, 16.

que l'indiquent les lois des Allemands et des Bavarois[1].

Cette dot donnée par le père ou les frères au jour du mariage, les lois lombardes la nomment *faderfium*[2]; c'était toute la part de la fille dans la succession paternelle, quand elle avait des frères[3], mais quand elle n'avait que des sœurs, elle rapportait sa dot et partageait également avec elles[4]. Ce *faderfium* passait à ses enfans et, à défaut d'enfans, faisait retour à ses proches[5].

La loi lombarde défendait au mari de rien don-

[1] *Lex Alam.*, t. 55. Quidquid de sede paterna secum attulit. — *Lex Bajuv.*, VII, 14. Quidquid de rebus parentum ibi adduxit.

[2] Muratori, diss. 20, traduit ce mot par *hérédité paternelle*; cette traduction me semble préférable à celle de Grimm, *R. A.*, p. 430, qui traduit par *argent du père* (*vatergeld*). Ce mot *fium* n'est-il pas l'origine du fief (*fecum*, *feodum*), qui nous vient, dit-on, de Lombardie? — Au moyen âge cette donation du père a porté en France et en Angleterre le nom de *maritagium*. Homines de territorio de Bernvalle possunt dare filiis suis et filiabus suis in *maritagio* de terris suis quantum voluerint et facere *dotalitium* competens uxoribus suis. C'est ainsi que parle un accord entre Odo, évêque de Senlis, et les hommes de Berneval. (Galland, p. 324.)

[3] *Rotharis L.* 181, 132. (*Lomb.*, II, 14, 14, et II, 1, 4.)

[4] *Rotharis L.* 199. (*Lomb.*, II, 14, 15.)

[5] *Rotharis L.* 201. Et si filios de ipsa muliere habuerit legitimos, habeant filii morgincap et faderfium suæ matris; et si filios de ipsa non habuerit, revertatur ipsa facultas ad parentes qui eam ad maritum tradiderant; et si parentes non habuerit tunc.... prædicta facultas ad curtem regis perveniat. (*Lomb.*, I, 9, 12). Gans, *Erbrecht*, III, p. 176.

ner à sa femme en dehors de la *meta* et du *morgengabe*; cette restriction paraît due à l'influence des lois romaines; je ne la vois pas du moins dans les autres lois germaines.

La loi des Ripuaires[1] autorise formellement le don mutuel entre époux au cas où ils n'ont point d'enfans; seulement elle ne donne que l'usufruit[2]; la nue propriété retourne aux héritiers légitimes, à moins que l'époux survivant n'ait disposé du fonds dans une nécessité pressante ou pour des usages pieux[3]. Cet usufruit est, comme le douaire, une jouissance beaucoup plus étendue que l'*ususfructus* des lois romaines.

Que ces donations fussent fréquentes, c'est ce que prouve le recueil de Marculf, dans lequel il y a

---

[1] *Lex Ripuar.*, tit. 48. *De homine qui sine heredibus moritur*. Si quis procreationem filiorum vel filiarum non habuerit, omnem facultatem suam in præsentia regis, sive vir mulieri, vel mulier viro, seu cuicumque libet de proximis vel extraneis adoptare in hereditatem, vel adfatimi per scripturarum seriem, seu per traditionem, et testibus adhibitis secundum legem ripuariam licentiam habeat. — Tit. 49. *de Adfatimi re*. Quod si adfatimus fuerit inter virum et mulierem post discessum amborum ad legitimos heredes revertatur; nisi tantum qui partem suam supervixerit, in eleemosyna vel in sua necessitate expenderit.

[2] *Usufructuario ordine, sub usu beneficio*, Marculf, II, f. 8.

[3] Souvent on interdisait le droit d'aliéner : Dum advixeris usufructuario ordine debeas possidere, post tuum quoque discessum ad legitimos nostros revertatur heredes, et nullum pontificium quicquam exinde alienandi aut minuandi habere non debeas. Marculf, II, 8.

trois ou quatre formules différentes de ces libéralités : don mutuel *in palatio*, par la main du roi[1], don mutuel dans l'assemblée du canton[2], don mutuel par commun testament[3], fornie romaine qu'avait introduite une novelle de Théodose et de Valentinien[4].

Le don mutuel tel que nous le présente la loi ripuaire subsiste dans nos anciennes coutumes, qui prohibent toute autre donation entre époux.

Nota, dit l'auteur du Grand Coutumier, *secundum consuetudinem parisiensem, quod uxori viræ nihil legare possum; vel in morte donare, possumus tamen invicem facere donationem mutuam omnium bonorum, quæ quidem donatio valet et tenet non ex-*

---

[1] Marculf, I, 12.

[2] Marculf, VI, 7, 8. — *Capit.*, I, 212. Qui filios non habuerit et alium quemlibet heredem sibi facere voluerit, coram rege vel coram comite et scabinis vel missis dominicis, qui ab eo ad justitias faciendas in provincia fuerint ordinati, traditionem faciat.

[3] Marculf, II, 17 (appendix, K). Cette dernière formule est fort remarquable en ce que le don mutuel a lieu, encore bien qu'il y ait des enfans issus du mariage.

[4] Novellarum Theod. et Valent. lib. II, tit. 4. *de Testamentis;* dans l'appendix de Godefroy au C. Th. (éd. de Lyon), p. 21. In unius chartæ volumine supremum votis paribus condidere judicium, septem testium subscriptionibus roboratum : cui nos æternam tribui firmitatem legis hujus definitione censuimus : quoniam nec captatorium dici potest, cum duorum fuerit similis affectus, et simplex religio testamenta condentium.

tantibus liberis, *alias non*[1]. C'est ce que dit l'art. 280 de la *Coutume de Paris*[2].

CHAPITRE IX.

De la succession germaine comparée à l'hérédité romaine.

L'hérédité romaine, c'était l'universalité des biens et des droits de l'individu décédé ; l'héritier continuait entièrement la personne du défunt ; l'hérédité était une masse unique et compacte qui ne souffrait point de division, soit à cause de l'origine, soit à cause de la nature des biens qui la composaient. On la laissait où on la donnait tout entière ; mais on ne pouvait la donner en partie ; *nemo pro parte testatus, pro parte intestatus decedere potest*; j'ai expliqué plus haut la raison de cette maxime[3].

La succession germaine n'a pas ce caractère absolu de l'hérédité romaine ; non point qu'on ne rencontre aussi chez les Barbares des héritiers qui succèdent à tous les droits comme à toutes

---

[1] *Le Grant Coustumier de France* (Paris, 1536) f° 59, r°.
[2] Laurière, Introduction au titre XIII° de la *Coutume de Paris*.
[3] Sup., liv. IV, ch. IX.

les charges du défunt; mais il n'y a ni cette unité de patrimoine, ni cette continuation de la personne qui constituent ce cachet d'universalité propre à l'hérédité romaine. La succession des Germains n'est point cette masse indivisible de la *familia* romaine, c'est une réunion de patrimoines différens, qui gardent chacun leur caractère particulier et ne se confondent point dans les mains du possesseur : la succession des biens de la famille, des *propres*, n'est point la même que celle des acquêts; l'héritier des meubles n'est pas toujours celui des immeubles, et il y a souvent pour le *wehrgeld* une succession particulière. Aussi dans une même *hérédité*, il y a différens patrimoines, différens ordres de succession et différens héritiers. C'est cette diversité féconde que nous allons étudier.

Pour connaître à fond les lois féodales (et sans la connaissance de ces lois on ne comprendra jamais les nôtres), il est indispensable de déterminer exactement les deux élémens qui ont produit cette institution singulière : 1° les coutumes germaines, 2° la nature du service féodal. On s'expose autrement à de singulières méprises.

Des lois germaines qui ont réagi sur la législation féodale, nulles n'ont eu plus grande influence que les lois des successions.

CHAPITRE X.

De la parenté[1].

« On est tenu d'embrasser les haines aussi
» bien que les amitiés d'un père ou d'un parent.
» Du reste ces haines ne sont point inexpiables.
» On rachète même l'homicide par une certaine
» quantité de gros et de menu bétail, et la satis-
» faction est acceptée par la famille tout entière.
» (Politique d'autant plus sage que les inimitiés
» sont plus dangereuses dans un état de li-
» berté) [2] ».

Cette communauté de défense est la base de
la succession germaine, du moins en ce qui concerne les propres. La terre salique, le bien commun de la famille, n'appartient qu'à celui qui
veut et sait le défendre.

« Que le fils, dit la loi des Angles, et non la

---

[1] *Parentela, parentilla* (*Lex Sal.*, tit. 63), *sippschaft.* —
Grimm, *R. A.*, p. 467. — Eichorn, *R. G.*, § 19, 05. — Mit-
termaier, *Grundsætze*, § 382. — Bluntschli, § 27. — Pilipps,
D. G., I. 139 et ss.

[2] Tacite, *Germ.*, c. 21. V. aussi c. 20, traduction de Burnouf. — Montesquieu, *Esprit des lois*, XXX, 19 et ss. —
Robertson, Introd. à l'*Hist. de Charles V*, note 21.

» fille prenne la succession de son père. Si le dé-
» funt n'a pas de fils, qu'on donne à la fille l'ar-
» gent et les esclaves; mais que l'alleu appartienne
» à l'agnat paternel le plus proche [1].

» C'est au successeur de l'alleu qu'appartient
» le vêtement de guerre, la vengeance de son
» parent et le wehrgeld [2]. Les agnats paternels
» succèdent jusqu'au cinquième degré. Passé
» ce cinquième degré, la fille prend toute la
» succession, soit de sa mère, soit de son père :
» l'hérédité passe de la lance au fuseau [3]. »

Ce droit de succession est le privilége des membres actifs de la famille; la défense commune est la condition de ce privilége. On ne peut renoncer aux charges sans renoncer aux bénéfices. Cette renonciation doit être publique, car

---

[1] *Lex Ang. et Werin.*, tit. 6. de *Alodibus*, 1. Hereditatem defuncti filius non filia suscipiat. Si filium non habuit qui defunctus est, ad filiam pecunia et mancipia, terra vero ad proximum paternæ generationis consanguineum pertineat. Si autem nec filiam habuit, soror ejus pecuniam et mancipia, terram proximus paternæ generationis accipiat. — *Lex Salica antiq.*, tit. 62, § 6.

[2] *Ibid.* 5. Ad quemcumque hereditas terræ pervenerit, ad illum vestis bellica, id est lorica, et ultio proximi, et solutio leudis, debet pertinere.

[3] *Ibid.* 8. Usque ad quintam generationem paterna generatio succedat. Post quintam autem filia ex toto, sive de patris sive matris parte, in hereditatem succedat, et tunc demum hereditas ad fusum a lancea transeat.

c'est une abjuration politique qui intéresse tout le canton [1].

Le développement de la société féodale, en faisant prévaloir les relations de vassalité sur celles de tribu et en anéantissant le canton, cette union politique de quelques familles; l'influence de l'Église, en adoucissant les mœurs; l'introduction des idées romaines et l'usage du testament, firent disparaître peu à peu ce privilége de la commune défense [2]. Ce fut le sang qui prévalut et qui finit par triompher entièrement et des idées germaines et du service féodal. C'est par la loi de succession que la féodalité s'est ruinée : il est venu un jour où, par le progrès lent et insensible des choses, le fief n'a plus été qu'un patrimoine; ce jour-là notre société moderne a été constituée.

[1] *Lex Salica*, tit. 63. *De eo qui se de parentilla tollere vult.* 1. Si quis de parentilla tollere se voluerit, in mallo ante tunginum aut centenarium ambulet, et ibi quatuor fustes alninos super caput suum frangat, et illas quatuor partes in mallo jactare debet, et ibi dicere, ut et de juramento, et de hereditate, et de tota illorum se ratione tollat.—2. Et si postea aliquis de parentibus suis aut moritur, aut occiditur, nihil ad eum de ejus hereditate, vel de compositione pertineat.—3. Si autem ille occiditur, aut moritur, compositio aut hereditas ejus non ad heredes ejus, sed ad fiscum pertineat, aut cui fiscus dare voluerit.

[2] Mittermaier, *Grundsætze*, § 382.

CHAPITRE XI.

Succession en ligne directe. 1° Préférence des mâles [1].

Il y a une grande variété dans le droit des successions; mais derrière cette diversité, il y a toujours quelque principe commun qui se retrouve en toutes les lois barbares et fait comme le fond de l'esprit germanique.

Ainsi dans toutes ces législations, les femmes sont exclues de la succession, au bénéfice des mâles, ou du moins sont admises sur un pied d'inégalité. La loi des Wisigoths fait seule exception; cette loi, rédigée par des évêques, est toute imprégnée de l'esprit romain [2].

Partout ailleurs elles sont exclues de la succession allodiale, comme elles le furent plus tard de la succession des fiefs; mais cette exclusion n'a pas partout la même rigueur. La loi des Angles, par exemple, n'admet les femmes à la succession de la terre qu'à défaut

---

[1] Mittermaier, *Grundsætze*, § 383.
[2] *L. L. Wisigoth.*, IV, 29. Feminæ ad hereditatem patris vel matris... æqualiter cum fratribus veniant.

de parens mâles au cinquième degré [1]; les lois ripuaire [2] et saliques [3] ne sont pas moins sévères que la loi des Angles; mais celles des Saxons [4], des Bourguignons [5] et des Allemands [6] sont moins exclusives et appellent les filles à la succession quand le défunt n'a point laissé d'enfans mâles.

Cette infériorité des femmes s'explique facilement dans une société demi-sauvage, où il existe des familles et point d'État; familles souveraines dans leurs domaines, en paix, en guerre ou en alliance avec les familles voisines; il faut nécessairement un chef capable de protéger ceux qu'il tient sous sa garde. La succession de la terre salique, du manoir domanial, doit appartenir au chef, au brave capable d'accepter avec la succession la charge de défendre sa famille. La femme, qui ne manie que la quenouille, ne peut donc pas être héritière, si non là où l'esprit ro-

---

[1] *Lex Anglior. et Verin.*, ch. VI, sup. ch. X.

[2] *Lex Ripuar.*, tit. 56. *de Alodibus*, § 4. Dum virilis sexus extiterit, femina in hereditatem aviaticam non succedat.

[3] *Lex Salica*, tit. 62, § 6. De terra vero salica nulla portio hereditatis mulieri veniat : sed ad virilem sexum tota terræ hereditas perveniat. Le fief prenant les priviléges de l'alleu, la loi salique put être invoquée avec raison comme la loi de la couronne de France, qui était le grand alleu, le fief suprême du pays.

[4] *Lex Saxon.*, tit. 7, c. 1, 5 et 8.

[5] *Lex Burg.*, tit. 14, 1. Voyez aussi tit. 65.

[6] *Lex Alam.*, tit. 12 et 92.

main pénètre déjà dans les lois barbares par l'influence du clergé qui les rédige.

Entre les mâles, point de préférence, point de droit d'ainesse; tous les frères partagent également. Les fils de Clovis et les fils de Louis-le-Débonnaire se divisent le royaume ainsi qu'un patrimoine. L'idée d'un droit d'ainesse ne pouvait naître que là où le service militaire du fief nécessita l'indivisibilité de la succession.

CHAPITRE XII.

2° De la représentation.

Les coutumes germaines ne connaissent point la représentation. On voit cependant de bonne heure certains efforts pour introduire cette institution bienveillante : en France le décret de Childebert [1], en Lombardie une loi de Grimoald [2] essayèrent de naturaliser la loi romaine [3];

---

[1] *Decret. Childeberti*, ann. 595. (Georgisch, p. 473). Convenit, ut nepotes ex filio vel ex filia ad aviaticas res cum avunculos et amitas sic venirent in hereditatem tanquam si pater aut mater vivi fuissent. De illis tamen nepotibus illud placuit observari qui de filio vel filia nascuntur, non qui de fratre.

[2] *Grimoaldi Leges*, c. 5. (Canc., I, 99.)

[3] Marculf, II, 10, donne la formule par laquelle on appelle à la succession de l'aïeul les petits-fils dont le père est décédé:

mais ces essais n'eurent point un grand résultat;
la représentation eut toujours peine à prendre
racine dans les mœurs germaines. Il est fort remarquable que Charlemagne s'associa à l'empire
Louis-le-Débonnaire, au préjudice, ce semble, de
Bernard, fils de Pépin, l'ainé de ses enfans, qu'il
fit seulement roi d'Italie ¹. Au dixième siècle,
Othon, gêné par la contradiction des coutumes,
remit à deux champions cette question qui embarrassait les jurisconsultes de l'époque. Le
champion de l'oncle eut le dessous, et la représentation fut admise de par le jugement de
Dieu ².

c'est par la loi romaine qu'on modifie la coutume germaine :
Quidquid filiis vel nepotibus de facultate pater cognoscitur ordinasse, voluntatem ejus in omnibus *Lex Romana* constringit
adimplere (appendix, L). — Lindehbrogi form. 22. — Sirmond,
form. 54.

¹ V. aussi *Charta divisionis imperii inter Pippinum, Ludovicum et Karolum*, anno 837, c. 1. Baluze, *Capit.*, I, 655.

² Vitikind, p. 17 (éd. de Meibom). De legum quoque varietate
facta est contentio, fuereque qui dicerent, quia filii filiorum non
deberent computari inter filios, hereditatemque legitimam cum
filiis sortiri, si forte patres eorum obiissent avis superstitibus. Unde
exiit edictum a rege ut universalis conventio fieret aput villam
quæ dicitur Stella, factumque est ut causa inter arbitros judicaretur debere examinari. Rex autem meliori consilio usus noluit viros nobiles ac senes populi inhoneste tractari, sed magis
rem inter gladiatores discerni jussit. Vicit igitur pars qui filios
filiorum computabant inter filios et firmatum est ut æqualiter cum
patruis hereditatem dividerent pacto sempiterno. — Sigebert
Gemblac., ad ann. 942. — *Sachsen spiegel*, I, 5.

Il s'en fallut de beaucoup néanmoins que la cause des neveux fût gagnée. En Allemagne [1], en Hollande [2], en Angleterre [3], la représentation ne fut point généralement admise; il en fut de même en France jusqu'à la réformation des coutumes [4].

« Représentacion n'a poinct lieu en succession
» de ligne collatérale ne directe, si ce n'estoit au
» cas que au traitié du mariage que aucuns fe-
» roit de sa fille ou de son fils à autre, fust
» expressément dit et accordé, que és enfans d'i-
» ceux fils ou filles issans d'iceluy mariage, eust
» lieu représentacion en la succession de leur
» aiol ou aiole, père ou mère de leurs père ou
» mère [5]. »

Après ce grand œuvre de révision qui, en mêlant les idées romaines à nos vieilles coutumes, prépara l'unité de notre législation civile, il n'y eut plus en France que quatre coutumes qui rejetèrent la représentation en ligne directe [6].

---

[1] Mittermaier, *Grundsætze*, § 386.
[2] De Groot, *Inleiding*, p. 201. *Het naaste blood beurt het goot*, dit une maxime légale des Hollandais.
[3] Glanvilla, lib. VII, c. 3. (Houard, *Cout. Anglo-Norm.*, t. I, p. 474). — Blackstone, *du Titre par descendance*, trad. française, t. III, p. 33.
[4] De Laurière, *Cout. de Paris*, art. 319 et 320.
[5] Jehan Desmares, décision 338.
[6] Ponthieu, art. 8. — Boulenois, art. 76. — Artois, art. 60 e 93. — Haynault, ch. 77, art. 5.

Mais il y en eut encore un assez grand nombre qui, tout en l'admettant pour la ligne directe, la rejetèrent en collatérale [1].

CHAPITRE XIII.

De la succession collatérale [2].

A défaut de descendans en ligne directe, la succession est dévolue au père [3]; à son défaut aux collatéraux les plus proches. Cette proximité n'est point calculée comme dans le droit romain. La législation justinienne appelle à la succession les parens les plus rapprochés en degré du défunt; c'est le lien du sang qui prévaut. Dans la coutume germaine la succession est lignagère; c'est l'esprit de famille qui domine la législation de l'héritage ou, comme on dit plus tard, des *propres*.

[1] *Anc. Cout. de Paris.* — Senlis, art. 140. — Beauvoisis, 155 et 156. — Montargis, tit. des successions, art. 4. — Blois, 139. — Lille, 15. — Namur, 78. — Tournay, tit. des successions, art. 3. — Voyez le *Traité du droit de représentation*, par F. Guyné, Paris, 1770 in-12.
[2] Eichorn, *R. G.*, § 19, 65; 873. Sydow, *Erbrecht des Sachsen spiegels*, § 45, § 69 et ss. — Bluntschli, *R. G.*, § 27.
[3] *Lex Alam*, tit. 92. Neugart, n° 71.

Les plus proches ne sont pas toujours, comme dans le droit romain, ceux que le sang unit le plus étroitement au défunt; ce sont ceux qui sont les plus rapprochés de la souche commune. Ainsi on appelle d'abord à la succession les descendans du père, à leur défaut les descendans de l'aïeul, à défaut de ceux-ci les descendans du bisaïeul, etc. La ligne la plus proche exclut la plus reculée, et dans la ligne même, le parent le plus proche passe avant le plus éloigné, sans qu'il y ait jamais lieu à représentation.

Dans ce système, le neveu ne vient qu'en seconde ligne et l'oncle en première; car le neveu est à deux degrés du père commun, et l'oncle à un seul; mais le neveu hérite avant l'oncle du défunt, car il est dans la parenté, dans la ligne du père, tandis que l'oncle du défunt n'est que dans la ligne de l'aïeul [1].

La préférence des mâles se retrouve en collatérale, du moins en ce qui concerne les alleux. La succession lignagère étant (qu'on le remarque

---

[1] Le mot de degré ne donne qu'une notion imparfaite de la position requise pour succéder dans la loi germaine, celui de ligne en donne une plus juste idée. Tirez de la souche commune une perpendiculaire sur les descendans, ceux qui hériteront se trouveront tous sur une même ligne; tandis que dans le droit romain il y a souvent des personnes au même *degré*, dont quelques-unes cependant n'héritent pas, parce qu'elles ne sont point sur la même ligne. Bluntschli, p. 117. — Gans, *Erbrecht*, t. III, p. 10.

bien) toujours ramenée à une succession directe, il était naturel que le frère eût le rôle du fils, la sœur celui de la fille. Je vois souvent dans les diplômes les fils du frère préférés à la sœur, ce qui porterait à croire que chez certains peuples les enfans du fils passaient même avant la fille [1].

Quant à une préférence des parens paternels sur les parens maternels, rien ne l'indique assez positivement pour qu'on puisse l'affirmer avec quelque certitude. Néanmoins, comme on voit plus tard cette préférence se développer dans toute l'Europe barbare, il est probable qu'elle était contenue au moins en germe dans ces premières coutumes [2].

CHAPITRE XIV.

Du testament.

Les Germains ne connaissaient point la succession testamentaire. *Dieu seul peut faire un héri-*

---

[1] Neugart, n° 397. Post ejus (matris) vero obitum, si tamen ego legitimum heredem non relinquo, tunc frater meus Hagano et legitimi ejus heredes si forte — procreati fuerint, res supradictas — possideant. Quod si ipsi non redemerint, tunc sorores meæ legitimis viris nuptæ easdem res habeant — et similiter — redimendi facultatem habeant, similiter et legitimi earum filii. Si autem neque ipsæ redemerint, nec earum filii tunc filii avunculi mei Amalung. V. *ibid.* n° 250. — Bluntschli, p. 117.

[2] Bluntschli, p. 118.

tier, dit Glanville¹. Tacite avait dit, douze siècles avant lui, que les Barbares ne faisaient point de testament : *Heredes successoresque sui cuique liberi et nullum testamentum ; si liberi non sunt, proximus gradus in successione fratres, patrui, avunculi.*

Cette prohibition de tester subsista longtemps en Allemagne²; mais en Gaule, en Espagne, en Italie, les conquérans empruntèrent aux Romains le testament et ses formes diverses. Le clergé, rédacteur ordinaire de formules, dut pousser vivement à naturaliser chez les Germains cette facilité de disposition ; car ces Barbares, peu soucieux de se dépouiller de leur vivant au profit de l'Église, étaient fort généreux après leur mort.

Le premier résultat des testamens fut donc l'immense richesse des églises ; le second fut une modification sensible dans la rigueur du droit de succession.

Ce fut en invoquant la loi romaine, et par la forme d'un testament³, qu'un père appela ses petits-enfans à représenter le fils prédécédé et à venir partager la succession avec les fils survivans. Ce fut également par la faveur de la loi ro-

---

¹ Glanvilla (Houard, I, p. 461.)

² V. le diplôme du pape Lucius, de l'an 1184, donné par Mœser, *Osnab. Gesch.*, dipl. 70. t. II, p. 317.

³ Marculf, *Form.* III, 10; appendix, 49.—*Lex Burgund.* tit. 44. Je trouve un testament fait de vive voix au lit de mort, preuve 36, *Hist. du Languedoc*, t. I.

maine et du testament qu'un père appela sa fille à partager avec ses frères ; et cette déclaration de dernière volonté prévalut sur la loi, qui n'avait point fait de l'ordre des successions une question d'intérêt public.

Marculf nous a conservé la formule touchante par laquelle on annulait les duretés de la loi salique.

« Il règne parmi nous une coutume ancienne, » mais impie, qui refuse aux sœurs de partager » avec les frères la terre paternelle. Mais moi, » pensant à cette impiété, vous aimant tous éga- » lement, puisque Dieu vous a tous également » donnés à moi, j'ai voulu qu'après ma mort » vous jouissiez tous également de mon bien. » Ainsi, et par cet écrit, ma chère fille, je t'insti- » tue mon héritière légitime et te donne dans » toute ma succession part égale avec tes frères, » mes fils. Je veux que tu partages également » avec eux l'alleu et ce que j'ai acquis, et que tu » n'aies en aucune façon une portion moindre » que la leur. Mais si, etc. [1]. »

Le rôle qu'ont joué les formules dans la législation du sixième au dixième siècle n'a point encore été étudié d'assez près. Les lois saliques et ripuaires, rédigées sur des souvenirs antérieurs à la conquête, sont bonnes pour y rechercher les

---

[1] Marculf, II, 10, 12 (appendix, form. 17). — Cujas, Obss. VIII, 7. — Eichorn, I, 118 (appendix, M.)

coutumes primitives de la Germanie ; mais elles ne nous donnent qu'un crayon imparfait de l'état social après la conquête. Les formules seules, demi-romaines, demi-barbares dans le fond comme dans le style, nous expriment nettement ce qu'était cette société de deux races différentes, société confuse et mélangée, élémens en fusion que le lourd marteau de la féodalité devait marier et confondre. Les formules sont la législation de cette époque de transaction ; elles font le passage des lois romaines et barbares, comme l'époque qu'elles réfléchissent fait la transition de la conquête à la féodalité. Comme toujours, l'état social se reproduit fidèlement dans les lois. Qui veut connaître cette époque curieuse lise saint Grégoire de Tours, mais qu'il n'oublie pas Marculf.

LIVRE X.

DU SERVAGE.

CHAPITRE PREMIER.

De la servitude romaine et du servage germain[1].

L'esclave romain n'était aux yeux de la loi qu'une chose; rien de plus que le bœuf ou le cheval. Il n'avait ni propriété, ni famille, ni personnalité; il était sans défense contre la cruauté, la folie ou la cupidité de son maître : « Vends tes bœufs hors d'usage, dit Caton, vends tes veaux, tes agneaux, ta laine, tes cuirs, tes vieilles charrues, tes vieilles ferrures, ton vieil esclave ou ton esclave malade et tout ce qui ne te sert pas.[2] » Quand on ne pouvait vendre l'esclave usé par la maladie ou la vieillesse, on l'envoyait mourir

---

[1] Winspeare, *Storia degli abusi feudali*, ch. 3 et 5. — Muratori, diss. 14.
[2] Caton (édit. de Griphe), p. 16.

de faim. Claude fut le premier qui défendit cette infâme exposition [1].

La condition de ces misérables ne s'adoucit guère sous les empereurs, et tout ce qu'inventa de plus favorable la bonté d'Antonin, ce fut de défendre des sévices intolérables, comme un abus de la propriété : *Expedit enim reipublicæ ne quis rem suam male utatur*, dit Gaius. On vendait l'esclave, et on remettait sa valeur à son maître : le malheureux n'avait que changé de bourreau [2].

Ce fut le christianisme qui sapa l'esclavage en proclamant le principe de l'égalité des hommes devant Dieu : « Et vous maîtres, dit saint Paul, » sachez que leur maître et le vôtre est au ciel, et » que devant Dieu il n'y a point d'acception de per- » sonnes [3]. » Les pasteurs répandirent ces maximes de la divine charité ; l'affranchissement fut considéré comme une œuvre agréable à Dieu [4], et ce fut par des manumissions qu'on se plut à solenniser les grandes fêtes de la religion [5].

Dès que l'Église fut organisée en conciles, elle lança l'anathème contre les maîtres qui avaient

---

[1] Suet., *Claud.*, c. 25.

[2] Just. *Inst.*, I, 8, § ult.

[3] Saint Paul, *ad Ephes.*, c. 6.

[4] Cod. tit. *De his qui in sacro sanctis ecclesiis.* — L. 2 et 8, C., *de Feriis*, et la dernière formule du premier livre de Marculf.

[5] Greg. Nyssen, orat 2, *de Resurrectione Christi*.

exercé sur leurs esclaves ce terrible droit de vie et de mort[1]; grâce au droit d'asile[2] et à leur misère, les esclaves n'étaient-ils pas les plus chers protégés de la religion. Constantin, qui réalisa dans la législation les grandes idées du christianisme, le premier estima d'un même prix la vie de l'esclave et celle de l'homme libre, et déclara coupable d'homicide le maître qui volontairement avait donné la mort à son esclave[3]. Entre cette loi et celle d'Antonin, il y a toute une révolution dans les idées morales ; l'esclave était une chose, la religion en a fait un homme.

Dans l'ordre moral comme dans l'ordre physique rien ne se fait par brusques révolutions. On ne change pas instantanément la condition des hommes, non plus que la condition des choses; de l'esclavage à la liberté il y avait un abîme qu'un seul jour ne pouvait combler : ce fut le servage qui fit la transition.

Sans méconnaître combien l'esprit de la religion chrétienne a contribué à l'abolition de la

---

[1] Excommunicationi vel pœnitentiæ biennii esse subjiciendum, qui servum proprium sine conscientia judicis occideret. — Muratori, diss. 14.

[2] L. 5, C. Th., *De his qui ad ecclesias confugiunt.* Le 5ᵉ canon du concile d'Orange décide, eos qui ad ecclesiam confugerint tradi non oportere, sed loci sancti reverentia et intercessione defendi.

[3] L. unic., C., *de Emend. serv.* — V. encore la l. 1, C. Th., *de Expositis.*

servitude, il me semble néanmoins que les idées germaines eurent la plus grande part à cette transformation de la servitude en servage. Ce sont les Barbares qui les premiers ont reconnu à l'esclave le droit de famille et celui de propriété [1], deux capacités devant lesquelles l'esclavage ne peut subsister [2].

CHAPITRE II.

Continuation.

Cette propriété du serf fut grevée de services et de redevances au profit du maître, et à vrai dire, ce ne fut en commençant qu'une possession des plus précaires; mais par les progrès naturels de la civilisation et par ce besoin de stabilité sans laquelle la culture est impossible, cette possession s'assura de plus en plus, et par cette as-

---

[1] Tacite, *Germ.*, 25. Ceteris servis non in nostrum morem descriptis per familiam ministeriis utuntur. Suam quisque sedem, suos penates regit. Frumenti modum dominus aut pecoris, aut vestis, ut colono injungit, et servus hactenus paret. Cetera domus officia uxor ac liberi exequuntur. — Winspeare, chap. 5.
[2] L. 6. D., *De adq. rer. dom.* — Heineccius, *Elem. juris germanici*, tit. I, *De prima hominum divisione*.

siette modifia la condition des serfs et la rapprocha de celle des hommes libres recommandés.

De ces différentes formes de servage le détail serait infini. La condition des serfs n'étant point absolue comme celle des esclaves romains, mais relative et subordonnée aux charges de la propriété, il y eut autant de degrés dans le servage qu'il y eut de conditions diverses pour les tenures. Ajoutez qu'on a désigné ces malheureux par mille noms divers et que l'acception de ces noms a varié suivant la différence des pays et en chaque pays suivant la différence des années; la difficulté de cette étude est donc très-grande. Toutefois, à voir le fond des choses, il me semble qu'on peut comprendre toutes ces positions diverses en trois capitales divisions : 1° les esclaves qui ne tiennent point au sol ; 2° les serfs (*liti, aldiones*) qui sont attachés à la terre ; 3° les hommes libres (colons) qui, eux aussi, sont esclaves de la glèbe, mais non point avec la même rigueur.

Voyons de près les misères du servage : la politique s'apprend dans l'étude de ces souffrances, comme la médecine dans l'observation des maladies humaines. L'histoire est trop restée jusqu'à présent un récit de trouvères fait pour amuser les rois et les grands en leur parlant d'eux-mêmes : elle a trop dédaigné ces *liti*, ces colons, qui faisaient cependant la plus grande part de la population [1]. Ah! n'oublions pas ces aïeux du pauvre peuple français, qui ont porté la fatigue et le poids des mauvais jours, pour que nous, leurs enfans, nous profitions aujourd'hui et de leurs sueurs et de leur sang. Descendons hardiment dans ces horribles profondeurs.

> Per me si va nella citta dolente
> Per me si va tra la perduta gente,
> Per me si va nell eterno dolor [2].

CHAPITRE III.

Des esclaves. [3]

Je vois dans le manoir seigneurial [4] des esclaves [5] chargés de fonctions domestiques. Les uns sont employés au service personnel du maître, les autres chargés des soins de la maison. Les

---

[1] L'auteur de la *Théorie des lois de la mon. française* évalue les serfs aux 9/10es de la population.
[2] Dante, *Inferno*, canto III, V.
[3] Bluntschli, p. 39 et ss. — Grimm, *D. R. A.*, p. 312 et ss. — Muratori, diss. 14. — Eichhorn, § 49.
[4] *In curte, intra curtem.* Ceux qui cultivent le sol ont une case et sont dits habiter *in hobis, in mansis.*
[5] *Mancipia, servi, ancillæ.*

femmes filent la laine [1], les hommes vont moudre le grain, préparent le pain ou exercent au profit du seigneur le peu qu'ils savent d'arts industriels [2].

Le maître les châtie à son caprice, les tue impunément [3] et les vend eux et leur pécule comme un bétail [4]. L'esclave n'a point de personnalité, partant point de *wehrgeld* qui lui soit propre [5] :

---

[1] *Lex Alam.*, tit. 22, tit. 80. — *Lex Rotharis* 222. Ancillæ pensiles, stamina pensaque ducentes in gynæceum. — Grimm, *D. R. A.*, p. 351.

[2] *Lex Burg.*, XXI, c. 2. — *Lex Alam.*, tit 79.

[3] Tacite, *German.*, 25. Verberare servum ac vinculis et opere coercere rarum. Occidere solent, non disciplina et severitate, sed impetu et ira, ut inimicum, nisi quod impune. — Grimm, *D. R. A.*, 344. — *Leges Wisig.*, VI, 5, 12. Nam si dominus fortasse vel domina, in ancilla vel in servo, tam proprio quam extero, vel incitatione injuriæ vel ira commotus, dum disciplinam ingerit, quocumque ictu percutiens homicidium perpetraverit, et vel testibus probari potuerit, vel certe sacramento suam conscientiam expiaverit, nolendo tale homicidium commisisse, ad hujus legis sententiam teneri non poterit.

[4] Marculf, II, 22. Vendidi servum juris mei aut ancillam nomen illo, non furo, non fugitivo, neque cadivo, sed mente et omne corpore sano. — Baluze, cap. 2, 1430.

[5] *Lex Frision.*, tit. 4. *De servo aut jumento alieno occiso.* 1. Si quis servum alterius occiderit, componat eum, juxta quod a domino ejus fuerit æstimatus 2. Similiter equi et boves, oves, capræ, porci, et quicquid mobile in animantibus ad usum hominum pertinet, usque ad canem, ita solvantur prout fuerint a possessore earum adpretiata. Tit. 1, § 11, *ibid. Addit.*, c. 8, *De rebus fugitivis.* Si servus, aut ancilla, aut equus, aut bos, aut quodlibet animal fugiens dominum suum, etc.

c'est une chose. Le *wehrgeld* appartient au maître comme indemnité de la propriété qu'on lui fait perdre. Qu'on tue l'esclave ou qu'on le vole, l'indemnité ne change point, car le préjudice est le même [1]. Mais l'indemnité augmente ou diminue suivant la valeur du serf [2]. En tous ces points l'esclavage germanique rappelle la servitude romaine.

Voici maintenant en quoi le serf diffère de l'esclave.

De bonne heure on commence de le considérer comme un homme, et à ce titre la loi des Wisigoths, sous l'influence des idées chrétiennes, défend de le mutiler [3] ou de le tuer, à peine d'amende et d'exil [4]. Un capitulaire déclare coupable le maître qui tue sur-le-champ son esclave;

---

[1] *Lex Salic.*, tit. 11. 1. Si quis servum aut ancillam alterius furaverit..... sol. XXXV culpabilis judicetur. 3. Si quis servum alienum occiderit aut vendiderit, vel ingenuum dimiserit... sol. XXXV culpabilis judicetur. — *Lex Alam.*, tit. 8.

[2] Suivant la loi salique (tit. 11, § 5), le porcher, le charpentier, le vigneron, le meunier, le charron et le chasseur valent soixante-dix sous. Dans la loi des Alemanni, le pasteur (tit. 74, § 3; 79, § 1, 2), le sénéschal, chef des esclaves; le maréchal, chargé de l'écurie, le cuisinier chef, le boulanger, l'orfèvre, l'armurier, valent quarante sous; le prix de l'esclave ordinaire n'est que de quinze sols (tit. 79).

[3] *Leg. Wisig.*, VI, 4, 13. Nunc etiam ne imaginis Dei plasmationem adulterent, dum in subditis crudelitates suas exercent, debilitatem corporum prohibendam oportuit.

[4] *L. Wisig.*, VI, 4, 12.

mais si l'esclave survit d'un jour à sa blessure, la loi, qui n'a voulu que refréner la fureur de ces colères insensées, considère le propriétaire comme assez puni par la perte de sa chose[1].

Dénier au maître ce cruel droit de mort, et mettre la vie de l'esclave sous la garantie publique, c'était un premier pas vers une condition plus douce; mais la véritable amélioration vint des mœurs germaines. Ce fut par son attache au sol que l'esclave acquit des droits et prit rang, quoique à un degré inférieur, parmi les membres de l'État.

Dès la conquête on voit des serfs répandus sur les grandes propriétés barbares, chacun ayant sa case, son lot de terre et son pécule, à charge de redevances et de corvées. Rarement on les détache du sol quand on vend la terre; ils passent avec leur pécule en la propriété du nouvel acquéreur. La loi favorisait cette immobilisation du serf en défendant qu'on pût le vendre au dehors du pays[2]. Leur position se rapprocha donc et de celle du colon romain et de celle du *litus*. Comme ce dernier, ils obtinrent peu à peu de n'être punis que suivant la coutume de la terre, devant

---

[1] *Capit.*, VI, 11. Qui percusserit servum suum vel ancillam lapide vel virga et mortuus fuerit in manibus ejus, reus erit. Si autem uno die supervixerit vel duobus, non subjacebit pœnæ; quia pecunia ejus est.

[2] Grimm, *D. R. A.*, p. 313.

la justice seigneuriale; mais ils se distinguèrent longtemps du *litus* par la dureté de leur condition. L'esclave, devenu colon, resta corvéable à merci¹. Peu à peu cependant, ces corvées se régularisèrent; le maître prit une part du labeur du serf, trois jours par exemple, et lui laissa le reste². Quant au dimanche, il appartenait à Dieu, et c'était un crime, même pour un homme libre, de travailler dans ce jour consacré³. La religion donnait à l'esclave un jour de

¹ *Polyptique d'Irminon*, p. 105, *de Mansibus servilis de decania Guiroldi*. Ermentarius et Adalildis, et Wineberga. Isti tenent quartam partem de servili manso, habentem de terra arabili bunuaria III. Fodit inde quatuor aripennos de vinea ; et quando ipsam vineam non fodit, facit dies III in ebdomada, et facit wactam et quicquid eis injungitur. Et si vinum creverit in ipsa vinea quam facit, donat inde modium I in pascione ; si vero non creverit, nihil donat, solum pullos III, ova XV. Facit portatura Parisius. Facit curvadas. Ces charges sont la condition commune des serfs du même manoir. V. p. 112, *ibid.* et 119. — Muratori, diss. 14, *Antichita*.

² Neugart, n° 193. Ut servi et ancillæ conjugati et in mansis manentes tributa et vehenda et opera vel texturas, seu functiones quaslibet dimidia faciant, excepta aratura ; puellæ vero infra salam manentes tres opus ad vestrum et tres sibi faciant dies, et hoc quod Alemanni chwiltwerch (*ouvrage insalubre*) dicunt, non faciant. Grimm, *R. A.*, p. 353 et ss.

³ *Lex Alam.*, tit. 38. La récidive entraînait l'esclavage. § 3. Si autem post tertiam correptionem in hoc vitio inventus fuerit (*homo liber*) et Deo vacare die dominico neglexerit, et opera servilia fecerit, tunc tertiam partem de hereditate sua perdat. § 4. Si autem super hæc inventus fuerit ut diei dominico honorem non

repos assuré chaque semaine; la philantropie de nos grands politiques n'a pas garanti une heure au pauvre ouvrier.

CHAPITRE IV.

Des causes de l'esclavage [1].

Je ne dirai rien de la captivité et de la naissance, ces deux causes ordinaires de la servitude chez tous les peuples qui ont admis l'esclavage; mais j'appelle l'attention sur certaines causes toutes particulières au génie barbare et qui, en réduisant des hommes libres en servage, adoucirent la servitude et lui communiquèrent quelques-uns des priviléges de la liberté.

Je laisse parler Beaumanoir [2], monument curieux d'une tradition nettement conservée.

« Servitudes de cors si sont venues en mout de
» manières. Les unes pour che que anchienne-
» ment que l'en semonnait ses sougés pour les,

impendat, et opera servilia fecerit, tunc coactus et convictus coram comite, ubi tunc dux ordinaverit, in servitium tradatur : et quia noluit Deo vacare, in sempiternum servus permaneat.

[1] Grimm, *D. R. A.*, 320, 330.
[2] Beaumanoir, *Coustumes de Biauvoisins*, p. 254.

» ostz ou pour les batailles qui estoient contre le
» couronne, l'en i mettoit telle peine en le semonce
» faire, que chil qui demouroient sans renable [1]
» cause, si demouroient sers à toujours, aus et
» leur hoirs ; et pour ceste cause en est mout [2].

» La seconde chose par lequelle il est mout de
» sers, si est pour ce que, li tans cha en arrière,
» par grant dévotion mout de gens si se don-
» noient aux et leur hoirs, et leur choses, as saints
» et as saintes, et leurs choses toutes [3] et paioient

[1] Raisonnable.

[2] Fumagalli, *Cod. dipl. Sant Ambrosiano*, p. 172, 174. Sunt aldiones duo, qui, propter hostem, ad ipsam villam se tradiderunt. V. sup.

[3] *Polypt. fossat.*, éd. Guérard, p. 287, Ingelburgis, filia Vitalis de Buxido, beato Petro se tradidit, tali ratione ut nunquam a monachis esset vendita neque ulli homini donata.—*Ibid.*, p. 288. Hisenburgis Britonissa gratanter se condonavit Sancto-Petro, antequam acciperet maritum, ut in posterum cum filiis et filiabus suis sub servitutis jugo teneatur, quorum hæc sunt nomina : Odolricus, Gislebertus, Durandus. — Guérard, *Polypt.*, p. 349. *Notitia placiti Teudboldi comitis*, an. 888. In Dei nomine. Notitia vel tradiccione qualiter, quibus præsentibus bonis hominibus, qui anc noticia vel tradiccione subter firmaverunt, insertum qualiter venit homo nomen Berterius in Asine villa in publico ad ecclesia Sancti-Petri plena pleba conjuncta, inluster vir Teutbolt comite, ibique in eorum præsentia fuit mea pelicia et vestra decrevit voluntas, nec invitus, nec coactus, nec circumventus, nisi per mea plenissima prunta voluntate, corrigiam ad collum meum misi et manibus in potestate Alariado vel ad uxore sua Ermangart, ad integrum estatum suum secundum lege romana se tradidit, quo insertum est quod homo bene ingenuus estatum suum meliorare et pegiorare potes, ut post ac die de me ipsum et de mea agnicione faciatis quitquit volueritis, vos vel eredes vestri.

» che que ils avoient proposé en leurs cuers, et
» les redevanches que ils paioient li recheveur
» des églises si mettoient tout en escrit, et che
» que ils pouvoient traire de leur connoissance,
» et ainsi usoient ils seur aus, et ont tousjours
» puis usé plus et plus par la malice qui est puis
» creus trop plus que il ne fut mestiers, si que
» che qui premièrement fu fet par cause de bonne
» foi et par dévotion est tourné ou domage et en
» le vilenie aux hoirs [1].

» La tierche manière comment plusieurs sont
» devenus sers si fu par vente, si comme quant
» aucun chaoit en povreté, et il disoit a aucun
» seigneur : « Vous me donrez tant et je demou-
» rai vostre hons de cors, » et aucunes fois le de-
» venoient par leur propre don pour estre ga-
» ranti des autres seigneurs ou de aucunes
» haines que l'en avoit à eux [2].

ad abendi, vendendi, donandi, vel ingenuandi. Et si ego, per me
meipsum aut per consilium malorum hominum, me de servicio
vestro abstraere voluero, taliter mihi detinere vel destringere debeatis, vos vel missi vestri, sicut relico mancipio originalio vestro. Is præsentibus qui corrigiam notaverunt, et tradiccione ista
subter firmaverunt (douze témoins).

[1] Lex Alam., I, 1. — Ducange, V° Oblati. — Heineccius,
Antiq. Germ., I, p. 405, 416.

[2] Tacite, Germanie, c. 24. — Greg. Tur., VII, 45. Subde-
bant se pauperes servitio ut quantulumcumque de alimento por-
rigerent. ibid., VI, 36. — Lex Frision., XI, 1. — Lex Bajuv.,
VI, 3, 1. Ut nullum liberum sine mortali crimine liceat inservire,
nec de hereditate sua expellere : sed liberi qui justis legibus de-

» Par toutes ces choses sont servitudes venues

serviunt, sine impedimento hereditates suas possideant. Quamvis pauper sit, tamen libertatem suam non perdat, nec hereditatem suam, nisi ex spontanea voluntate se alicui tradere voluerit, hoc potestatem habeat faciendi. — *Ibid.*, II, 1, §§ 4, 5. — Marculf, II, 28. Domino mihi proprio illo ille. Dum et instigante adversario, fragilitate mea praevalente, in casus graves cecidi, unde mortis periculum incurrere potueram, sed dum vestra pietas me jam morti adjudicatum de pecunia vestra me redemistis, vel pro mea scelera res vestras quamplures dedistis, et ego de rebus meis unde vestra beneficia rependere debuissem non habeo ; ideo pro hoc statum ingenuitatis meæ vobis visus sum obnoxiasse, ita ut ab hac die de vestro servitio penitus non discedam, sed quicquid reliqui servi vestri faciunt pro vestro aut agentium vestrorum imperio facere spondeo. Quod si non fecero, aut me per quodlibet ingenium de servitio vestro abstrahere voluero, vel dominium alterius expetere aut res suscipere voluero, licentiam habeatis mihi qualemcumque volueritis disciplinam imponere vel venundare, aut quod vobis placuerit de me facere. Facta obnoxiatione tunc, sub die illo. — Sirmondi form., 44. — Contigit, dit une ancienne formule, quod cellarium vel spicarium vestrum infregi, et exinde annonam, vel aliam raupam in solidos tantos furavi, dum et vos et advocatus vester exinde ante illum comitem interpellare fecistis, et ego hanc causam nullatenus potui denegare. Sic ab ipsis racimburgis fuit judicatum ut per wadium meum eam contra vos componere atque satisfacere debeam, hoc est solidos tantos. Sed dum ipsos solidos minime habui, unde transsolvere debeam, sic mihi aptificavit, ut brachium in collum posui et per comam capitis mei coram praesentibus hominibus tradere feci, in ea ratione, ut interim, quoad ipsos solidos vestros reddere potuero et servitium vestrum et operam qualemcumque vos vel juniores vestri injunxeritis, facere et adimplere debeam. Et si exinde negligens vel jactivus adparuero, spondeo me contra vos ut talem disciplinam super dorsum meum facere jubeatis, quam super reliquos servos vestros. — Siccania, *sur la loi des Frisons*, t. I. — Diplôme de l'an 1018 donné par Muratori, *Antichita d'Ital.*, diss. 14, in fine.

» ayant, car selon le droit naturel chacun est
» frans ; mais che le franchise est corrompue par
» les acquisitions dessus dites.

» Et encore i a d'autres acquisitions, car il i a de
» telles terres quant un francs hons, qui n'est
» pas gentiz-hons de lignage i va manoir et i est
» résidant un an et un jour, il devient, soit hons
» soit feme, serf au seigneur dessous qui il vient
» être résidans¹.

CHAPITRE V.

De l'affranchissement.

Je n'entrerai pas dans le détail infini des modes d'affranchissement ; je renvoie les curieux chercher dans l'excellent livre de Grimm les cérémonies symboliques de la manumission². Je dirai seulement qu'il y eut pour les affranchis deux conditions fort distinctes. Les uns, affranchis solennellement, prirent rang parmi les hommes libres ; une femme ingénue les

¹ Grimm, *D. R. A.*, p. 327.
² Grimm, *D. R. A.*, p. 331 et ss. *Ibid.*, p. 162, 178-180.— Muratori, diss. 15.

épousa sans mésalliance¹; et leur wehrgeld appartint comme celui de l'homme libre aux héritiers du sang, ou au roi ². Les autres, et ce fut le plus grand nombre, affranchis avec moins de solennité, ne sortirent des derniers rangs de la servitude que pour se confondre parmi les *liti* et les colons. Tels furent les affranchis *chartularii* et *tabularii* ³, chargés de redevances envers l'Église ou le patron qui les gardait sous sa main-

¹ *Lex Ripuar.*, tit. 58, c. 11.

² Marculf, *Form.*, II, 32. *Rotharis L.* 225. Si quis servum suum proprium aut ancillam suam propriam liberos dimittere voluerit, sit illi licentia qualiter ei placuerit. Nam qui fulfreal (*entièrement libre*) et a se extraneum id est amund (*sui juris*) facere voluerit, sic debet facere. Tradat eum prius in manus alterius hominis liberi, et per garathinx ipsum confirmat; et ille secundus tradat eum in manus tertii hominis, eodem modo et tertius tradat eum in quarti. Et ipse quartus ducat eum in quadrivium, et thingat in wadia, et gisiles ibi sint, et dicant sic: *De quatuor viis ubi volueris ambulare, liberam habeas potestatem.* Si sic factum fuerit, tunc erit amund et ei manebit certa libertas; et postea nullam repetitionem patronus adversus ipsum aut filios ejus habeat potestatem requirendi. Et si sine haeredibus legitimis ipse, qui amund factus est, mortuus fuerit, curtis regia illi succedat; nam non patronus aut heres patroni. Similiter et qui per impans, id est in volum regis dimittitur, ipsa lege vivat sicut qui amund factus est. Postea mundi eorum nec ab ipso nec a filiis ejus nullatenus requiratur, et si filia ejus aut ipsa, quæ fulfrear facta est, ad maritum ambulare contigerit, detur pro ea mundius sicut pro libera. L. 128, *ibid.* — Eichorn, *R. G.*, § 31. — *Lex Salic.*, tit. 28. — *Lex Ripuar.*, tit. 57, 58. — Cap. 3, ann. 803, c. 84. Cap. 4, a. 805, cap. 24.

³ *Leg. Luitprand.*, IV, liv. 5.

bournie[1], et à qui appartenaient et leur wehrgeld et leur succession[2].

Ces affranchissemens augmentèrent de façon notable la classe des *liti*. Mais à côté des manumissions plus ou moins solennelles, ce tacite changement de condition qui résultait de l'attache au sol contribua plus que tout le reste à détruire l'esclavage en immobilisant le serf sur cette terre que ses bras fécondaient. Je l'ai dit plus haut[3].

CHAPITRE VI.

Des *liti, lassi, aldiones*[4].

Au-dessus des esclaves se trouvent les *liti*,

[1] *Lex Burg.*, tit. 57.
[2] *Rotharis L.* 127. Item qui aldium aut aldiam facere voluerit non illi debet quatuor vias. *Ibid.*, I, 129. Aldius, dit une ancienne glose, est libertus cum impositione operarum factus. Marculf, *Form.*, II, 33. — Goldast, form. 5. *Capit.*, ann. 803, de *Lege Rip.*, c. 8. Homo denarialis non antea hereditare in suam agnationem poterit usque quo ad tertiam generationem perveniat.
[3] Sup., ch. III.
[4] On les nomme aussi *mancipia, coloni, tributarii*. Sur cette condition des *liti*, voyez Muratori, *Antich. d'Ital.*, diss. 15. Siccama, *Notæ ad LL. Frision.*, tit. 1. — Bluntschli, p. 49 et ss. — Grimm, *D. R. A.*, p. 305-309. — Gaupp, *Miscellen des Deutschen Rechts*. Breslau, 1830, p. 60 et ss.

dont la position était mitoyenne entre la servitude et la liberté, telle à peu près qu'était celle du colon romain [1], dont le *litus* porte souvent le nom.

Le *litus* est, comme l'esclave, sous la protection de son maître (*in mundiburdio*); il est son justiciable, car il ne peut prendre part à l'assemblée du canton, où figurent les seuls hommes libres [2], et cette servitude de la glèbe l'exclut également du service militaire, glorieuse prérogative des Francs; comme l'esclave, il doit certains services

---

[1] *Lex Ripuar.*, tit. 62, § 1. Si quis servum suum tributarium aut litum fecerit; si quis eum interfecerit 30 solidis culpabilis judicetur, § 2. Quod si denarialem eum facere voluerit, licentiam habeat. Et tunc ducentos solidos valeat.

[2] Appendix *Form. Marc.*, n° 0. Notitia qualiter vel quibus præsentibus veniens magnificus vir ille, die illa, in illa civitate, in mallo publico, ante illustre viro ille comite, et ante apostolico viro illo, vel præsentibus quam pluribus viris venerabilibus rachimburgis qui ibidem ad universorum causas audiendum, vel recta in Dei nomine judicia terminandum residebant vel adstabant, quorum nomina subter tenentur adnexa, homine aliquo nomine illo interpellabat, dixit eo quod servus, ad colono suo nomine illo de caput suum aderat, et venditionem habebat quomodo ipse colonus ipsum comparaverat, et ipsam venditionem ibidem ostendebat ad relegendum. Relecta epistola, sic ipsi viri ipsum interrogaverunt si aliquid contra ipsa charta dicere volebat, vel si eam agnoscebat an non. Sed ipse servus ipsa charta vera et legitima recognovit. Sic ipsi viri tale decreverunt judicio ut ipse ille ipsum ad servitium recipere deberet; quod ita et fecit, et per manu illius vicarii per jussionem industre viro illo comite et per judicium ad ipsas personas præ-entialiter recepit. His præsentibus. Datum ili, sub die illo.

et certaines redevances (*lidimonium*). Mais cette redevance est fixe comme celle du colon romain ; ces services sont déterminés par la loi de la concession, contenue d'ordinaire dans le livre cadastral (*polyptichum*) du seigneur [1], et les lois défendent de changer ces conditions de leur tenure [2].

En certains points le *litus* se rapproche de l'homme libre ; comme le Franc, il a un wehrgeld [3] ; comme lui, il est admis à se purger par serment des crimes qui lui sont imputés [4] ; comme

---

[1] *Adnuntiatio Caroli ap. Pistas*, c. 29. Ut illi coloni tam fiscales quam et ecclesiastici qui sicut in polypticis continetur et ipsi non denegant carropera et manopera ex antiqua consuetudine debent, et margilam et alia quæque carricare, quæ illis non placent, renuunt, quoniam adhuc in illis antiquis temporibus forte margila non trahebatur, quæ tempore avi ac domini et patris nostri trahi cœpit, et de manoperia in scuria battere nolunt, et tamen non denegant quia manoperam debent, quicquid eis carricare præcipitur de opera carroperæ, quando illam facere debent sine ulla differentia carricent, et quicquid eis de opera manno-peræ, quando illam facere debent, præcipitur, similiter sine ulla differentia faciant. Les plus curieux de ces polyptiques ont été donnés par M. Guérard, à la suite de son intéressante publication de l'*Irminonis polyptichon ;* c'est le recueil le plus riche en documens sur la situation des serfs dans les premiers siècles de la monarchie.

[2] *Lotharii L.* 100. Præcipimus ut nova conditio aldioni a domino suo non imponatur.

[3] *Lex Frision.*, tit. 15. Compositio hominis nobilis libræ XI, liberi libræ V et dimidiæ, — liti libræ II et unciæ 9 ex qua duæ partes ad dominum pertinent, tertia ad propinquos ejus.— Compositio servi libra I et unciæ IV et dimidiæ.

[4] *Lex Frision.*, I, 15. Et si servus hoc se perpetrasse nega-

lui enfin, il est responsable des dommages qu'il a causés [1]; à la différence de l'esclave pour qui le maître répond et prête serment. En ce sens le *litus* est en quelque façon membre de la nation; mais c'est, si j'ose le dire, *un citoyen non actif*, et dans ses prérogatives mêmes paraissent des traces de son infériorité. Ainsi son wehrgeld n'est que la moitié du wehrgeld du Franc, et encore cette composition n'appartient-elle que pour une faible portion aux parens du mort; le maître en prend les deux tiers.

Enfin il y a entre le *litus* et l'esclave cette distinction profonde, que le premier est immobilisé sur le sol, comme le colon romain, tandis que l'esclave peut être détaché de la terre qu'il cultive; le maître ne peut aliéner son manoir qu'à la charge de respecter la jouissance du *litus* casé sur le domaine. Ainsi le *litus* est plus qu'un fermier ou qu'un métayer, il a sur le sol un droit de jouissance héréditaire; ses enfans lui succèdent dans cette possession [2] qu'il ne peut

verit, dominus ejus juret pro illo. — 18. Si litus erat ipse medietatem sacramenti cum uno lito juret.

[1] *Lex Frision.*, III., § 4. Litus conditionem suam per omnia similiter faciat, id est, sua sexta manu juret, vel quod abstulit in duplum restituat. — IX, § 17. Si servus aliquid vi sustulit, dominus quantitatem rei sublatæ pro ipso componat ac si ipse sustulisset.

[2] Je reviendrai sur ce droit de succession en traitant des mains-mortes. — V. Grimm, *D. R. A.*, p. 361 et ss.

toutefois ni vendre ni aliéner, car la saisine est au seigneur[1], et cette propriété subordonnée, cette propriété qui n'a de valeur que dans la cour du seigneur et qui se règle d'après les lois que le seigneur a données, la coutume des Francs ne la reconnaît pas.

Quelle est l'origine de cette condition ? Qu'était-ce donc que les premiers *liti*? Probablement des tribus assujetties et rendues tributaires; ce nom du moins rappelle involontairement toutes ces peuplades létiques, races barbares transplantées sur le sol romain dans les derniers temps de l'Empire, à charge de cultiver et de défendre les frontières[2].

A voir de près l'affinité de cette condition et du colonat, affinité si étroite qu'elle a fait expliquer l'origine de l'institution romaine par un emprunt des usages barbares, il est aisé de comprendre comment ces deux conditions se confondirent; le nom de *litus* fut plus usité dans le Nord, celui de colon dans le Midi, mais la loi de la tenure fut à peu près la même. Dans le Midi néanmoins la condition du colon s'adoucit plus rapidement, la loi romaine de l'Emphytéose fut moins dure que la loi féodale de la censive.

---

[1] V. le diplôme 181 de Mœser, *Osnab. Gesch.*, III, p. 322.
[2] L. 10, 12, C. Th., *de Veteranis*; l. 12, *de Erog. mil. ann.* — Gothof, *ibid.* — Grimm, *D. R. A.*, p. 306, 307.

CHAPITRE VII.

Des serfs du roi (*fiscalini*)[1] et des serfs de l'Église.

Une des plus curieuses études sur le servage, ce serait celle qui prendrait pour objet le développement graduel de la condition de *fiscalini*.

Dans l'origine c'étaient de simples esclaves du fisc; ainsi nous les représente la loi des Alemanni[2]. Le capitulaire de Villis les considère comme des serfs de la glèbe et veut qu'ils paient de leur personne l'amende que l'homme libre paie de son argent[3]; mais de bonne heure leur situation

---

[1] Bluntschli, § 12.

[2] *Lex Alem.*, tit. 8. Mais un chapitre de cette loi publiée par Goldast, sur un manuscrit de Saint-Gall, nous les peint déjà dans une position plus favorable : Si quis servum alienum occiderit, solidos XII in capitale restituat; aut cum alio servo, qui habeat XIV palmas rum pollice replicato et duos digitos in longitudinem, et tres solidos in alio pretio superponat, quod fiunt simul solidi XV. *Si quis ecclesiasticum servum vel regium occiderit tripliciter componat, hoc est XLV solidis.*

[3] *Capit.*, add. quart., § 110. Quicumque liber homo vel in emptione vel in debiti solutione denarium merum et bene pensantem recipere noluerit, bannum nostrum id est sexaginta solidos componat. Si vero servi ecclesiastici aut fiscalini nostri aut comitum aut vassallorum nostrorum hoc facere præsumpserint, sexaginta ictibus vapulent.

s'améliore et s'assimile à celle des *liti* [1]. Ils ont eux aussi leur wehrgeld [2] et leur possession, et comme aux *liti*, il est permis aux *fiscalini* d'un même domaine de s'entrevendre leurs tenures [3], le seigneur n'ayant pas un intérêt direct à ce que la terre soit cultivée par un sujet de son domaine plutôt que par un autre (d'où ce principe féodal, qu'en échange il n'était dû de lods ni de ventes); mais cette faculté ne va pas jusqu'à vendre la terre à des étrangers, car la saisine et la propriété sont au seigneur.

Ce que je dis des *fiscalini* s'applique également aux colons de l'Église (et qu'on le remarque bien, cette classe comprenait non-seulement la plus grande part des esclaves, mais de fait la

---

[1] *Capp., add. ad. leg. Long.*, ann. 801. Aldiones vel aldianæ ad jus publicum pertinentes, eâ lege vivant in Italia in servitute dominorum suorum qua fiscalini vel liti vivunt in Francia.

[2] *Lex Ripuar.*, t. 7, 8, 9-10, C. 1. Si quis hominem ecclesiasticum interfecerit centum solidis (la moitié du wehrgeld du Ripuaire), culpabilis judicetur aut cum duodecim juret.—C. 2.—Sic in reliqua compositione unde Ripuarius XV solidis culpabilis judicetur regius et ecclesiasticus medietatem componat, vel deinceps quantumcumque culpa ascenderit. — Ducange, V° Fiscalini.

[3] *Lex Salica reform.* (*Capt. min.* C. 10). Ut hec colonus nec fiscalinus possit alicubi foras mitio (*hors du meix, hors du domaine*) traditiones facere. V. Canciani, t. II, p. 161. Sur ce *foras mitio*, qui a si fort embarrassé les commentateurs, voyez le *Polyptique d'Irminon*, p. 114. On distingue parmi ceux qui doivent payer le chevage ceux qui sont dans le domaine (*infra-mitio*), et ceux qui n'y sont pas (*forastieis*).

moitié peut-être de la population de l'Europe); l'honneur du roi comme l'honneur de l'Église grandirent rapidement la position de cette classe privilégiée parmi les serfs et la mirent au niveau de celle des *liti*.

Cette transformation des *fiscalini* et des serfs de l'Église en colons et cet agrandissement de prérogatives s'expliquent par une cause fort simple. De bonne heure les rois et l'Église armèrent leurs serfs pour se défendre ou s'agrandir; or, même en un gouvernement despotique, les armes ont toujours donné la liberté à ceux qui les portent : il en fut ainsi pour les *fiscalini*. Entre eux et les hommes libres qui se jetaient dans les vassalités royales, la différence ne pouvait ni être grande, ni se maintenir longtemps; et voici un des points par lesquels les deux classes se touchèrent et tendirent à se confondre.

Entre l'esclave et l'ingénu, la loi ne pouvait admettre d'union légitime : un abîme les séparait. C'était un crime qu'un tel mariage. « Si » un Ripuaire prend pour femme l'esclave d'un » Ripuaire, qu'il soit esclave avec elle [1]. Si une » femme libre suit un esclave, et que ses parens » attaquent cette union, que le roi ou le comte » offrent à cette femme une épée et une que-» nouille. Si elle choisit l'épée, qu'elle tue le serf;

---

[1] *Lex Ripuar.*, tit. 58, § 17.

» si elle prend la quenouille, qu'elle soit esclave » elle-même ! » La loi des Wisigoths, celle des Bourguignons et celle des Lombards n'ont pas moins de dureté [2].

D'autres coutumes germaines, telles que la loi salique [3], par exemple, sont moins féroces ; mais si elles font grâce de la vie, elles condamnent à l'esclavage la personne libre qui s'unit à un esclave. *En formariage le pire emporte le bon* [4] ; ce vieux proverbe féodal est vrai dès les premiers temps de l'établissement des Barbares.

[1] *Lex Ripuar.*, tit. 58, § 18.

[2] V. *LL. Visig.*, III, 1, 1, 2, 2, 89. Si mulier ingenua servo suo vel proprio liberto se in adulterio commiscuerit, aut forsitan cum maritum habere voluerit, et ex hoc manifesta probatione convincitur, occidatur. Ita ut adulter et adultera ante judicium publice fustigentur et ignibus concrementur. Cum autem per reatum tam turpis admissi, quicumque judex, in quacumque regni nostri provincia constitutus agnoverit dominam servo suo, sive patronam liberto fuisse conjunctam, eos separare non differat, ita ut bona ejusdem mulieris, aut si sunt de alio viro, idonei filii evidenter obtineant, aut propinquis ejus legali successione proficiant. Quod si usque ad tertium gradum defecerint heredes, tunc omnia fiscus usurpet; ex tali enim consortio filios procreatos constitui non oportet heredes. Illa ergo, seu virgo sive vidua fuerit, poenam excipiat superius comprehensam. Quod si ad altaria sancta confugerit, donetur a rege, cui jussum fuerit, perenniter servitura. — *Lex Burg.*, XXXV, 2, 3. — *Rotharis L.* 222.

[3] *Lex Sal.*, tit. 14, 7 et 11. Ivo Carnot., *Epist.* 221 et 242. — Bignon, sur Marculf, II, 29. — Grimm, *D. R. A.*, p. 326.

[4] *Trist du meine henne, so wirst du mein hahn*, dit l'adage allemand. V. aussi *Rotharis L.* 223.

Néanmoins telle fut la prépondérance que prirent les vassalités que les *fiscalini*, les plus infimes de la domesticité royale, eurent dès Charlemagne le privilège de s'unir à des personnes libres, sans que la condition de ces personnes en souffrît : ainsi le voulait l'honneur du roi.

De liberis hominibus qui uxores fiscalinas regias, et de feminis liberis qui homines similiter fiscalinos regios accipiunt, ut non de hereditate parentum, vel de causa sua quærenda, nec de testimonio pro hac re abjiciantur, sed talis etiam nobis in hac causa honor servetur, qualis et antecessoribus nostris regibus vel imperatoribus servatus esse cognoscitur [1].

Cette faveur dont les capitulaires entouraient le mariage des personnes libres et des fiscalins avait un but tout égoïste, l'augmentation des serfs royaux ; car en de telles unions, l'enfant ne suivait même pas la condition de la mère, comme le décidaient les lois romaines pour le concubinat. A moins de stipulations intervenues, avant le mariage, entre le maître et la personne libre qui s'unissait à l'esclave [2], l'enfant était de la pire

---

[1] *Cap.*, lib. III, c. 16.

[2] Marculf, *Form.*, II, 29. *Charta de agnatione si servus ingenuam trahit.* Igitur ego in Dei nomine ille, illa femina. Omnibus non habetur incognitum qualiter servus meus nomine ille te, absque parentum vel tua voluntate, rapto, scelere in conjugium sociavit, et ob hoc vitæ periculum incurrere poterat ; sed

condition. Fils d'un *litus* et d'une personne libre, c'était un *litus*; fils d'un *litus* et d'un esclave, il était serf [1].

venientes et mediantes amicis vel bonis hominibus convenit inter vos, ut si aliqua procreatio filiorum orta fuerit inter vos in integra ingenuitate permaneant. *Et si voluntaria servum accipit, dicis* : Omnibus non habetur incognitum qualiter servo meo nomine illo voluntaria secuta es et accepisti maritum. Sed dum te ipsa et agnatione tua (*tes enfans*) in meo inclinare potueram servitio, sed propter nomen Domini et remissionem peccatorum meorum propterea, præsentem epistolam in te mihi complacuit scribere, ut si aliqua procreatio filiorum aut filiarum inter vos orta fuerit, penitus nec nos nec heredes nostri, nec quislibet persona ullo unquam tempore in servitio inclinare non debeamus, sed in integra ingenuitate, tanquam si ab utrisque parentibus ingenuis fuissent procreati vel nati omni tempore vitæ suæ permaneant, peculiare concesso quodcumque laborare potuerint, et sub integra ingenuitate super terra nostra aut filiorum nostrorum absque ullo prejudicio de statu ingenuitatis eorum commanere debeant, et reditus terræ ut mos est, pro ingenuis, annis singulis desolvant, et semper in integra ingenuitate permaneant tam ipsi quam et posteritas illorum. Si quis vero, etc.— Guérard, *Polypt.*, p. 370. Ego Willelmus abbas Sancti-Petri. —Notifico hominem nomine Durandum, qui cum prius liber esset; quia quandam nostram ancillam, nomine Dudam, accepit uxorem, vinculo servitutis apud nos est obligatus, pristinæ libertati eum cum tota procreatione infantium restituisse, an 1108.

[1] *Rotharis L*. 206. Si quis aldiæ alienæ, *id est quæ de libera matre nata est*, violentiam fecerit, componat solidos XL.—*Formulæ regni Italici*, ad l. 205. Canciani, II, p. 168, c. 1. *Ann. Bened.*, II, 705.—*Irminonis Polyptichum*, p. 143. Martinus servus et uxor ejus ancilla : isti sunt eorum infantes : Ragambolda filia eorum est *ancilla*; Faregans, Wiclencus, Winevoldus sunt *lidi*, *quoniam de colona sunt nati*. *Ibid.*, p. 124. Adalbertus manuboratus (recommandé) quorum uxor et infantes,

Par un progrès insensible, les fiscalins s'élevèrent presque au niveau des hommes libres; leur condition même était en certains points plus douce. Néanmoins, il y avait toujours entre eux et les propriétaires d'alleux une différence essentielle et qui caractérise au plus haut point la liberté; je veux parler du droit de disposer de leurs tenures et du droit de s'administrer par eux-mêmes, conséquence naturelle de la libre propriété. Ce dernier pas se fit par la grande révolution communale des onzième et douzième siècle. Dans cette révolution, les fiscalins jouèrent le principal rôle. La plupart des villes nouvelles qui s'élevèrent à côté des antiques cités, où s'éveillait aussi la liberté, n'étaient, ainsi que ce nom de ville l'indique, que d'anciennes métairies fiscales à qui le roi ou le seigneur concédait des franchises longtemps désirées. C'est sur ce terrain que nous retrouverons les *fiscalini*.

omnes sunt Sancti-Germani. *Ibid.*, p. 80. Frutbertus colonus et uxor ejus colona nomine Ulberta. Isti sunt eorum infantes Ulberga, Domleverga, Frotcarius, Frudoldus, Frosbertus. *Isti tres sunt lidi quoniam de lida matre sunt nati. Ibid.*, p. 272. Amalgisus colonus homo Sancti-Germani, habet filium 1 lidum de alia femina de fisco dominico.—Grimm, *D. R. A.*, p. 324.—Das kind folget der aergern hand, dit l'adage allemand. — Burchardi Wormat. *Lex famil.*, § 16 : Jus erit si fisgilinus (*fiscalinus*) homo dagewardam (*serve*) accepit, ut filii qui inde nascantur, *secundum pejorem manum vivant*, similiter si dagewardus fisgilinam mulierem accepit. — Eichorn, *R. G.*, § 5. — *Sachsenspiegel*, III, 73.

CHAPITRE VIII.

Des colons, *coloni, homines votivi, oblati, munborati, commendati, capitales.*

Je suis fort embarrassé de déterminer exactement la condition des colons, hommes libres ou descendans d'hommes libres qui se sont soumis au servage en acceptant une part du sol. Cette difficulté tient à la nature même du sujet. L'uniformité dans la condition des citoyens est une notion qui ne peut appartenir qu'à une époque où la société est organisée; mais lors de la conquête tout était confus, et comme dans le chaos. Quant à l'époque féodale, l'idée favorite des esprits éclairés, c'était celle d'une grande hiérarchie, dont les degrés se multipliaient à l'infini, chaque individu ayant en quelque sorte un rang distinct et une condition particulière dans cette immense échelle [1]; il ne pouvait donc être question ni d'uniformité dans les conditions, ni d'égalité civile. L'égalité est une idée toute nouvelle; c'est la pensée du siècle; c'est la gloire du code. Pourquoi faut-il que sur ce point nos lois

---

[1] *Miroir de Saxe*, liv. I, art. 1.

administratives soient si en arrière de nos lois civiles.

La condition du colon étant infinie dans ses variétés comme celle du *litus* et touchant à celle-ci par mille points, au midi, le seul nom de colon, au nord, le seul nom de *litus* comprirent toutes les positions intermédiaires entre l'esclavage et la liberté.

Néanmoins, un des plus curieux monumens de l'époque, le *Polyptique* de l'abbaye Saint-Germain-des-Prés, distingue soigneusement les serfs, les *liti* et les colons, ainsi que les *mansi serviles, lidiles et ingenuiles*. Cette distinction, fondée sur la différence réelle des positions, je l'adopte ici, et sans m'occuper des noms, je vais parler des hommes libres, devenus serfs volontaires et de leurs descendans. Je les nomme colons, pour les distinguer des *liti* ou serfs d'origine.

---

[1] Moser, *Osnäb. Gesch.*, t. III, p. 321, dipl. 17. Ut nullus comes...... aut servos, vel liberos sive lidones, et ceteros, et eos qui censum persolvere debent, quod muntschatt (*prix du mundium*) vocatur, ad pontem restaurandum aut corrigendum ullo unquam tempore astringendos ingredi audeat. *Ibid.* dipl. 1. — Le dipl. 10 les nomme positivement *litos liberos*. — *Polyptique de Reims.* Guérard, p. 290. Unusquisque colonorum qui ibi est ex nativitate debet den. VIII et feminæ den IV. Ceteri coloni qui ibi se tradonaverunt debet unusquisque den. IV, et feminæ den. II. Servi quoque debent unusquisque den. XII, ancilla similiter. Ces colons de naissance sont des *liti*, à en juger par leur redevance, qui est le double de celle de l'homme libre.

Sans parler de la prééminence que le *Polyptique* leur donne en ne cessant pas de les considérer comme ingénus [1], ces colons me semblent différer des *lidi* en deux points fort importans : — ils ont, non point seulement un pécule, mais encore des biens qui leur sont propres ; — leurs redevances sont généralement plus douces. Il est aisé de reconnaître dans la plupart de ces serfs volontaires des gens qui ont accepté le servage, soit pour éviter le service militaire ou la persécution des grands, soit pour obtenir quelque part du sol, soit surtout pour succéder au précaire paternel, héritage pour lequel la volonté du concédant fait seule la loi. Mœser nous a conservé sur ce point un curieux diplôme, dont je me ferais faute de priver le lecteur [2].

---

[1] *Polyptique*, p. 117. Coloni vero qui ipsam inhabitant villam ita adhuc sunt ingenui, sicuti fuerunt temporibus sancti Germani, quatenus nulli hominum aut vi aut voluntarie sine præcepto abbatis aut arcisterii aliquod exhibeant servitium. Nam ipsum alodum sanctus contulit Germanus ad luminaria ecclesiæ sanctæ crucis, sanctique Stephani, quatenus omnibus annis persolvant ad ipsam ecclesiam VIII sextarios olei aut XXII ceræ libras. — Le *Polyptique de Saint-Bertin* les nomme toujours des ingénus. Guérard, p. 201. — Sirmond. form. 41. — Wiuspeare, *Storia degli abusi feudali*, p. 274 et ss. — Ducange, V. Coloni.

[2] Mœser, dipl. 180, *Osnab. Gesch.*, t. III. — *De domo in Vorehholte* (an. 1237).

Wilhelmus Dei gratia, præpositus, Johannes decanus, totumque capitulum majoris ecclesiæ in Osenbrugge, omnibus hoc

Je parlerai dans un instant de ces redevances. Quant aux biens propres des colons le *Polyptique* les mentionne continuellement, et il ne peut s'élever de doute à cet égard.

Ces biens ne sont pas un simple pécule, comme en pouvaient avoir les *liti* et les serfs, pécule soumis à tous les caprices du patron, champs grevés de toutes les charges qu'il plait au maître

---

scriptum intuentibus æternæ vitæ beatitudinem. Præsentis paginæ attestatione tam futuris quam præsentibus notificamus, quod cum domus nostra in Vorenholte vacaret, dominus Hermannus de Vechte et Baldewinus, præpositus in Bathergen concanonici nostri, præfatæ domus obedentiarii et custodes, non sui ipsius specialem sed nostrum omnium communem profectum quærentes, in manus alicujus a nobis alieni (*d'un homme libre*) dictam domum in Vorenholte ad certos annos sicut poterant non locaruht, sed eam nostro consilio et verbo accedente, *Vesselii defuncti qui eam quondam excolebat juniori filio, Frederico nomine porrexit; ita videlicet, ut dictus F. qui tum fuit liber, a libertate recedens servilemque eligendo conditionem sit amodo litus* (colon) *et proprius domus in Vorenholte. Et ut idem F. et pueri sui, si quos fortassis habuerit, et pueri legitimi post pueros successint illi domui eodem jure pertinente, ipsam domum perpetuo excolant, pensitationes solutas annuatim cum debitis servitiis persolvendo.* Si autem præfatus F. antequam uxorem duxerit legitimam morte præventus fuerit, frater suus Meynardus in eodem jure et domo excolanda succedat eidem, *prius tamen ab alterius dominio exemptus et liberatus.* Si vero post contractum matrimonium idem F. mortuus fuerit absque herede, uxor ejus legitima *ad domum pertinens* habebit usum fructum in bonis et post mortem ejus bona libera redibunt ad Ecclesiam; nec quidquam juris in sæpedicta domo Vorenholte alii pueri Wesselii præmortui sibi usurpabunt. *Ibid.*, dipl. 82.

d'imposer. Ce sont des biens libres de redevance, tels qu'en peut posséder un ingénu [1]; là est en germe ce principe qui a dominé le moyen âge : que tous les engagemens féodaux, nobles ou serviles, sont réels, et en quelque sorte un fruit de la terre concédée, principe qui a détruit la servitude en la confondant dans le servage.

De ces biens le *Polyptique* distingue curieusement l'origine : tantôt ils sont acquis [2], tantôt ce sont des biens d'héritage [3]. Ainsi à mesure que l'état des hommes libres s'amoindrissait, la capacité des colons augmentait, et on ne les excluait plus de la succession de leurs proches [4].

Quel était le droit des maîtres sur les biens que le colon laissait à sa mort? C'est encore un

---

[1] *Polyptique*, p. 109. Terram quam Ermengarius colonus Sancti-Germani conquisivit in pago Carnotino..... tenent nunc eam Agardus et Alaricius nepotes ejus et nihil inde faciunt.

[2] *Polyptique*, p. 126. Et supra istam terram comparaverunt de libera potestate de terra arabili bunuaria IV. Et recepit Gerradus, de extranea potestate de terra arabili bunuaria V, quos ipsi vendiderunt (*qu'on lui a vendu.*)

[3] *Ibid.*, p. 240. Et habent (*il y a*) inter Ermenoldum et Randricum et Petrum et Eodiniam, de hereditate bunuaria XII.— Adricus cum filiis suis heredibus habent de proprietate jornales VIII.

[4] *Ibid.*, p. 272. Eilentcus colonus..... habet unciam I de terra arabili habentem bunuaria tria, quia de hereditate proximorum suorum ei in hereditate successit.

des points où la différence des colons et des serfs est des plus sensibles.

Le seigneur s'emparait des économies péniblement amassées par le serf [1], ou du moins il en prenait la plus forte portion [2]. *Perlatum quoque est ad sanctam synodum*, dit Réginon [3], *quod laici improbe agant contra presbyteros suos, ita ut de morientium presbyterorum substantia partes sibi vindicent sicut de servis propriis.*

Mais la loi de la concession ou du précaire réglait ordinairement la succession du colon, ainsi qu'en font foi le curieux diplôme de Mœser que je viens de citer et quelques passages du *Polyptique* [4]. Seulement à chaque mutation dans les tenures, le seigneur percevait une redevance [5], aveu tacite de sa suzeraineté domaniale que nous retrouverons à l'époque féodale, sous le nom de *relief.*

[1] *Cap.*, an. 803. *De lege Rip.*, 57.

[2] Goldast. form. 4; Canciani, p. 424, t. II.

[3] *De discipl. eccl.*, lib. II, c. 39.

[4] *Polyptique*, p. 110. Donationem quam fecit Milo, in pago Dorcassino, in villa Broteanti..... Tenet nunc eam filius ejus Haimericus, qui per eam roborationem Sancti-Germani habet, et tenent eam fratres ejus simul cum illo, qui non sunt Sancti-Germani; sed Haimulfi infantes sunt Sancti-Germani, solvunt inde denarios XII ad luminaria, — p. 240, Aldricus cum filiis suis heredibus habent de proprietate jornales VIII.

[5] *Mortuarium, bestchaupt.* Grimm, *D. R. A.*, p. 364 et ss.

La condition des colons se trouvait ainsi valoir mieux que celle des petits propriétaires d'alleux; ils avaient de moins que l'homme libre les charges de la guerre, et quant aux garanties légales, le plaid de la cour seigneuriale, où le colon était jugé par ses pairs, ne devait point faire regretter l'assemblée cantonale. Il valait mieux avoir le comte pour seigneur que pour juge.

CHAPITRE IX.

Charges des hommes libres [1].

Restaient les redevances; mais un coup d'œil rapide jeté sur les charges des hommes libres montrera que les corvées imposées au colon n'étaient peut-être pas plus pénibles que les services exigés des petits propriétaires d'alleux.

Au commencement de la conquête, la personne et les biens des Francs nous paraissent libres de toute redevance pécuniaire [2]. Le cens est la

---

[1] Winspeare, *Storia degli abusi feudali*, p. 101 et ss. Muratori, *Antichita*, diss. 10.

[2] Montesquieu, *Esprit des lois*, liv. XXX, 10. — Mably, *Obs. sur l'hist. de France*, liv. I, c. 2.

cachet de la servitude du sol¹, et la capitation n'atteint que les Romains tributaires²; mais cette exemption d'impôt n'était point une immunité complète, et les charges de l'homme libre devinrent rapidement des plus lourdes.

Sans parler du service militaire qu'il fallait faire à ses frais, et qui seul suffisait pour ruiner le petit propriétaire³, il fallait héberger le roi, sa suite ou ses envoyés⁴, les nourrir eux et leurs chevaux⁵, et fournir les voitures, les chariots et les chevaux nécessaires à leur transport⁶.

¹ Montesquieu, *Esprit des lois*, XXX, 15. — Baluze, *Capit.*, I, 246.

² *Lex Salica*, tit. 43, § 7.

³ Voyez ce que j'ai dit plus haut, liv. VII, ch. V.

⁴ Ducange, V. METATUM, MANSIONES, PARATÆ, CONJECTUM.

⁵ Ducange, V. FODRUM.—*Vita Ludovici Pii* : Inhibuit a plebeiis ulterius annonas militares, quas vulgo foderum vocant dari.

⁶ Ducange, V. ANGARIÆ, PARANGARIÆ, VEREDI, PARAVEREDI. Une formule de Marculf énumère en détail les obligations de ceux à qui une lettre de logement (*tractatoria*) était adressée, form. 11 : Ille rex omnibus agentibus. Dum et nos in Dei nomine apostolico viro illo nec non et inlustre viro illo partibus illis legationis causa direximus, ideo jubemus ut locis convenientibus eisdem à vobis evectio simul et humanitas (*la nourriture*) ministretur, hoc est veredos sive paraveredos, pane nitido modios tantos, vino modios tantos, cerevisa (*bière*) modios tantos, lardo libras tantas, carne libras tantas, porcos tantos, porcellos tantos, vervices tantos, agnellos tantos, aucas (*des oies*) tantas, fasianos tantos, pullos tantos, ova tanta, oleo libras tantas, garo (*garus*) libras tantas, melle tantas, aceto tantas, cymino (*cumin*) libras tantas, pipere tantas, costo tantas, gariofile tantas, spico

Cette obligation était empruntée à la législation romaine des derniers temps de l'Empire[1].

Sous Charlemagne la dîme frappa directement la propriété[2]; l'impôt destiné à faire face aux frais de la guerre, l'hériban, devint permanent[3].

tantas, cinamo tantas, granomastice libras tantas, dactylas tantas, pistacias tantas, almandolas tantas, cereos librales tantos, caseo libras tantas, salis tantas, olera, legumina, ligua carra tanta, faculas tantas, itemque victum ad caballos eorum, fœno carra tanta, sustuso modios tantos. Hæc omnia diebus singulis tam ad ambulandum quam ad nos in Dei nomine revertendo unusquisque vestrum per loca consuetudinaria eisdem ministrare et adimplere procuretis, qualiter nec moram habeant, nec injuriam perferant, si gratiam nostram optatis habere. — Diplôme de Childebert donné par Bignon, sur Marculf, Canc. II, 196. Sur la peine du refus, voyez Capit., IV, 30. — Les livraisons se calculaient sur l'importance de la personne, Cap., IV, 73. De dispensa missorum nostrorum qualiter, unicuique juxta suam qualitatem dandum vel accipiendum sit, videlicet episcopo panes XL, friskingæ III (cochon de lait), de potu modii III, porcellus unus, pulli tres, ova XV, annona ad caballos modii IV. Abbati comiti atque ministeriali nostro unicuique dentur quotidie panes XXX, friskingæ II, de potu modii II, porcellus unus, pulli III, ova XV, annona ad caballos modii III. Vassallo nostro panes XVIII, friskinga I, porcellus I, de potu modius I, pulli II, ova X, annona ad caballos modii II.

[1] C. Th. et C. J., de Tractoriis et Stativis. Cujac. ad leg. 13, de Cursu publico, lib. XII, Codicis.

[2] Winspeare, note 171. Thomassin, de Beneficiis, part. III, lib. I, c. 4. Muratori, diss. 36.

[3] Car. M. leg. Long. 128. Ut non per aliquam occasionem nec pro warta, nec de scara, nec de warda, nec pro heribergare, nec pro alio banno heribannum comes exactare præsumat, nisi missus noster prius heribannum ad partem nostram

Les corvées publiques s'alourdirent de jour en jour ; c'étaient les hommes libres qui entretenaient à leurs frais les ponts, les rivières, les chemins. Les comtes ne se faisaient faute d'exagérer à leur profit ces charges publiques, et le *Præceptum pro Hispanis* peint déjà la condition des ingénus sous un assez triste jour [1].

Dans l'anarchie des derniers règnes carolingiens, les comtes, saisis de la puissance publique, abusèrent étrangement de ce pouvoir pour réduire les hommes libres à une condition pour le moins aussi misérable que celle des colons. Douanes [2], péages [3], moulins, pâturages dans les

---

recipiat, et ei suam tertiam partem exinde per jussionem nostram donet. Ipsum vero heribannum non exactetur neque in terris, neque mancipiis, sed in auro et argento, pannis atque armis et animalibus atque pecudibus, sive talibus speciebus, quæ ad utilitatem pertinent.

[1] *Præcep. pro Hispan.* Sicut ceteri liberi homines cum comite suo in exercitum pergant et in marcha nostra juxta rationabilem ejusdem comitis ordinationem atque admonitionem explorationes et excubias, quod usitato vocabulo *wactas* dicunt, facere non negligant, et missis nostris, aut filii nostri quos pro rerum opportunitate illas in partes miserimus aut legatis qui de partibus Hispaniæ ad nostras missi fuerint paratas faciant, et ad subventiones eorum veredos donent. Alius vero census ab eis neque a comite neque a junioribus et ministerialibus ejus exigatur.

[2] *Teloneum*, tonlieu. Baluze, t. I, p. 175, 102. — Winspeare, note 615.

[3] Ducange, V. PONTATICUM, PORTATICUM, ROTATICUS, CESPITATICUS, PULVERATICUS, RIPATICUM.

forêts, naguère communes[1], tout ce qui était commerce, agriculture, industrie, ils s'en saisirent; dans leurs mains avares tout devint monopole. Il fallut payer par tout et pour tout[2]. Les dons gratuits jadis offerts au roi, ils se les attribuèrent et en firent une redevance habituelle[3]; Ils contraignirent les habitans du comté non-seulement à faire les corvées publiques, mais encore à semer, à cultiver, à récolter pour le maître[4].

[1] Ducange, V. Erbaticum, Escaticum, Pascio, Glandaticum, Pascuaticus, Salaticus.

[2] Winspeare a dressé le catalogue des abus féodaux. Cette effrayante énumération ne contient pas moins de soixante pages in-8°; p. 151-213.

[3] Winspeare, note 619. — *Carol. Magn. leg. Long.* 121. Audivimus quod juniores comitum vel aliqui ministri reipublicæ, sive etiam nonnulli fortiores vassi comitum, aliquam redditionem, vel collectiones, quidam per pastum, quidam etiam sine pasto, quasi deprecando à populo exigere solent. Similite quoque opera, collectiones frugum, arare, seminare, runcare, carrucare vel cetera his similia a populo per easdem vel alias machinationes exigere consueverunt, non tantum ab ecclesiasticis, sed a reliquo populo exigebant. Quæ omnia nobis ab omni populo juste movenda esse videntur. Quia in quibusdam locis in tantum inde populus oppressus est, ut multi ferre non valentes, per fugam a dominis vel a patronis suis lapsi sunt, et terræ ipsæ in solitudinem redartæ sunt. Potentioribus autem vel ditioribus ex spontanea tamen voluntate vel mutua dilectione volentibus solatia præstare invicem minime prohibemus. Voyez la lettre du même prince, ap. Muratori, *Rer. Ital. scrip.*, t. I, p. 2, p. 112.

[4] *Ludov.* II l. 32. Ut liberi homines nullum obsequium comitibus faciant nec vicariis, neque in pasto, neque in messe ne-

L'homme libre fut aussi misérable que le colon ; la seule différence fut l'illégitimité du titre qui réclamait sans cesse contre son assujettissement.

En un mot toutes les vexations qui nous ont fait prendre en horreur le nom seul de la féodalité sont plus pesantes encore dans cette époque de convulsions qui précède la renaissance des sociétés modernes ; la féodalité, qui nous paraît si hideuse, fut cependant, à la comparer aux temps qui la précédaient, une époque d'organisation qui régularisa d'épouvantables abus. C'est ce que je démontrerai dans le prochain livre, si le lecteur est assez courageux pour ne se point rebuter de ces études arides.

CHAPITRE X.

Redevance des colons.

Je n'entrerai point dans l'énumération des

---

que in aratura, neque in vinea, et conjectum vel residuum (*résidence*) non solvant, exceptis aribannatoribus vel missaticis qui legationem ducunt.

¹ Guld. Imp., l. 3. Nemo comes neque loco ejus positus, neque sculdasius ab arimannis suis aliquid per vim exigat, præter quod constitutum legibus est. Sed neque pro sua fortuna in mansione arimanni se applicet, aut placitum teneat, aut aliquam violentiam faciat.

redevances serviles. Le nombre, la dureté, le nom même de ces charges variaient en chaque pays et presque en chaque canton. J'essaierai seulement, guidé par le *Polyptique d'Irminon*, de donner quelque idée de la condition agricole des serfs de Saint-Germain. La condition des serfs du reste de l'Europe n'en différait pas sensiblement. Quelque variés, quelque arbitraires que puissent paraître les services exigés des colons, il y a comme un fond commun de servage, qui, sous des noms différens, reparaît chez tous les peuples de race germaine.

Je vois dans le *Polyptique* des redevances en argent ou en nature et des services de corps. Les premières sont plus spécialement demandées aux colons, aux détenteurs des *mansi ingenuiles*. Les seconds, plus durement exigés des serfs et des cultivateurs des *mansi serviles*.

Parmi ces redevances en argent, je trouve : 1° le chevage (*capaticum* [1]). C'est le signe du colonat [2].

---

[1] *Capitale, capitalitium, capitagium, colonitium,* (Grimm, *D. R. A.*, p. 383.

[2] Duo mancipia mea in Dei amore libertate donavi ea tamen ratione ut annis singulis ad cellam Ratpoti... in censu IV denarios solvant (a. 836.) Grimm, p. 383. — *Polypt.*, p. 69. Tempore Alberici abbatis senis, venit quædam mulier, nomine Inga, nobilis, quæ se tradidit Sancto-Germano, omni anno solvendo IV denarios (an 990).—Marculf, append., form. 2. *Ibid.*, p. 130, n. 40. — Les *liti* payaient aussi une redevance (*litimonium*) de même valeur, *Polypt.*, p. 121, n° 11.

Cet impôt est ordinairement de quatre deniers [1], et se paie en argent.

2° L'*ost* ou *herban* [2] est l'impôt que paie le colon quand on ne l'emmène pas à l'armée [3]. Cet impôt se paie quelquefois en nature, en moutons [4] ou en bœufs, par exemple [5]. Quand il se paie en argent, la somme est assez lourde, deux ou quatre sols [6].

3° Le fermage de la tenure, fermage qui se paie quelquefois en argent [7], mais le plus souvent en nature [8] et en services de corps.

---

[1] *Sers de la tête rendant quatre deniers*, dit le *Roman d'Ogier*. Grimm, *D. R. A.*, p. 299, 382. — *Établissements de saint Louis*, I, 87. — *Polypt.*, p. 69, 115, 132.

[2] *Solvunt ad hostem* est l'expression qu'emploie perpétuellement le *Polyptique*. Néanmoins à la page 274, il l'appelle *hairbannum*. Ducange, V. AD HOSTEM, HOSTILITIUM et HAIRBANNUM.

[3] *Polypt. de Saint-Maur* (Guérard, p. 284). Solvunt vestiti mansi hairbannum pro duobus bovibus solidos XX, pro vinitie redimendo de hoste solidos III.

[4] *Polypt.*, p. 97. Solvit ad hostem multones II.

[5] *Breviarium rerum fiscalium Caroli Magni.* (Guérard, p. 298). Dant inter duos in hoste bovem, id est quando in hostem non pergunt, equitat quocumque illi præcipitur. — *Polyptique de Saint-Maur* (Guérard, p. 285). Solvit unusquisque de hostileso, id est pro bove solidos II.

[6] *Polypt.*, p. 38, 132.

[7] *Polypt.*, p. 60. Isti duo tenent alium mansum in censo, habentem de terra arabili bunuaria XIII, de vinea aripennos VI, de prato aripennos VI. Inde solvunt solidos V et denarios IV.

[8] *Polypt.*, p. 132. *Breve de Buxido.* Isti tres manent in Combis. Tenent mansum ingenuilem I, habentem de terra arabili bunuaria XVII, de prato aripennos IV, de concidis (*bois taillis*)

4° Le droit payé pour envoyer le bétail dans

lunuaria II. Solvunt ad hostem, omni anno, solidos XX, de lignaricia denarios IV, de capite suo denarios IV, de spelta, omnes qui aliquid de ipso manso tenent et ingenui fuerint, modios II, et de uno quoque foco de viva annona dimidium modium; et inter totos qui ipsum mansum tenent, asciculos C.; scindolas totidem, doves XII, circulos VI et unusquisque III pullos, ova X. Arant ad hibernaticum perticas IV et ad tramisum IV, ad proscendendum IV, et per unamquamque sationem curvadis III et quartam et quic... cum pane et potu. Et quando curvadas non faciunt in unaquaque ebdomada III dies operantur cum manu; et quando curvadas faciunt, nullum diem operantur ad opus dominicum, nisi summa necessitas evenerit. Et claudunt de tunini perticam I, in curte dominica et claudunt ad messes perticas VIII. Faciunt carropera propter vinum in Andegavo cum duobus animalibus de manso, et ducant illud usque ad Sonane villam. Et in madium mense facit carroperam Parisius cum asciculos, similiter cum duobus animalibus.

Polypt., p. 240. Sunt mansi ingenuiles LXX absque ministerialibus et paraveredariis, per focos vero XC. Solvunt ad hostem, omni anno, aut boves VIII aut solidos LXXX; multones CIII, de vino modios CXXXIII, de annona modios VI, pullos CCCXV, ova MCCCCLX; pullos regales LXX absque ovis, de lignaricia solidos XXVI et denarios VIII. Ad tertium annum solvunt oviculas de uno anno LXX, item ad tertium annum totidem leares (*béliers*) valentem unumquemque denarios IV; et solvunt semper ad tertium annum scindolas IIIMD, si vero datur eis silva VIIM.

Sunt ibi mansi servorum X, per focos vero XX.

Sunt ibi mansi paraveradorum VI. Isti solvunt de annona modios X et denarios X.

Sunt ibi alii mansi ingenuiles, qui non solvunt hosticium sed carnaticum VIIII, per focos XII. Solvunt ad hostem multones VIII, pullos XXXVI, ova CLXXX.

Sunt ibi mansi ingenuiles III qui faciunt vineas et solvunt in pascione de vino modios VI.

les pâtures du seigneur et pour prendre du bois dans ses forêts, droit payé tantôt en nature et tantôt en argent [1].

Quant aux services de corps, il y en a de deux espèces :

1° Services militaires, tels que la garde et le guet (*wacta*, *warda* [2]), et quelquefois même la chevauchée [3]. Ces services rapprochent chaque jour la condition du fiscalin ou du colon de celle du vassal libre.

2° Services agricoles, charrois (*carropera*),

Polypt., p. 6, p. 22 et p. 110. Faroardus...... solvit inde ad hostem solidum I, et propter manopera similiter, V modios de spelta, pullos III cum ovis ; et arat perticas VII ad unamquamque sationem.

[1] *Polypt.*, p. 38. Solvit ad tertium annum propter *herbaticum* germnia I (*une jeune brebis*), de vino in *pascione* modios III, de *lignaricia* denarios IV. L'*herbaticum* se paie toujours avec une brebis, tandis que la *lignaricia* se paie d'ordinaire en argent.

[2] *Polypt.*, p. 212, n° 30, p. 337, n° 79 *bis*.—*Polyptique de Saint-Maur*, n° 10 (Guérard, p. 286.) Debet mansionem et curtem custodire et stabulum curare, et facere quidquid opus est. — Une redevance remplace quelquefois ce service. *Polypt.* p. 149. Sunt ibi foci inter ingenuiles et lidiles 123 qui solvunt de spelta modios 123 propter waclam, solvunt de axiculo inter ingenuorum et lidorum et servorum mansos 800, de scindulis similiter, absque ministerialibus.

[3] *Equitat quocumque illi præcipitur*, Guérard, p. 298, n° 5. Goldast, form. 78.

mains-d'œuvre (*manuoperæ* [1]), corvées (*curradæ* [2]), travail dans les bois (*caplim* [3]). Toutes ces charges sont indifféremment imposées aux esclaves, aux colons et même aux hommes libres [4] qui tiennent quelque précaire ou quelque bénéfice à charge de redevance, *in beneficium et censum*. Il y a seulement cette différence, qu'à l'égard de l'esclave, ces charges sont arbitraires, tandis qu'à l'égard du colon et de l'homme libre, ces corvées sont ordinairement plus légères et définies par la loi de la concession [5], sans que cepen-

---

[1] *Polypt.*, p. 6, 22, 24 et 149, n° 105. Solianus et Amingus inter utrosque prosolvunt mansum I servilem de manibus suis; et de uno quoque carra quando carropera non faciunt, exeunt solidos III.

[2] *Polypt.*, p. 228. Facit in unaquaque ebdomada curvadam I cum quantis animalibus habuerit, quantum ad unam carrucam pertinet, arat ad hibernaticum perticas III, ad tramisum perticas III, et facit ad unamquamque sationem curvadas III, abbatilem, præpositilem, et judicialem (le judex est le chef du domaine, le *villicus*, le *major*). Quelquefois on les nourrit quand ils font la corvée, *Polypt.* p. 97. In unaquaque satione facit curvadam I et alteram cum pane et potu. *Polypt. de Sai.-Maur*, n° 10. Cum fecerint corbadas in mense martio debent habere panem et ligumen et siceram, mense maio panem et caseum, mense octobrio panem et vinum si esse potest. Sur le détail de ces corvées voyez le *Polypt.*, p. 384 (affranchissement des serfs de Villeneuve-Saint-Georges), et p. 389 (affranchissement de serfs de Thiais). Goldast, form. 59, 61, 76.

[3] Guérard, V. Caplim.

[4] Baluze, II, 1452.

[5] *Polypt.*, p. 132. Le colon a ordinairement trois jours à lui, même dans la condition la plus dure: Arant ad hibernaticum

dant on puisse affirmer rien de positif à cet égard.

CHAPITRE XI.

Conclusion.

Si j'ai nettement exposé l'impression reçue à la lecture des chroniques et des monumens de cette triste époque, on a dû voir comment l'abaissement général des petits propriétaires et l'amélioration progressive dans la position des serfs tendirent à confondre les deux conditions.

La terre commandant la condition des person-

---

perticas IV et ad tramisum IV, ad proscendendum IV et per unamquamque sationem curvadas III et quartam et quintam, cum pane et potu. Et quando curvadas non faciunt, in unaquaque ebdomada III dies operantur cum manu ; et quando curvadas faciunt, nullum diem operantur ad opus dominicum, nisi summa necessitas evenerit. Et claudunt de tunini perticam I in curte dominica, et claudunt ad messes perticas VIII. Faciunt carropera propter vinum in Andegavo cum duobus animalibus de manso et ducunt illud usque ad Souane villam. Et in madium mense facit carropera Parisius cum asciculos, similiter cum duobus animalibus. *Ibid.* p., 57, p. 60, p. 62, p. 63, p. 67, p. 151, 179, 183, 185, 208. La loi des Bavarois détermine les services et les redevances des colons de l'Église aussi exactement que le ferait une charte du moyen âge, tit. 1, c. 14. (Canciani, II, 362.) *Lex Alam.* tit. 22.

nes, la tenure de l'homme recommandé souffrant les mêmes charges que celle du *litus*, la position des petits bénéficiaires s'assimila facilement à celle des colons [1]. Libres ou non libres, ces cultivateurs se ressemblaient en plus d'un point : ils n'avaient ni les uns ni les autres la pleine propriété du sol; ils payaient un cens en signe de la dépendance de leur possession [2]; ils n'avaient point cette liberté politique qui n'appartenait qu'aux propriétaires d'alleux, membres à ce titre de l'assemblée du canton. Des services aux corvées, du cens à des redevances plus lourdes, la violence faisait facilement la transition. Le nombre des colons s'accrut donc considérablement.

Mais cet accroissement même prépara dans la propriété une révolution nouvelle qui renversa le régime féodal. Tandis que l'association germaine, l'union des hommes libres dans le canton, s'affaiblissait et disparaissait de jour en jour, il se formait, à l'ombre des couvents ou de la tourelle seigneuriale, des sociétés nouvelles, qui se multipliaient silencieusement sur le sol fécondé de leurs mains et qui tiraient leur force de l'anéantissement même des classes libres qu'elles recrutaient à leur profit.

[1] Chantereau-Lefebvre, *Traité des fiefs*, p. 152 et ss.
[2] Goldast, form. 78.

Comme colons, ces hommes acquirent de génération en génération des droits sacrés sur le sol qu'ils cultivaient au profit de maîtres pillards et indolens. A mesure que s'apaisa la tourmente sociale, ces droits prirent plus de consistance ; il fallut respecter l'union et l'héritage de ces vilains, qui par leurs sueurs avaient vraiment prescrit le sol à leur profit. Il fallut à ces associations puissantes par le nombre, cette garantie des lois sans laquelle il n'y a point de sécurité possible. L'Église la première, toute bienveillante pour ces fidèles qui la défendaient contre la rapacité des seigneurs, organisa puissamment ses domaines et donna à chaque colon, jugé par ses pairs et libre de disposer de ses biens entre les compagnons de la métairie, des droits moins grands sans doute que ceux de l'homme libre, mais mieux garantis.

Les coutumes sanctionnées par Burchard, évêque de Worms, les plus anciennes parmi celles connues[1], nous montrent les colons de Saint-Pierre dans cette position favorable, position

---

[1] *Burchardi episcopi, leges et statuta familiæ Sancti-Petri præscripta.* Je donne ces curieuses coutumes à l'appendice ; elles sont peu connues en France, n'ayant été publiées que deux fois dans deux ouvrages peu répandus, l'*Histoire de l'Évêché de Worms*, par Schannat, et le *Spicilegium ecclesiasticum*, de Lunig ; je donnerai dans le prochain volume les premières coutumes de Strasbourg, aussi anciennes et non moins curieuses.

qu'il faut connaître si l'on veut comprendre la révolution des communes du onzième siècle, révolution qui ne fut point subite, mais le résultat et la consécration d'un mouvement sourdement commencé et continué avec une infatigable persévérance dans les deux siècles précédens.

Le travail reconquit ce qu'avait usurpé la violence. Les petits propriétaires s'étaient vus forcés de se réduire à la condition des colons; les colons devinrent propriétaires, et une fois maîtres du sol réclamèrent ces garanties politiques sans lesquelles la propriété n'est qu'un précaire à la merci de ceux qui tiennent en leurs mains le pouvoir.

C'est cette révolution, œuvre lente de la patience et du temps, que nous allons tout à l'heure étudier.

FIN.

APPENDIX.

A.

Nous donnons ici un extrait du cinquième livre de l'intéressant ouvrage de Salvien, *de Gubernatione Dei*. Ce livre, écrit au moment même de l'invasion, nous donne le secret de la force des Barbares et de la faiblesse de l'Empire ruiné par la grande propriété et la fiscalité.

Vastantur pauperes, viduæ gemunt, orphani proculcantur, in tantum ut multi eorum et non obscuris natalibus editi, et liberaliter instituti, ad hostes fugiant, ne persecutionis publicæ afflictione moriantur; quærentes scilicet apud barbaros romanam humanitatem, quia apud Romanos barbaram inhumanitatem ferre non possunt. Et quamvis ab his ad quos confugiunt discrepent ritu, discrepent lingua, ipso etiam, ut ita dicam, corporum atque induviarum barbaricarum fœtore dissentiant, malunt tamen in barbaris pati cultum dissimilem quam in Romanis injustitiam sævientem. Itaque passim vel ad Gothos, vel ad Bacaudas, vel ad alios ubique dominantes barbaros migrant, et migrasse non pœnitet. Malunt enim sub specie captivitatis vivere liberi, quam sub specie libertatis esse captivi. Itaque nomen civium romanorum aliquando non solum magno æstimatum, sed magno emptum, nunc ultro repudiatur ac fugitur; nec vile tantum, sed etiam abominabile pene habetur. Et quod esse majus testimonium romanæ iniquitatis potest, quam quod plerique et honesti, et nobiles, et quibus romanus status summo et splendori esse debuit et honori, ad hos tamen romanæ iniquitatis crudelitate compulsi sunt ut nolint esse Romani? Et hinc est quod etiam hi qui ad barbaros non confugiunt, barbari tamen esse coguntur; scilicet ut est pars magna Hispanorum, et non minima Gallorum, omnes denique quos per universum romanum orbem fecit romana iniquitas jam non esse Romanos. De Bacaudis nunc mihi sermo est : qui per malos judices et cruentos spoliati, afflicti, necati, postquam jus romanæ libertatis amiserant, etiam honorem romani nominis perdiderunt. Et imputatur his infelicitas sua, imputamus his nomen calamitatis suæ, imputamus nomen quod ipsi fecimus. Et vocamus rebelles, vocamus perditos, quos esse compulimus criminosos. Quibus enim aliis rebus Bacaudæ facti sunt nisi iniquitatibus nostris, nisi improbitatibus judicum, nisi eorum proscriptionibus et rapinis qui exactionis publicæ nomen in quæstus proprii emolumenta verterunt, et indictiones tributarias prædas suas esse fecerunt? qui in similitudinem immanium bestiarum non rexerunt traditos sibi, sed devorarunt, nec spoliis tantum hominum, ut plerique latrones solent, sed laceratione etiam et, ut ita dicam, sanguine pascebantur; ac sic actum est ut latrociniis judicum strangulati homines et necati, inciperent esse quasi barbari, quia non permittebantur esse Romani. Adquieverunt enim esse quod non erant, quia non permittebantur esse quod fuerant; coactique sunt vitam saltem defendere, quia se jam libertatem videbant penitus perdidisse. Aut quid aliud etiam nunc agitur quam tunc actum est, id est, ut qui adhuc Bacaudæ non sunt esse cogantur. Quantum enim ad vim atque injurias pertinet, compelluntur ut velint esse, sed imbecillitate impediuntur ut non sint. Sic sunt ergo, quasi captivi jugo hostium pressi. Tolerant supplicium necessitate, non voto. Animo desiderant libertatem, sed summam sustinent servitatem. Ita ergo et cum omnibus ferme humilioribus agitur. Una enim re ad duas diversissimas coarlantur. Vis summa exigit ut aspirare ad libertatem velint. Sed eadem vis posse non sinit quæ velle compellit. Sed imputari his potest forsitan quod hoc velint homines, qui nihil magis cuperent quam ne cogerentur hoc velle. Summa enim infelicitas est quod volunt. Nam cum his multo melius agebatur, si non compellerentur hoc velle. Sed quid possunt aliud velle miseri, qui assiduum immo continuum exactionis publicæ patiuntur excidium, quibus imminet semper gravis et indefessa proscriptio, qui domos suas deserunt, ne in ipsis domibus torqueantur, exilia petunt, ne supplicia sustineant? Leviores his hostes quam exactores sunt. Et res ipsa hoc indicat. Ad hostes fugiunt, ut vim exactionis evadant. Et quidem hoc ipsum, quamvis durum et inhumanum, minus tamen grave atque acerbum erat, si omnes æqualiter atque in commune tolerarent. Illud indignius ac pœnalius, quod omnium onus non omnes sustinent, immo quod pauperculos homines tributa divitum premunt, et infirmiores ferunt sarcinas fortiorum. Nec alia causa est quod sustinere non possunt, nisi quia major est miserorum sarcina quam facultas. Res diversissimas dissimillimasque patiuntur, invidiam et egestatem. Invidia est enim in solutione, egestas in facultate. Si respicias quod dependunt, abundare arbitreris : si respicias quod habent, egere reperies. Quis æstimare rem hujus iniquitatis potest? Solutionem sustinent divitum, et indigentiam mendicorum.

Et putamus quod pœna divinæ severitatis indigni sumus, cum sic nos semper pauperes puniamus! aut credimus, cum iniqui nos jugiter simus, quod Deus justus in nos omnino esse non debeat? Ubi enim, aut in quibus sunt, nisi in Romanis tantum, hæc mala? Quorum injustitia tanta, nisi nostra? Franci enim hoc scelus nesciunt. Chuni ab his sceleribus immunes sunt. Nihil horum est apud Wandalos, nihil horum apud Gothos. Tam longe enim est ut hæc inter Gothos barbari tolerent, ut ne Romani quidem qui inter eos vivunt ista patiantur. Itaque unum illic Romanorum omnium votum est, ne unquam eos necesse sit in jus transire Romanorum. Una et consentiens illic romanæ plebis oratio, ut liceat eis vitam quam agunt agere cum barbaris. Et miramur si non vincuntur à nostris partibus Gothi, cum malint apud eos esse quam apud nos Romani. Itaque non solum transfugere ab eis ad nos fratres nostri omnino nolunt; sed ut ad eos confugiant, nos relinquunt. Et quidem mirari possim quod hoc non omnes omnino facerent tributarii pauperes et egestuosi, nisi quod una tantum causa est quare non faciunt, quia transferre illuc resculas atque habitatiunculas suas familiasque non possunt. Nam cum plerique eorum agellos ac tabernacula sua deserant ut vim exactionis evadant, quomodo non quæ compelluntur deserere vellent, sed secum, si possibilitas pateretur, auferrent? Ergo quia hoc non valent quod forte mallent, faciunt quod unum valent. Tradunt se ad tuendum protegendumque majoribus, dedititios se divitum faciunt, et quasi in jus eorum ditionemque transcendunt. Nec tamen grave hoc aut indignum arbitrarer, immo potius gratularer hanc potentum magnitudinem quibus se pauperes dedunt, si patrocinia ista non venderent, si quod se dicunt humiles defensare, humanitati tribuerent, non cupiditati. Illud grave ac peracerbum est, quod hac lege tueri pauperes videntur ut spolient; hac lege defendunt miseros, ut miseriores faciant defendendo. Omnes enim hi qui defendi videntur, defensoribus suis omnem fere substantiam suam prius quam defendantur addicunt; ac sic, ut patres habeant defensionem, perdunt filii hereditatem. Tuitio parentum, mendicitate pignorum comparatur. Ecce quæ sunt auxilia ac patrocinia majorum. Nihil susceptis tribuunt, sed sibi. Hoc enim pacto aliquid parentibus temporarie attribuitur, ut in futuro totum filiis auferatur. Vendunt itaque, et quidem gravissimo pretio vendunt, majores quidam cuncta quæ præstant. Et quod dixi vendunt, utinam venderent usitato more atque communi; aliquid forsitan remaneret emptoribus. Novum quippe hoc genus venditionis et emptionis est. Venditor nihil tradit, et totum accipit. Emptor nihil accipit, et totum penitus amittit. Cumque omnis ferme contractus hoc in se habeat ut invidia penes emptorem, inopia penes venditorem esse videatur, quia emptor ad hoc emit ut substantiam suam augeat, venditor ad hoc vendit ut minuat, inauditum hoc commercii genus est: venditoribus crescit facultas, emptoribus nihil remanet nisi sola mendicitas. Nam illud quale, quam non ferendum, atque monstrigerum, et quod non dicam pati humanæ mentes, sed quod audire vix possunt, quod plerique paupercu-

APPENDIX.

lorum atque miserorum spoliati resculis suis, et exterminati agellis suis, cum rem amiserint, amissarum tamen rerum tributa patiuntur, cum possessio ab his recesserit, capitatio non recedit? Proprietatibus carent, et vectigalibus obruuntur. Quis æstimare hoc malum possit? Rebus eorum incubant pervasores, et tributa miseri pro pervasoribus solvunt. Post mortem patris, nati obsequiis juris sui agellos non habent, et agrorum munere enecantur. Ac per hoc nil aliud sceleribus tantis agitur, nisi ut qui privata pervasione nudati sunt, publica adflictione moriantur, et quibus rem deprædatio tulit, vitam tollat exactio. Itaque nonnulli eorum de quibus loquimur, qui aut consultiores sunt, aut quos consultos necessitas fecit, cum domicilia atque agellos suos aut pervasionibus perdunt, aut fugati ab exactoribus deserunt, quia tenere non possunt, fundos majorum expetunt, et coloni divitum fiunt. Ac sicut solent hi qui hostium terrore compulsi ad castella se conferunt, aut hi qui perdito ingenuæ incolumitatis statu ad asylum aliquod desperatione confugiunt, ita et isti, qui habere amplius vel sedem vel dignitatem suorum natalium non queunt, jugo se inquilinæ abjectionis addicunt; in hac necessitate redacti ut extorres non facultatis tantum sed etiam conditionis suæ, atque exulantes non a rebus tantum suis sed etiam a se ipsis, ac perdentes secum omnia sua, et rerum proprietate careant, et jus libertatis amittant. Et quidem quia ita infelix necessitas cogit, ferenda utcumque erat extrema hæc sors eorum, si non esset aliquid extremius. Illud gravius et acerbius, quod additur huic malo sævius malum. Nam suscipiuntur ut advenæ, fiunt præjudicio habitationis indigenæ; et exemplo quodam illius maleficæ præpotentis, quæ transferre homines in bestias dicebatur, ita et isti omnes, qui intra fundos divitum recipiuntur quasi Circei poculi transfiguratione mutantur. Nam quos suscipiunt ut extraneos et alienos, incipiunt habere quasi proprios; quos esse constat ingenuos, vertuntur in servos. Et miramur si nos barbari capiunt, cum fratres nostros faciamus esse captivos? Nil ergo mirum est quod vastationes sunt atque excidia civitatum. Diu id plurimorum oppressione elaboravimus ut captivando alios, etiam ipsi inciperemus esse captivi.

B.

De Rubeis, Monum. Eccl. Aquil., c. 98 (Canciani, II, 349).

Urbanus episcopus, servus servorum Dei venerabili fratri..... patriarchæ Aquilegensi salutem et apostolicam benedictionem. Nuper ad nostrum pervenit auditum, quod in civitate Aquilegensi, Utinensi, civitatis Austriæ, Glemonæ, Venzone, Marani, Montis-Falconis, Sacili, Sancti-Viti, Medunæ locis, et nonnullis aliis locis, ac terris et castris, gastaldiis, et oppidis patriæ Forojulii, Aquilegensis diœcesis, tuæ temporali jurisdictioni subjectis, in criminali et civili foro quædam abusiva consuetudo, quæ potius corruptela dici debet, inolevit rectorum judiciorum quamplurium perversiva. Ex eo quia in judiciis antedictis, tam in præceptis, monitionibus, interlocutoriis, et definitivis sententiis, quam aliis quibuscumque actibus judicialibus, patriarcha qui pro tempore est, et ipsius officiales examinare, cognoscere, definire, terminare, et alios actus judiciales facere ex ponderata et matura deliberatione non possunt : sed solum inquantum in instanti per astantes, seu majorem partem astantium, indifferenter et passim, sive nobiles, innobiles, litterati, et illitterati, artifices, seu cujusvis alterius conditionis, dignitatis, et status homines existant : etiam per patriarcham seu ipsius officiales in judicio præsidentes non vocati, sed eorum motu proprio, vel ex casu, temporibus, quibus idem patriarcha et ipsius officiales pro jure reddendo sedere contigerit, in loco judicii convenientes : et facto per partes, seu ipsarum advocatos vel procuratores, atque omnibus quæ ipsæ partes dicere vel allegare in ipso instanti voluerint respectu articuli causæ, de quo in termino ipsis partibus statuto litigare contigerit, enarratis; tunc ad vocationem patriarchæ, seu officialium ejusdem, quasi more præconis, eosdem astantes requirentium, quid in præmissis actibus, seu articulis judicialibus de jure videtur, sententiatum et dictum fuerit ipso instanti, nulla alia deliberatione præmissa, qualis et quantacumque fuerit causa seu negotium in judicio deductum non attentis; iidem patriarcha, et ipsius officiales ita et taliter, sicut per prædictos astantes, seu majorem partem dictum et sententiatum extiterit ipso instanti, promulgare et sententiare tenentur; et quæ prædictorum astantium, sicut præmittitur, sententiantium major pars existat, per elevationem et numerationem digitorum eorundem, divisim et successive factas, demonstratur. Ex quibus incaute, et absque congrua deliberatione, et sæpe cum fraude partium, et dictorum astantium, vel convenientium in loco et tempore judicii antedicti ad amicorum, parentum, seu aliquorum potentium litigantium... actus judiciarii, interlocutoriæ sententiæ, et definitivæ, ac præcepta indebite promulgantur. Nos igitur attendentes, quod consuetudo, quæ canonicis obviat institutis, nullius debet esse momenti; quodque sententia a non suo lata judice, nullam obtinet firmitatem; ut tam tu, quam officiales tui prædicti in causis subjectorum tuorum, postquam tibi et ipsis de meritis earum constiterit, sententias proferre valeatis, sicut ordo postulat rationis, præmissa consuetudine non obstante, fraternitati tuæ authoritate præsentium concedimus facultatem. Datum Viterbii XIII kal. augusti, pontificatus nostri anno quinto.

(Ann. 1367.)

De Rubeis, Monum. Eccl. Aquil., c. 98 (Canc., II, 350).

Exemplum fideliter de verbo ad verbum ex libro, sive registro litterarum cancellariæ reverendissimi D. Antonii patriarchæ dignissimi de MCCCXC. Indictione V. sic incipiens. Nos Antonius tenore præsentium facimus notum universis nostras præsentes litteras inspecturis: quod in hac nostra patria Forijulii nostros ad libitum facimus, constituimus, et ordinamus, et creamus officiales: videlicet, marescalcum, et vicarium in temporalibus generales, potestates, capitaneos, et gastaldiones; qui tam in criminalibus, quam civilibus et profanis causis secundum antiquas præfatæ nostræ patriæ consuetudines, scilicet per astantes, et non alios, unicuique postulatam habent justitiam ministrare. Dum enim prædicti nostri officiales, vel ipsorum aliquis sedet pro tribunali ad jus reddendum, petunt a circumstantibus in causa, de qua quæstio vertit, auditis hinc inde allegatis, quid juris? Et tunc per ipsos astantes sententiatur: et lata sententia per eos, rata, et grata habetur, et inviolabiliter observatur. In cujus rei testimonium præsentes scribi jussimus, et nostro sigillo muniri. Datum in nostra civitate Austriæ die XXVI aprilis, anno et indictione quibus supra.

C.

Goldast., form. 83. (Canc., II, 117.)

In nomine Domini nostri. Unicuique perpetrandum est, quod divina vox ammonet dicens : « *Date et dabitur vobis.* » Et : « *Date eleëmosynam, et omnia munda sunt vobis.* » Hac igitur ammonitione compunctus ego Vuolvarat pro remedio animæ meæ et parentum meorum Altilini et Puasini trado atque transfundo ad monasterium S.-Galli quicquid proprietatis in Vuilihdorf præsenti die visus sum habere, domibus, ædificiis, terris, campis, pratis, pascuis, silvis, viis, aquis, aquarumque decursibus, mobilibus et immobilibus, cultis et incultis, quicquid dici aut nominari potest, exceptis tribus juchis et una curticula, et de pratis ad unam carradam, cetera vero omnia, sicut supra dictum est, trado; in ea videlicet ratione, ut easdem res ad me recipiam tempus vitæ meæ perfruenda, censumque annis singulis inde persolvam, id est, ut ad proximam curtem S.-Galli unum juchum arem, et cum semine meo seminem annis singulis in unaquaque celga. Et si redimere illud velim, cum duobus solidis id agam. Si autem uxor mea me supervixerit, easdem res habeat censumque annis singulis persolvat, id est VI maldras de avena, et I maldram de kernone. Si autem ex legitima uxore heres mihi procreatus fuerit, tunc ipse easdem res in eundem censum, sicut et uxor mea habeat. Similiter et tota recta procreatio ejus in eundem censum, sicut et filius. Et si redimere voluerint, cum una libra redimant. Post obitum vero meum, sive uxoris, si mihi heres deest, tunc ad jus Præpositi et Advocati seu populorum pertineat, quem ipsi elegerint, mihi proximum fuisse, qui easdem res in eundem censum habeat, sicut et uxor et filii. Si autem neglectum fuerit censum, tunc præfatæ res integriter revertantur ad jus monasterii perpetualiter possidendæ. Si autem ego aut ulla opposita persona hanc traditionem irrumpere voluerit, sociante fisco multa conponat, id est, auri uncias III, argenti pondera V. Actum in Pazmuhlingun præsentibus istis. Sig. auctoris hujus cartulæ Vuolvarati Sig. Swidgarii S. Vuinidheri S. Helmolt S Vuolfho S. Chaldalo S. Vuenilo S. Otger S. Meginbert S. Liutpold S. Vuolfram, etc. Ego itaque Vuolfcoz in vice Hartmoti scripsi et subscripsi. Notavi diem Jovis VIII kalend. april. anno quinto Ludowici super Austriam, sub Oadalricho comite.

D.

Goldast., form. 77. (Canc., II, 115.)

Perpetrandum est unicuique quod evangelica vox admonet dicens: « *Date et dabitur vobis.* » In Dei nomine Liutulfus et Merolfus et Zaozzo et Piscolfus filii Marulfi confessi sumus ante Cozpertum præsidem et ante pagenses nostros, quod genitor noster Marulfus, omnem hereditatem et substantiam suam tradidit ad monasterium Sancti-Gallonis, qui constructus est in pago Arbonense, ubi ejus sacrum requiescit corpus, et nos posthac exuti de omni re paterna nostra revestivimus Vuolframmum monachum et missum ipsorum monachorum per tribus diebus et per tribus noctibus, et per beneficium ipsorum monachorum reintravimus. Et post hæc conventione facta, nos fratres filii Marulfi, consentiente Cozperto comite ante pagensis nostros omnem rem nostram et hereditatem paternam communis manibus tradidimus ad ipsum superius nominatum monasterium in manus Vulnidharii decani et monachi, et in ea ratione tradimus, ut sicut debueramus regi et comiti servire, ita ipsam terram ad ipsum monasterium proserviamus, et per beneficium ipsorum monachorum per cartulam precariam post nos reciperemus. Et si filii nostri et agnitio eorum hoc facere voluerint, ipsas res proserviant atque possedeant in beneficio ipsorum monachorum; sin autem, reddant. Et hoc est quod genitor Marulfus tradidit, et nos quattuor filii ejus superius nominati, quicquid in pago Nibalgawensi in ea die habuimus, id est campis, silvis, curtis, curtilibus, casis, salibus, pratis, pascuis, viis, aquis aquarumque decursibus, et omnia quicquid in ipsa marcha Nibalgauge omnia et ex integro tradimus adque transfundimus, in ea ratione quod superius scriptum est, et ipsum censum in silvaticas feras, quantum possumus consequi, solvamus : et quantum nos possumus, quod ceteri pagenses nostri faciunt regi aut comiti, ita et nos ad ipsum monasterium faciamus. Et si quis vero, quod futurum esse non credimus, si nos ipsi aut aliquis de heredibus nostris aut ulla opposita persona; qui contra hanc cartulam traditionis veniret aut eam infrangere voluerit, non solum quòd ei non liceat, sed tantum et alium tantum quantum cartula ista continet ad ipsum monasterium restituat, et in discutienti fisco multa conponat, id est auri uncias duas et argenti pondos V, coactus exsolvat, et si repetit nihil evindicet, sed praesens cartula ista omni tempore firma et stabilis permaneat cum omni stipulatione subnexa. Actum Nibelgavia villa publica ubi cartula ista scripta est coram multis testibus, in anno XV. regni domini nostri Pippini, regis Francorum. Datum fecit mensis junius dies VII. Ego Hamedus clericus et lector rogitus a fratribus scripsi et subscripsi. S. Liutulfi, qui hanc traditionem fieri rogavit S. Merulfi fratris ejus qui hanc traditionem fieri rogavit S. Ziezzonis fratris eorum qui hanc traditionem fieri rogavit S. Piscolfi fratris eorum etc. S. Scrutolfi S. Truogoni S. Ratboti, presbyteri, S. Herimanni S. Heio S. Richaldi S. Stroegoni S. Patarih S. Vuanincki S. Baldmuoti.

E.

Form. Alsaticae. (Canc. II, 401.)
Charta traditionis monasterio in precaria.

Ego ille cum manu advocati illud trado ad monasterium S. G. cui nunc S. episcopus abbatis jure praesidet, quidquid hereditatis in Arguaa possideo, hoc est in illo et illo loco, ea conditione ut ego inde duos denarios singulis annis vitae meae ad ipsum monasterium persolvam. Et filius meus, ille, et ejus legitime procreati easdem res intra sex annos post obitum meum decem libris, in argento et auro puro, a supradicto monasterio redemerunt. Quod si pactum quod cum eis placitus sum confirmaverint et impleverint, potest eadem redemptio, etiam me vivente, si ita mihi et amicis meis complacuerit, fieri. Quodsi in aliquo pactionis meae contrarii fuerint, ego de rebus meis ordinandis potestatem habeam. Sic autem haec omnia trado, ut cuncta et filio meo, illi, et ejus procreationi, et monasterio proficiant, in agris, pratis, sylvis, aquis, aquarumque decursibus, et omnibus aedificiis ac mancipiis atque universa supellectili: nisi tantum quod mancipia quae jugiter in domo mea consistunt, et mihi specialiter serviunt extra hanc traditionem relinquere decrevi, donec mihi Dominus insinuare dignatus fuerit quod de his, secundum suam voluntatem et utilitatem meam facere debeam. Si quis vero contra hanc cartam potestativa manu peractam venire, aut eam irrumpere conatus fuerit, ad fiscum regis auri uncias tres, argenti libras octo coactus persolvat, et hæc carta nihilominus firma et stabilis permaneat. Hæc traditio primum placita et facta est in illa feria III. VII. kalend. octobris coram N. seniore Comite, et subscriptis proceribus ac plebeiis, atque roborata est in illa VI. die kalend. earundem Tr. VI. coram illo Comite juniore et multitudine procerum ac popularium, quorum hic pauci admodum sunt adnotati. Signum N. et advocatus ejus N. qui hanc traditionem fieri jusserunt et decreverunt. Ego itaque N. notavi supradictos dies, annum N. regis piissimi VII. Comitem.

Cartha repræstationis a monasterio in precaria.

Complacuit mihi S. episcopo et abbati monasterii S. G. ut res quas nobis N. tradidit cum consensu fratrum et manu advocati nostri N. hoc ei repræstaremus. Tradidit autem nobis eadem N. quicquid hereditatis in Arguna in Australi parte Aquilonis Argunæ possedit. Idem in isto et isto loco, ea conditione, ut ipsa inde duos denarios singulis annis vitæ suæ ad ipsum S. G. monasterium persolvat. Et filius illius N. et ejus legitimi procreati, easdem res intra sex annos post obitum ipsius R. X. libris in argento et auro puro a supradicto monasterio redimant. Quod si pactum quod cum eis idem N. et procreatione ejus placita est, confirmaverint et impleverint, potest eadem redemptio, ipsa vivente, si ita ipsi N et amicis ejus complacuerit, fieri. Quod si in aliquo pactioni ipsius contrarii fuerint, ipsa de rebus suis ordinandis potestatem habeat. Sic autem hæc cuncta tradidit, ut omnia et filio ipsius N. et ejus procreationi, et prædicto monasterio in agris, pratis, sylvis, aquis aquarumque decursibus et omnibus ædificiis, ac mancipiis, atque universa supellectili : nisi tantum, quod mancipia quæ jugiter in domo illius consistunt, et ipsi specialiter serviunt, extra hanc traditionem relinquere decrevit, donec Deus illi insinuare dignatus fuerit, quid de istis secundum voluntatem ipsius et utilitatem suam facere debeat. Hæc conditio primum placita et facta est in N. feria IV. VII. kalend. octobris coram N. seniore Comite, et subscriptis proceribus ac plebeis, atque roborata est in N. V. die kalend. earundem, feria III, coram N. Comite juniore et multitudine procerum ac popularium, quorum hic pauci admodum sunt adnotati. Signum S. episcopi et abbatis et advocati ejus N. qui hanc precariam fieri decreverunt. Signum Dec. Sacr. Praepositi Port. Hospit. Cell. Cam. Signum et aliorum testium qui ibi praesentes fuerunt. Signum illud et illud. Ego itaque N. notavi dies suprascriptos. Annum N. Comitem finis cartae precariae.

V.

Cautiones diverso modo factas. (Marc., II, 25, 27, 35, 36. Canc., II, 236.)

Domino mihi propitio illo ille. Dum et ad meam petitionem et necessitatem supplendo vestra bonitas habuit ut libram de argento de rebus vestris mihi ad beneficium praestitistis, ideo per hunc vinculum cautionis spondeo me kalendas illas proximas ipsum argentum vestris partibus esse rediturum. Quod si non fecero, et dies placitus mei praefinitus transierit, pro duplum in crastinum me aut heredes meos vos aut heredes vestri, aut cui hanc cautionem dederitis exigendam, teneatis obnoxium. Facta cautione ibi, sub die illo, anno illo.

Item alia.

Domino fratri illo ille. Quatenus a necessitate mea supplendo solidos vestros numero tantos mihi ad beneficium praestisti, ideo juxta quod mihi aptificavit, taliter inter nos convenit, ut dum ipsos solidos de meo proprio reddere potuero, dies tantos in unaquaque hebdomada servitio vestro, quale mihi vos aut agentes vestri injunxeritis, facere debeam. Quod si exinde negligens aut tardus apparuero, licentiam habeatis sicut et ceteros servientes vestros disciplinam corporalem imponere. Et quomodo solidos vestros reddere potuero, meam cautionem absque ulla evacuatoria intercedente recipiam.

Evacuatoria.

Domino fratri illo ille. Omnibus non habetur incognitum qualiter ante hos annos, aut ante anno, solidos nostros numero tantos ad beneficium accepisti, et cautionem nobis pro hoc emisisti ut ipsos solidos tunc nobis reddere deberes, quod et ita fecisti. Sed dum illa cautione quod nobis emiseras ad praesens non invenimus, ideo tibi hanc epistolam evacuatoriam fecimus, ut de ipsis solidis tantum omni tempore ductus et absolutus resideas; et si ipsa cautio apparuerit; vel a nobis aut heredibus nostris quoquo tempore ostensa fuerit, nullum sortiatur effectum, sed vacua et inanis permaneat.

Si aliquis servo vel gasindo suo aliquid concedere voluerit.

Justissimis nostris sublevantur muneribus qui nobis fideliter et instanter famulantur officio. Ego in Dei nomine ille fideli nostro illo. Pro respectu fidei et servitii tui, quam circa nos impendere non desistis, promptissima voluntate cedimus tibi a die praesente locello nuncupante illo, aut manso illo infra termino villa nostra illa cum omni adjacentia ad ipso locello aut mansello aspiciente, terris, domibus, mancipiis, vineis, pratella, silvola; vel reliquis beneficiis ibidem aspicientibus, ita ut ab hac die ipso jure proprietario, si ita convenit, aut sub reditus terrae in tuae revoces potestate et nulla functione aut reditus terrae vel pascuario aut agratio, carropera, aut quodcunque dici potest, exinde solvere nec tu nec tua posteritas nobis nec heredibus nostris, nec cuicunque post nos ipsa villa possederit, non debeatis, nisi tantum si ita vult riga; sed ipsum omnibus diebus vitae tuae aut heredis tui emuniter debeatis possidere, vel quicquid exinde facere volueritis liberam habeatis potestatem. Si quis vero, quod futurum esse non credimus, aliquis de heredibus nostris, vel quicunque contra hanc cessionem nostram agere aut ipsam rem tibi auferre conaverit, inferat tibi cum cogente fisco auri tantum et haec epistola firma permaneat, stipulatione subnexa.

G.

Qualiter carta ostendatur. (CASC., II, 172.)

Domne Comes, propter hoc ostendit Petrus hanc cartam venditionis, qui non sit silens, et habet, et tenet res illas, quae leguntur in hac carta a suam proprietatem. Et si aliquis homo est, qui inde aliquid vult dicere, paratus est cum eo stare ad rationem,

et, quod plus est, quærit, et hoc vult, ut dicat Joannes, qui est
hic ad præsens, si carta illa venditionis bona et vera est; vel si
ille rogavit eam fieri et firmari; vel si res, quæ leguntur in carta
illa venditionis propriæ sint suæ Petri, aut, et si sibi Joanni
pertinent ad habendum et requirendum aut non, et si habet
scriptum, vel firmitate aliquam, quod inde parabolare possit aut
non. Dicis ita Petre? Sic facio. Et tu Joannes quid dicis? Quid
debeo dicere? Hoc dic, quod carta illa venditionis bona et vera
est. Sic est. Et tu rogasti eam fieri et firmari. Et sic feci. Et illæ
res quæ leguntur in illa carta venditionis suæ propriæ sunt. Sic
sunt et esse debent. Cum lege. Sic debent. Nec tibi pertinent ad
habendum et requirendum. Non faciunt. Nec firmitatem habes,
quod inde parabolare possis. Non abeo. Sed, sicut dictum habes,
suæ propriæ sunt, et esse debent cum lege. Sic sunt. Qua lege
vivis? Longobarda. Modo exponde te. Si unquam in tempore tu,
aut filii, vel filiæ, et heredes contra Petrum, aut suos heredes
contra Petrum, aut suos heredes, aut cui ipsi dederint, habebis
agere, aut causare, et si apparuerit ullum datum, aut factum, aut
scriptum, aut firmitas, quæ in alia parte facte habeatis, et clare
facta fuerit, et omni tempore non permanseritis taciti, et contempti, ut componatis dupla quærimonia, et insuper pœna argenti X librarum. Spondes ita? Spondeo. Seniores judices, mit-
tote judicium. — Justa illorum professionem et manifestationem
P. habeat ad proprium res quæ leguntur in illa carta, et Joannes,
et sui heredes permaneant inde taciti, et contempti. Domne comes, præcipite fieri notitiam. Et similiter est de Romana. In lege
Salica dic, et vuarpite et pro heredibus et insuper.

Traditio vinditionis cum defensione. (CANC., II, 171.)

Martine trade per hanc pergamenam cartam venditionis sub
dupla defensione de una pecia de terra, quæ est tui juris, quæ est
in tali loco pro mensura tantum, et habet coherentias tales ad
Joannem, quod de hinc in antea a præsenti die proprietario nomine faciat ipse, aut sui heredes, aut cui ipsi dederint, quidquid
voluerint, sine omni contradictione tua, et tuorum heredum; et
insuper espondete vos ab omni homine defensare; quod si defendere non potueritis, aut si vos aliquid per quodvis ingenium
subtrahere quesieritis, tunc illi in duplum eamdem cartam ven-

ditionis restitutis, sicut pro tempore meliorata fuerit, aut valuerit sub estimatione in consimili loco Joanni. Dicis ita? dico.
Sic trade ei ad proprium, et huic notario ad scribendum. Habes
pretium justa cartam? Habeo. Dic totos vos rogo tangere. Si
est Romanus, similiter dic. Si est Robuarius, si est Francus, si
est Gothus, vel Alemannus venditor pone cartam in terra, et
super cartam mitte cultellum, festucam nodatam, vuantonem,
vuasonem terræ, et ramum arboris, et atramentarium et Alamanni Vuandelabe, et levet de terra. Et eo cartam tenente, dic
tradictionem, ut supra diximus, et adde in istorum carta et Ba-
joariorum et Gundebeldorum, nam in Gundebalda, et Bajoaria
non ponitur insuper cultellum per heredes, et repetitione, et
tolle, et spondite, et mitte, et obligate et omnium fine traditionis
adde, et super mitte pœna stipulationis nomine, quæ est mulcta
auri optimi uncia quatuor et argenti pondera octo, quam inferatis
ad illam partem, contra quam exinde litem intuleritis, et, quod
repetieritis, vindicare non valeatis. Et adde vuarpito : cetera sunt
secundum sit promissum. Dic tantum in fine et ita trade ei per
hoc missum, et huic notario ad scribendum.

G bis.

(Goldast., form. 35. Canc., II, 419.)

Notum sit tam præsentibus quam futuris, quod, anno secundo
domini Arnolfi regis, factum est placitum in pago qui dicitur
Para, in villa nuncupata Durroheim coram Burghardo comite,
filio Adalberti illustris, de ecclesia in Leffingon, qui essent a
progenitoribus suis in rebus ejusdem ecclesiæ possidendis aut
ordinandis potentissimi. Et sacramento in sanctorum reliquiis
præmisso, sicut et nuper factum est in diebus Caroli imperatoris
secundi, testificati sunt primores populi Ruodpert, Richkis,
Vualthere, Engelbert, Cundbert, Reginhart, Ruodhoh, Kerbert,
Richpert, Vualdbere, Vodalhart, Liuppo, Roholf, Theoterich,
Pollo, Ruodhart, Adalrich, Engelbreht, Vualthere, Irimbreht. Testimonium ergo hi omnes juxta sacramentum suum perhibuerunt,
quod solummodo parentes subtus scriptorum hominum, et hi
ipsi potestatem haberent ordinandi ecclesiam in Leffingon absque
ullius inferioris aut supposita personæ contradictione, Ercham-

bert, Emrit, Hunolt, Liutpert, Cozbert. Et his ita patratis, cum adhuc quidam de illis, qui se in illa ecclesia heredes ac dispositores haberi voluerunt, alii garriendo, alii musitando contradicerent, optimates ejusdem concilii apprehensis spatis suis devolaverunt, se hæc ita affirmaturos esse coram regibus et cunctis principibus usque ad sanguinis effusionem.

II.

(Grandidier, *Histoire de l'Église de Strasbourg*, t. II, dipl. 69.)

Carolus gratia Dei rex Francorum et Langobardorum, atque patricius Romanorum, vir inluster. Tunc regalis celsitudo sui culminis sublimatur, quando cunctorum jurgia juxta propositionis vel responsionis eloquia inter alterutrum salubre deliberat sentencia, quatenus sub Deo in rege manet potestas quomodo cuncta terribilia debeant ordinare. Cum nos in Dei nomine Scalistati villa in palatio nostro ad universorum causas audiendum, vel recto judicio terminandum resederimus, ibique veniens advocatus Sancti-Michaëlis, vel beati abbatis nomine Othbertus interpellabat homines aliquos nomine Agissericum et Aldradum advocatos monasterii Corbelæ, et repetebat eis, eo quod ipsi illas res in loco, qui dicitur Osthova et Gelifida, quas immo ad monasterium Sancti-Michaëlis per suum instrumentum tradidisset in eorum potestate, injuste retinuissent. Sed et ipsi Agissericus et Aldradus de præsente astabant, et taliter dederunt in responsis, quod ipsas res prædictas nunquam tulissent malo ordine injuste, pro eo quod dixerunt quod eas Gerbriga per suum instrumentum condonasset; unde et ipsum instrumentum præ manibus se habere affirmabant, et ipsas in præsentia nostra protulerunt recensendas; etiam et de hac causa ad utrasque partes nihil certi cognovimus; unde ad divina mysteria, Christi misericordia conspirante, sicut longa consuetudo exposcit, et ipsi voluntarie consenserunt, jubemus emanare judicium, ut dum per ipsa instrumenta de utraque parte certamen non declaratur, ut recto tramite ad Dei judicium ad crucem Othbertus de parte Sancti-Michaëlis vel beati abbatis et Agissericus de parte monasterii Corleiæ exire atque stare deberent. Quod et ita visi fuerunt stetisse; et ea hora, protegente divina dextera Dei, Deus omnipotens suum justum judicium declaravit, ut homo memorati monasterii Corbeiæ Agissericus ad ipsum Dei judicium ad ipsam crucem trepidus et convictus apparuit. Et tunc ipse et Aldradus in præsentia nostra vel procerum nostrorum ipsas res per loca nominata Osthova et Gehfida per eorum wadia una cum legibus fidefacta, ipsius advocato Sancti-Michaëlis vel beati abbatis nomine Othberto visi sunt reddidisse, vel revestisse, et per illorum festucam exinde in omnibus duxisse exitum. Pro inde nos taliter una cum fidelibus nostris, id sunt, Windringo, Odrigo, Theodrico, Bernhardo, Albuino, Gherardo, Berngario, comitibus et Anshelmo comite palatii nostri, vel reliquis quam plurimis visi fuimus judicasse: ut dum ipsi in præsenti adstabant Agissericus et Aldradus, et hanc causam nullatenus poterant denegare, et ipse Agissericus ad ipsum Dei judicium ad crucem trepidus et convictus apparuerit, et ipsi de præsenti per eorum wadia una cum legibus fide facta, ipsius advocato Sancti-Michaëlis vel beati abbatis nomine Othberto visi sunt reddidisse, vel revestisse, et per eorum festucam sibi in omnibus duxisse exitum. Propterea jubemus ut dum hanc causam sic actam vel perpetratam esse cognovimus, ut superius scriptus abbas beatus, vel pars monasterii Hohogie jam dictas res in loco qui dicitur Osthova et Gehfida citra supradictos Agissericum et Aldradum eorumque heredes, vel citra omnes illas res injuste retinere tentantes, omni tempore habeant elidicatas et evindicatas, et sit inter ipsos in post modum absque ulla repeticione omni tempore sublata atque definita, seu et indulta causatio. Theudegarius recognovit.

I.

(Goldast., form. 99. Canc., II, 452.)

In Dei nomine. Cum resederet Unfredus, vir inluster, Reliarum comes, in mallo publico ad universorum causas audiendas vel recta judicia terminanda : ibique veniens homo aliquis nomine Hrolhelmus proclamavit, eo quod in contradrutum suum mansum et tolhitum fuisset, quod ei advenit a parte uxoris suæ simul et Flavino, et proprie suum fuisset, et legibus suum esse deberet, quia jam de tradavio uxoris suæ fuisset, idcirco suum esse deberet. Tunc prædictus comes convocatis illa testimonia, qui de ipso pago erant, interrogavit eos per ipsam fidem, et sacramentum, quam nostro Domno datam haberent, quicquid exinde scirent, veritatem dicerent. At illi dixerunt: Per ipsum sacramentum, quod Domno nostro datum habemus, scimus quia fuit homo quidam nomine Mado, qui ibi habuit suum solum proprium, cujus confinium nos scimus, qui adjacet et confinat ad ipsum mansum, unde iste proclamat, in quo illi arbore durem et de uno lature aqua cingit: et inter eos terminum est in petris et in arboris. Ipse est dominus. Nam sicut illa ædificia desursum conjungunt, istorum hominum proprium est et illorum legibus esse debet de parte avii illorum Quinti. Tunc prædictus comes jussit ut ipsa testimonia supra irent, et ipsos terminos ostenderent quod dicebant, quod ita et fecerunt, et ipsos terminos firmaverunt, qui inter illa dua mansa cernebant. Sed et plurimi ibidem adfuerunt nobiles, quos ipse comes cum eis direxerat, quod et omnia pleniter factum fuit. Ut autem hæc finita sunt, interrogavit ipse comes illos scabinos, quid illi de hac causa judicare voluissent. At illi dixerunt, secundum istorum hominum testimonium et secundum vestram inquisitionem judicamus, ut sicut divisum et finitum est et terminis positis inter ipsos mansos, ut isti homines illorum proprium habeant absque ullius contradictione in perpetuum: et quod in Dominico dictum et terminis divisum coram testibus fuit, receptum sit ad partem Domini nostri. Propterea opportunum fuit Hrothelmo et Flavino cum heredibus eorum, ut exinde ab ipso comite vel scabinis tale scriptum acciperent, qualiter in postmodum ipsum mansum absque ullius contrarietate omni tempore valeant possidere. Actum curte ad campos mallo publico, anno VII. imperii Caroli Augusti et XXXVII. regni ejus in Francia, et XXXIV. in Italia. Datum VII. id. februarii sub Unfredo comite, feliciter Amen.

Hæc nomina testium: Valeriano, Burgolfo, Ursone, Stefano Majorino, Valerio, Leontio, Victore, Maurestone, Fonteiano, Florentio, Sipfone, Valentiano, Quintello, Stradario.

Et hæc nomina scabinorum: Flavino, Orsicino, Odmaro, Alexandro, Eusebio, Maurentio, quam etiam et aliis plurimis.

Ego itaque Vauco rogitus scripsi et subscripsi.

I BIS.

Jugement des commissaires du roi Charlemagne en faveur de Daniel, archevêque de Narbonne.

Danielo episcopo Jerosolymam profecto, remansit causidicus Arluinus igitur nunc in Dei nomine hæc est notitia traditionis judicius. Cumque residerent missi gloriosissimo, scellentissimo domino nostro Carolo rege Francorum in Narbona civitate die martis per multas altercationes audiendas de rectis negotiis terminando, et per ordatione de suos missos id est de Gualtario, Adalberto, Fulcone et Giburno, et vassis dominicis, id sunt, Rodestagnus et Abundancius : et judices qui jussi sunt causas dirimere et legibus difinire; id est, Guntario, Disiobo, Leoderico, Petro, Bona vita, et Siffredo et aliorum bonorum hominum qui ibidem aderant, id est Garibertus, Widaldus, Ingobertus, Aruinus, Wicar, Wisulfus, Atila, Samuel, Donadeus, Argemundus, Ursione, Argimiro, Anselmo, Warnario; in eorum judicio vel præsentia quos causas fecit esse præsentes. Cumque ibidem residerent præscripti missi et judices vel plures bonis hominibus in Narbona civitate, ad rectas justitias terminandas et causarum exordias dirimendas, in eorum præsentia, ibique in eorum judicio veniens homo nomine Arluinus, qui est assertor vel causilicus et mandatarius de Danielo archiepiscopo, et per ordinatione de domino et regi nostro Carolo rege et dixit : Jubete me audire cum isto præsente Milone comite, qui tales villas qui sunt in pago Narbonensi, de causa ecclesiarum sanctorum Justi et Pastoris et sancti Pauli et sancti Stephani in pago Narbonensi, iste Milo comes eas retinet malum ordinem injuste. Hæc sunt nomina de ipsas villas : Quincianus et Mujanus ecclesiarum sunt medius, villa Pucio-Valeri, et Baxanus et Malianus villas, sunt ultra Ponte septimo, causa est ecclesiarum ab integre sanctorum Justi et Pastoris ; villæ Antonia, Trapalianicus, Parodinas, Agello, Medellano, Buconiano, Follapiano, Anniciano ex medietate ; Magriniano, Leccas, Centopinus, Christinianicus, Petrurio, ab integre; Canedo, Troilo, Laureles, Curte Oliva, media ; Caunas, Nivianus, insula Lacco, villa Gorgociano, Caunas, Casolus, Balas, Ursarias, Quiliano ab integre; Lapedeto ipsa quarta parte ; Colonicas, Mercuriano ipsa quarta parte; Maglaco, fonte dicta Buconiano, Calla, Canovia longa, Abuniano ex medietate; Leoniano ex medietate; Masiniano ex medietate; suburbium Sala super ponte septimo in valle Gabiano ex medietate; Crotas, Cagnano, sancti Marcelli, villa Totonis, sancti Georgii, villa Ciliano, sancti Crescenti, sanctæ Mariæ Segenola, ex medietate; Gragnano villa, Aquaviva ex medietate; Rusiniano ex medietate. Omnia et in omnibus quantum ibidem retinebat jam præscriptus archiepiscopus, per causa omnibus ecclesiarum sanctorum Justi et Pastoris, et sancti Pauli et sancti Stephani, quod ego jam dictus Arluinus qui sum assertor, vel causilicus et mandatarius de jam dicto archiepiscopo Danielo, hoc adprobavi per series conditiones, quod iste Milo comes retinet ipsas villas malum ordinem injuste, quæ invasit de potestate de isto jam dicto archiepiscopo cujus ego mandatarius sum. A tunc nos missi, vassi dominici, et judices interrogavimus jam dicto Milone comite, qui respondis ad isto Arloyno, qui est mandatarius de jam dicto archiepiscopo de ac causa. Tunc Milo comes in suum responsum dixit: Ipsas villas senior meus Karolus rex mihi eas dedit ad beneficio. A tunc ipsi missi et judices et vassi dominici interrogaverunt Milonem comitem, si potebat habere condictiones, aut recognitiones, aut judicium aut testes pro quibus ipsas villas partibus suis retinere debeat; tunc Milo comis dixit: Non habeo nullum judicium veritatis, nec ulla testimonia per quibus ipsas villas partibus meis vindicare debeam, nec in isto placito, nec in alio, nec in tertio, nec nulloque tempore. A tunc præfati missi, vassi dominici, et judices interrogaverunt Arloyno qui est assertor vel causilicus et mandatarius de jam dicto Danielo archiepiscopo, si potebat habere tale testimonia per quibus hoc quod dicebat super Milone comite hoc legibus aprovare potuisset: et tunc asseruit Arluinus, et dixit: sic habeo. Unde ad ipsa ora per judicio de supradictos missos, vassis dominicis, ac judices Arloynus mandatarius sua agramivit testimonia. Nuper veniens Arloynus a suum placitum quod atramitum habuit; et ibidem sua testimonia protulit bonos homines idoneos his nominibus: Undila, Aurelianus, Beaireto, Narbonnellus, Dodemirus, Lunares, Silencius, Bonus Eneus, Gunnaricus, Witeringus, Teudesindus ac Servandus, qui sic testificaverunt in supradictorum judicio, in facie Milone comite, et serie conditiones. Hoc juraverunt in ecclesia Sanctæ-Mariæ quæ sita est infra muros civitatis Narbona: Quia nos supra nominati testes scimus, et bene in veritate nobis cognitum manet, et vidimus ipsas villas superius scriptas cum fines et terminos vel aiacencias quæ ad ipsas villas pertinet, habentes et dominantem ad Danielo archiepiscopo, cujus iste Arloynus assertor causidicus et mandatarius est, per causa ecclesiarum sanctorum Justi et Pastoris, et sancti Pauli et sancti Stephani. Nam et nos Undila, Aurelianus, Beairelo, Narbonellus, Dodemirus, Lunares, Silencius, Bonus-Eneus, Gumarius, Witerigus, Teudesindus et Servandus vidimus jam dictas villas cum illorum fines et terminos, habentes et dominantem Danielo archiepiscopo, cujus iste Arloynus assertor et causilicus ac mandatarius est, ab integro. Et cum nos præfati missi, vassi dominici et judices videntes talem adprovationem de Arloyno assertore, causilico et mandatario Danielo archiepiscopo, et post tanta rei veritatem bene cognovimus, altercavimus inter nos ante præscriptos missos vassis dominicis et judices vel plures bonis hominibus qui missorum judicio residebant, et ordinavimus Milone comite, ut de ipsas villas se exigere fecisset, et Arloyno assertore causilico et mandatario Danielo archiepiscopo per suum salonem revestire fecisset, sicut et fecit. Et congaudeat se Arloynus assertor, causilicus ac mandatarius Danielo archiepiscopo in nostro judicio suam percepisse et habere justitiam. Dato judicio notitia tradictionis III, non. Junii ann. XIII regnante Karolo rege Francorum. S. Milo comis qui hanc notitiam tradictionis judicii et evacuationis feci et firmare rogavi bonis hominibus. S. Garibertus, S. Widaldus, S. Ingobertus, S. Aruinus, S. Wicarius, S. Girulfus, S. Anselmus, S Varnerio, S. Gontarius, S. Leodericus, S. Petrus, S. Siffredus, S. Atila, S. Samuel, S. Dona Deus. P. Boso qui hanc notitiam tradictionis judicii scripsit sub die et anno quod supra.

(Ann. 782.)

II. Plaid tenu à Nimes par le comte Raymond. (*Hist. de Lang.*, II, dipl. 12.)

Cum igitur more regio rex Odo in forestis Coysa ad exercendam venationem consisteret prope locum qui vocatur Audita, cum episcopis, comitibus seu vassis dominicis, veniens Gibertus episcopus in conspectu ejus proclamavit, quod res quas Bligardis femina in comitatu Nemausensi per scripturam solemniter ejus ecclesiæ donaverat, et per XII annos fere seu et amplius justo ordine possederat, homo quidam Genesius nomine absque ulla inquisitione, et malo seu judicio, ipso absente episcopo, villam Bizagium invasit ac malo ordine retinet. Raimundus itaque comes ipsius pagi, ibidem coram rege adstabat : qui interrogavit ipse rex comitem, qualiter hoc in ejus potestate actum fuisset ; sed prædictus Raimundus comes dixit, quod ex vestra parte præfatus Genesius litteras mihi detulit, in quibus continebatur ut de ipsa villa eum investirem. Quo audito omnes qui adstabant dixerunt, quod nequaquam ex parte regis præceptum tibi fuit in præsentem episcopum de rebus suæ ecclesiæ, ut dicit tanto tempore ab eo possessis, ipso absente, absque inquisitione, et malo seu judicio expoliares et alicui redderes. Itaque rex jussit prædicto episcopo suas litteras dare, in quibus continebatur, ut Raimundus comes veniens in pago Nemausense, inquisitionem per circummanentes homines mitteret, et si ipse episcopus justam causam haberet, et per suas scripturas veras adprobare potuisset, absque ulla dilatione in prædictis rebus eum informaret. Veniens itaque Raimundus in prædicto comitatu, præfatus episcopus, regales litteras ei ostendit, et ut ipse comes ei justitiam secundum regis jussionem faceret postulavit. Itaque prædictus comes suas litteras ad Genesium misit, ut ante eum ad placitum veniens audiret, et videret inquisitionem atque approbationem scripturarum quam rex de prædictis rebus facere jusserat. Ipse autem Genesius acceptis litteris ad placitum venire distulit. Expectato itaque aliquo tempore, rursum prædictus episcopus ante Raimundum comitem veniens postulavit, ut ei justitiam de suis rebus secundum regis jussionem faceret. Igitur prædictus comes Allidulfo suo viciscomiti præcepit ut super ipsas res veniret, et omnem justitiam et legem, sicuti in regalibus litteris continebatur, ipsi episcopo adimpleret. Veniens itaque Allidulphus super ipsas res in valle Anagia, in villa Bizago, convocans omnes circummanentes ipsius loci, atque alios nobiliores tam presbyteros quam laicos quorum hæc sunt nomina, etc., in eorum præsentia præfatus episcopus obtulit litteras regales, simul etiam et scripturam quam Bligardis femina partibus Sanctæ-Mariæ facere jusserat ; et in ipsa scriptura continebatur, quod villam Toriadem cum ecclesiis ibidem fundatis, nec non et villam Caderilam ab integrum, et in manso commendato, seu et in Brugarias nec non et Felgarias quidquid ibi visa fuit habere, simili modo villam Bizagum ab integrum, cum ecclesia ibidem fundata in honorem sanctæ Mariæ, cum mancipiis utriusque sexus ibidem præfixis, libenti animo prædictæ sedi, episcopo, simulque canonicis ibidem Deo famulantibus solemniter condonaverat. Qua scriptura relecta, omnibus in commune adunatis fere ducentis hominibus, per auctoritatem regiam prædictus vicecomes bannum imposuit, ut dicerent quidquid de hac causa in veritate scirent, sed nobiliores viri primitus per ordinem singuli interrogati, cum reliquis omnibus tam presbyteris quam laicis absque ulla varietate, una voce testificaverunt: quia nos scimus et in veritate nobis compertum est, quia Bligardis femina per hanc scripturam prædictas res partibus Sanctæ-Mariæ solemniter condonavit, et prædictus episcopus prædictam villam Bidagium nobis videntibus tenuit ac possedit per XII fere annos et amplius; at Genesius et alii malo ordine res quæ in ipsa scriptura resonant invaserunt. Itaque ex his omnibus XIV electis hominibus, in ecclesiam Sanctæ-Mariæ ingressi, iterumque ab ipso vicecomite per ordinem interrogati et discussi, absque ulla varietate testificantes jurati dixerunt: quia ipsa scriptura vera est et non falsa; et ipsas res quæ in ipsa scriptura resonant pluris debent esse Sanctæ-Mariæ quam Genesio, aut alicui qui eas injuste de potestate ipsius ecclesiæ invasit, per Deum altissimum et .stas virtutes sanctorum. His itaque peractis, Allidulfus vicecomes per ostium ipsius ecclesiæ de ipsis rebus Gibertum episcopum revestivit, et in ipsis rebus informavit. Actum publice die Jovis mense aprili anno III, regnante Odone rege. Propterea necesse fuit Giberto episcopo ut notitiam et scripturam reclamationis et informationis scribere rogaret, quod ita et fecit.

(Ann. 890.)

J

Form. antiq. in usum regni Italici. (Ad Legem CLXXXII, (cl sc. II, 467.)

Domne Comes, date huic mulieri tutorem. Dato, dic. Domne Comes, hoc dicit mulier cum Petro suo tutore quod plures vices reclamavit se ad vos de A. suo cognato, et suo mundualdo, quod negat suam voluntatem, et maritum quem habet electum, non vult sibi dare; unde vos plures vices illi mandastis missos, et epistolas ut ad vestrum placitum veniret, et sibi justitiam faceret, et ille venire noluit. Dicis tu ita mulier? Sic dico. Et tu suus tutor dicis ita? sic dico. Et vos, Domne Comes, recordamini, sic? sic recordor. Et vos Judices? sic recordamur. Dicite, vos judices, quid commandat lex? Tunc debent dicere: Si quis filiam suam aut quamlibet parentem in conjugio alii dederit usque ad parentes proximos, qui prius eam ad maritum dederint. Cum dicta fuerit lex, interroga eum, qui vult ipsam feminam. Vis accipere ad conjugium legitimum eam? Volo Deo volente. Et tu, mulier, vis eum accipere ad legitimum conjugium? Volo volente. Et tunc dic: Es tu paratus ad dandum medietatem de meta heredis prioris mariti? Sum. Centum solidos dedit. Ecce L. Post dic: Si adeo est factum, pro hoc venit M., quod vult sponsare D. filiam P. Venisti tu propter hoc? Veni. Da vadiam, quod facies ei quartam portionem de quanto tu habes, aut in antea adquirere potueris, tam de re mobili, quamque immobili seu familiis, et si te subtraxeris componas libras C. Et per istam spatam et istum vuantonem sponso tibi M. meam filiam, et tu accipe eam sponsario nomine? et comanda eam nusquam ad terminum talem. Tu pater feminæ da vadia ei, quod tu des eam ad uxorem, et mittas eam sub mundio et tu da, quod eam accipias; et qualis se subtraxerit componat solidos mille. Cum venerint ad terminum fiant cartulæ lectæ et fiat femina tradita per manum. Propter hoc dat Petrus hanc grosnam, ut mittas eam sub mundio cum omnibus rebus mobilibus, et immobilibus, seu familiis, quæ ad eam per legem pertinent, et mundium et grosnam tradas sibi ad proprium. Da ei lonechild. Præcipite fieri notitiam, Domne Comes.

Ad Leg. CXXVI.

Domne Comes, date huic mulieri tutorem. Dato, dic. Domne Comes, ita dicit mulier cum Petro suo tutore, quod jam per plures vices est ipsa vobis lamentata de Paulo de tali loco suo mundualdo, quod misit ei crimen, quod adulterasset, aut insidiatus est in animam ipsius, aut voluit eam invitam ad maritum tradere, unde vos jam per plures vices ei mandasti per brevem, aut per epistolam, quod ad placitum vestrum venisset, et ei justitiam fecisset, et ipse noluit venire. Mulier, dicis tu ita? Dico. et Petre, qui es suus tutor, dicis tu ita? Sic dico. Domne Comes recordamini vos ita? Sic facio, et vos judices, dicitis sic? Sic dicimus. Tunc debet interrogare Comes judices. Dicite quod præcipit lex. Tunc judices debent dicere legem. Tunc postea Comes debet interrogare ipsam mulierem, et debet ei ita dicere: In cujus mundio vis esse? an in ejus, qui tibi offendit, an in mundio palatii? Ipsa mulier, si non habeat parentes, si vult respondere in mundio palatii. Tunc debet dicere unus judicum pro eo, qui vult eam accipere uxorem. Senior Comes, si adeo est factum per hoc venit Martinus, quod ipse vult sponsare Mariam mundualdam de palatio? Venis propter hoc? Sic facio. Dona Comiti vadia, quod tu facias ei mulieri quartam portionem de quanto nunc habes, et in antea adquirere potueris, tam de re mobili, quamque immobili, seu de familia, et si te subtraxeris, ut componas solidos mille. Per istam spatam, et istum vuantonem ego sponso tibi Mariam mundualdam de palatio. Et ego vobis comendo eam usque modo. Domne Comes dona ei vadia, quod tu des et ad legitimum conjugium Mariam mundualdam de palatio, et mittas sub mundio cum omnibus rebus mobilibus, et immobilibus, seu familiis. Et tu, Martine, dona ei vadia, quod tu accipias eam, et qualis se subtraxerit componat solidos mille. Fiat scripta quarta (*leg.* charta) et fiat tradita ad feminam. Senior Comes, accipite illam mundualdam de palatio, et donate Martino ad legitimam uxorem ad habendum. Senior Comes, propter hoc donat Martinus istam crosinam, et istam lanceam, et istum scutum ad habendum a domino imperatore per mundium Mariæ mundualdæ de palatio, ut mittas eam sub mundio cum omnibus rebus mobilibus et immobilibus, seu familiis, quæ ad eam per legem pertinent. Et tento scuto et lancea, tradas ei hanc crosna, et mundium ad proprium. Retinentur enim illa duo a Comite. Domne Comes, præcipite fieri notitiam.

K.

Qualiter in uno volumine testamentum duarum personarum condatur.
Marculf, II, form 17. — Canc., II, 232.

Regnante in perpetuo Domino nostro Jesu-Christo, loco illo,

anno illo, regnante illo rege, sub die illo, ego ille et conjux mea illa sana mente integroque consilio, metuentes casus humanæ fragilitatis, testamentum nostrum condidimus, quem illi notario scribendum commisimus, ut quomodo dies legitimus post transitum nostrum advenerit, recognitis sigillis, inciso lino, ut romanæ legis decrevit auctoritas, per inlustris viros illos, quos in hac pagina testamenti nostri legatarios instituimus, gestis reipublicæ municipalibus titulis eorum prosecutione ab ipsis muniatur. Igitur cum jubente Domino de istius vitæ cursu migraverimus, tunc quicquid in omnibus pridie quam moriamur tenere videmur, quicquid ex proprietate parentum, vel proprio labore, seu ex munificentia a piis principibus percipere meruimus, vel de quibuslibet titulis atque contractibus venditionis, cessionis, donationis, vel undique Domino adjuvante ad nostram pervenit dominationem, tu tunc dulcissima conjux mea illa, heredes quoque meos quos esse volo, hereditatem meam habetote. Reliqui vero exheredes sint. Ergo excepto quod unicuique per hoc testamentum dedero dareque jussero, id ut fiat, detur, præstetur, impleatur, te, omnipotens Deus, testem committo. Villas vero illas et illas, sitas in pago illo, filius noster ille recipiat. Similiter villas illas sitas in pago illo filius meus vel filia illa recipiat. Villas illas, basilica illa, vel monasteria sitas ibi recipiat. Id ut fiat, detur, præstetur, impleatur, te, omnipotens Deus, ad defensandum committo; licet de omnibus, dum advivimus, nostrum reservavimus usum. Sed dum in villas aliquas, quas superius memoravimus, quas ad loca sanctorum heredibus nostris deputavimus, quod pariter stante conjugio adquisivimus, prædicta conjux nostra tertiam inde habere potuerat, propter ipsam tertiam villas nuncupantes illas, sitas in pagos illos, in integritate, si nobis superstis fuerit, in compensatione recipiat. Et quicquid exinde pro commune mercede, vel in pauperibus, aut benemeritis nostris facere decreverit, licentiam habeat. Et post ejus discessum, si aliquid intestamentum remanserit, heredes nostri recipiant. Liberos, liberas, quos quasque pro animæ remedium fecimus, aut in antea facere voluerimus, et eis epistolas manu nostra firmatas dederimus, obsequium filiorum nostrorum habere cognoscant, et oblata vel luminaria, juxta quod ipsas epistolas continent, ad sepulchra nostra tam ipsi quam proles eorum implere studeant. Et quibus aliquid de facultate nostra contulimus, singulariter in hoc testamentum nostrum inserere curavimus. In reliquo vero, qualescunque a quocunque epistolas de nomine nostro manus nostras firmatas ostensas fuerint, et ante hoc testamentum prænotas, quas hic non commemoravimus, excepto de ingenuitatibus, quas pro animæ nostræ remedium fecimus aut adhuc facere voluerimus, vacuas permaneant. Et qui ex nobis pari suo superstitis fuerit, et per qualecunque instrumentum de suprascripta facultate in cujuslibet persona vel benemeritos nostros munere aliquid contulerimus, in quantum lex permittit, firma stabilitate debeat perdurare. Reliquas vero epistolas vacuas et inannis permaneant.

Et sic nobis pariter convenit; si tu mihi, dulcissima conjux, suprestis fueris, et ad alium maritum quod tibi Deus non permittat, transire volueris, omnem facultatem meam, quod ad usufructu possidere tibi concessimus, vel quod a die præsente deputavimus, et habere potueras, hoc præsentaliter heredes nostri recipiant inter se dividendum.

Itemque ego illa ancilla tua Domine, et jugalis meus ille, in hoc testamentum promptissima voluntate scribere atque perpetua conservatione rogavi, ut si tu, Domine et jugalis meus, mihi suprestis fueris, omni corpore facultate mea, quantumcunque ex successione parentum habere videor, vel in tuo servitio pariter laboravimus, et quod in tertia mea accepi; in integrum, quicquid exinde facere elegeris, aut pro animæ remedium in pauperes dispensare, aut ad vassos nostros vel benemeritis nostris, absque repetitione heredum meorum quod tua decrevit voluntas facienti liberam habeas potestatem. Et post discessum vestrum, quod non fuerit dispensatum, ad legitimos nostros revertatur heredes.

Hanc paginam testamenti et manus nostræ propriæ subscriptionibus, quod ex consuetudine habuimus, subscripsimus, et per personas reliquas studuimus subscriptionibus roborari. Et ut hæc pagina hujus testamenti in disceptatione venire non possit, si quæ lituræ, caraxaturæ, adjectiones, superinditionesve factæ sunt, nos eas fecimus vel facere jussimus, dum testamentum nostrum sæpius recurrimus vel emendavimus. Si quis nostra voluntate resistere aut testamentum nostrum cujuslibet calliditas conatus fuerit casu aliquo refragari, id implorantes divini nominis majestatem obtestamur ut pro nostrorum omnium criminum ac peccatorum obnoxius in die judicii teneatur, expers Ecclesiæ catholicæ communionis et pacis ante tribunal Christi pro violata defuncti voluntate compellatur subire rationem, atque in eum Dominus suam ultionem, quam promisit injustis, cum venerit seculum judicare per ignem, feriatur, et accipiat in conspectu ejus damnationem perpetuam, quam suscepit Judas, traditor Domini. Illud namque intimare volumus, ut si aliquis de heredibus vel proheredibus nostris seu qualibet persona contra hanc testamenti paginam, quam plena et integra voluntate fieri rogavimus, venire aut aliquid pulsare voluerit, inferat contra quem repetit tantum et alium tantum, quantum in hunc testamentum continetur scriptum, et insuper fisco auri libras tantas, argenti tantas, et quod repetit vindicare non valeat.

L.

Epistola cum in loco filiorum nepotes instituuntur ab avo. Marculf. II, 10.— Canc., II, 228.

Dulcissimis nepotibus meis illis ego ille. Quicquid filiis vel nepotibus de facultate pater congnoscitur ordinasse, voluntatem ejus in omnibus lex romana constringit adimplere. Ideoque ego in Dei nomine ille, dum et peccatis meis facientibus genetrix vestra filia mea illa, quod non optaveram, tempore naturæ suæ complente ab hac luce discessit, ego vero pensans consanguinitatis causa, dum et per lege cum ceteris filiis meis avunculis vestris in alode mea succedere minime potueratis, ideo per hanc epistolam vos dulcissimi nepotes mei, volo ut in omni alode mea post meum discessum, si mihi suprestis fueritis, hoc est tam terris, domibus, accolabus, mancipiis, vineis, silvis, campis, pratis, pascuis, aquis, aquarumve decursibus, mobilibus et immobilibus, peculium utriusque sexus majore vel minore, omnique supellectile domus, in quodcunque dici potest, quicquid supradicta genetrix vestra, si mihi superstis fuisset, de alode mea recipere potuerat, vos contra avunculos vestros filios meos præfata portione recipere faciatis, et dum ipsius filiæ meæ genetricæ vestræ, quando eam nuptam tradidi, in aliquid de rebus meis mobilibus, drappos, fabricaturas, vel aliqua mancipia in solidos tantos dedi, vol is hoc in parte vestra supputare contra filiis meis faciatis. Et si amplius vobis insuper de præsidio nostro obvenerit, tunc cum filiis meis articulis vestris portionem vobis ex hoc debitam recipiatis; et quicquid exinde omnia superius conscripta facere volueritis, liberam habeatis in omnibus potestatem. Si quis vero, quod futurum esse non credimus, aliquis de heredibus vel proheredibus meis, vel qualibet persona, contra hanc epistolam venire tentaverit, aut eam infrangere voluerit, inferat vobis tantum et quod repetit nullatenus vindicare valeat, sed præsens epistola omni tempore firma permaneat, cum stipulatione subnixa. Actum illo.

M.

Charta ut filia cum fratribus in paterna succedat alode. Marculf, II, 10. — Canc., II, 229.

Dulcissima filia mea illa, ego ille. Diuturna, sed impia, inter nos consuetudo tenetur, ut de terra paterna sorores cum fratribus portionem non habeant. Sed ego perpendens hanc impietatem, sicut mihi a Deo æqualiter donati estis filii, ita et a me sitis æqualiter diligendi, et de res meas post meum discessum æqualiter gratuletis. Ideoque per hanc epistolam te, dulcissima filia mea, contra germanos tuos filios meos illos in omni hereditate mea æqualem et legitimam esse constituo heredem, ut tam de alode paterna quam de comparatum vel mancipia aut præsidium nostrum vel quodcunque moriens reliquero, æquale lance cum filiis meis germanis tuis dividere vel exæquare debeas, et in nullo penitus portionem minorem quam ipsi non accipias, sed omnia vel ex omnibus inter vos dividere vel exæquare æqualiter debeatis. Si quis vero..... et quod sequitur.

N.

Diplôme de Charlemagne en faveur des Espagnols établis dans la Gothie et la Septimanie. (*Hist. du Lang.*, I, dipl. 16.)

In nomine Patris et Filii et Spiritus sancti. Carolus serenissimus augustus a Deo coronatus, magnus, pacificus imperator, romanum gubernans imperium, qui et per misericordiam Dei rex Francorum et Langobardorum ; Beranæ, Gauscelino, Giselafredo, Odilone, Eremengario, Ademaro, Laibulfo et Erlino comitibus. Notum sit vobis quia isti Ispani de vestra ministeria, Martinus presbyter, Johannes, Quintila, Calepodius, Asinarius, Egla, Stephanus, Rebellis, Ofilo, Aila, Fredemirus, Amabilis, Christianus, Elpericus, Homo-Dei, Jacentus, Esperandei, item Stephanus, Zoleiman, Marchatellus, Theodaldus, Paraparius, Gomis, Castellanus, Ranoidus, Sunicfredus, Amancio, Cazerellus, Longobardus, Zate, Militeis, Odesindus, Walda, Roncariolus, Mauro, Pascalis, Simplicio, Gabinius, Solomo presbyter ad nos venientes, suggesserunt quod multas oppressiones sustineant de parte vestra et juniorum vestrorum. Et dixerunt quod aliqui pagenses fiscum nostrum sibi alter alterius testificant ad eorum proprietatem, et eos exinde expellant contra justitiam, et tollant nostram vestituram quam per triginta annos seu amplius vestiti fuimus, et ipsi per nostrum donitum de eremo per nostram datam licentiam retraxerunt. Dicunt etiam quod aliquas villas quas ipsi laboraverunt, laboratas illis eis abstractas habeatis, et heboranias illis superponatis, et sajones qui per forcia super eos exactant. Quamobrem jussimus Johanne archiepiscopo misso nostro, ut ad dilectum filium nostrum Ludovicum regem veniret, et hanc causam ei per ordinem recitaret. Et mandavimus illi ut tempore opportuno illuc veniens, et vos in ejus præsentiam venientes ordinare faciat, quomodo aut qualiter ipsi Ispani vivere debeant. Propterea has litteras fieri præcepimus atque demandamus, ut neque vos neque juniores vestri memoratos Ispanos nostros qui ad nostram fiduciam de Ispania venientes, per nostram datam licentiam eremia loca sibi ad laboricandum propriserunt, et laboratas habere videntur, nullum censum superponere præsumatis, neque ad proprium facere permittatis ; sed quoadusque illi fideles nobis aut filiis nostris fuerint, quod per triginta annos habuerunt per aprisionem quieti possideant et illi et posteritas eorum, et vos conservare debeatis, et quicquid contra justitiam eis vos aut juniores vestri factum habetis, aut si aliquid eis injuste abstulistis omnia in loco restituere faciatis, siculi gratiam Dei et nostram vultis habere propitiam. Et ut certius credatis, de anulo nostro subter sigillari jussimus. Guidbertus diaconus ad vicem Ercambaldi recognovit. Data IV non. april. anno Christo propitio, imperii nostri XII, regni vero in Francia XLIV, atque XXXVIII in Italia, indictione quinta. Actum Aquisgrani palatio regio. In Dei nomine feliciter. Amen.

(Ann. 812.)

O.

Diplôme de Louis-le-Débonnaire en faveur d'un de ses vassaux appelé Jean.
(*Hist. du Lang.*, t. I, dipl. 25.)

In nomine Domini Dei et Salvatoris nostri Jesu-Christi. Hludovicus divina providentia imperator augustus, omnibus fidelibus sanctæ Dei Ecclesiæ tam nostris præsentibus scilicet et futuris. Notum sit qualiter quidam homo fidelis noster nomine Johannes veniens in nostra præsentia, quæ in manibus se commendavit et petivit nobis sua aprisione quicquid genitor noster ei concesserat ac nos, et quicquid ille occupatum habebat aut aprisione fecerat, vel deinceps occupare aut prendere potebat, sive filii sui, cum homines eorum, et ostendit nobis exinde auctoritate quod genitor noster ei fecit. Nos vero alia ei facere jussimus, sive amelioravimus, et concedimus eidem fideli nostro Johanne in pago Narbonense villare Fontes et villare Cellacarbonilis cum illorum terminos et pertinencias cultum et incultum ab integre, et quantum ille in villa Ponte-Joncosa, vel in suos terminos, sive in aliis locis, vel villis suæ villares occupavit, sive aprisionem fecit una cum suis hominibus, vel deinceps facere poterit, tam ille quam filii sui; omnia per nostrum donitum habeant ille et filii sui, et posteritas illorum absque ullum censum vel alicujus inquietudine. Et nullus comes, nec vicarius, nec juniores eorum, nec ullus judex publicus, illorum homines qui super illorum aprisione habitant, aut nullorum proprio distringere, nec judicare præsumant : sed Johannes et filii sui et posteritas illorum illi eos judicent et distringant, et quicquid per legem judicaverint, stabilis permaneat, et si extra legem fuerint, per legem emendent. Et hæc auctoritas nostra firma permaneat, dum ille et filii sui et posteritas illorum ad nos et ad filios nostros, aut ad posteritate illorum fideles extiterint. Et ut credatis, de anulo nostro impressione signari jussimus. Durandus diaconus ad vicem Helisachar recognovit. Data kal. januarias anno Christo propitio I, imperii domni Hluodovici piissimi augusti, indict. VIII. Actum Aquisgrani palatio regio, in Dei nomine feliciter. Amen.

(Anu. 815.)

P.

Diplôme de Louis-le-Débonnaire en faveur de l'abbaye d'Aniane. (*Hist. du Lang.*, I, dip. 39.)

In nomine Dei et Salvatoris nostri Jehsu-Christi. Hludovicus divina ordinante providentia imperator augustus, omnibus comitibus, vicariis, centenariis, sive ceteris judicibus nostris partibus Provinciæ, Septimaniæ, et Aquitaniæ consistentibus. Notum vobis sit, quia, in venerabilis Tructesindus abba monasterii Anianensis, suggessit nobis atque indicavit, quod homines vel famuli memorati monasterii per diversa consistentes in ministeriis nostris, multa prejudicia et infestationes patiuntur tam a junioribus vestris, quam ab aliis hominibus ; et non possunt habere defensionem per preceptum immunitatis, quod nos eidem monasterio propter Dei amorem et nostram elemosinam concessimus, eo quod vos sive juniores vestri dicatis, non plus immunitatis nomen complecti quam claustrum monasterii : cetera omnia, quamvis ad ipsum monasterium pertinentia, extra immunitatem esse. Propter hoc volumus, ut intelligatis non solum ad claustrum monasterii, vel ecclesias, atque atria ecclesiarum immunitatis nomen pertinere ; verum etiam domos, et villas, et septa villarum, et piscatoria manufacta, vel quicquid fossis vel sepibus aut alio clusarum genere precingitur, eodem immunitatis nomine contineri ; et quicquid intra hujusmodi munimenta ad jus cujuslibet monasterii pertinentia, a quolibet homine nocendi vel damnum inferendi causa, spontanea voluntate committitur, in hoc facto, immunitas fracta esse judicatur. Quod vero in agro, vel campo, aut silva, que nulla munitione cinguntur, casu, sicut fieri solet, a quibuslibet hominibus commissum fuerit, quamvis idem ager, vel campus, aut silva, ad ecclesiam preceptum immunitatis habentem, pertineat, non tamen in hoc immunitas fracta judicanda est. Et ideo non sexcentorum solidorum compositione, sed secundum legem que in eo loco tenetur, multandus est, is qui fraudem vel damnum in tali loco convictus fuerit fecisse. Precipimus tamen vobis, ut vos ipsi caveatis et observetis, quam juniores et ministeriales vestri, ut homines ao famuli memorati monasterii, in omnibus locis ad vestra ministeria pertinentibus pacem habeant, et eis liceat cum securitate memorato monasterio deservire, tam in privatis quam in publicis et communibus locis. Nec ullus vestrum vel juniorum vestrorum ulterius audeat dispoliare, et vel in fluminibus vel in plaga maris piscantes, vel in aliis locis, ad predictum monasterium pertinentibus, diversas utilitatem et servitia facientes, infestare vel inquietare, aut a debito injuncto sibi servitio prohibere, vel aliquid contra legem et justitiam facere. Quia si ulterius ad nostras aures fuerit perlatum, et verum inventum, temeritatem nostri mandati, condigna suis factis vindicta, coercere decrevimus. Propterea precipimus atque jubemus, ut taliter exinde agatis, qualiter gratiam nostram vultis habere propitiam; et ut certius hanc nostram jussionem esse credatis, de anulo nostro subter jussimus sigillari. Data XIV kalendas aprilis anno, Christo propitio, nono imperii Hludovici piissimi augusti, indictionne XV. Actum Aquisgrani palatio. J. D. N. F. A.

(Ann. 822.)

Q.

Plaid général tenu à Crespan sous Uldaric, marquis de Gothie. (*Hist. du Lang.*, I, dipl. 76.)

Cum in Dei nomine resideret vir venerabilis Udalricus commes in villa Crispiano in territorio Narbonense, pro multorum hominum altercassiones juxta hac recta judicia terminanda, una cum Artaldo, Stephano, et Teuderedo vassi dominici; Alaricho et Franchone uterque vicedomini, seu etiam et judices, qui jussi sunt causas dirimere et legibus definire, id est Hulteredus, Teudefredus, Teuriscus, Senderedus, Ermeldus, Aprolinus, et Bidegisus saione, seu et bonorum hominum præsentia, id est, Sisefredus, Bera, Baldomare, Bellone, Remesario, Ermericho et Alaricho, quos causa fecit esse præsentes. Ibique in eorum præsentia veniens Ramnus qui est mandatarius Gondesalvio abbate de monasterii Chaunense, et interpellavit Odilone pro silva, quam vocant Spinasaria, pro terras cultas hac incultas, ubi et domnos constructos abet, dicens : Juvete me audire. Iste prædictus Odilo

prendidit ipsas res de potestate Gondesalvio abbate injuste, malum ordine, suam præsumsione, absque judicio, dum ipse abba recte jure hoc abuisset. Ad tunc nos commis, vassi dominici, hac judices interrogavimus Odilone, quid ad hæc respondere vellet. Ille vero in suis responsis dicxit : Manifeste rerum est quod ipsas res ego retineo, set non injuste, quia de eremo eas tracxi in aprisione. Ad tunc ipse Ramnus asserens dicxit : Ego per testimonia, et per præceptum et per judicium provare possum ipsas res ad partibus abbati Gondesalvio. Unde Ramnus ad tunc hora præceptum imperiale et judicium ad relegendum ostendit. Sed dum relectus fuisset, invenimus veritate Gondisalvio abbate. Nam ipse commis jussit suos, id est Ato, Gentaredus, Gulteredo et Erermello, ut super ipsas res venissent, et rei veritati vidissent, si erant ipsas infra manitate monasterii Gondesalvio, an non. Ita sicut et fecerunt reversi in ejus vel eorum judicio pariter dixerunt : Nos vidimus et invenimus, quod ipsas res infra signa procxoria vel termines ipsas res sunt vel subjacent à partibus monasterii Gondesalvio. Ad tunc nos supradicti interrogavimus Odilone, si potebat habere aliam scripturam, aut ullum indicium veritati, aut per testimonia ut ipsas res ad partibus suis vindicare valuisset. Ad tunc ipse Odilo se recognobit vel exvacuabit, quia de ipsas res superius dictas, quæ sunt in territorio Narbonense, suburbio Ventslenense, ego eas prendidi injuste mea propria præsumsione absque judicio de potestate Gondesalvio abbati, dum ipse jure suo legibus retinuisset, quando suam recognitione simul et exvacuasione scripti fecit. Cum nos vidissemus suam recognitione et vacuasione, per quam sivimus in lege Gotorum, ubi apertius invenimus in libro octabo, titulo primo, era V, ubi dicit : « Nullus commis, vicarius, præpositus,
» auctor aut procurator quislivet injenuus, atque etiam serbus,
» rem ab alio possidentem post nomine regiæ potestatis vel do-
» minorum suorum aut suum usurpare præsumat ante judicium
» quod (finem) expectat discussione, id quod ab alio possidetur,
» aut juris alterius esse dignoscitur, invaserit; omnem quod abstu-
» lit et præsumsiosus invasit, in duplum ei restituat, de cujus
» jure visus est abstulisse, hac singulorum annorum fruges quas
» inde fideliter collegit, juraverit petitori compellatur exsolvere. »
Dum nos commis, vassi dominici, hac judices vidissemus talem

rei veritati et Ramnone mandatario Gondesalvio abbati, suamque
patuisset justitia, hordinavimus vel crebimus judicio, ut Bidegisus
saione nostrum ut super ipsas res venisset, et Odilone exinde
exigere fecisset, et secundum legem ipso Ramnone ab omni integritate revestire fecisset à partibus Gondesalvio abbate, sicut et
fecit. Gaudeat se Ramnus in nostrorum judicio suaque præcepis-
set justitia. Dato et confirmato judicio, quarto idus septembris,
anno XIII, regnante domno nostro Karolo rege. Golteredus subscripsi, Steffanus subscripsi, Sendefredus subscripsi, Ermenfre-
dus subscripsi, Teudfredus subscripsi, Teuriscus subscripsi.

(Ann. 852.)

Plaid tenu à Narbonne par les lieutenans d'Humfrid, marquis de Gothie.
(Ibid.; dipl. 88.)

In judicio Imberto misso Ananfredo comite, seu Adaulfo judices, qui missi sunt causas dirimere, legibus definire; hique
Adefonsus, Menfredus, Teudefredus, Teuvriscus, Adroarius,
Bexedemo, Fortes, et Feveresas judiciarii; sive in presentia
Haccori, Ebarico, Salomon, Eliane, Friderico, Refredo, Rani-
miro, Enuecone, Adimiro, Adibaro, Gudmo, Gomesindo, Adi-
lone, et aliorum multorum bonorum hominum, qui cum ipsis
ibidem residebant in mallo publico in Narbona civitate, per multorum ominum altercationes audiendas, et negotiis causarum
dirimendis, vel rectis et justis judiciis finiendis. Ibique in supradictorum judicio veniens homo, nomine Richimirus, qui est mandatarius de Richimiro abbate et de congregatione Sancti-Joannis,
qui situs est in territorio Carcassense juxta fluvium Duramno,
dicens : Facite me justitia de isto Duvigildo..... casas petit neas
cum curte, cum exitia et regressia earum, sive et terra, sive et
vinea qui est in territorio Narbonense, in villa Stariano, vel infra
ejus terminos, quod debet esse de jam dicto monasterio, vel de
Richimiro abbate et de ejus congregatione, cui ego mandatarius
sum, quod Petrus et uxor sua tradiderunt, nomine Warnetrudes,
per ipsam scripturam qui in isto judicium conditionis est inserta;
et habuit ipsa casa Dei et ejus congregatio, inter Wilafredo et
isto Richimiro abbatibus legitimam vestituram, seu et amplius
iste Duvigildus hoc invasit de illorum potestate malum ordinem

injuste infra istos duos annos, et exblatas it hoc injuste. Nos missi judices, interrogavimus Duvigildo, quid respondes ad hæc de hac causa. Duvigildus in suo responso dixit: ipsas casas pelincas cum curte, exitia, et regrecia earum, sive et terra, sive et vinea ego retineo : sed non malum ordinem nec injuste, quia ego exinde scripturam emptionis habeo, exactorem nomine Petrone, qui ipsas res in legalios autorisare debet. Tunc nos missi et judices ordinavimus Hictore misso nostro, ut ad Duvigildo fidiuxorem tollere faciat, ut se præsentare faciat una cum sua scriptura et suos auctores nomine Petrone, vel uxori suæ, in villa Pegano quæ vocatur Caput-Stanio, in placido ante judices in dies quindecim, et ad Richimiro mandatario similiter de sua præsentia : etsi minime fecerint, unusquisque solidos decem, et quidquid ibidem ad judices legibus factum fuerit de hac causa sic consistat..... vero venientes ad placidum constitutum in dies quindecim, in villa Pegano quæ vocatur Caput-Stanio Duvigildus cum sua scriptura et suum auctorem nomine Petrone, et Richimirus mandatarius de sua presentia una cum sua scriptura, ante Wandurico misso Imberto qui est missus Anafredo comite, seu et Adaulfo, et judices : id est Menfredus, Teuvriseus, Adalbertus, Wilmundo, et aliis plures bonis hominibus qui cum ipsis in ipso judicio residebant; ibique cum supradictorum judicio presentavit Duvigildus suam scripturam et suum auctorem, nomine Petrone, qui ipsius res et legibus autoricare debeat, sicut ille et fidiuxorem datum habebat. Et cum nos judices ipsam scripturam de Duvigildo ante nos legere ordinaremus, sic in eam scriptum invenimus : quomodo Peter eam fecit et uxor sua Aldana de supradictas res, et firmaverunt et testes firmare rogaverunt. Post hæc interrogavimus Petrone, si velis autoricare ipsas res ad jam dicto Duvigildo; Peter dixit : ipsam scripturam ego feci ad jam dicto Duvigildo, et firmavi et testes firmare rogavi; sed ego eam legibus autoricare non possum, non hodie, non nulloque tempore, quia ego et uxor mea Wasnetrudes antea tradidimus ipsas res per scripturam donationis ad jam dictam domum Dei, unde iste Richimirus mandatarius, quam ad isto Duvigildo. Richimirus presens stetit quod dixit : Ecce judicium vel relatum ubi ipsa scriptura est infra; quomodo iste Peter et uxor sua Wasnetrudes tradiderunt ad jam dictum monasterium in honore sancti Joannis, vel ejus congregatione, cui mandatarius ego, ipsas res superius scriptas, et habuerunt hoc per hos triginta annos seu amplius per legitimam vestituram, usquequo iste Duvigildus eas prendidit de illorum potestatem. Et cum nos judices ordinaremus ipsum judicium relatum ante nos relegere, sic invenimus eum verum et legibus factum, et ipsa scriptura qui ibidem est infra de supradictas res terminum legis conclusum habebat, et vidimus cum testes juratum et firmatum de judices legibus roboratum. Post hæc interrogavimus Petrone; quid vis dicere contra istum judicium ubi ipsa scriptura est inserta, si est verus aut legibus factus, aut non? Peter dixit : in omnibus verus est et legibus factus, sicut ibidem insertum habet; et nullam infamiam contra eum dicere non possum, nulloque tempore. At vero nos judices cum vidissemus quod Peter sic professus fuit ante nos, et sic ipsam scripturam collaudavit; sic ordinavimus eum, ut suam recognitionem exinde scriptis fecisset, sicut et fecit, ubi dicit : Recognosco me ego homo, nomine Peter, in vestrorum judicio ad petitionem de isto homine nomine Richimiro, qui est mandatarius Richimiro abbate et de congregatione Sancti-Joannis monasterii, qui situs est in territorio Carcassense juxta fluvium Duranno; deinde unde nos judices me interrogastis, iste relatus quod iste Richimirus mandatarius ostendit ante vos ad relegendum, ubi ipsa scriptura est inserta de casas, terra et vinea qui sunt infra terminos de villa Staciano, territorio Narbonense, quod ego tradidi cum uxore mea Warnetrude ad jam dicto monasterio, si est verus aut legibus factus, aut non! Taliter vere me recognosco ego jam dictus Peter, quia ipsa scriptura qui in ipsum relatum est inserta, ego eam feci autoricare mea jam dicta de supradictas res, et firmavimus et testes firmare rogavimus : et tradidi ego ipsas res per ipsam scripturam ad ipsam domum Dei, sicut in ipsum relatum insertum est; et iste relatus, vel judices, vel qui in eum ibidem insertum habet, in omnibus verus est, et legibus factus, et nullam infamiam contra eum dicere possum, nec hodie, nec nulloque tempore, et vera est mea recognitio. Cum nos judices vidissemus quod Peter sic collaudavit ipsam scripturam, quod fecit et tradidit ad ipsam domum Dei, sic interrogavimus Duvigildo, si potebat habere ullam scripturam aut aliam rem unde ipsas res partibus suis indicare debeat. Duvigildus dixit : non possum nec hodie, nec ulloque tempore nisi illa scriptura quam non est legibus facta. Et tunc nos judices ordinavimus Duvigildo, ut eam excidere fecisset, sicut et fecit, et suam recognitionem exinde scriptis fecisset sicut et fecit; ubi dicit : Recognosco me ego homo, nomine Duvigildus, in vestrorum judicio.... de isto Richimiro qui est mandatarius Richimiro abbate, et de congregatione Sancti-Joannis monasterii qui situs est in territorio Carcassense super fluvium Duranno, de id unde ille repetit per casas, curtes, terra et vinea qui est in villa Staciano, territorio Narbonense, unde ego auctorem debui dare in vestrorum judicio; sed minime hoc feci, quia taliter in hoc legibus autoricasset : unde vos judices me interrogastis, si habeo exinde auctores, vel aliam ullam scripturam unde ipsas res superius scriptas partibus meis legibus indicare debeam. Taliter vero me recognosco ego jam dictus Duvigildus, quia de ipsas res superius scriptas non habeo nec habere possum, non scriptum, nec auctores, nec nullum judicium veritatis; pro quibus ipsas res superius scriptas partibus meis legibus indicare debeam, nec hodie, nec nulloque tempore, nisi ista scriptura quod ego in vestrorum judicio abscidi, quia non est legibus facta, quia antea fecit istas scripturas, et tradidit ad ipsam domum Dei quam ad me.

Et tunc nos judices cum vidissemus tales recognitiones de Petrone, et de Duvigildo factas et firmatas, et de judices legibus roboratas, sic perquisivimus in lege Gothorum, in libro quinto, titulo quarto, era octava, ubi dicit : *De his qui aliena vendere, vel donare præsumpserint. Quoties de vendita vel donata re contentio commovebitur, id est si aliena fortasse vendere vel donare quemcumque constitit, nullum emptori præjudicio fieri poterit; sed ille qui alienam fortasse rem vendere vel donare præsumpsit, duplam se domino cogatur exolvere. Emptori tamen quod accepit pretium petitque; et pœnam quam scriptura continet impleturus; et quidquid in profectu comparatæ rei emptor, vel quod donatum acceperit, studio suæ utilitatis adjecerat, à locorum judicibus examinetur, atque ei qui laborare cognoscitur, a venditore vel a donatore juris alieni, satisfactio justa reddatur.....* tactis sacrosanctis..... quomodo nos missus et judices cum vidissemus tales recognitiones factas et firmatas de supradictos omnes, et de judices legibus roboratas, et talem rei veritatem de Richimiro abbate, et talem legum auctoritatis; tunc decrevimus judicium per Gothorum legem, et ordinavimus Randrico misso nostro, ut super ipsas res venire faciat, et de furtibus Petrone eficat, et partibus Richimiro mandatario Richimiro abbate jure revestire faciat. Sic lex Gothorum continet, et in hac judicia insertum habet. Dato et confirmato judicio, decimo quarto calendas decembris, anno vigesimo tertio, regnante Carolo rege. S. Adefonsus, S. Menfredus, S. Leudefredus, Teudemirus qui hunc judicium scripsi, una cum litteras superpositas, sub die et anno quo supra.

(Ann. 862.)

Jugement rendu en faveur de l'abbaye de Saint-Tiberi dans un plaid ou assemblée tenue à Narbonne. (*ibid.* t. I, dipl. 80.)

Cum in Dei nomine resideret Bernardus comes marchio, missus serenissimo domno nostro Karolo rege, in Narbona civitate pro multorum altercationes audiendas, et negotia causarum dirimenda, et recta ac judicia ordinanda, una et cum Leopardo et Adalberto vasos domenicos, seu et judices Teudefredo, Theriscone, Medemane, Odolrico, Argefrido, et Comparato saione; etiam et in præsentia Addrulfo, Vuitardo, Recamberto, Ilderico, Proroando, Andrico, Odilone, Austringo, et præsentia aliorum plurium bonorum hominum, quos causa fecit esse præsentes, veniens Bonesindus abbas ex monasterio Sancti-Tiberii, cui vocabulum est Cesarion, una et cum ejus congregatione, et se querelavit et proclamavit, et dixit : Audite me querelantem et proclamantem, eo quod abbatia Sancti-Velosiani cum ecclesias, et vineas, et terras, et omnibus appendiciis suis, et fiscum nostrum qui etiam vocatur Homegianus, quem Karolus rex perenniter contulit ad jam dicto monasterio Sancti-Tiberii per istos præceptos, quem ego hic in vestra ostendo præsentia ad relegendum. Et sic dumque nos ipsam abbatiam vel fiscum supradictos retinuissemus, vel antecessores mei quiete retinuerunt pro partibus Sancti-Tiberii in Cesarione monasterii, ubi sacrum corpus requiescit; sic venit Ato, et sic ad ipso monasterio vel ejus congregatione abstulit sua fortia injuste. Tunc nos missus et vasi domenici et supradicti judices ordinavimus ipsos præceptos ante nos relegere. Sed cum ipsi præcepti ante nos relecti fuissent, sic in unum præceptum insertum invenimus, quomodo Karolus rex dedit ipsam abbatiam cum ipsas ecclesias, et vineis et terris, et omnibus appendiciis cum omni integritate ; et illi placuit conferre Deo, sanctoque Tiberio : et ibi invenimus quod est ipsa abbatia in pago Tolosano, suburbio Savartense. Et in alium præceptum invenimus, quomodo ipse jam dictus domnus noster Karolus rex dedit fiscum, qui vocatur Homegianus, ad prædicto monasterio sancti Tiberii, qui vocatur Cesarion, ab integre ; et est ipsa abbatia supradicta in supradicto territorio Tolosano, suburbio Savartense, super fluvium Arega : et est ibi constructa ecclesia in honore sancti Velosiani martyris : ipsum autem fiscum suprascriptum est situm in territorio Biterrense, in suburbio Caprariense : et cum consilio Vinfridi marchionis hoc dedit ad prædicto monasterio, vel Adrebaldo abbati, vel sanctis fratribus monachis loci illius monasterii Cesarionis, ubi S. Tiberius quiescit ; cum omnibus sibi pertinentibus, in integro, perpetuis temporibus, sine ullius hominis inquietudine. Et in unum præceptum invenimus in ipso datarum anno decimo quod Karolus rex regnabat, quod factus fuerat in Albia civitate. Et in alio de fisco, quod fuit datum anno nono-decimo quod Karolus rex regnabat, quod factus fuerat in Pontiano palatio : et ibi invenimus, quod Karolus rex manibus suis et firmavit, et sigillare jussit. Cum nos vero missus et judices vidissemus et audissemus ante nos Bonesindum abbatem cum sua congregatione, et vidissemus illorum præceptos, et cognoscentes illorum veritat: ; ordinavimus Leopardo vaso dominico misso nostro, ut super ipsas res venire fecisset, et sic ipso abbati de prædicto monasterio, vel ejus congregationi reddidisset monasterium Sancti-Velosiani cum ecclesias, terris, et, vineis, et omne appendiciis, et ipso fiscum Homegiano in integro, sicut ipsi præcepti resonant, ad eos traderet atque revestire fecisset. Et sic ipse Leopardus venit, sicut ordinatus fuit, in comitatu Tolosano, cum Adalberto, Teudfredo, Teriscone, Ildimiro, Arsulfo, et Isimberto judices, et præsentia Giselafredi, Tanebne, Walarico, Bellone, Teudesindo, Audesindo, Eldebrando, Bonavidane : et sicut per ipsum fuit ordinatum, eos revestivit, atque tradidit ad partibus prædicti monasterii S.-Tiberii in integro, sicut illorum præcepti resonant, sic ipse missi monachos ipsius abbati Bonesindi, nomine Ansimiro, Vulberto, Aimirico, tradidit sicut illorum præcepti resonant. His præsentibus actum fuit et traditum. Data et facta traditione idus Junius, anno XXX regnante Karolo rege, indictione XV. Signum Antoninus, Atonius, Tedriseus, Letarius, Teudisclus, Salomon, Olibe, Isimbertus. Parasethadus scripsit.

(Ann. 862.)

R.

Plaid ou assemblée tenue à Albi par Raymond, comte de la même ville.
(*Hist. du Lang.*, I, dipl. 109.)

Notitia quorum roborationis vel signacula eorum qui subtus tenentur inserti, qualiter venerunt aliqui homines his nominibus: Segarius et Alidulfus, necnon et Hictarius seu et Ingilbaldus, videlicet ex alia parte Karissima abbatissa ex regula S. Saturnini monasterii Ruthenensis civitate degenti, nam et Fulerada Deo devota, et ab utraque parte venerunt die Jovis foras Albia civitate, in ecclesia Sancti-Affricani, in mallo publico, in præsentia Reymundo comite, et civiles judices qui ibidem aderant, quorum nomina qui subtus firmaverunt in eorum præsentia, ab utraque parte inter se contentiones habebant, pro Rodonda-Vabro, mansis, terris, vineis, cum ecclesiis quæ ibidem sunt fundatæ; quidquid ad ipsam curtem aspicere dinoscitur, de quantumcumque Vudaldo et uxore sua Ingelbergane, qui quondam fuerunt, debita fuit possessio. Dicebat Segarius et Hictarius nam et Ingibaldus, quod scriptos conligatos super Fuleradane Deo devota, et super Karissima..... abbatissa, scriptos judicios notitias et jectivas perennis temporibus confirmatas haberent, pro quas volebant ipsos alodes, mansos, terras, vel vineas legibus adquirere. Dum eos intendentes et inter se altercantes, guirpivit supra nominata Karissima, suam qui dicebat et monacham Fuleradam nomine, et cartulam quam pro ipsam curtem manu tenebat Fuleradane manibus reddidit, et per omnia dixit quod ipsas res nolebat tenere, neque contentionem pro hoc ipsa habere Fulerada: namque suam cartam videntibus cunctis recipiens, cum suis contra-causatis in rationem intravit, et inter se contendentes consenserunt ipsi judices, una per voluntatem ipsius comitis et arbitrium judicum, ut inter se pagum fecissent, quod ita et fecerunt : ita ut obtineat Fulcrada, de Rodunda-Vaber, priorem illam hæreditatem in capite, quam Gisbulgis cum Vualdo jugale suo adquisierat, illam medietatem et reliqua. Cetera vero omnem illam medietatem, de quantumcumque in Rodunda-Vabro vel omnibus ibi pertinentibus, quæ Vualdus et uxor sua Ingilberga, qui ante fuit, illam aliam medietatem similiter Fulcrada obtineat, et illas duas ecclesias dominicarias, cum pratis et vineis quæ inter eos complacuit, cum illorum adjacentiis, ut donet Fulcrada contraria pro ipsas res in ipsa hæreditatem, et in ipso alce tantum de alia terra, quantum et hæreditate illa ibi illi advenit pro ipsas res jam dictas, quod ita per omnia adimplevit. De illas vero vineas et malliolos, quos jam dictos Fulcrada hedificavit super ipsum territorium, à suis partibus in integrum obtineat, et donet ad jam dictos hæredes alium tantum terra in contra, quantum eo die et ipsis vineis et malliolis ipsis advenire debuisset. Illud autem quod superfluum est, mansos et omnia quæ superius sonat, inter se dividat, sicut superius jam dictum est, quod ita et fecit. Deinde Segarius et Hictarius, seu et Ingilbaldus unanimiter guirpierunt; Segarius de hoc quod per hæreditatem Godilane uxori suæ interpellaverat, et Hictarius et Ingilbaldus de illorum partibus in contra Fulcradane, omnes plantos quos inter eos de Rodunda-Vadro causa orta fuerat. Segarius vero talem fecit fidem de partem uxori suæ et sua, vel de parte Petroni suum hæredem, ut si post hunc diem exinde contra Fulcradane aut suis successoribus pro ipsas res ulla repetitione removebat, Segarius suam legem componat, et in antea ipse et uxor sua, seu et Petrus idem simul se taceant. Hictarius similiter fidem fecit vinculo legis suæ, et Ingilbaldus secundum legem suam fidem fecit, quod in contra Fulcradane aut suis successoribus de ipsa causa reparare non se præsumant. Unde Segarius in contra Fulcradane fidejussorem talem dedit, de parte Godilane uxore sua, Leoni nomine, ut si Fulcrada notitiam inde ostendebat, et eam Segarius pro parte suæ uxori firmare nolebat, Leo suam legem componeret, et Segario ad hoc permittat; ut ipsam notitiam ei firmare faciat. Simili modo Hictarius pro ipsam notitiam ei firmare faciat. Simili modo Hictarius pro ipsam notitiam fidejussorem alium opposuit, Deotimio nomine, ut eam Hictarius firmare non renuat ; et si hoc facere noluerit, Deotimius suam legem componat, et in antea ipsam notitiam Hictario firmare faciat. Iterum vero Ingilbaldus alium fidejussorem de sua parte dedit, Rostagno nomine ut si Ingilbaldus ipsam notitiam non firmabat, Rostagnus suam legem componat, et ipsam notitiam Ingilbaldo firmare faciat. Ita vero de hac prædicta causa aliquis homo Alidulfus nomine illorum..... fidem talem fecit, sua fistuca jactante in contra Fulcradane, ut ipsam notitiam suam manibus firmare fratri suo Vualdo faciat, et ut ipse Alidulfus eam manibus firmet, et si hoc facere contempnunt, suam Alidulfus legem componat, et fratri suo Vualdo eam firmare faciat, et ipse Alidulfus manibus eam firmet, et hanc convenientiam stare et adimplere faciat. Unde jam dictus Alidulfus duos fidejussores ipsius Fulcradane dedit, Segario et Hictario, ut post hunc diem neque Alidulfus, neque frater suus Vualdus, de quantumcumque de Rodunda-Vabro Fulcrada a sua parte recepit, ut nulla inquietudine removere non præsumat ; et si quis ullus ex ipsis hoc fecerit, Segarius et Hictarius, unusquisque legem suam componat, et postea in antea ipsas fides factas adimplere faciat. Et illut illis inserere placuit, qui si fuerit ipsi aut ullus hæredum, ac pro hæredum vel illorum successoribus de hac causa ulloque tempore causa calumpniæ removebat, auri libram componat, et quod repetit vindicare non valeat; sed hæc notitia stabilis et firma permaneat cum omni firmitate adnixa. Unde pro hac causa necesse fuit Fulcradane, ut inde notitiam bonorum hominum in testimonium colligeret, quorum præsentibus actum fuit, sub die Jovis in mense augusto, Albiæ civitate mallo publico, in præsentia Raymundo comite, anno primo regnante Ludovico rege post obitum Karoli imperatoris. S. Segarius, S. Alidulfus, S. Vualdo, S. Hictario, S. Ingilbaldo, S. Teuberto, S. Garrigus, S. Radulfo, S. Rodaldo, S. Guilabert auditor, S. Didimo, S. Teudomo, S. Adalberto, S. Garifredus, S. Bernardo, S. Benamen, S. Alibranno, S. Ehroinus rogatus scripsit, dictante Teudino cancellario.

(Ann. 818.)

S.

Plaid tenu à Ausonne dans le diocèse de Carcassonne. (*Hist. du Lang.* II, dipl. 42.)

Cum in Dei nomine resideret Aridemandus episcopus sedis Tolosæ civitatis, cum viro venerabili Bernardo qui est missus advocatus Raymundo comite Tolosæ civitatis et marchio, per consensu Odone comite genitore suo, una cum abbatibus presbyteris, judices, scaphinos et ragimburgos, tam Gotos quam Romanos seu etiam et Salicos, qui jussis causam audire, dirimere, et legibus definire; id est Donadeus monachus, Bellus monachus, Amelius monachus, Adalbertus, Jodolenus, Donatus, Rumaldus, item Donatus judices Romanorum. Eudegarius, Alcobrandus, Radulphus, Hugo, judici Gothorum. Oliba, Rotgarius, Aimenradus, Johannes, Aimo, Arloinus, Arimares, Allenus judices Salicorum. Sive et in præsentia Autario, Adalardo, Olibano, Arnulfo, Ugberto, Hugone, Gairaldo, Ossendo, Bellone, Baldefredo, Ischafredo, Malaiguaco, Segebrando, Ariberto, Sanproguano, Bonemiro, Ostaldo, Salvardo sagione, et aliorum plurimorum bonorum hominum qui cum eos residebant in mallo publico, in castro Ausona, in die sabbato. Ibique in eorum præsentia veniens homo nomine Adalbertus, qui est mandatarius vel adcertor advocatus Bernardo vicario seniori suo, dicebat : Domne episcope et vos judices jubete me audire et facite mihi justitiam de iste Arifonso abbate S.-Johannis-Baptistæ-Castri-Malaste, quæ est situs in territorio Carcassense super fluvium Duranno. Iste jam dictus abbas et ipsa congregatio de jam dicto loco venerabile, retinent vilare cujus vocabulum est Villa-Fedosi quæ alium nomen vocatur Elsen, cum terminis et limitibus et adjacentiis suis, qui est situs in territorio Ausonense in suburbio Carcassense. Fines vel adjacentias habet ipse jam dictus vilares : de parte orientis adjacit a terminio de Ramiano; de meridie adjacit in fluvio Fiscanum, sive a terminio de Sancta-Eulalia ; de parte cercii, adjacit a terminio de Sancta-Eulalia, sive a terminio de Villa-Valleriani, sive a terminio de Canevellos ; et de parte aquilonis adjacet a terminio de Canevellos : de quantum in istas totas affrontationes abet ipse villare constructo cum terminibus limitibus et adjacentiis suis, sic retinet iste jam dictus abba injuste et malum ordine; unde servicius debet exire circa et quarta et cavalcata, sicut alii Spanii debent facere de illorum aprisione. Tunc interrogaverunt ipsi judices supranominati jam dicto abbate : qui repondere vellis de hac causa unde iste mandatarius Beruardo te interpellat. Tunc ipse abbas præsens stetit et dixit : Ego mandatario abeo qui pro me respondere debet, et dedit ibi suum mandatarium vel adsertorem, advocatum nomine Soniarium ; et Soniarius ibi præsens stetit et dixit : non retinet iste abbas nec ista congregatio jam dicta, cui ego vocem prosequor, ipsum villarem supra nominatum injuste et malum ordine ; sed legibus cum acquisierunt antecessores sui per scripturas emitionis legalibus factus, et per judiciis legibus ordinatis, qui fuerunt decreti in civitate Carcassona ante Olibane comite, et ante Fredario vicecomite, sive ante aliis viris et bonis hominibus, et præceptum habet ipsa congregatio, ex regla auctoritate, quod adquisivit Ugbertus, qui fuit quondam, ante Odone rege de jam dicto villare, et littera seu auctoritate habet ipsa congregatio vel alium præceptum quod acquisivit Rainulfus abba, qui fuit condam, Carlo gloriosissimo rege, et privilegium iste jam dictus Arifonsus abba qui me mandatarium injunxit, et litteras dominicas de Romam et de beato Joanne papa sedis apostolicæ sancti Petri, qui est mater omnium ecclesiarum, per quod nullum obsequium nec nullum servitium non debent facere de jam dicto villare nec de suum terminium : sed omnia hæc in alimonia pauperum et in stipendia monachorum. Cum autem ipse episcopus supranominatus, et ipse judices audissent Soniario mandatarium Arifonso abbate sic respondentem, decreverunt judicium ; et ordinaverunt Soniario mandatarium ut aramiret suas scripturas et litteras dominicas, quod ille ibidem postulavit, sicut et fecit, et aramivit eas ad placitum constitutum.

Iterum ad ipsum placitum constitutum venit Arifonsus abba et advocatus Seniarius cum suas auctoritates in presentia de jam dicto episcopo, et de supranominato vicario, et in presentia de jam dictos judices vel auditores, et sic presentavit ipsos præceptos et ipsum privilegium, et judicios et auctoritates de supranominato vilare, unde alodes legitimum debet esse de jam dicta casa-Dei et de ipsa congregatione superius nominata. Rursum vero nos episcopus et judices superius nominati cum audissemus et vidissemus talem rei veritatis et tale legum auctoritatis, interrogavimus Adalberto mandatario de jam dicto Bernardo vicario misso Raymundo comite, si potebat habere scripturas aut testes aut ullum judicium veritatis, ut possit approbare quod beneficius debet esse de seniore suo Bernardo per donativum vel consensu de jam dicto comite Raymundo, quam alodes de ipse venerabile loco superius nominato. Tunc ipse Adalbertus dixit : quia non possum habere testes nec scripturas nec ullum judicium veritatis, unde dicere nec probare possim quod beneficius debeat esse seniori meo qui me mandatarium injunxit, sed plus debet esse alodes legitimus de ipse venerabile loco jam dicto, per istas scripturas et per istas litteras dominicas, et per istas regias auctoritates quæ nos hodie vidimus et audivimus in istum placitum legentes et relegentes, quam beneficius seniori meo aut de quolibet homine... nos episcopus et judices cum audivimus et vidimus tales regias auctoritates ad istum mandatario Arifonso abbate, non fuimus ausi nullam querelam litteris contra eum impendere ; sed per lege et justitia ordinavimus sagionem nostrum supra nominatum, et astringere fecisset Adalberto mandatario Bernardo, ut confirmasset suam conlaudatium adque exvacuatione de ipse supra nominato villare, vel de suum terminum. Recognosco me ego Adalbertus mandatarius, quod negare non possum, et sic facio meam professioue adque exvaguatione, quæ de ipse vilare superius nominatum, unde ego per vocem seniori meo interpellavi. Soniario mandatarium Arifonso abbate, injuste et malum ordine cum interpellavit adque mallavit, que plus debet esse ipse villares cum finis et terminis suis, sicut scriptum est, alodes legitimum de ista jam dicta casa-Dei atque venerabili loco, sive Arifonso abbate, vel ad ejus congregatione, per illorum auctoritate et per regia donatione, quam beneficius seniore meo qui me mandatarium injunxit, aut de quolibet hominem. Et ea quæ ego me recognosco atque exvacuo, simulque conlaudo recte et veraciter, me recognosco atque conlaudo, et mea recognoxio vera est omnibus. Et congaudet se Suniarius mandatarius Arifonso abbate in nostro judicio suam plenissimam adquesivit justitiam. Dato judicio isto XVI kal. julii anno XXI, regnante Carolo rege. Sigoum Daniel. Adalbertus mandatarius, S. Gavarnal, S. Aitarius, S. Aidulfo, S.

Jodoleno, S. Aimone, S. Leudgario, S. Ebrando, S. Olibane, S. Rodgario, S. Radramno, S. Guilberto,... chone, S. Ratario, S. Donato, S. Hugone, S. Leutgario, S. Rodulfo, S. Agileno, S. Scafred, S. Deudado, S. Stephano, S. Johanne, S. Elizæo, S. Bertranno, S. Guntario, S. Eldefredo, S. item alio Deudado, S. Agila, S. Emidario, S. Amicaignago, S. Undelane.

(Ann. 918.)

T.

Plaid tenu à Narbonne. (*Hist. du Lang.*, II, dipl. 56.)

Veniens Vibardus mandatarius Donadeo abbati et congregatio Sancti-Joannis monasterii Castro-Mallasti die Veneris in civitate Narbonæ, in præsentia domino Aymerico archiepiscopo et domino Pontione comite seu et marchione, vel judices qui jussi sunt causas dirimere et legibus destinire, tam Gotos quam Romanos velut etiam Salicos, id est Warnarius, Abó, Rogdarius, Blastoleo sajone; sive in præsentia Lorio, Bernardo, Raniberto, Alarico, Rainiberto, Alarico, Aymerico, Roifredo, Adarz, Amblordo, Alphanio; item Abone, Belgarane, Euvaltario et aliorum multorum bonorum hominum, quicumque ipsos judices ibidem residebant, in mallo publico, in Narbona civitate, in eorum præsentia sic se proclamabat supra nominatus mandatarius de ipso abbate, de supra nominato comite, quia iste comes sive sui homines se prendiderunt panem et vinum et porcos, et aliis ceteris rebus male ordine et injuste, quod facere non debuerant, de alode quæ vocatur Fraciano, et de alios alodes qui sunt in comitatu Narbonense de supra dicto S.-Joanne. Et ego mandatarius privilegium in manu teneo de Romam quæ est mater ecclesia, et præceptum quod domini imperatores et reges fecerunt ad jam dicta casa-Dei, et ipsa præcepta ipso mallo fuerunt ostensa et solemniter fuerunt relecta; et resonabat in ipso privilegio vel in ipsos præceptos, quod nullus comes, seu vice-comes, nec vicarius, nec centenarius, nec ullus homo in eorum vocatione in illorum monitate prendidisset nec boves, nec caballos, nec asinos, nec paratas, nec portaticum, nec telone, nec fidejussores tollendos, nec illorum homines distringendos, nec ullum obsequium facere non debebant; sed omnia sit in alimonia pauperum et stipendia monachorum. Tunc ipsi judices et ipsi auditores cum audissent talem rei veritatis et talem regum authoritates, interrogaverunt ipso comite supradicto qualem legem vivebat. At quid responderet, de causa unde iste mandatarius requirebat, sic fuisse non sciebam quod ipse abbas vel ipsa congregatio coenobitarum tales regales authoritates habuissent, unde perdonatum fuisse; et quantum ego feci, ignoranter ego feci. Tunc ipsi judices et ipsi auditores cum audissent ipso comite sic respondente, decreverunt judicium, et ordinaverunt ipso jam dicto comite quod conlaudasset ipsas scripturas dominicas, et vuadiasset legaliter sicut in lege salica continetur, ita et fecit. Oportum fuit Donadeo abbate, vel ipso jamdicto mandatario ut notitiam conlaudationis scribere vel firmare rogassent, sic et fecerunt. Hic præsentibus actum fuit; et gaudeat se ipse abbas et ipse mandatarius quod in nostro judicio illorum clarissima percepissent justitia. Dato judicio V. Idus martii anno IV regnante Rodulpho rege post obitum Karoli regis. S. Pontione comite et marchione, qui se exacuavit, S. Richildis, vicecomitissa, S. Jorius, S. Barnardo, S. Alarico, S. Aymerico, S. S. Adays, S. Amblardo, S. Alfarico, S. Waltario, S. Fortone.

(Ann. 932.)

U.

Burchardi episcopi Leges et statuta familiæ S.-Petri præscripta (circa an. 1024). (Schannat, *Hist. episc. Wormat.*, dipl. 51.)

In nomine sanctæ et individuæ Trinitatis.

Ego Burchardus, Wormatiensis Ecclesiæ episcopus, propter assiduas lamentationes miserorum, et crebras insidias multorum qui more canino familiam S.-Petri dilacerabant, diversas leges eis imponentes, et infirmiores quosque suis judiciis opprimentes, cum consilio cleri et militum et totius familiæ, has jussi scribere leges, ne aliquis advocatus aut vicedominus, aut ministerialis, sive inter eos alia loquax persona, supradictæ familiæ novi aliquid subinferre posset, sed una eademque lex diviti et pauperi ante oculos prænotata esset communis.

1. Si quis ex familia S.-Petri ad sociam suam legitime venerit, quicquid in dotem dederit, et hoc ipsa annum et diem non pro-

clamatum possidet, si vir prior moritur, uxor ejus totam habeat dotem usque ad finem vitæ suæ; si autem ipsa moritur sine filiis, proximi heredes mariti sui dotem recipient; — similiter fiat si uxor prior moriatur; et quicquid simul aquisierint, si quis eorum alterum supervixerit, totum habeat in sua potestate, et quicquid inde facere voluerit, faciat; — quod autem mulier secum ad maritum attulerat, ambobus, mortuis si filios habuerint ipsi matris hereditatem possideant; si autem filios non habuerint, nisi ipsa traditione præpediatur, post vitam ejus ad proximos mulieris redeat; et si filios simul genuerint, et mater prior obierit, si quid hereditatis ex matre filiis devenerat, et ipsi obierint, hereditas ad proximos matris redeat.

2. Lex erit familiæ : si quis prædium, vel mancipia in hereditatem acceperit, et in paupertatem inciderit et ex hac necessitate hereditatem vendere voluerit ; prius proximis heredibus cum testimonio proponat ad emendum ; si autem emere noluerint, vendat cui voluerit. Si autem aliquis mansus in manum episcopi, judicio judicum pervenerit, et si heredum aliquis supersessum jus emendare voluerit, detur sibi potestas ut tali conditione hereditatem accipiat. Si autem nullus heredum satisfacere voluerit, illius loci minister, cuicumque ex familia mansum illum dederit, hic postea heres firmus sit; si autem aliquis venerit post duos annos aut tres, aut plures et dicat : « Ego sum heres; pauper eram, orphanus eram, non habui qui me pasceret, ideo extra patriam ivi, et ibi usque modo me meo labore conduxi; » et vult cum solo testimonio illum qui jussione episcopi heres effectus est, et quia suum mansum bene excultum et firmatum habet expellere, constituimus : quia prius nullus heredum erat qui supersessum jus emendare voluisset, ille firmus hæres sit qui a ministeriali heres effectus est; si heres erat, cur aufugerat? Cur domi non sederat ut hereditatem suam custodiret? Volumus ut nulla vox ejus de hoc amplius audiatur, nisi justa atque rationabilis causa ibi intelligatur. Si autem aliquis qui hereditatem mansum habet, moritur, et parvulum heredem reliquerit, et ille heres non potest debitum servitium persolvere, et sit aliquis proximior qui velit debitum servitium de prædicto manso facere quousque heres ille ad suos dies pervenerit, ne propter teneritatem heredis (ætatis?) exheredetur heres, concedimus et constituimus, et ut misericorditer de eo agatur, rogamus.

3. Si quis in dominicato nostro hereditatem habens moritur, heres sine oblatione hereditatem accipiat, et postea debitam servitutem inde provideat.

4. Si quis ex familia moritur, quidquid indotatum reliquerit, nisi traditione præpediatur, proximi heredes possideant.

5. Si quis cum manu conjugis suæ cum testimonio bono aliquam traditionem sive in dote, sive in aliis quibuslibet rebus fecerit, hoc firmum erit nisi alia res præpediat.

6. Si quis prædium vel hereditatem suam infra familiam vendiderit, et aliquis heredum suorum præsens fuerit, et nihil contradixerit; vel si absens aliquis heredum est, postea resciverit, et si infra spatium illius anni hoc reticuerit, postea jure carebit.

7. Lex erit familiæ : si quis ex aliquo commisso in manus episcopi cum judicio sociorum suorum pervenerit, ipse cum omnibus suis possessionibus eo dijudicetur.

8. Si quis cum aliis quos secum adduxit alicui ex societate sua aliquid injustitiæ fecerit; jus erit fam. ut se tantum et suos viros una satisfactione reconciliet, et unusquisque aliorum semetipsum propria satisfactione reconciliet.

9. Jus erit familiæ : ut de weregeldo fiscalini hominis V libræ ad cameram reddantur, et duæ libræ et dimidia amicis ejus contingat.

10. Jus erit : si ex familia vir aliquis et uxor ejus obierint, et filium cum filia reliquerint, filius hereditatem servilis terræ accipiat, filia autem vestimenta matris, et operatam pecuniam accipiat, reliqua quæ remanserint in omnibus æqualiter inter se partiantur.

11. Hæc etiam lex erit familiæ : si quis prædium vel mancipia in hereditatem acceperit, et in lectum ægritudinis ita inciderit ut equitare, aut per se ambulare non possit, prædium suum vel mancipia heredibus suis alienare non poterit, nisi pro anima sua aliquid inde dari libuerit, alium suum questum det cuicumque libeat.

12. Ut in omnibus locis, ubicumque fieri poterit, declinentur perjuria; qualiscumque sit ex familia qui cum socio suo sive in agro, sive in vineis, sive in illis levioribus rebus aliquid injuste fecerit, et se ad ministrum loci proclamaverit, volumus, ut illius loci minister cum subjectis concivibus suis sine juramento, hoc determinet.

13. Et hoc est constitutum : ut si quis fiscalinus homo ex familia rem aliquam magnam vel parvam ad injustitiam patraverit ad bannum episcopi V solidos, ut dagewardus, vadetur, et V solidos componat cui iniquitas facta est, si de eadem societate est; et si extra suam societatem est, una uncia vadietur, et nihil juret.

14. Si quis nupserit ex dominicato episcopi in beneficium alicujus suorum, juris sui respondeat ad dominicatum episcopi, si autem ex beneficio in dominicatum episcopi nupserit, juris sui respondeat domino beneficii.

15. Si quis ex familia alienam uxorem acceperit, justum est, ut quando obierit duæ partes bonorum suorum assumantur ad manum episcopi.

16. Jus erit si fiscalinus homo dagewardam acceperit ut filii qui inde nascuntur secundum pejorem manum jurent; similiter si dagewardus fisci mulierem acceperit.

17. Jus erit familiæ : si quis in placito injustum clamorem fecerit, aut iratus de sua sede recesserit, vel in tempore ad placitum non venerit, et in hoc a consedentibus superatus non fuerit, nihil juret, sed in testimonio scabinorum sit.

18. Lex erit familiæ : ut unusquisque cum socio suo juret cum una manu, si propter faidam (Sch. feudum) erit cum VII. et episcopo similiter.

19. Habuerant et hoc in consuetudine ; si quis alteri pecuniam suam præstiterat, redderet quantum voluisset, et quod noluisset cum juramento negaret; sed ut declinentur perjuria, constituimus : si ille qui pecuniam suam præstiterat, juramentum ejus pati noluerit, ipse contra eum duello pugnaturus negatam pecuniam acquirat si voluerit; si autem tam digna persona est qui pugnare cum eo pro tanta re dedignetur, vicarium suum ponat.

20. Si quis in civitate Wormatia duello convictus reciderit 60 solidis vadetur : Extra civitatem vero, infra familiæ; si in duello occubuerit, illi quem impugnaverit, pro pugna injuste illata suam justitiam tripliciter componat; bannum episcopo persolvat, advocato 20 solidos tribuat, aut cutem et capillos amittat.

21. Si quis ex familia S.-Petri prædium vel mancipia a libero homine comparaverit vel aliquo modo acquisiverit extra fam.,

neque cum advocato, neque sine advocato, nisi commutet, dare non liceat.

22. Si quis fiscali viro justitiam suam infringere voluerit, id est, ad dagowardum, vel ad censum injustum, fiscalis vir cum VII proximis suis, non mercede conductis justitiam suam obtineat, et si ex patris parte vituperetur, ex eadem parte duæ cognatorum suorum et tertia ex matre assumatur; similiter erit ex parte matris, nisi cum judicio scabinorum, aut proximorum testimoniis superari possit.

23. Lex erit familiæ : si quis domum alterius cum armata manu introierit, et filiam ejus vi rapuerit; cuncta vestimenta quibus tunc induta fuerat, quando rapta est singulariter in triplum patri ejus, vel mundiburdo restituat, et per singulas vestimentorum partes bannum episcopo componat ; postremum, ipsam triplici sua satisfactione, cum banno episcopi, patri repræsentet, et quia legitime eam secundum canonica præcepta habere nequiverit, amicis illius XII scuta, et totidem lanceas et unam libram denariorum pro reconciliatione persolvat.

24. Et hoc constituimus : si quis debitum alicujus rei coram ministro confitetur, et minister in illa die locum non habet diffinire, et hic qui debitum in priori die confessus est, alia die negare voluerit, minister et testimonium pristinæ confessionis habet, ut æquum est, de se faciat sicut antea debuisset.

25. Et hoc lex erit : si quis de aliqua re ministeriali confitetur, et hoc ad placitum differtur, sicut tunc in placito confessus fuerit, judicetur; si minister eum cum testimonio de priori confessione ibi convincere non potuerit.

26. Lex erit concivibus : ut si quis in civitate hereditalem aream habuerit, ad manus episcopi dijudicari non poterit nisi tres annos censum, et aliam suam justitiam inde subsederit, et post hos tres annos ad tria legitima placita immittatur, et si supersessum jus pleniter emendare voluerit, ipse eam sicut antea possideat; et si domum in civitate vendiderit, aream perdat.

27. Et lex erit : ut si quis in civitate aliquem ita percusserit ut ad terram decidat, ad bannum episcopi 60 solidos componat : 30 autem cum pugno aut aliquo levi flagello, quod *blutthiram* vocant aliquem percusserit, et si non deciderit 5 solidos tantum componat.

28. Lex erit: si quis in civitate ad aliquem occidendum gladium suum evaginaverit, aut arcum tetenderit, et sagittam nervo imposuerit, vel lanceam suam ad feriendum protenderit, 60 solidos componat.

29. Lex erit: si episcopus fiscalem hominem ad servitium suum assumere voluerit, ut ad aliud servitium eum ponere non debeat nisi ad camerarium aut ad pincernam, vel ad infertorem, vel ad agasonem, vel ad ministerialem; et si tale servitium facere noluerit, IV den. persolvat ad regale servitium, et VI ad expeditionem, et tria injussa placita quærat in anno, et serviat cuicumque voluerit.

30. Propter homicidia autem, quæ quasi cotidie fiebant infra fam. S.-P. more belluino, quia sæpe pro nihilo, aut per ebrietatem, aut per superbiam alter in alterum insana mente ita insurgebat, ut in curriculo unius anni 35 servi S.-P. sine culpa, a servis ejusdem Ecclesiæ sint interempti, et ipsi interfectores magis inde gloriati sint, et elati, quam aliquid pœnitudinis præbuissent; proinde ob illud maximum detrimentum nostræ ecclesiæ, cum consilio nostrorum fidelium, hanc correctionem fieri decrevimus: ut si quis ex fam. consocio suo sine necessitate, et quidem sine tali necessitate, si se ipsum interficere voluerit, aut si latro erat, se et sua defendendo, sed sine istis supradictis rebus, interfecerit, constituimus: ut ei tollantur corium et capilli, et in utraque maxilla, ferro ad hoc facto comburatur, et weregeldum reddat, et cum proximis occisi more solito pacem faciat, et ad hoc constringantur proximi ut accipiant. Proximi autem occisi si persequi voluerint proximos occisoris, si quis illorum proximorum consilii et facti juramento sese expurgare voluerint, a proximis interfecti firmam et perpetuam pacem habeat. Si autem proximi occisi istud constitutum contempnere volunt et supradictis insidias parant, tamen nihil nocent nisi quod insidiantur, corium et capillos amittant sine combustione; si autem aliquem illorum interfecerint, sive vulneraverint per contemptum, corium et capillos amittant, et supradictam combustionem patiantur.

Si autem occisor aufugerit, et capi non potest, quidquid habet ad fiscum redigatur, et proximi ejus, si inculpabiles sunt, firmam pacem habeant; si autem homicida non aufugerit, sed cum proximo occisi innocentiam per duellum defendere voluerit, et vicerit, weregeldum reddat, et cum proximis pacem faciat; si autem nullus proximorum occisi cum occisore pugnare voluerit, ipse se bullienti aqua adversus episcopum expurget, et weregeldum reddat, et pacem cum proximis faciat, et ipsi cogantur ut accipiant.

Si autem propter timorem istius constitutionis vadunt ad alienam fam. et incendunt eam contra proprios consocios, et si non est aliquis qui contra aliquem illorum duello pugnare audeat, singuli bullienti aqua adversus episcopum se expurgent, et si quis victus fuerit, expatiatur quæ super scripta sunt.

Si quis autem ex familia in civitate sine supradictis necessitatibus aliquem ex familia interfecerit, corium et capillos perdat, et combustionem suprascripto more patiatur, et bannum persolvat, et weregeldum reddat, et pacem cum proximis faciat, et illi constringantur ut accipiant.

Si autem aliquis de aliena familia terram S.-P. colat, et tale præsumptum fecerit, id est : si aliquem ex nostra familia sine necessitate jam suprascripta interfecerit, aut ista supra memorata patiatur, aut nostram perdat, et familiæ et advocati insidia habeat. Si autem noster servitor qui in nostra curte est, aut noster ministerialis, talia audeat præsumere; volumus ut hoc sit in nostra potestate, et consilio nostrorum fidelium, qualiter talis præsumptio vindicetur.

31. Si quis ex familia contenderit cum socio suo de una qualibet re, sive de agris, sive de vineis, sive de mancipiis, sive de pecunia; si potest ex utraque parte cum testimoniis utrorumque sine juramento discerni, laudamus; sin autem ut desistentur perjuria, volumus, ut ex utraque parte ostendantur illorum testimonia, et ita collaudent testes quasi gratum habeant; et ex supradictis duobus testimoniis duo eligantur ad pugnam et cum duello litem decernant, et cujus campio ceciderit, perdat; et ejus testimonium talia patiatur propter falsum testimonium quasi juratum haberet.

32. Si quis ex familia furtum fecerit, et hoc non pro necessitate famis, sed propter avaritiam et cupiditatem, et propter consuetudinem fecit, et quod furatus est si V solidis appreciari potest, et superari potest, quod aut in macello publico aut in conventu conclyium debitori vadiatus sit, supradictum furtum ad

eam optionem malorum constituimus : ut legem sibi innatam propter furtum perditam habeat, et si ab aliquo de aliqua re inculpatus fuerit, non se expurget juramento, sed aut duello, aut balliente aqua, aut fervente ferro ; similiter faciat ille qui in perjurio publico captus est ; similiter et ille qui in falso testimonio captus est ; similiter et ille qui propter infamiam furti in duello ceciderit ; similiter et ille qui contra seniorem suum, episcopum videlicet, cum suis inimicis conciliatus est, sive contra ejus honorem, sive contra ejus salutem.

V.

Chartulaire de Vendôme. (Galland, p. 22.)

Fuit mulier quædam in pago Vindocini, Freducia nomine, quæ habuit alodia, jure hereditario a progenitoribus suis : erantque alodia ipsa in duobus separata locis : uno sc. apud Lutriacum, alterum apud villam quæ dicitur Sigonis. Hæc accepit maritum, hominem quemdam, qui dictus est Guitaldus : manseruntque diu pariter bene secundum seculum, habentes sibi sufficientem conductam. Sed cum paulatim, tempora fieri cariora cœpissent, ad tantam paupertatem devenerunt, ut victus et vestitus sufficientiam, nisi prædia alodi avenderent, habere non possent. Nolens autem mulier, ad quam jus alodiorum maxime pertinebat, alienare hereditatem suam ab agnatione sua ; venit primum ad Gervasium filium Lanselini, qui habebat uxorem quamdam ipsius cognatam, filiam sc. Drogonis, fratris Matthæi de Monte aureo : dixitque illi paupertatem suam, et rogavit ambos, ut prædicta alodia sua capientes in manum suam, victu, se et virum suum quamdiu viverent, tali conditione sustentarent, ut post mortem suam, tam ipsi, quam tota progenies post ipsos, alodia sua possiderent. Quod Gervasius et uxor penitus facere noluerunt : at mulier et vir ejus, cum unde possent vivere non haberent, nullumque adjutorium apud sibi proximos sanguine reperirent, se quoque mori fame pati non vellent : consilio accepto, venerunt ad monachos S.-Trinitatis deliberatione facta, ut darent eis supradicta alodia, per eamdem conventionem qua Gervasio et uxori ejus ea dare voluerant. Sed mulier præcavens in futurum dixit, se nunquam ecclesiæ donaturam aliquid, quod ei, post mortem suam a parentibus suis aliqua occasione posset auferri. Reliquit ergo alodia villæ Sigonis supra memorato Drogoni de Monte aureo, quæ competebant illi consanguinitatis jure, a parte matris; illa vero de Listriaco quæ habebat de patre suo, et quæ calumniari vel cognatus, vel aliquis alius nec jure poterat, nec debebat donavit S.-Trinitati et monachis ejusdem loci habenda perpetuo et tenenda.

FIN.

www.ingramcontent.com/pod-product-compliance
Lightning Source LLC
Chambersburg PA
CBHW071400230426
43669CB00010B/1406